Bertram Wohak

8086/286 Assembler

Das Lehrbuch zur
Assemblerprogrammierung
der 8086 / 8088 / 80186 /
80286-Prozessoren
unter MSDOS

IWT Verlag GmbH

CIP-Titelaufnahme der Deutschen Bibliothek

Wohak, Bertram:
8086 286 Assembler : das Lehrbuch zur Assemblerprogrammierung der 8086/8088/80186/80286-Prozessoren unter MSDOS / Bertram Wohak. – 7. Aufl., unveränd. Nachdr. – Vaterstetten : IWT-Verl., 1993
ISBN 3-88322-194-5

ISBN 3-88322-194-5
7. Auflage 1993
unveränderter Nachdruck

Herstellung: Freiburger Graphische Betriebe, Freiburg
Umschlaggestaltung: Kaselow-Design, München

"Flucht vor der Technik, der Haß auf sie, ist selbstzerstörerisch. Der Buddha, die Gottheit, wohnt in den Schaltungen eines Digitalrechners oder den Zahnrädern eines Motorradgetriebes genauso bequem, wie auf einem Berggipfel oder im Kelch einer Blüte."

Robert M. Pirsig in: *Zen und die Kunst ein Motorrad zu warten*

Heute zeichnet sich ab, daß der Computer in naher Zukunft ebenso ein Alltagsgerät sein wird wie das Fernsehgerät, das Telefon oder die Waschmaschine. Entscheidend beigetragen zu dieser Entwicklung hat die Verfügbarkeit billiger und leistungsfähiger mikroelektronischer Bauelemente - der Chips -, und unter diesen kommt dem *Mikroprozessor* eine Schlüsselrolle zu.

Man schrieb das Jahr 1971, als es dem Entwickler Ted Hoff bei der damals noch jungen Firma Intel aus dem kalifornischen Silicon Valley gelang, die gesamte Rechen- und Steuereinheit eines 4Bit-Computers auf einem einzigen Halbleiterchip zu integrieren. Dieser Entwicklungssprung war enorm, da damit erstmals kleine und billige Computer produziert werden konnten. Ausgestattet mit den bald darauf verfügbaren 8Bit-Mikroprozessoren begann dann gegen Ende der 70er Jahre der Siegeszug der Home- und Personalcomputer. Anspruchsvolle und damit zwangsläufig umfangreiche Betriebssysteme und Anwenderprogrammsysteme stießen jedoch bald an die Grenze des mit 8Bit-Mikroprozessoren adressierbaren Speicherbereiches von 64KBytes. Die Erweiterung des Adreßraumes auf mindestens 1MByte war somit das entscheidende Motiv für den Übergang zu 16Bit-Mikroprozessoren. Auch wenn heute bereits die ersten PCs mit 32Bit-Mikroprozessoren angeboten werden, dominieren 16Bit-Systeme und unter diesen besonders 8086/286-gestützte PCs noch auf längere Zeit den Markt. Dieses Buch ist für all jene Benutzer dieser PCs bestimmt, die einen Zugang zum maschinennahen Programmieren suchen. Sollten sich bei der Arbeit mit ihm viele "Aha"-Erlebnisse einstellen, so würde mich das sehr freuen.

München, im April 1987 Bertram Wohak

Danksagung:

Ein Buch wie dieses kann unmöglich das Werk des Autors allein sein. Ich bin zahllosen Teilnehmern an meinen Assemblerkursen bei den Control Data Instituten zu Dank verpflichtet, da sie mich immer wieder zu einer klaren Darstellung zwangen und ich ihnen viele didaktische Anregungen verdanke. Mein Dank gebührt auch meinem früheren Kollegen Erwin Becker, mit dem ich gemeinsam einen Vorläufer dieses Buches publizierte und von dem viele Ideen und viel Arbeit auch in diesem Buch enthalten sind. Schließlich bedanke ich mich bei meinem Dozentenkollegen Dr.Peter Prinz für hilfreiche Anregungen und nicht zuletzt bei Frau Magdolen vom IWT-Verlag für die produktive Zusammenarbeit.

INHALT

Wie Sie mit diesem Buch arbeiten können

Der Einstieg in die Assemblerprogrammierung macht Anfängern auf diesem Gebiet oft große Schwierigkeiten. Der Umfang des Stoffes und die im Vergleich zu höheren Programmiersprachen größere Nähe zur Hardwareebene und ihrer spezifischen "Denkweise" wirkt auf viele abschreckend und demotivierend. Was der Anfänger daher braucht, ist eine kommentierte *Landkarte* für den anfangs unentwirrbar erscheinenden Dschungel der Bits und Bytes, der Befehle und Direktiven; und er benötigt quasi *Routenvorschläge*, die ihn davor bewahren, in der Fülle des Stoffes zu ertrinken. Diese Hilfestellung bietet das Buch auf zwei Ebenen:

a) Durch einen knapp kommentierten Überblick über alle Kapitel dieses Buches mit Hinweisen an den Leser, wann und wofür er diese Kapitel benötigt. Dieser Kapitelüberblick folgt unmittelbar.

b) Durch Benutzungshinweise für jedes einzelne Kapitel, die in einem kurzen Vorspann vor jedem Kapitel enthalten sind.

Kapitelüberblick:

1 Das erste Kapitel vermittelt grundlegende Kenntnisse über die *Architektur der 8086/8088-Mikroprozessoren* sowie ihre Register und über das wichtige Thema der *Adressierung von Speicheroperanden*. Mit der gründlichen Durcharbeitung dieses Kapitels sollten Sie beginnen.

2 Im zweiten Kapitel werden Syntax, Direktiven und Operatoren des *MASM-Macroassemblers Vers. 4.0 von Microsoft* vorgestellt. MASM ist das Übersetzungsprogramm, das Ihre Assemblerquellprogramme in Maschinenprogramme übersetzen wird. Zu Beginn werden Sie nur einen kleinen Teil seiner Direktiven und Operatoren benötigen. Der Kapitelvorspann enthält Vorschläge, mit welchen Sie am besten anfangen.

3 Das dritte Kapitel enthält den vollständigen *Befehlssatz* der *8086/8088-Mikroprozessoren*, der auch dem Grundbefehlssatz der 80186/80286-Mikroprozessoren entspricht. Die ersten dreißig Seiten geben einen nach Funktionsgruppen geordneten Überblick über den gesamten Grundbefehlssatz. Der Rest dieses Kapitels hat mehr den Charakter eines alphabetisch geordneten Nachschlagewerkes.

4 Das vierte Kapitel ergänzt den Grundbefehlssatz um den *erweiterten* Befehlssatz der *80186/80286-Mikroprozessoren*. Dieses Kapitel wird für Sie vor allem dann interessant sein, wenn Sie Assemblerprogramme für 80186/80286-gestützte Mikrocomputersysteme entwickeln wollen.

5 Das fünfte Kapitel stellt den Gebrauch von *Macros* vor, die Sie erst bei fortgeschrittenen Programmiertechniken benötigen.

6 Im sechsten Kapitel wird das Thema der *Unterprogrammtechniken* mit vielen Beispielen behandelt. Nachdem Sie die Anfangsgründe hinter sich gelassen haben, ist dieses Kapitel für Sie ein 'muß'.

7 Die *hardwarenahe Programmierung von Ein-/Ausgabebausteinen* wird im siebten Kapitel am Beispiel des 8253-Timerchips gezeigt. Dieses Kapitel dürfte in einem fortgeschrittenen Stadium für Sie interessant werden, wenn Sie ohne Betriebssystemunterstützung Hardwarebausteine ansprechen wollen.

8 Die Grundzüge der *Interruptverarbeitung* werden im achten Kapitel dargestellt. Für den geübteren Assemblerprogrammierer dürfte dieses Kapitel auch wegen seiner vielen Programmbeispiele und der Angabe aller wichtigen Softwareinterrupts zum Einsprung in *DOS-Funktionen* interessant sein.

9 Das neunte Kapitel stellt Microsofts "*Werkzeugkasten*" zur Entwicklung von Assemblerprogrammen unter dem Betriebssystem MS-DOS detailliert vor. Auch nachdem Sie gelernt haben, mit den grundlegenden Werkzeugen zum Übersetzen, Binden und Testen Ihrer Programme umzugehen, wird dieses Kapitel immer wieder nützliche Informationen für Sie bereithalten.

1

DIE MIKROPROZESSOREN 8086 UND 8088

Benutzungshinweise für dieses Kapitel

Dieses Kapitel sollte wegen seiner grundlegenden Informationen vollständig durchgearbeitet werden. Ich empfehle besonders, die Beispiele zu den einzelnen Flags ab der Seite 22 selbst nachzurechnen und evt. zusätzliche eigene Beispiele zu bearbeiten. Falls Sie wenig Übung im Gebrauch des binären und des hexadezimalen Zahlensystems haben, sollten Sie Ihre Kenntnisse an dieser Stelle etwas vertiefen.

Der zweite Teil des Kapitels ab dem Abschnitt "Die Organisation des Arbeitsspeichers" (S.27) zeigt, wie ein Assemblerprogramm den Arbeitsspeicher sieht und ist für das Verständnis der verschiedenen Adressierungsarten unverzichtbar. Da die Befehlsbeispiele zu den einzelnen Adressierungsarten überwiegend den MOV-Befehl verwenden, empfehle ich an dieser Stelle, die detaillierte Beschreibung des MOV-Befehls in Kapitel 3 Seite 300 ff durchzulesen.

Einführung

Der im Jahr 1978 von der Firma INTEL aus dem kalifornischen 'Silicon Valley' auf den Markt gebrachte 16Bit-Mikroprozessor INTEL 8086 und seine im darauffolgenden Jahr eingeführte Variante 8088 stellen auch heute noch die am weitesten verbreiteten 16Bit-Mikroprozessoren in Personalcomputern dar.

Mit dem 8086-Mikroprozessor gelang es INTEL, die Leistungsfähigkeit seiner 8Bit-Vorläufer, des 8080-Mikroprozessors (1974 eingeführt) und des 8085-Mikroprozessors (1976 eingeführt), um das Fünf- bis Zehnfache zu steigern. Vor allem aber konnte der *Adreßraum*, d.h. die Größe des anschließbaren Arbeitsspeichers, von 64KByte auf 1MByte versechzehnfacht werden. Die höhere Arbeitsgeschwindigkeit der 8086/8088-Prozessoren gegenüber ihren 8Bit-Vorläufern rührt dabei vor allem von ihren 16Bit breiten *internen Datenwegen* und ihrer Aufteilung in zwei weitgehend unabhängige Funktionsblöcke her, die es ermöglicht, bestimmte Arbeitszyklen des Prozessors gleichzeitig durchzuführen. Die Überlegenheit des 8086-Prozessors über den 8088-Prozessor beruht dabei auf seinem 16Bit breiten *externen Datenbus*. INTEL hatte nämlich mit dem 8088-Mikroprozessor ein Bindeglied zwischen den bis dahin üblichen 8Bit-Chips und den kommenden 16Bit-Chips geschaffen. Intern sollte der 8088-Mikroprozessor wie der 8086-Mikroprozessor eine 16Bit-Struktur aufweisen, nach außen jedoch möglichst umstandslos mit der existierenden 8Bit-Peripherie zusammenpassen. Daher erhielt der 8088 im Unterschied zum 8086 einen 8Bit breiten *externen Datenbus*. Der 8088 kann daher mit einem Buszyklus gleichzeitig nur 8Bit zwischen Prozessor und Arbeitspeicher bzw. E/A-Geräten übertragen, während der 8086 auf Grund seines 16Bit breiten externen Datenbusses auch 16Bit mit einem Buszyklus übertragen kann.

In nahezu jeder anderen Hinsicht sind die beiden Prozessoren jedoch identisch. Programme, die für ein 8086-gestütztes Computersystem geschrieben wurden, sind ohne Änderung auch auf einem 8088-System ablauffähig und umgekehrt.

Beide Prozessorchips werden als 40-Pin-Standardbausteine geliefert und benötigen lediglich eine +5V Stromversorgung.

An der Pinbelegung wird ein wesentlicher Unterschied zwischen den 8086- und den 8088-Prozessoren deutlich:

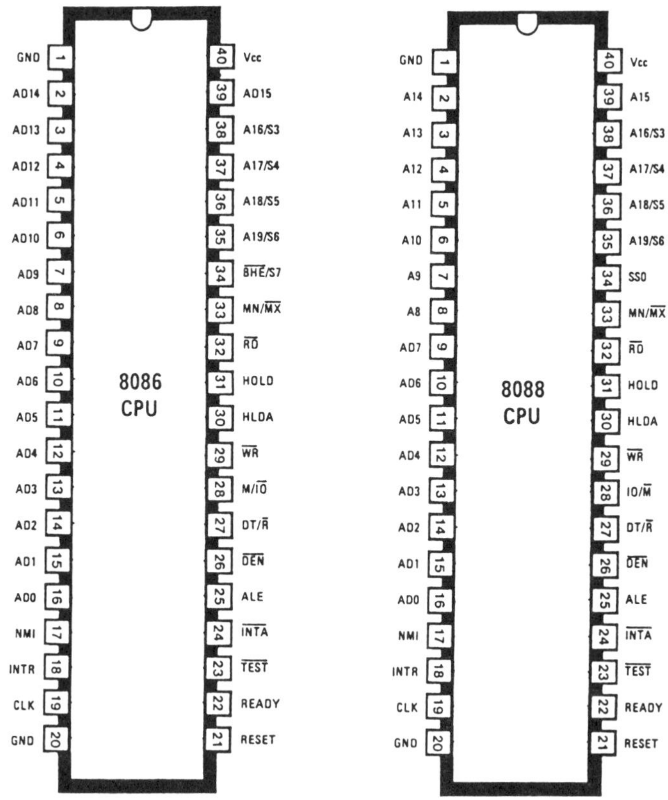

Abb. 1-1 Die Pinbelegung der 8086/8088-Mikroprozessoren

Beide Prozessoren arbeiten mit einem Multiplex-Daten- und Adreßbus (die Pins 2 - 16 und 35 - 39), der 8088-Prozessor kann jedoch Daten nur byteweise über die Pins mit den Bezeichnungen AD0 bis AD7 austauschen, während der 8086 16Bit parallel über die Pins AD0 bis AD15 austauschen kann.

Die Architektur der 8086/8088 - Prozessoren

Beide Prozessoren bestehen in ihrem inneren Aufbau aus zwei getrennten Funktionseinheiten:

1. Der *Verarbeitungseinheit* (Execution Unit oder abgekürzt EU) und

2. der *Busverbindungseinheit* (Bus Interface Unit oder abgekürzt BIU).

Die Verarbeitungseinheiten (EUs) beider Prozessoren unterscheiden sich nicht. Die EU ist zuständig für die Decodierung und Ausführung der Maschinenbefehle, die sie von der Busverbindungseinheit (BIU) aus einer Befehlswarteschlange geliefert bekommt.

Die Ausführung der Befehle erfolgt durch einen Teil der Verarbeitungseinheit, die *arithmetisch-logische Einheit (ALU)*, die ihrerseits die Flagregister, die allgemeinen Register und die für den Programmierer unzugänglichen temporären Register manipuliert.

Die EU hat - mit Ausnahme einiger Kontrollpins - keine Verbindung zur 'Außenwelt'. Zuständig für die Ausführung aller externen Busoperationen zum Zugriff auf den Arbeitsspeicher und externe Geräte ist die BIU. Dafür verfügt die BIU über einen Registersatz, der für die Adreßrechnung verwendet wird, und über eine Addierlogik zur Errechnung physikalischer 20Bit-Adressen.

Zusammenfassung der Eigenschaften von EU und BIU:

<u>Die Execution Unit (EU)</u>

Zur Execution Unit gehören:

- die allgemeinen Register (16Bit breit)
- die arithmetisch-logische Einheit (ALU)
- die temporären Register
- die Steuereinheit (Control Unit)
- das Statusregister (Flagregister)

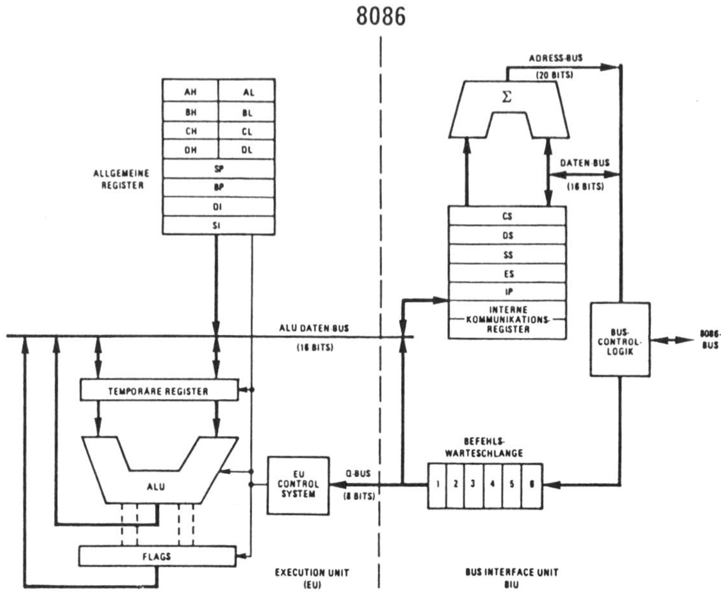

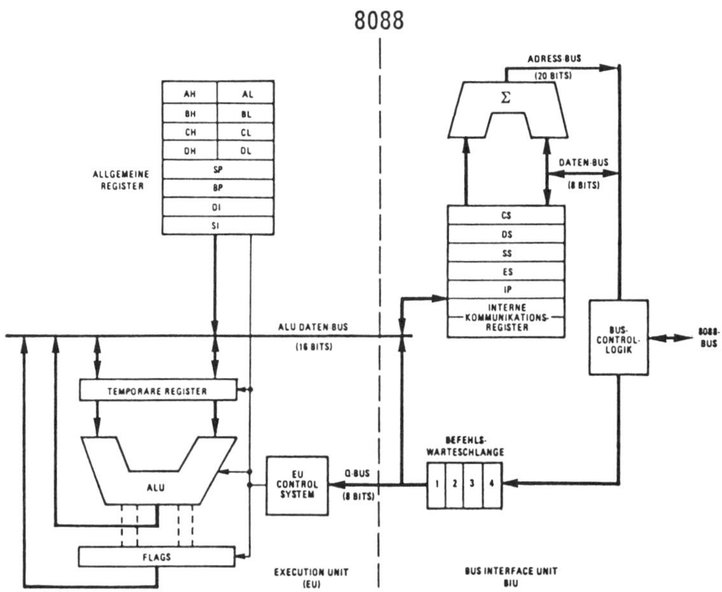

Abb. 1-2 Blockschaltbilder der 8086- und 8088-Prozessoren

Die Aufgaben der Execution Unit:

1. Holen von Maschinenbefehlen aus der Warteschlange der BIU und Interpretieren dieser Befehle. Die Befehlswarteschlange wird von der BIU aufgefüllt, während die EU einen Befehl ausführt und den Bus dafür nicht benötigt. Dieses Auffüllen der Befehlswarteschlange wird auch *prefetch* genannt.

2. Übergabe von Adreßteilen (Segment- und Offsetanteile) an die BIU, die daraus eine physikalische 20Bit-Adresse bildet.

3. Übernahme von Daten von der BIU und deren Verarbeitung, sowie (falls erforderlich) Rückgabe von Daten an die BIU, damit diese sie in den Arbeitsspeicher oder an Peripheriebausteine ausgibt.

4. Ausführen der Maschinenbefehle.

<u>Die Bus Interface Unit (BIU)</u>

Zur Bus Interface Unit gehören:

- die Register CS, DS, SS, ES und IP
- ein Adreßaddierwerk von 20Bit Breite.
- eine 6Byte lange Befehlswarteschlange zur Aufnahme von Befehlsbytes (beim 8088 ist diese Befehlswarteschlange nur 4 Bytes lang).

Die Aufgaben der Bus Interface Unit:

1. Ausführen sämtlicher Busoperationen für die EU.

2. Einlesen der nächsten Befehlsbytes in die Warteschlange, während die EU einen Befehl ausführt.

3. Berechnen der physikalischen 20Bit-Adressen von Speicheroperanden.

Die Arbeitszyklen der 8086/8088-Prozessoren

Wie auch andere Prozessoren arbeiten die 8086/8088-Mikroprozessoren einen Maschinenbefehl in einer festgelegten Reihenfolge von Arbeitsschritten ab. Diese Arbeitsschritte nennt man *Zyklen*. In Abhängigkeit vom Maschinenbefehl und seinen Operanden werden dabei jedesmal bis zu vier verschiedene Zyklen durchlaufen:

Fetch Ein Maschinenbefehl wird aus dem Arbeitsspeicher in den Prozessor *geholt*.

(Read) Falls der Maschinenbefehl einen Speicheroperanden benötigt, wird dieser aus dem Arbeitsspeicher *eingelesen*.

Execute Der Befehl wird *ausgeführt*.

(Write) Falls ein Ergebnisoperand im Arbeitsspeicher abgelegt werden muß, wird er jetzt in den Arbeitsspeicher geschrieben.

Aufgrund der Möglichkeit, daß bei den 8086/8088-Prozessoren EU und BIU weitgehend unabhängig voneinander operieren können, läßt sich eine zeitliche Überlappung von Maschinenzyklen und damit eine höhere Arbeitsgeschwindigkeit erreichen.

Wenn beim 8086 zwei oder mehr Bytes in der Befehlswarteschlange leer sind und die EU keine Busanforderung an die BIU stellt, führt die BIU selbständig Fetchzyklen durch und füllt die Befehlswarteschlange mit dem Code des nächsten Maschinenbefehls auf. Da der 8088 nur einen 8Bit breiten externen Datenbus besitzt, erfolgt bei ihm das Auffüllen der Befehlswarteschlange byteweise, während beim 8086 die BIU stets 2 Bytes Maschinencode nachladen kann.

Falls die EU einen Buszyklus anfordert (z.B. für das Zurückschreiben eines Operanden in den Arbeitsspeicher), während die BIU gerade einen Fetchzyklus durchführt, schließt die BIU diesen Fetchzyklus zuerst ab, bevor die Busanforderung der EU ausgeführt wird.

Das 'vorsorgliche' Fetchen von Befehlsbytes durch die BIU erfolgt nach aufsteigenden Arbeitsspeicheradressen. Für serielle Programmteile entspricht die *logische* Befehlsfolge auch ihrer *physikalischen* Speicherreihenfolge. Falls die EU beim Decodieren eines Maschinenbefehls jedoch feststellt, daß es sich z.B. um einen Sprungbefehl handelt, muß die Befehlswarteschlange gelöscht und mit Maschinencode beginnend vom Sprungziel neu gefüllt werden.

Welche Maschinenzyklen jeweils durchlaufen werden, hängt vor allem von den Operanden eines Befehls ab. Die 8086/8088-Prozessoren sind sogenannte *Einadreßmaschinen*; das heißt, daß in jedem Befehl nur ein *Speicher*operand angesprochen (adressiert) werden kann. Daraus ergeben sich vier Kombinationsmöglichkeiten für die Arbeitszyklen:

Zyklen	**Beispiel**	**Erklärung**
FETCH + EXECUTE	`ADD AX,BX`	beide Operanden sind Register
FETCH + READ + EXECUTE	`ADD AX,VAR`	der Inhalt des Speicheroperanden muß eingelesen werden, um ihn auf das Register AX addieren zu können
FETCH + EXECUTE + WRITE	`MOV VAR,AX`	der Inhalt des Registers AX wird in einen Speicheroperanden geschrieben
FETCH + READ + EXECUTE + WRITE	`ADD VAR,AX`	der Inhalt des Speicheroperanden muß zunächst aus dem Arbeitsspeicher in den Prozessor gelesen werden. Danach wird der Inhalt des Registers AX dazuaddiert. Die Summe wird anschließend in den Arbeitsspeicher an die alte Adresse zurückgeschrieben.

Während bei früheren Mikroprozessoren (z.B. beim 8085) der Prozessor die Maschinenzyklen nur streng *nacheinander* durchführen konnte, ergeben sich bei den 8086/8088-Prozessoren durch die zeitliche Überlappung einzelner Maschinenzyklen Zeitvorteile und eine bessere Auslastung des Datenbusses.

Folgendes Beispiel soll die Zusammenarbeit von EU und BIU und die Auslastung des Datenbusses verdeutlichen. Vergleichend dazu wird die Durchführung derselben Zyklen bei älteren Mikroprozessoren gezeigt:

```
       Befehl                         Maschinenzyklen

;1. Befehl:                     (schon ausgeführt)
MOV  SPEICHEROPERAND, AX        ;FETCH          EXECUTE  WRITE

;2. Befehl:
ADD  AX, BX                     ;FETCH          EXECUTE

;3. Befehl:
ADD  AX, SPEICHEROPERAND        ;FETCH   READ   EXECUTE

;4. Befehl:   undefiniert

;5. Befehl:   undefiniert
```

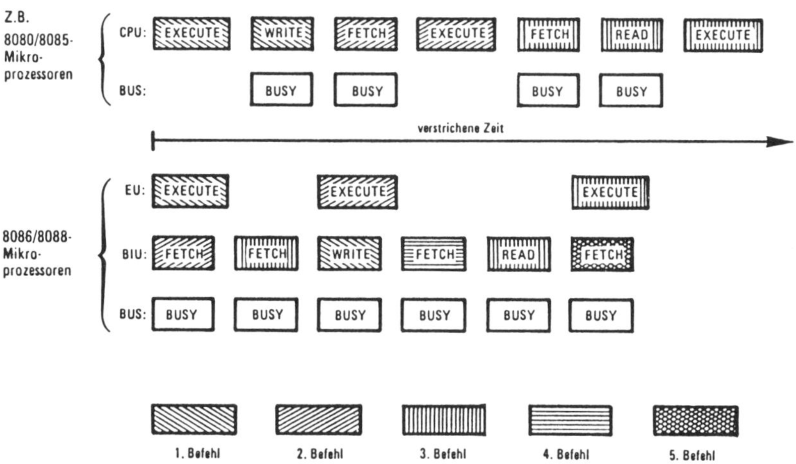

Abb. 1-3 Maschinenzyklen und Datenbusauslastung

Die Register der 8086/8088-Prozessoren

Alles, was im folgenden über den 8086-Prozessor gesagt wird, gilt gleichermaßen auch für den 8088-Prozessor. Die Register des 8086-Prozessors lassen sich in folgende Funktionsgruppen aufteilen:

1. Allgemeine Register
2. Pointerregister (Zeigerregister)
3. Indexregister
4. Segmentregister
5. den Instruction Pointer und
6. das Flagregister

Jedes dieser Register ist 16Bit breit. Die allgemeinen Register lassen sich in jeweils 2 8Bit-Register aufteilen. Im Flagregister werden nur 9 Bits (9 Flags) verwendet.

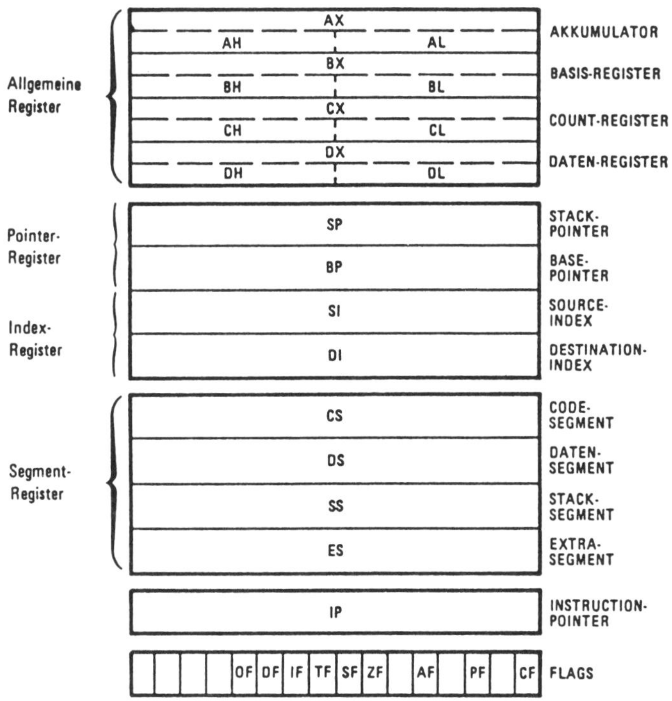

Abb. 1-4 Der Registersatz der 8086/8088-Prozessoren

Die allgemeinen Register

Der 8086-Prozessor enthält vier allgemeine Register:

1. AX (Akkumulator) läßt sich aufteilen in:
   - AL (Accumulator Low)
   - AH (Accumulator High)

2. BX (Base Register) läßt sich aufteilen in:
   - BL (Base Low)
   - BH (Base High)

3. CX (Count Register) läßt sich aufteilen in:
   - CL (Count Low)
   - CH (Count High)

4. DX (Data Register) läßt sich aufteilen in:
   - DL (Data Low)
   - DH (Data High)

bit	15 14 13 12 11 10 9 8	7 6 5 4 3 2 1 0	
	AH	AL	AX
	BH	BL	BX
	CH	CL	CX
	DH	DL	DX

Abb. 1-5 Die allgemeinen Register der 8086/8088-Prozessoren

Arithmetische und logische Operationen können mit jedem dieser Register ohne Ausnahme durchgeführt werden. Einige Befehlsoperationen benutzen diese Register zusätzlich nach ihrer mnemonischen Grundfunktion (z.B. AX als Rechenregister bei den Befehlen MUL bzw. DIV oder CX als Zähler bei Schleifenoperationen).

Die allgemeinen Register und *nur diese* lassen sich in 2 8Bit-Register aufteilen und zwar in einen sogenannten HIGH-Teil und einen LOW-Teil. Diese 8Bit-Register lassen sich ebenso ansprechen und verwenden wie ein 16Bit-Register, sie können jedoch nur ein Byte statt ein Wort aufnehmen. Wird eine 16Bit-Operation durchgeführt, so ist z.B. das BX-Register zu verwenden, bei einer 8Bit-Operation kann dagegen das BH- oder das BL-Register benutzt werden.

Der *Akkumulator* (AX bzw. AL) nimmt eine Sonderstellung ein: Bei vielen Befehlen führt die Verwendung des Akkumulators anstelle eines anderen Registers zu kompakterem Maschinencode und zu kürzeren Befehlsausführungszeiten.

Die Pointerregister

Der 8086-Prozessor enthält zwei Pointerregister:

1. den Stackpointer (SP) und

2. den Basepointer (BP).

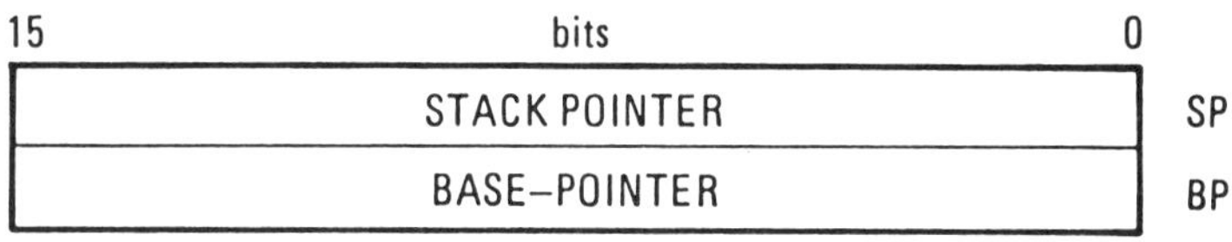

Abb. 1-6 Die Pointerregister der 8086/8088-Prozessoren

Beide Register unterstützen die Adressierung in einem Stapelsegment. Ihr Inhalt ist normalerweise ein Offset bezüglich des SS-Registers. (Näheres dazu ist in diesem Kapitel im Abschnitt "Die Adressierung von Speicheroperanden" und im Kapitel 6 enthalten).

Die Indexregister

Der 8086-Prozessor enthält zwei Indexregister:

1. das Source-Indexregister (SI) und

2. das Destination-Indexregister (DI).

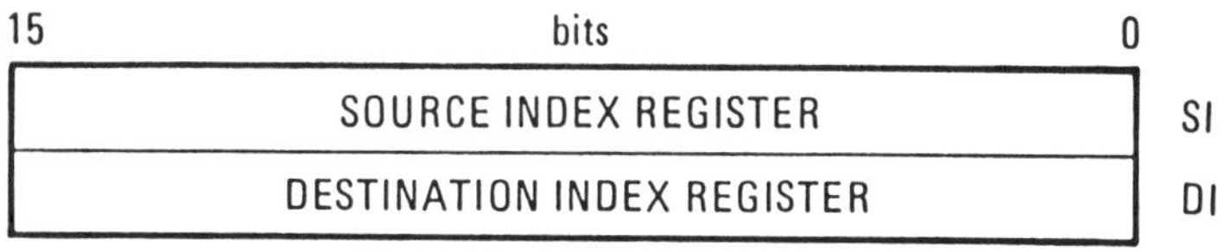

Abb. 1-7 Die Indexregister der 8086/8088-Prozessoren

Beide Register unterstützen die Adressierung in Datensegmenten. Ihr Inhalt ist normalerweise ein Offset bezüglich des DS- aber auch des ES-Registers. (Näheres dazu ist im Abschnitt "Die Adressierung von Speicheroperanden" enthalten).

Die Pointer- und die Indexregister können ebenso wie die allgemeinen Register als Operanden für die meisten arithmetischen und logischen Befehle verwendet werden. Sie lassen sich jedoch nur als 16Bit-Register ansprechen und nicht gesondert als 8Bit-Low- oder High-Teil.

Die Segmentregister

Der 8086-Prozessor enthält vier Segmentregister:

1. das Codesegmentregister (CS),

2. das Datasegmentregister (DS),

3. das Extrasegmentregister (ES) und

4. das Stacksegmentregister (SS).

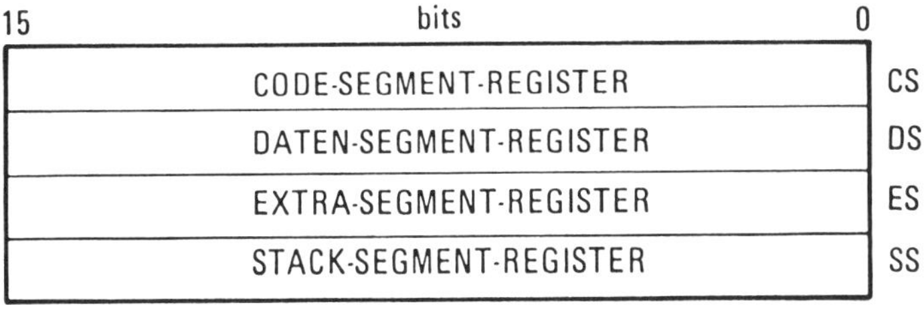

Abb. 1-8 Die Segmentregister der 8086/8088-Prozessoren

Die Segmentregister dienen der Adressierung des Arbeitsspeichers. Der maximal 1 MByte (2^{20} Bytes) große Arbeitsspeicher wird dazu in logische Segmente mit einer maximalen Länge von jeweils 64KByte aufgeteilt. Der Prozessor kann auf die Speicherstellen innerhalb eines Segmentes nur zugreifen, wenn die Anfangsadresse des Segmentes in einem Segmentregister enthalten ist. Ohne Umladen der Segmentregister sind damit vier Segmente gleichzeitig ansprechbar.

Das **CS-Register** zeigt auf das aktuelle Codesegment, aus dem während des FETCH-Zyklus Maschinenbefehle geholt werden.

Das **DS-Register** zeigt auf das aktuelle Datensegment, in dem gewöhnlich die Variablen des Programmes gespeichert sind.

Das **ES-Register** zeigt auf ein zusätzliches Datensegment.

Das **SS-Register** zeigt auf das aktuelle Stapelsegment, das vor allem für die Unterprogrammtechniken benötigt wird.

Der Instruction-Pointer

Der 16Bit breite Instruction-Pointer spielt eine wichtige Rolle bei der Ausführung eines Programmes. Zusammen mit dem CS-Register adressiert er den jeweils nächsten Befehl. Bei einer sequentiellen Befehlsfolge enthält der IP den Offset des jeweils nächsten Befehls, der von der BIU gefetcht werden soll und wird nach dem Fetchzyklus jeweils um die Befehlslänge in Bytes erhöht. Damit zeigt er wieder auf den nächsten Befehl.

Verwendet jedoch ein Maschinenbefehl implizit den Instruction-Pointer (wie z.B. Sprungbefehle oder Unterprogrammaufrufe), so wird der IP automatisch auf den nächsten auszuführenden Befehl gesetzt.

Wenn der IP den größtmöglichen Inhalt besitzt (FFFFH) und um 1 erhöht wird (FFFFH + 1 = 0000H), so geht der höchste Übertrag verloren und der IP zeigt somit wieder auf den Anfang des Segmentes. Diesen geschlossenen Zyklus nennt man *Wraparound*.

Die arithmetischen Datenformate

Zum Verständnis der Flagregister ist zuvor eine Erläuterung der arithmetischen Datenformate notwendig. Bei arithmetischen Operationen können die Inhalte der Operanden als einer von vier verschiedenen Typen numerischer Daten interpretiert werden:

1. **Binärzahlen ohne Vorzeichen**

   Wertebereich bei 8Bit von 0 bis 255 dezimal.
   Wertebereich bei 16Bit von 0 bis 65535 dezimal.

2. **Binärzahlen mit Vorzeichen (2er-Komplement)**

   Wertebereich bei 8Bit von -128 bis +127 dezimal.
   Wertebereich bei 16Bit von -32768 bis +32767 dezimal.

3. **Ungepackte BCD-Zahlen (eine Dezimalziffer pro Byte)**

4. **Gepackte BCD-Zahlen (zwei Dezimalziffern pro Byte)**

Als welcher Datentyp ein bestimmtes Bitmuster interpretiert wird, hängt *nur von der Programmlogik* (vor allem von den bedingten Sprungbefehlen) ab; der Prozessor 'kennt' keine verschiedenen Datentypen, er stellt mit den Flaginhalten nur Entscheidungshilfen zur Verfügung.

Ein Beispiel für die unterschiedlichen Interpretationsmöglichkeiten bei Byteoperanden:

Hex	Bitmuster	binär		BCD	
		ohne VZ	mit VZ	ungepackt	gepackt
09	0000 1001	9	+9	9	09
87	1000 0111	135	-121	ungültig	87
C4	1100 0100	196	-60	ungültig	ungültig

Das Flagregister

Ein Flag (Flagge, Schalter) ist ein Bit, das anzeigt, ob ein Zustand zutrifft (1) oder nicht zutrifft (0). Die Flags können sowohl vom Prozessor als auch vom Programmierer auf drei Arten benutzt werden:

1. ein Flag auf "1" setzen, um bestimmte Verarbeitungszustände festzuhalten.

2. ein Flag auf "0" setzen, um bestimmte Verarbeitungszustände festzuhalten.

3. ein Flag abfragen, um in Abhängigkeit von seinem Zustand bedingt zu verzweigen.

Daraus ergeben sich folgende Möglichkeiten der Informationsübergabe:

a) **vom Prozessor zum Programm:** Bei der Ausführung arithmetischer oder logischer Befehle setzt oder löscht der Prozessor z.B. das Overflow-Flag. Im Programm können nun je nach Zustand dieses Flags zwei unterschiedliche Befehlsfolgen ausgeführt werden.

b) **vom Programm zum Prozessor:** Wird z.B. durch ein Programm das Interrupt Enable Flag (IF) gelöscht, so kann der Prozessor nicht mehr durch externe Interrupts unterbrochen werden.

c) **von Programm zu Programm:** Von einem Unterprogramm wird z.B. das Carry-Flag als Statusmeldung benutzt ("0" für fehlerfreien Ablauf bzw. "1" für fehlerhaften Ablauf des Unterprogrammes). Im aufrufenden Programm können nun nach Rückkehr aus dem Unterprogramm je nach Zustand dieses Flags zwei unterschiedliche Befehlsfolgen ausgeführt werden.

Die 8086/8088-Prozessoren verwenden 9 Flags:

6 Statusflags, durch die die EU bestimmte Eigenschaften des Ergebnisses einer arithmetischen oder logischen Operation meldet.

In Abhängigkeit vom Zustand einzelner Flags oder einer logischen Kombination mehrerer Flags kann z.B. durch bedingte Sprungbefehle der Programmablauf geändert werden.

- Carry-Flag	(CF)	(Übertragflag)
- Parity-Flag	(PF)	(Paritätsflag)
- Auxiliary Carry-Flag	(AF)	(Hilfsübertragflag)
- Zero-Flag	(ZF)	(Nullflag)
- Sign-Flag	(SF)	(Vorzeichenflag)
- Overflow-Flag	(OF)	(Überlaufflag)

3 Kontrollflags können durch das Programm gesetzt oder gelöscht werden, um die Arbeitsweise des Prozessors zu beinflussen.

- Trap-Flag	(TF)	(Einzelschrittflag)
- Interrupt Enable-Flag	(IF)	(Interruptflag)
- Direction-Flag	(DF)	(Richtungsflag)

Diese 9 Flagbits sind innerhalb des Flagregisters folgendermaßen angeordnet: x = nicht verwendet

15	14	13	12	11	10	9	8	7	6	5	4	3	2	1	0	Bit-Nr.
X	X	X	X	OF	DF	IF	TF	SF	ZF	X	AF	X	PF	X	CF	

Abb. 1-9 Die Positionen der Flagbits innerhalb des Flagregisters

Die Bedeutung der einzelnen Flags:

Es gilt allgemein:

1. Werden Byteoperanden verarbeitet, so ist das Bit Nr. 7 das Vorzeichenbit bzw. das höchstwertigste Bit.

2. Werden Wortoperanden verarbeitet, so ist das Bit Nr. 15 das Vorzeichenbit bzw. das höchstwertigste Bit.

3. Die Parität wird jedoch auch bei Wortoperanden nur über das niederwertige Byte gebildet.

Das CARRY-Flag (CF)

Das *CARRY-Flag* (CF) wird gesetzt, wenn bei einer Operation ein Übertrag aus dem höchstwertigen Bit hinaus erfolgt (z.B. bei der Addition) oder wenn ein "Borgen" in das höchstwertige Bit hinein erfolgt (z.B. bei der Subtraktion); andernfalls wird dieses Flag gelöscht.

Beispiele:

a) Addition zweier vorzeichenloser Zahlen:

```
  1010 1110      174
+ 0111 0100    + 116
-------------------
  0010 0010      290

                        CARRY-Flag = 1 !
```

Es erfolgt ein Übertrag aus dem höchstwertigen Bit hinaus; d.h. CF wird gesetzt. CF meldet in diesem Fall, daß das Ergebnis arithmetisch falsch ist, da die Summe in 8Bit nicht mehr darstellbar ist.

b) Addition zweier vorzeichenbehafteter Zahlen:

```
  0000 1100      +12
+ 1111 0001    + -15 (2er-Komplement)
-------------------
  1111 1101       -3

                        CARRY-Flag = 0 !
```

Ob eine Bitfolge als vorzeichenlose oder vorzeichenbehaftete (2er-Komplement) Dualzahl interpretiert wird, hängt nur vom Anwenderprogramm ab. Der Prozessor 'weiß' nichts davon, ob die Bitfolge 1111 0001 als -15 oder als 241 angesehen wird. Das Ergebnis der Addition kann daher ebenfalls als -3 oder als 253 angesehen werden. In beiden Fällen ist es richtig.

c) Subtraktion zweier vorzeichenloser Zahlen:

```
    0000 1100       12
  - 0000 1111     - 15
  ------------------------
    1111 1101      253

                         CARRY-Flag = 1 !
```

Werden die Operanden als vorzeichenlose Dualzahlen betrachtet, so meldet das Carry-Flag, daß das Ergebnis arithmetisch falsch ist, da es natürlich ebenfalls als vorzeichenlose Dualzahl und somit als 253 interpretiert würde.

Das AUXILIARY CARRY-Flag (AF)

Das *AUXILIARY CARRY-Flag* (AF) wird gesetzt, wenn bei einer Operation ein Übertrag von Bit 3 hinaus oder ein Borgen in Bit 3 hinein erfolgt; andernfalls wird dieses Flag gelöscht. AF wird für die BCD-Arithmetik verwendet, bei der eine Dezimalziffer in einem Halbbyte gespeichert wird.

Beispiel:

```
    0000 0111        7
  + 0000 1001      + 9
  ------------------------
    0001 0000       16

                         AUXILIARY CARRY-Flag = 1
```

Werden die beiden Operanden beispielsweise als ungepackte BCD-Zahlen interpretiert, so meldet das AF-Flag in diesem Fall, daß ihre Summe durch einen nachfolgenden AAA-Befehl wieder in ein korrektes BCD-Format gebracht werden muß (siehe Befehlsbeschreibung AAA).

Das ZERO-Flag (ZF)

Das *ZERO-Flag* wird gesetzt, wenn das Ergebnis nach einer Operation 0 ist; andernfalls wird dieses Flag gelöscht.

Beispiel:

```
    0110 1101
-   0110 1101
    ---------
    0000 0000          ZERO-Flag = 1
```

Das SIGN-Flag (SF)

Das *SIGN-Flag* wird gesetzt, wenn das höchstwertigste Bit des Ergebnisses nach einer Operation gesetzt ist; andernfalls wird dieses Flag gelöscht. Das Sign-Flag enthält somit eine Kopie des Vorzeichenbits.

Beispiel:

```
    0110 0000
+   0100 0000
    ---------
    1010 0000          SIGN-Flag = 1
```

Das PARITY-Flag (PF)

Das *PARITY-Flag* wird gesetzt, wenn nach einer Operation die Anzahl der 1er-Bits im LOW-Byte des Ergebnisses geradzahlig ist; andernfalls wird dieses Flag gelöscht.

Beispiel:

```
    0110 1010
+   0101 1001
    ---------
    1100 0011          PARITY-Flag = 1
```

Das OVERFLOW-Flag (OF)

Das *OVERFLOW-Flag* wird gesetzt, wenn eine Operation *einen Übertrag in* das Vorzeichenbit oder *ein Borgen aus* dem Vorzeichenbit bewirkte und CF = 0 ist oder umgekehrt, wenn durch die Operation CF gesetzt wurde und *kein Übertrag in* das Vorzeichenbit oder *Borgen aus* dem Vorzeichenbit erfolgte. Das Overflow-Flag meldet damit, daß eine Operation mit vorzeichenbehafteten Operanden einen arithmetischen Überlauf in das Vorzeichenbit erzeugt. In diesem Fall überschreitet die Größe des Ergebnisses die Kapazität des Zieloperanden.

Beispiele:

```
  0110 1010      positive Zahl      +106
+ 0101 1001    + positive Zahl       +89
  ---------------------------------------
  1100 0011      negative Zahl       -61 statt +195
```

Die Summe ist nicht mehr als vorzeichenbehaftete 8Bit-Dualzahl darstellbar (max. +127). Dieser arithmetische Überlauf wird gemeldet durch OVERFLOW-Flag = 1.

```
  1111 1111    2er-Komplement     -1
+ 1111 1111        +            (-1)
  -----------------------------------
  1111 1110                       -2    Overflow-Flag = 0 !
```

Bei dieser Addition von -1 und -1 erfolgt ein Übertrag in das Vorzeichenbit hinein und ein Carry aus dem Vorzeichenbit hinaus. Nach o.a. Definition wird daher OF auf 0 gesetzt. Dies drückt aus, daß das Ergebnis für vorzeichenbehaftete Operanden richtig ist. Das Carry-Flag ist natürlich 1 und meldet, daß das Ergebnis falsch wäre, wenn die Operanden als vorzeichenlose Dualzahlen interpretiert würden. In diesem Fall wäre die Summe 255 + 255 gebildet worden, die natürlich die Kapazität eines 8Bit-Operanden überschreitet.

```
  1000 0000          - 128
+ 1111 1111          + (-1)
  -------------------------
  0111 1111          + 127

                                Overflow-Flag = 1 !
```

Werden bei diesem dritten Beispiel die Operanden als vorzeichenbehaftete Operanden betrachtet, so entsteht ein arithmetischer Überlauf und damit kein korrektes Ergebnis. Dies wird durch OF = 1 gemeldet. Das läßt sich auch entsprechend der o.a. Definition nachvollziehen, da CF = 1 ist *und kein* Übertrag ins Vorzeichenbit erfolgte.

Das DIRECTION-Flag (DF)

Das *DIRECTION-Flag* findet bei der Verarbeitung von Zeichenketten (Strings) Verwendung. Wird DF gesetzt, so werden Strings mit absteigender Adresse verarbeitet. Wird DF gelöscht, so werden Strings mit aufsteigender Adresse verarbeitet. (Näheres siehe im Kapitel 3: "Die Befehle zur Stringverarbeitung").

Das INTERRUPT ENABLE-Flag (IF)

Das *INTERRUPT ENABLE-Flag* findet bei der Interruptverarbeitung Verwendung. Wird IF gesetzt, so können *externe maskierbare* Interrupts das momentan laufende Programm unterbrechen. Wird IF gelöscht, so können externe maskierbare Interrupts das momentan laufende Programm nicht unterbrechen. (Näheres zur Interruptverarbeitung siehe im Kapitel 6).

Das TRAP-Flag (TF)

Das *TRAP-Flag* wird zum Ein-/Ausschalten des Single-Step-Modus verwendet. Wird das Trap-Flag gesetzt, so erzeugt der Prozessor nach jedem Befehl einen Single-Step-Interrupt und verzweigt in eine spezielle Interruptroutine (z.B. in einen Monitor oder ein Debugger-Programm). Wird das Trap-Flag gelöscht, so ist der Single-Step-Modus wieder aufgehoben. (Näheres siehe im Kapitel 6 zur Interruptverarbeitung).

Die Organisation des Arbeitsspeichers

Die 8086/8088-Prozessoren sind mit einem 20Bit breiten *Adreßbus* ausgestattet und können daher bis zu einem Megabyte (2^{20} Bytes) Arbeitsspeicher adressieren. Man sagt daher, diese Prozessoren verfügen über einen 1MByte großen *Adreßraum*. Die kleinste adressierbare Einheit dieses Adreßraumes ist ein *Byte*. Jedes Byte des Arbeitsspeichers ist durch eine eindeutige Adresse ansprechbar, die zwischen 0 und 2^{20} - 1 liegen muß. Diese Adresse wird als *physikalische* Adresse bezeichnet. Durch ihre unterschiedliche *Datenbusbreite* (16Bit beim 8086 bzw. 8Bit beim 8088) ergeben sich jedoch bei der Durchführung von Arbeitsspeicherzugriffen durch den Prozessor einige Unterschiede. Diese Unterschiede bleiben dem Assemblerprogrammierer jedoch verborgen. Sie wirken sich allenfalls auf das Laufzeitverhalten eines Programmes aus.

Der Adreßraum des 8086-Prozessors besteht wie gesagt aus einer Folge von bis zu 1.048.576 Bytes. Mit einem Speicherzugriff (einem Buszyklus) kann auf ein individuelles Byte oder auf zwei benachbarte Bytes (ein 16Bit-Wort) zugegriffen werden.

Der Arbeitsspeicher ist hardwaremäßig in zwei Blöcke zu je maximal 512 Kbyte aufgeteilt. Der eine Block (LOWER BANK) ist an die untere Hälfte der Datenleitungen (D0 bis D7) angeschlossen. Er enthält alle Speicherplätze mit *geraden* Adressen (EVEN). Dieser Block wird angesprochen, wenn auf der Adreßleitung A0 eine "0" anliegt. Mit den Adreßleitungen A1 bis A19 kann nun in diesem Block jedes Byte adressiert werden.

Der zweite Block (UPPER BANK) enthält alle Speicherplätze mit *ungeraden* Adressen (ODD). Er ist an die obere Hälfte der Datenleitungen (D8 bis D15) angeschlossen. Dieser Block wird angesprochen, wenn auf der Signalleitung BHE (BUS HIGH ENABLE) eine "0" anliegt. Mit den restlichen Adreßleitungen A1 bis A19 kann dann in diesem Block jedes Byte adressiert werden.

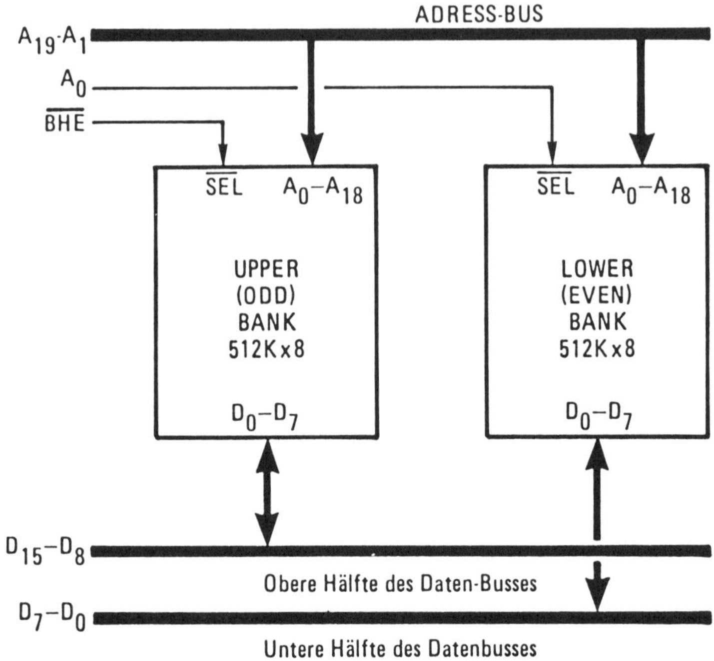

Abb. 1-10 Arbeitsspeicherankoppelung bei den 8086-Prozessoren

Liegt an der BHE-Leitung eine "1" an, so wird ein Zugriff auf den Speicherblock mit den ungeraden Adressen gesperrt. Damit kann der Prozessor steuern, ob 2 * 8Bit (ein 16Bit-Wort) mit einem Buszugriff adressiert und übertragen werden oder ob nur 8Bit adressiert und übertragen werden. Folgende Fälle sind möglich:

A0	BHE	Zugriff
0	0	gleichzeitig auf LOW-Byte und HIGH-Byte eines Wortes mit gerader Anfangsadresse.
1	0	auf LOW-Byte eines Wortes mit ungerader Anfangsadresse oder auf Byte mit ungerader Adresse.
0	1	auf HIGH-Byte eines Wortes mit ungerader Anfangsadresse oder auf Byte mit gerader Adresse.

Der 8086-Prozessor kann also auf ein 16Bit-Wort nur dann mit *einem* Buszyklus zugreifen, wenn das niederwertige Byte dieses Wortes auf einer geraden Adresse (in der Lower Bank) und das höherwertige Byte auf der folgenden ungeraden Adresse (in der Upper Bank) liegt. Das bedeutet, daß das Wort auf einer geraden Adresse beginnen muß.

Beginnt das Wort mit einer ungeraden Adresse, d.h. liegt das niederwertige Byte in der Upper Bank, so benötigt der 8086-Prozessor trotz seines 16Bit breiten Datenbusses zwei Buszyklen für den Zugriff. Bei häufiger Verarbeitung von Wortoperanden bringt es daher Zeitvorteile, die Worte auf gerade Speicheradressen zu legen.

Da der 8088-Prozessor nur über einen 8Bit breiten Datenbus verfügt, verhält es sich bei ihm einfacher. Sein Arbeitspeicher ist in einer einzelnen Speicherbank von max. 1MByte organisiert, die mit den Adreßleitungen A0 - A19 angesprochen wird. Das BHE-Signal gibt es beim 8088-Prozessor nicht. *Der Zugriff auf 16Bit-Worte erfordert beim 8088-Prozessor grundsätzlich zwei Buszyklen.*

Die Intelkonvention

Die grundlegenden Speicheroperandentypen, mit denen Assemblerprogramme arbeiten, sind *Bytes*, *Worte* und *Doppelworte*.

Ein *Byte* ist eine 8Bit-Größe mit einer eindeutigen Speicheradresse. Es ist die kleinste adressierbare Speichereinheit. Die Bits innerhalb eines Bytes werden von rechts nach links von 0 bis 7 durchnumeriert. Die Bitnummer entspricht also der 2er-Potenz der Bitposition innerhalb einer 8Bit-Dualzahl.

Ein *Wort* ist eine 16Bit-Größe, die aus zwei aufeinanderfolgenden Bytes besteht. Ein Wort kann mit einem beliebigen Byte beginnen. Seine Bits werden von rechts nach links von 0 bis 15 durchnumeriert. Das Byte, das die Bits 0 - 7 enthält, wird als niederwertiges Byte oder als LOW-Byte bezeichnet. Das Byte, das die Bits 8 - 15 enthält, wird als höherwertiges Byte oder als HIGH-Byte bezeichnet. Jedes Byte innerhalb eines Wortes hat seine eigene Adresse, die kleinere von beiden dient jedoch als Adresse des Wortes.

Ein *Doppelwort* ist eine 32Bit-Größe, die aus vier aufeinanderfolgenden Bytes besteht. Ein Doppelwort kann mit einem beliebigen Byte beginnen. Seine Bits werden von rechts nach links von 0 bis 31 durchnumeriert. Das Wort, das die Bits 0 - 15 enthält, wird als niederwertiges Wort oder als LOW-Word bezeichnet. Das Wort, das die Bits 16 - 31 enthält, wird als höherwertiges Wort oder als HIGH-Word bezeichnet. LOW- und HIGH-Worte lassen sich wieder in LOW- und HIGH-Bytes aufteilen. Jedes Byte innerhalb eines Doppelwortes hat seine eigene Adresse, die kleinste davon ist die Adresse des Doppelwortes.

Die *Intelkonvention* bedeutet nun, daß bei *Wortoperanden* das niederwertige Byte auf der niederen Speicheradresse, das höherwertige Byte auf der nachfolgenden Speicheradresse abgelegt wird. Bei *Doppelwortoperanden* wird das niederwertige Wort auf der niederen, das höherwertige Wort auf der nachfolgenden Wortadresse abgelegt. Innerhalb eines Wortes erfolgt die Speicherreihenfolge wie oben angegeben.

Das Segmentkonzept

Programme für die 8086/8088-Prozessoren betrachten den maximal 1Mbyte großen physikalischen Adreßraum als eine Gruppe *logischer Segmente*, die vom Anwender definiert werden. Ein Segment ist ein logischer Speicherblock, der maximal 64KBytes groß sein kann. Speicherstellen im Arbeitsspeicher können von einem Anwenderprogramm nur angesprochen werden, wenn sie innerhalb eines Segmentes liegen und zum Zeitpunkt des Zugriffs ein Segmentregister die Anfangsadresse des Segmentes enthält. Da die Segmentregister nur 16Bit breit sind, kann ein Segment nicht an jeder beliebigen physikalischen 20Bit-Adresse beginnen, da sonst auch die Anfangsadresse eines Segmentes eine 20Bit-Größe sein müßte.

Für die Anfangsadressen der Segmente gelten die folgenden Regeln:

1. Eine physikalische Segmentanfangsadresse (20Bit) muß ohne Rest durch 16 teilbar sein; d.h. die vier niederwertigen Bits einer physikalischen Segmentanfangsadresse sind stets 0. (z.B. 0001 0010 0011 0100 0000 B = 12340 H). Das bedeutet insbesondere auch, daß der kleinste Abstand zwischen zwei Segmentanfangsadressen 10H = 16 Bytes beträgt.

2. Die signifikanten 16 höherwertigen Bits einer physikalischen Segmentanfangsadresse werden als *Paragraphennummer* bezeichnet.

3. Der Prozessor betrachtet den Inhalt eines Segmentregisters immer als Paragraphennummer.

Für die Bildung logischer Segmente gelten folgende Regeln: (siehe auch Abb. 1-11)

1. Ein Anwenderprogramm kann beliebig viele logische Segmente definieren (z.B. die Segmente A bis G).

2. Mit den Segmentregistern CS, DS, ES und SS können zu einem Zeitpunkt jedoch nur vier davon angesprochen werden (z.B. die Segmente A, C, E und F).

3. Damit ein Programm auf Code und Daten in anderen Segmenten zugreifen kann, müssen die Segmentregister umgeladen werden (z.B. für die Segmente B, D und G).

4. Die Segmente können sich ganz oder teilweise *überlappen* (z.B. die Segmente B und C oder F und G).

5. Die Segmente können im physikalischen Adreßraum unmittelbar benachbart sein (z.B. die Segmente A und B sowie C und D).

6. Die Segmente können völlig unabhängig voneinander im Speicher liegen (z.B. die Segmente A und F).

7. Die Anordnung der Segmente kann durch den Anwender mit Hilfe verschiedener Direktiven beeinflußt werden; gewöhnlich erfolgt sie jedoch beim Binden der Programmodule durch den Linker.

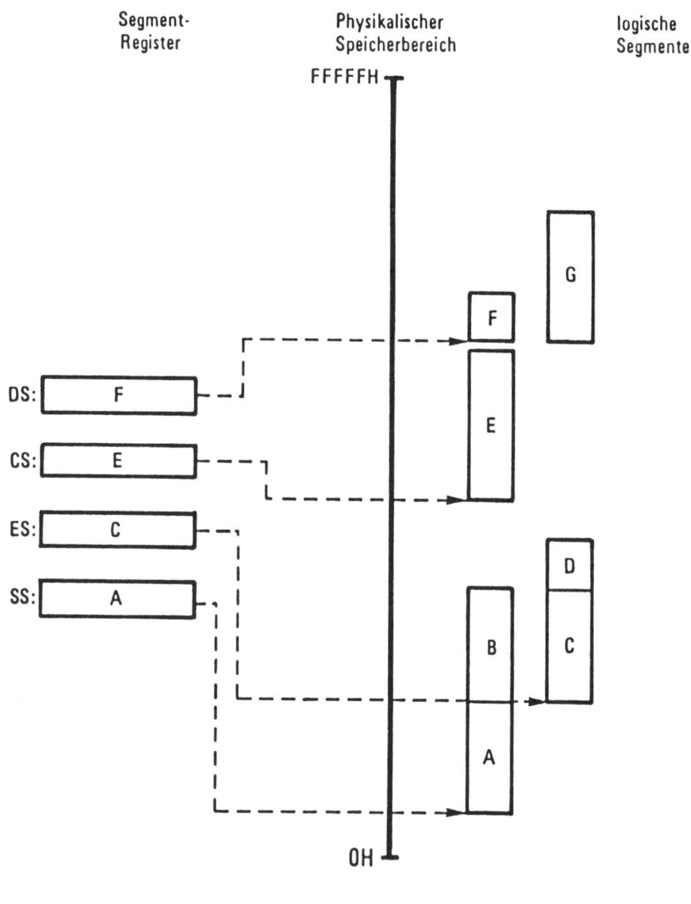

Abb. 1-11 Segmentregister und logische Segmente

Die Erzeugung physikalischer 20Bit-Adressen

Entsprechend der Betrachtungsweise hat jede Speicherstelle zwei unterschiedliche Adreßtypen; eine *physikalische Adresse* und eine *logische Adresse.* Die physikalische Adresse ist eine 20Bit-Größe, die ein Speicherbyte im maximal 1 MByte großen Arbeitsspeicher auswählt.

Diese physikalische Adresse wird vom 8086/8088-Prozessor über die Adreßleitungen AD0 bis A19 auf den Adreßbus ausgegeben. Jeder Datenaustausch zwischen dem Prozessor und dem Arbeitsspeicher erfordert die Ausgabe dieser physikalischen Adresse.

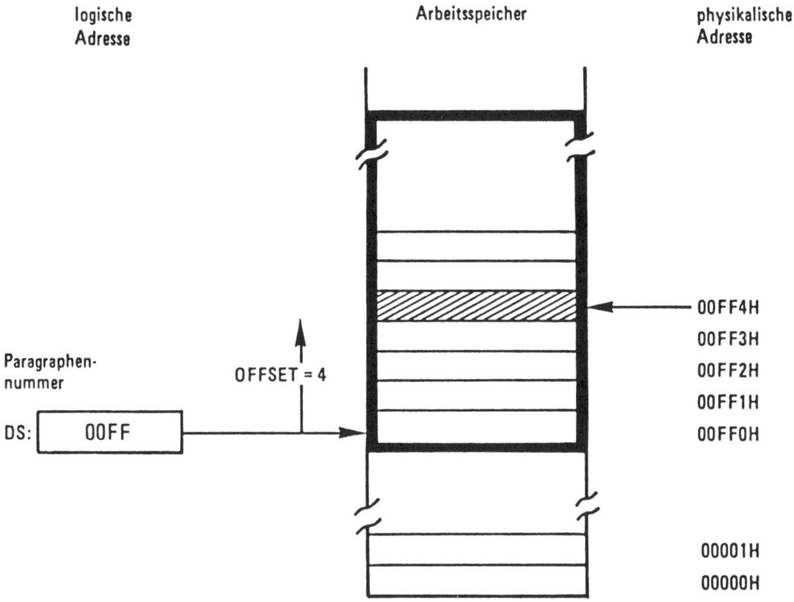

Abb. 1-12 Logische Adresse eines Speicherbytes

Für Programme ist es jedoch sinnvoller, mit logischen Adressen zu arbeiten. Dadurch können Programme entwickelt werden, ohne Rücksicht darauf zu nehmen, in welche physikalischen Speicherstellen diese Programme und ihre Daten später zu liegen kommen.

Jede logische Adresse besteht aus einer 16Bit-Segmentanfangsadresse (einer Paragraphennummer) und einer 16Bit-Distanzadresse innerhalb des Segmentes. Diese 16Bit-Distanzadresse heißt *Offset.*

Der Offset ist somit der Abstand eines Speicherbytes vom Anfang des Segmentes in Bytes ausgedrückt. Das erste Byte in einem Segment hat den Offset 0. Da der Offset eine vorzeichenlose 16Bit-Größe ist, kann ein Segment somit maximal 64KByte groß sein.

Immer wenn die BIU einen Zugriff auf den Arbeitsspeicher durchführt, sei es um Daten zu holen (READ-Zyklus) oder zu speichern (WRITE-Zyklus) oder um einen Maschinenbefehl zu holen (FETCH-Zyklus), muß sie aus einer logischen Adresse eine physikalische 20Bit-Adresse erzeugen. Dazu wird die Paragraphennummer aus dem jeweiligen zur Adressierung verwendeten Segmentregister in einem speziellen 20Bit-Register der BIU um 4 Bit nach links geshiftet und anschließend der Offset dazuaddiert.

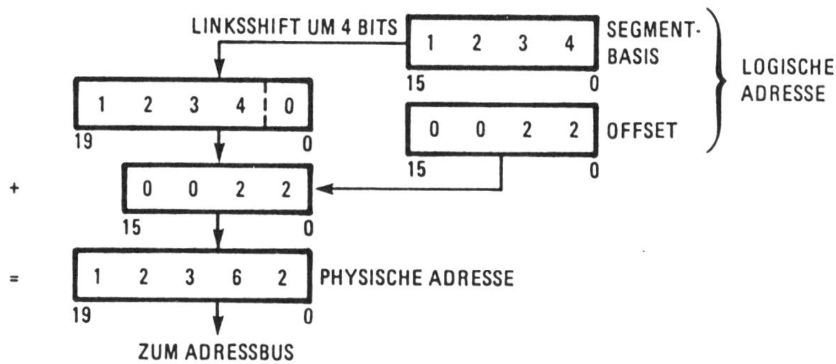

Abb. 1-13 Berechnung von 20Bit-Adressen durch die BIU

Die Adressierung von Speicheroperanden

8086/8088-Assemblerbefehle können *keinen*, *einen* oder *zwei* Operanden erfordern.

Beispiele:

IRET	Rücksprung aus einer Interruptroutine, *kein* Operand erforderlich
INC AX	Inkrementieren des Registers AX, *ein* Operand erforderlich
ADD AX,WORTVAR	Addieren der Speichervariablen WORTVAR auf AX, *zwei* Operanden erforderlich

Wenn in einem Befehl zwei Operanden vorkommen, so ist im Regelfall der linke Operand der Zieloperand (Destination operand) und der rechte Operand der Quelloperand (Source operand). Der Befehl

ADD AX, WORTVAR

läßt sich also folgendermaßen lesen:

Addiere den Inhalt der Speichervariablen WORTVAR auf den Inhalt des AX-Registers. AX enthält anschließend die Summe.

Die Operanden können in *Registern*, im *Maschinenbefehl selbst als Konstante* oder im *Arbeitsspeicher* stehen. Die Kombinationsmöglichkeiten und Einschränkungen für diese Operandentypen werden im folgenden beschrieben.

Registeroperanden

Befehle, die nur Registeroperanden ansprechen, sind sehr kompakt und sehr schnell. Dies liegt daran, daß die angesprochenen Register mit wenigen Bits im Maschinenbefehl angegeben sind und kein zeitaufwendiger Zugriff auf den Arbeitsspeicher erforderlich ist. Register können als Quelloperand, als Zieloperand oder als beides fungieren.

Beispiel: ADD AX, BX

Direktwertoperanden

Direktwertoperanden sind Konstanten, die im Maschinenbefehl selbst enthalten sind. Sie können 8 oder 16 Bit lang sein. Da sie als Teil des Befehls mit dem FETCH-Zyklus bereits in den Prozessor geholt wurden, ist kein weiterer Speicherzugriff mehr erforderlich. Direktwerte können jedoch *nur als Quelloperanden* verwendet werden.

Beispiel: ADD AX, 1234H

Speicheroperanden

Während der EU bei der Ausführung eines Befehls Register- und Direktwertoperanden unmittelbar zur Verfügung stehen, muß sie Speicheroperanden erst durch die BIU einlesen lassen. Dazu muß die EU der BIU den Offset des entsprechenden Operanden übergeben, damit die BIU die physikalische 20Bit-Adresse errechnen und über den Adreßbus ausgeben kann. Der Offset, den die EU errechnet und der BIU für einen Speicherzugriff übergibt, wird als *Effektive Adresse (EA)* bezeichnet. Diese Effektive Adresse ist eine vorzeichenlose 16Bit-Zahl, die den Abstand des Operanden in Bytes vom Segmentanfang angibt. Diese EA kann auf verschiedene Weisen gebildet werden, die dem Assemblerprogrammierer sämtlich zur Verfügung stehen. Durch die Wahl der jeweils geeigneten Adressierungsart läßt sich die Leistungsfähigkeit eines Programmes wesentlich erhöhen.

Die direkte Adressierung

Die direkte Adressierung ist die einfachste Form der Speicheradressierung. Die EA steht direkt als 8Bit- oder 16Bit-Wert im Maschinenbefehl. Dieser im Maschinenbefehl enthaltene Adreßteil wird als *Displacement* bezeichnet. Das Übersetzungsprogramm erzeugt eine direkte Adresse, wenn in einem Assemblerbefehl ein Variablenname oder ein numerischer Ausdruck als Operand verwendet wird. Wird nur ein numerischer Ausdruck verwendet, so muß er in eckigen Klammern stehen und es muß durch ein Segmentregisterpräfix angegeben werden, welches Segmentregister für die Bildung der physikalischen Adresse verwendet werden soll.

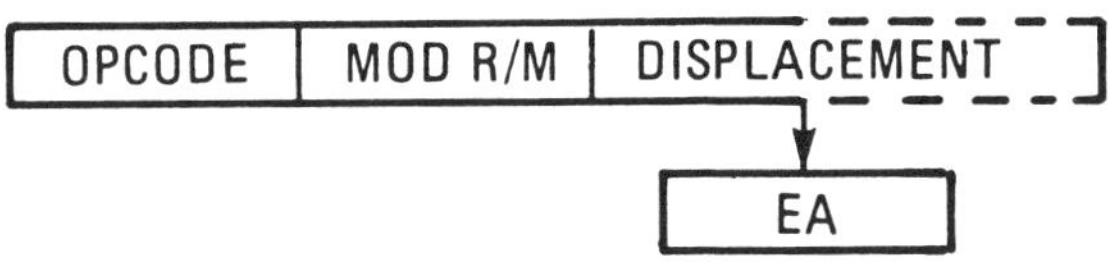

Abb. 1-14 Direkte Adressierung

Beispiele:

```
INC   WORTVAR
MOV   BL, BYTEVAR + 2
MOV   DS:[10],AL
```

Die indirekte Adressierung

Eine indirekte Adressierung liegt immer dann vor, wenn ein Basisregister und/oder ein Indexregister bei der Adreßberechnung beteiligt sind. Zusätzlich kann noch ein 8Bit- oder 16Bit-Displacement vorkommen, das gegebenenfalls auf 16Bit vorzeichenerweitert wird. Die Syntax der MASM-Assemblersprache verlangt dabei, daß Basisregister und/oder Indexregister in eckigen Klammern stehen müssen, und zwar nach einem Variablennamen, falls dieser vorhanden ist. Alle folgenden Adressierungsarten sind Unterformen der indirekten Adressierung.

Die indirekte Adressierung durch ein Basisregister

Bei dieser Adressierungsart enthält das BX- oder das BP-Register unmittelbar die effektive Adresse (EA) des angesprochenen Speicheroperanden. Das MOD R/M-Byte im Maschinenbefehl enthält eine Angabe über das beteiligte Register.

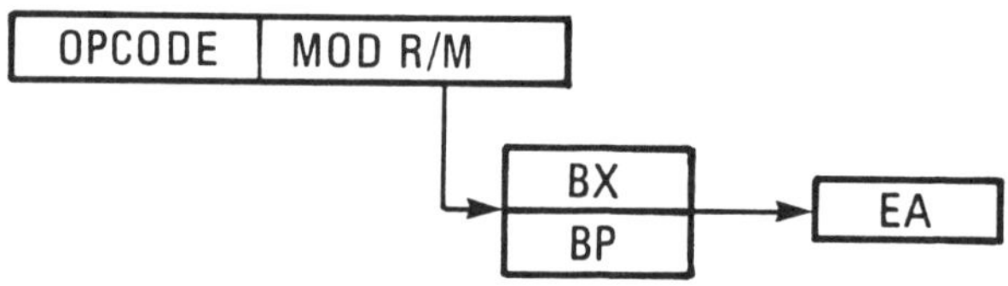

Abb. 1-15 Indirekte Adressierung durch ein Basisregister

Beispiele:

```
MOV  AX, [BX]
INC  BYTE PTR [BX]
MOV  [BX], DL
MOV  CX, [BP]
```

Mit dieser Adressierungsart kann ein Maschinenbefehl in Abhängigkeit vom aktuellen Inhalt des BX- oder BP-Registers unterschiedliche Speicherstellen ansprechen.

Die indirekte Adressierung durch ein Basisregister und ein Displacement

Bei dieser Adressierungsart wird die EA gebildet, indem ein im Maschinenbefehl enthaltenes 8Bit- oder 16Bit-Displacement zum Inhalt des BX- oder BP-Registers addiert wird.

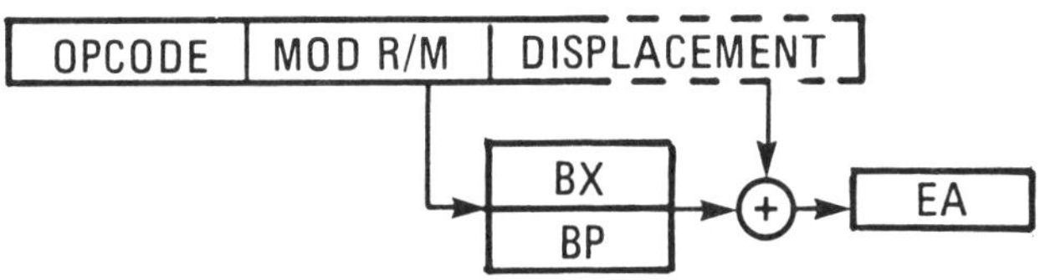

Abb. 1-16 Indirekte Adressierung durch ein Basisregister und ein Displacement

Beispiele:

```
MOV  AX, [BP + 6]
MOV  CX, WORTTAB [BX]
MOV  WORTTAB [BX + 2], DX
NEG  BYTE PTR [BX - 4]
```

Ist das BP-Register bei der Adreßbildung beteiligt, so wird die EA von der BIU standardmäßig auf das SS-Segmentregister addiert, um die physikalische Adresse zu bilden. Diese Adressierungsart ist daher geeignet, um Stapelsegmente anzusprechen oder um Tabellen zu verarbeiten, deren Anfangsoffset als Displacement im Befehl enthalten ist.

Die indirekte Adressierung durch ein Indexregister

Bei dieser Adressierungsart enthält das SI- oder das DI-Register unmittelbar die EA des angesprochenen Speicheroperanden. Das MOD R/M-Byte im Maschinenbefehl enthält eine Angabe über das beteiligte Indexregister.

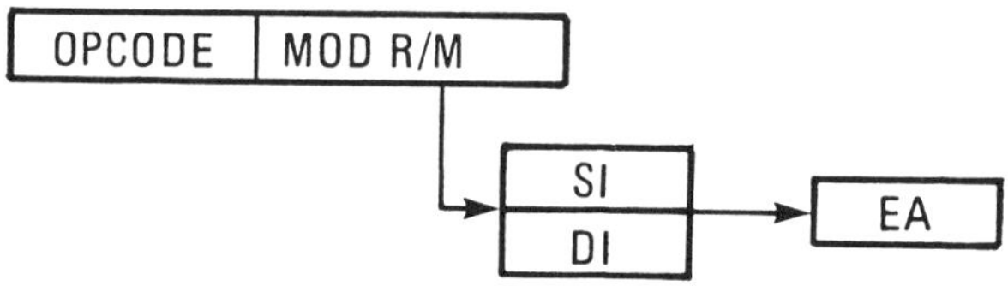

Abb. 1-17 Indirekte Adressierung durch ein Indexregister

Beispiele:

```
MOV  AX, [SI]
MOV  [DI], BX
INC  WORD PTR [SI]
```

Diese Adressierungsmethode entspricht der indirekten Adressierung durch ein Basisregister.

Die indirekte Adressierung durch ein Indexregister und ein Displacement

Bei dieser Adressierungsart wird die EA eines Speicheroperanden gebildet, indem ein im Maschinenbefehl enthaltenes 8Bit- oder 16Bit-Displacement zum Inhalt des SI- oder des DI-Registers addiert wird.

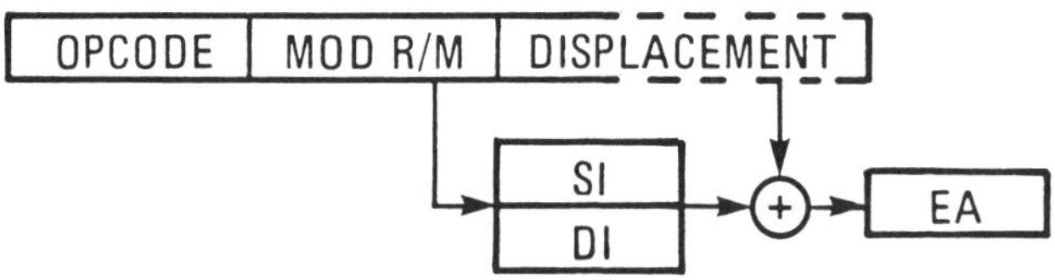

Abb. 1-18 Indirekte Adressierung durch ein Indexregister und ein Displacement

Beispiele:

```
MOV  AX, [SI + 4]
MOV  [DI - 2], DX
MOV  BYTEVAR [SI], CL
INC  BYTE PTR [DI + 2]
```

Diese Adressierungsmethode eignet sich besonders für die Verarbeitung von Tabellen, deren Anfangsoffset als Displacement im Befehl enthalten ist und deren Elemente durch ein Indexregister angesprochen werden.

Die indirekte Adressierung durch ein Basis- und ein Indexregister

Bei dieser Adressierungsart wird die EA eines Speicheroperanden gebildet, indem der Inhalt eines Basisregisters und eines Indexregisters addiert werden. Diese Adressierungsart ist sehr flexibel, da zwei Adreßkomponenten variabel sind.

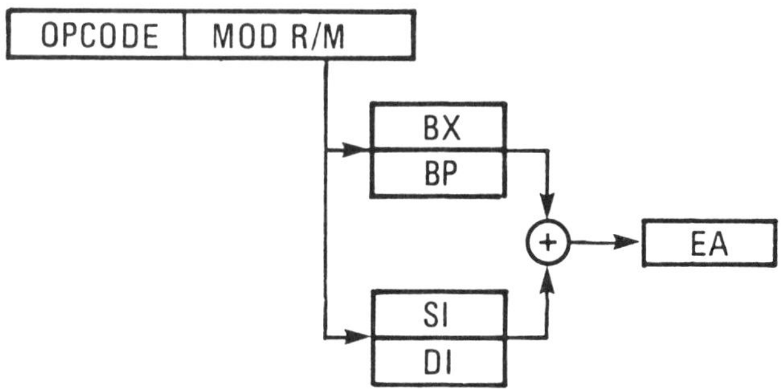

Abb. 1-19 Indirekte Adressierung durch ein Basisregister und ein Indexregister

Beispiele:

```
MOV  AX, [BX + SI]
MOV  [BP + DI], DX
MOV  [BX][DI], CL
MOV  AL, [BP + SI]
MOV  AX, [BP][DI]
INC  WORD PTR [BX + SI]
```

Es kann nur jeweils ein Indexregister mit einem Basisregister zur Adreßbildung verbunden werden, jedoch *niemals zwei Basisregister oder zwei Indexregister.*

Die indirekte Adressierung durch ein Basisregister, ein Indexregister und ein Displacement

Bei dieser Adressierungsart wird die EA eines Speicheroperanden aus der Summe eines Basisregisters, eines Indexregisters und eines im Maschinenbefehl enthaltenen 8Bit- oder 16Bit-Displacements gebildet. Dieser Adreßtyp besteht also aus zwei variablen und einer fixen Adreßkomponente.

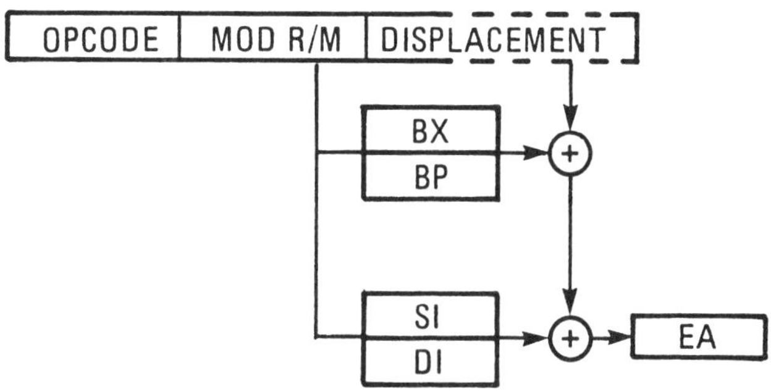

Abb. 1-20 Indirekte Adressierung durch ein Basisregister, ein Indexregister und ein Displacement

Beispiele:

```
MOV  AX, [BX+SI+2]
MOV  [BP+DI+1], DX
MOV  TAB [BX+DI+1], CL
INC  WORD PTR [BP+SI+4]
```

Die standardmäßige Zuordnung der Segmentregister

Wenn bei der Ausführung eines Maschinenbefehls auf einen Speicheroperanden zugegriffen werden muß, ordnet die BIU seine effektive Adresse standardmäßig einem bestimmten Segmentregister zu, falls dem Befehl kein Segmentregisterpräfixbyte vorangeht. Der Assembler generiert dieses Präfixbyte immer dann, wenn im symbolischen Assemblerbefehl durch ein Segmentregisterpräfix oder die Verwendung eines Variablennamens (in Verbindung mit ASSUME) von der Standardzuordnung abgewichen wird. Für die Standardzuordnung gelten die folgenden Regeln:

1. Ist bei der EA-Bildung das BP-Register beteiligt, so wird die physikalische Adresse mit dem Inhalt des SS-Registers gebildet.

2. In allen anderen Fällen wird die physikalische Adresse mit dem Inhalt des DS-Registers gebildet.

EA-Bildung:	zugeordnetes Segmentregister:
[BX]	DS
[BX + zahl]	DS
[SI]	DS
[SI + zahl]	DS
[DI]	DS
[DI + zahl]	DS
[BX + SI]	DS
[BX + DI]	DS
[BX + SI + zahl]	DS
[BX + DI + zahl]	DS
[BP]	SS
[BP + zahl]	SS
[BP + SI]	SS
[BP + DI]	SS
[BP + SI + zahl]	SS
[BP + DI + zahl]	SS

2

DER MASM-MACROASSEMBLER VON MICROSOFT

Benutzungshinweise für dieses Kapitel

Da dieses Kapitel die *vollständige* Beschreibung des MASM-Macroassemblers enthält, wirkt die Vielfalt der Direktiven und Operatoren auf den Anfänger leicht verwirrend. Für den ersten Einstieg reicht jedoch bereits ein Teil davon, um einfache Assemblerprogramme schreiben zu können. Meine Empfehlungen sind:

1. Lesen Sie die ersten Abschnitte vollständig, und sehen Sie sich besonders das *Befehlsformat* (S.60) und das *Direktivenformat* (S.61) an.

2. Um erste Programme schreiben zu können, brauchen Sie die SEGMENT/ENDS-Direktiven (S.63 ff) sowie die ASSUME-Direktive (S.76 ff). In den entsprechenden Abschnitten sind auch einfache *Programmbeispiele* angegeben, aus denen Sie den Gebrauch dieser Direktiven und einfache Programmstrukturen ersehen können. Zum Abschluß benötigen Sie noch die END-Direktive (S.91).

3. Damit ihre Programme mit *Speichervariablen* arbeiten können, benötigen Sie die Direktiven zur Speicherreservierung und Datendefinition (S.93 - S.103).

4. Auch von den *Ausdrücken* und *Operatoren* benötigen Sie anfangs nur einen kleinen Teil. Ich empfehle Ihnen, die Seiten 123 bis 134 durchzuarbeiten und dabei besonders die OFFSET-, TYPE-, LENGTH- und SIZE-Operatoren sowie das Segmentregisterpräfix anzusehen. Für den Anfang reicht es dann, wenn Sie noch den PTR-Operator (S.141 f) kennen.

Einführung

Befehle oder Befehlsfolgen (Programme) für die 8086/8088/80186/80286 - Prozessoren müssen in Maschinencode (hexadezimal bzw. binär) im Speicher vorliegen, damit sie der Prozessor abarbeiten kann (z.B. 8ED88EC0). Diese Darstellung von Befehlen an den Prozessor ist für den Menschen kompliziert, unübersichtlich, fehleranfällig und zeitraubend zu programmieren.

Für jeden Maschinenbefehl einen für den Menschen leichter lesbaren symbolischen Befehl zu schreiben, war einer der ersten Schritte auf dem Weg zu einer effektiven Programmiertechnik gegen Ende der 40er Jahre, als die ersten speicherprogrammierbaren Röhrencomputer entwickelt wurden. Damals wurden auch erstmals immer wieder benötigte Programmteile als Unterprogramme geschrieben und bausteinartig zu ablauffähigen Maschinenprogrammen zusammengebunden. Für das Programm, das die Übersetzung und Zusammenstellung vornahm, bürgerte sich die Bezeichnung ASSEMBLER ein, da die Vorgehensweise der Montage von Bauteilen in der Geräteproduktion ähnelte; das englische Wort 'to assemble' bedeutet soviel wie 'zusammenstellen, montieren'. Die Bezeichnung ASSEMBLER (abgekürzt: ASM) wurde beibehalten, obwohl die eigentlichen Bindefunktionen heute vom Betriebssystem, vor allem dem Linker (Binder) durchgeführt werden.

Da MS-DOS von Microsoft das verbreitetste Betriebssystem für die 16Bit-Mikroprozessorfamilie 8086/8088/80186/80286 von Intel darstellt, habe ich mich für die Behandlung des zugehörigen Macro-Assemblers MASM entschieden. Damit ist gewährleistet, daß Sie in Assembler geschriebene Objektmodule mit anderen Modulen zusammenbinden können, die in höheren Programmiersprachen wie C, Pascal oder Fortran geschrieben und unter MS-DOS entwickelt wurden.

Der in diesem Kapitel behandelte MASM-Assembler hat die folgenden Grundeigenschaften:

1. MASM ist ein Assembler für die 8086/8088/80186/80286-Mikroprozessoren von Intel. Er kann die Befehle für diese Pro-

zessoren und darüber hinaus für die arithmetischen Koprozessoren 8087 und 80287 assemblieren.

2. MASM erzeugt aus Assemblerquellprogrammen verschiebliche Objektmodule, die mit dem Microsoft Binder LINK zu ausführbaren Maschinenprogrammen verbunden werden können.

3. MASM ist ein Macro-Assembler mit einem vollen Satz von Macrodirektiven, durch die Sie fest eingebaute und frei definierbare Macros in Ihren Quellprogrammen verwenden können.

4. MASM unterwirft Ihr Quellprogramm einer strikten Syntaxprüfung und gibt erforderlichenfalls die notwendigen Fehlermeldungen aus.

Die Elemente der MASM-Sprache

MASM ist ein Programm, das

a) symbolische Assemblerbefehle (Quellcode) erkennt und in Maschinenbefehle (Objektcode) übersetzt und

b) zusätzlich Anweisungen zur Steuerung des Übersetzungsvorganges (Direktiven) erkennt und ausführt.

Programme können in der MASM-Sprache ohne Spaltenzwang geschrieben werden, d.h. es können beliebig viele Leerstellen zwischen die Sprachelemente eingefügt werden.

Der Zeichenvorrat der MASM-Sprache:

Der erlaubte Zeichenvorrat besteht aus:

- großes Alphabet:	A - Z (ohne Umlaute)
- kleines Alphabet:	a - z (ohne Umlaute und ß)
- Ziffern :	0 - 9
- Sonderzeichen:	+ - * / = ( ) [ ] < > . , ; ' " _ : ? @ $ & % ! \ ~	{ } ` #

- nicht druckbare Zeichen:
  20H Leerstelle (blank,space)
  0DH Wagenrücklauf (carriage-return)
  0AH Zeilenvorschub (line-feed)

Wenn ein MASM-Quellprogramm irgendein Zeichen enthält, das nicht in diesem Zeichenvorrat enthalten ist, so wird von MASM eine Syntaxfehlermeldung ausgegeben.

Zwischen Groß- und Kleinschreibung wird nicht unterschieden (mit Ausnahme in Zeichenkettendefinitionen). Zum Beispiel wird xyz nicht von XYz unterschieden.

Es spielt keine Rolle, ob ein oder mehrere aufeinanderfolgende Leerstellen verwendet werden (mit Ausnahme in Zeichenketten).

Sonderzeichen und Kombinationen von Sonderzeichen haben in einem MASM-Programm teilweise eine spezielle Bedeutung und werden noch näher erklärt.

Die MASM-Syntax

Zeichen und Trennzeichen

Ein *Zeichen* oder eine Zeichenfolge ist die kleinste Einheit in einem MASM-Quellprogramm, die eine Bedeutung haben kann.

Trennzeichen werden benutzt, um zwei aufeinanderfolgende Zeichen(folgen) so zu trennen, daß klar wird, daß es sich nicht um eine einzige Zeichenfolge handelt. Die am meisten benutzten Trennzeichen sind die Leerstelle (blank,space) und Tabulatorschritte (mehrere zusammenhängende Leerstellen).

Zum Beispiel ist

```
MOV AX,[BX+3]
```

identisch mit

```
MOV AX      ,     [ BX + 3 ]
```

Begrenzer

Begrenzer sind Sonderzeichen, die helfen, Anfang und Ende einer Zeichenfolge anzuzeigen. Sie haben auch zusammen mit vorhergehenden und nachfolgenden Zeichenfolgen im Gegensatz zu Trennzeichen Spezialbedeutung. In dem Befehl:

```
MOV AX,[BX+3]
```

sind das Komma, die eckigen Klammern und das Pluszeichen Begrenzer. Wenn Begrenzer vorhanden sind, sind keine zusätzlichen Trennzeichen mehr erforderlich; jedoch macht die Benutzung von Trennzeichen ein Programm oft übersichtlicher.

Die folgende Tabelle beschreibt die Trennzeichen und Begrenzer von MASM mit ihren Funktionen.

Zeichen	Name	Gebrauch
20H	Leerschritt	Begrenzt oder beendet Zeichen(folgen)
09H	Tabulator	Erhöht die Lesbarkeit eines Quellprogrammes
	Komma	Grenzt einen Operanden von einem vorhergehenden Operanden ab, wenn mehr als ein Operand benutzt wird

Zeichen	Name	Gebrauch
'...' "..."	Paar von einfachen oder doppelten Hochkommata	Begrenzt einen Zeichenstring
(...)	Paar von runden Klammern	Begrenzt einen Ausdruck oder einen Unterausdruck; wird verwendet, um die Lesbarkeit zu erhöhen oder um die Vorrangreihenfolge festzulegen
0D0AH CRLF	Wagenrücklauf Zeilenvorschub	Beendet Befehlszeilen
;	Strichpunkt	Begrenzt Kommentarfelder
:	Doppelpunkt	Begrenzt Symbole, die als Marken (Label), Segmentpräfixe, Makronamen, Externals, ASSUME-Begriffe oder Satzfelder definiert sind
.	Punkt	Wird in Recordnamen verwendet
&	Ampersand	Wird in der Macrosprache verwendet
<...>	Paar von Dreiecks-klammern	Wird in der Macrosprache verwendet
$	Dollar	Kurzzeichen für "momentane Programmadresse"
[...]	Paar von eckigen Klammern	Schließt einen Adreßausdruck ein
=	Gleichheits-zeichen	Trennt bei der Record-Direktive den Feldnamen vom wahlfreien Initialisierungswert oder ist eine Direktive

Zeichen	Name	Gebrauch
-	Minuszeichen	Bedeutet zwischen zwei Ausdrücken eine Subtraktion; vor einem Ausdruck negatives Vorzeichen
+	Pluszeichen	Bedeutet zwischen zwei Ausdrücken eine Addition; vor einem Ausdruck positives Vorzeichen
*	Stern	Bedeutet Multiplikation
/	Schrägstrich	Bedeutet Division
?	Fragezeichen	Bedeutet ein nicht vorbelegter Wert, um Speicherplatz zu reservieren; kann auch zur Namensbildung benutzt werden
@	Klammeraffe	Wird zur Namensbildung benutzt
_	Unterstrich	Wird zur Namensbildung benutzt

Konstanten

Eine Konstante ist ein Wert, der zur Assemblierungszeit des Programmes bekannt sein muß und der sich zur Ausführungszeit des Programmes nicht mehr ändern darf. Eine Konstante kann ein ganzzahliger numerischer Wert (integer) oder ein Zeichenstring (ASCII-Code der Zeichen) sein.

Numerische Konstanten

Eine numerische Konstante mit ganzzahligem Wert kann

- dual (zur Basis 2),
- oktal (zur Basis 8),
- dezimal (zur Basis 10) oder
- hexadezimal (zur Basis 16)

geschrieben werden.

dual:	-1111111111111111B <= X <= +1111111111111111B
oktal:	-177777Q <= X <= +177777Q
dezimal:	-65535 <= X <= +65535
hexadezimal:	-0FFFFH <= X <= +0FFFFH

Eine *Dualzahl* wird aus den Ziffern 0 und 1 gebildet und muß zur Kennzeichnung mit einem B abgeschlossen werden. Z.B.:

0B
1B
10101010B
1111111111B
-1011011011b

Eine *Oktalzahl* wird aus den Ziffern 0 bis 7 gebildet und muß zur Kennzeichnung mit einem O oder Q abgeschlossen werden. Z.B.:

1234567Q
-3O
+346Q
0q

Eine *Dezimalzahl* wird aus den Ziffern 0 bis 9 gebildet und kann zur Kennzeichnung mit einem D (wahlweise) abgeschlossen werden. Z.B.:

12300
-65D
+65248
0

Eine *Hexadezimalzahl* wird aus den Ziffern 0 bis 9 und den Zeichen A bis F gebildet und muß zur Kennzeichnung mit einem H abgeschlossen werden. Außerdem muß eine Hexadezimalzahl mit einer Ziffer (0 bis 9) beginnen, damit sie MASM von einem Namen unterscheiden kann. Z.B.:

```
1H
-600H
0FFH        ;die führende 0 ist nur aus
0ABCH       ;Syntaxgründen notwendig
```

Alphanumerische Konstanten (Zeichenketten)

Alphanumerische Konstanten sind druckbare Zeichen im ASCII-Code, die in einfache oder doppelte Hochkommata eingeschlossen sein müssen. Leerzeichen (Space = 20H) und Tabulatorzeichen (TAB = 09H) sind erlaubt. Wagenrücklauf (CR = 0DH) und Zeilenvorschub (LF = 0AH) sind nicht erlaubt. MASM stellt einen String als Folge von Bytes dar, die den jeweiligen ASCII-Code der Zeichen enthalten.

Beispiele:

```
'ABCDEFG'
"Dies ist ein Text"
'War''s schön ?'
'123456!"$@%]ß]&()_-*'
```

Strings der Länge 1 können in eine numerische Konstante von Bytegröße und Strings der Länge 2 in eine numerische Konstante von Wortgröße umgesetzt werden.

Beispiele:

```
MOV AL, 'A'     ;ist äquivalent zu
MOV AL, 41H
```

und

```
MOV AX, 'Ag'    ;ist äquivalent zu
MOV AX, 4167H
```

Namen (Identifier)

Namen sind Zeichenfolgen, die eine spezielle Bedeutung für den Assembler haben. Alle Namen müssen nach folgenden Regeln gebildet werden:

1. Das erste Zeichen muß alphabetisch (A-Z,a-z) oder eines dieser Sonderzeichen (@, _, ?, + ,$, %) sein. Das Fragezeichen darf jedoch nicht alleine benutzt werden.

2. Jedes weitere Zeichen darf zusätzlich zu den Zeichen in 1.) noch 0 bis 9 sein.

3. Es werden nur die ersten 31 Zeichen identifiziert. Jedes weitere Zeichen darüber hinaus wird ignoriert.

   Beispiele für *syntaktisch richtige* Namen:

```
A
Wort
W3
FFFFH
?Sprung_ja_oder_nein?
@JETZT
ERSTER$BETRAG
Variablen_NUMMER_1234567890123456
Variablen_NUMMER_12345678901234567
```

Die letzten zwei Namen kann MASM nicht mehr unterscheiden.

Beispiele für *syntaktisch falsche* Namen:

```
0FFFFH
'NAME'
```

Schlüsselworte

Schlüsselworte sind reservierte Worte. Dazu gehören all diejenigen Namen, die für MASM eine vordefinierte Bedeutung besitzen.

Beispiele:

AX	(Registerbezeichnung)
WORD	(Operator)
MOV	(Assemblerbefehl)
END	(Direktive)

Symbole und ihre Attribute

Symbole sind Namen, die vom Programmierer definiert werden können. Symbole lassen sich in fünf Gruppen unterteilen:

- Register
- Variablen
- Marken (Label)
- numerische Konstanten (Equate-Werte)
- Einige andere (segment, group, record, record field, formale Parameter)

Jedes Symbol enthält noch zusätzliche Informationen (z.B. Segmentzugehörigkeit, Offset, Länge in Bytes). Diese zusätzlichen Informationen nennt man *Attribute*.

Die Registersymbole und ihre Attribute

CLASS	Symbol	SIZE	Bezeichnung
H	AH	1 Byte	Accumulator-High-Byte
	BH	1 Byte	Base-Register-High-Byte
	CH	1 Byte	Count-Register-High-Byte
	DH	1 Byte	Data-Register-High-Byte
L	AL	1 Byte	Accumulator-Low-Byte
	BL	1 Byte	Base-Register-Low-Byte
	CL	1 Byte	Count-Register-Low-Byte
	DL	1 Byte	Data-Register-Low-Byte
X	AX	2 Bytes	Accumulator
	BX	2 Bytes	Base-Register

CLASS	Symbol	SIZE	Bezeichnung
	CX	2 Bytes	Count-Register
	DX	2 Bytes	Data-Register
P	BP	2 Bytes	Base Pointer
	SP	2 Bytes	Stack Pointer
I	SI	2 Bytes	Source Index
	DI	2 Bytes	Destination Index
S	CS	2 Bytes	Code-Segment-Register
	SS	2 Bytes	Stack-Segment-Register
	DS	2 Bytes	Data-Segment-Register
	ES	2 Bytes	Extra-Segment-Register
F	AF	1 Bit	Auxiliary-Carry-Flag
	CF	1 Bit	Carry-Flag
	DF	1 Bit	Direction-Flag
	IF	1 Bit	Interupt-Enable-Flag
	OF	1 Bit	Overflow-Flag
	PF	1 Bit	Parity-Flag
	SF	1 Bit	Sign-Flag
	TF	1 Bit	Trap-Flag
	ZF	1 Bit	Zero-Flag

Variablensymbole und ihre Attribute

Variablen werden benutzt, um Speicherstellen im Arbeitsspeicher mit einem symbolischen Namen ansprechen zu können. Dafür besitzen Variablen drei Attribute:

1. **Segment**. Information, welcher Segment-Anfangsadresse (Paragraph) die Variable zugeordnet ist.

2. **Offset**. Information, in welchem Abstand zum Segmentanfang die Variable definiert ist.

3. **Type**. Information, von welchem Typ (Byte, Wort, Doppelwort) die Variable ist.

Markensymbole und ihre Attribute

Marken (Label) sind Programmadressen, die mit einem Namen belegt werden. Sie werden in der Hauptsache für Sprungbefehle benötigt. Markensymbole besitzen vier Attribute:

1. **Segment**. Information, welcher Segmentanfangsadresse (Paragraph) die Marke zugeordnet ist.

2. **Offset**. Information, in welchem Abstand zum Segmentanfang die Marke definiert ist.

3. **Distanz**. Information, ob auf diese Marke von einem Befehl innerhalb desselben Segments gesprungen wird (NEAR) oder ob auf diese Marke von einem anderen Segment aus gesprungen wird (FAR). Diese Information benötigt der Assembler hauptsächlich, um unterschiedliche Sprungbefehle generieren zu können.

Symbole für numerische Konstanten

Numerische Konstanten können durch die EQU-Direktive mit einem Namen belegt werden und können dann im Programm weiterhin unter diesem Namen benutzt werden. Es kann damit die Lesbarkeit und die Änderungsfreundlichkeit eines Programmes erhöht werden. Z.B.:

```
ZINSSATZ EQU 5
.
MOV  AL, ZINSSATZ ;ist äquivalent zu
MOV  AL, 5
```

Anweisungen (Statements)

Ein Assemblerquellprogramm besteht aus Anweisungen. Eine Anweisung besteht aus Zeichen bzw. Zeichenfolgen, Trennzeichen und Begrenzern. MASM unterscheidet zwei Arten von Anweisungen:

a) **Befehle**. Befehle sind Befehle an die 8086/8088/80186/80286-Prozessoren und werden von MASM in die entsprechenden Maschinenbefehle umgewandelt.

b) **Direktiven**. Direktiven sind Anweisungen zur Steuerung des Übersetzungsvorganges und der Arbeitsweise von MASM und führen *nicht* zu Maschinenbefehlen.

Normalerweise wird pro Zeile eine Anweisung geschrieben. Eine Anweisung wird durch CR und/oder LF (Return- bzw. Line-Feed-Taste) abgeschlossen. Zeichenkettendefinitionen, die selbst keinen Zeilenvorschub enthalten sollen und nicht in eine Quellcodezeile passen, können folgendermaßen über Zeilengrenzen fortgesetzt werden:

```
MELDUNG   DB 'TEIL1'
          DB 'TEIL2'
          DB 'TEIL3'
```

Kommentare können folgendermaßen fortgesetzt werden:

```
;Kommentar Teil 1
;Kommentar Teil 2
```

Befehlsformat

Befehle haben folgenden formalen Aufbau (wahlfreie Befehlsbestandteile sind in [...] eingeschlossen):

[Marke:] [Präfix] Operation [Operand(en)] [;Kommentar]

```
SCHLEIFE:               MOV       AX,BX        ;BX nach AX
VERGL:      REPNE       SCAS      STRING1      ;Durchsuchen eines Strings
                                               ;nach einem Zeichen
ENDE:                   NOP                    ;Endroutine
```

a) **Marke**. Ist ein Symbol, direkt gefolgt von einem Doppelpunkt, das den Befehl als Sprungziel zugänglich macht (siehe Marken). Dieses Feld ist immer wahlfrei.

b) **Präfix**. Ist ein Präfixbefehl (siehe REP, REPNE, LOCK etc.) und wird bei Spezialprogrammierung (z.B. Stringverarbeitung oder Mehrprozessorsystemen) verwendet. Dieses Feld ist immer wahlfrei.

c) **Operation** (Opcode). Ist ein Befehl aus dem 8086/8088/80186/80286-Befehlssatz (oder der Aufruf eines Makros, das vorher definiert worden sein muß).

d) **Operand(en)**. Je nach Art des Befehls werden hier keine, ein oder zwei Operanden benötigt. Werden zwei Operanden benötigt, dann müssen sie durch ein Komma als Trennungszeichen getrennt werden.

e) **;Kommentar**. Erkennt MASM in einer Zeile ein Semikolon (ausgenommen innerhalb einer Stringkonstanten), so wird der Rest der Zeile ab diesem Semikolon als Kommentar aufgefaßt und von MASM nicht übersetzt. Kommentare dienen der Dokumentation und besseren Verständlichkeit eines Programmes. Dieses Feld ist immer wahlfrei.

Direktivenformat

Direktiven haben folgenden formalen Aufbau:

[Name] Direktive [Operand(en)] [;Kommentar]

```
HILFS_DATEN   SEGMENT                 ;Anfang eines Datensegmentes

BYTEVAR       DB        3FH           ;Definition von BYTEVAR mit
                                      ;3FH Inhalt

HILFS_DATEN   ENDS                    ;Ende des Segmentes
```

a) **Name**. Einige Direktiven brauchen einen Namen. Bei anderen Direktiven ist der Name wahlfrei. Der Name einer Direktive darf nicht mit einer Marke in einem Befehl verwechselt werden, da auf ihn nicht gesprungen werden kann. Er darf nicht mit einem Doppelpunkt beendet werden.

b) **Direktive**. Ca. 50 verschiedene Direktiven an MASM steuern zur Assemblierungszeit Funktionen, wie z.B. die Speicherbelegung, geben Hinweise auf andere Programmodule oder zur Handhabung von Symbolen.

c) **Operand(en)**. Je nach Art der Direktive werden hier kein, ein oder zwei Operand(en) benötigt. Werden zwei Operanden benötigt, dann müssen sie durch ein Komma getrennt werden.

d) **;Kommentar**. Erkennt MASM in einer Zeile ein Semikolon (ausgenommen innerhalb einer Stringkonstanten), so wird der Rest der Zeile ab diesem Semikolon als Kommentar aufgefaßt.

Die Direktiven des MASM-Macroassemblers

Direktiven geben dem Übersetzungsprogramm MASM Anweisungen, wie der Übersetzungsvorgang erfolgen soll. Sie beeinflussen somit das Maschinenprogramm, das vom Assembler erzeugt wird, führen aber im Unterschied zu den Assemblerbefehlen nicht direkt zu Maschinenbefehlen, die während der Laufzeit des Programms vom Prozessor ausgeführt werden. Die Assembler-Direktiven lassen sich folgendermaßen gruppieren:

1. Direktiven zur Programmstrukturierung

2. Befehlssatzdirektiven

3. Direktiven zur Symbol-Definition

4. Direktiven zur Modulverbindung

5. Direktiven zur Speicherreservierung und Datendefinition

6. Bedingungs-Direktiven

7. Direktiven zur Listengenerierung

8. Macro-Direktiven

Strikt gesehen sind auch Macros Direktiven, da sie das Übersetzungsprogramm veranlassen, Macroaufrufe durch die entsprechenden Befehlsfolgen der Macrodefinition zu ersetzen. Wegen ihrer besonderen Bedeutung werden Macros aber in einem gesonderten Kapitel (Kap. 5) behandelt.

Die Direktiven zur Programmstrukturierung

Die Direktiven zur Programmstrukturierung legen fest, wie der Lademodul sich aus Code- und Datensegmenten zusammensetzen soll, wenn er zur Ausführung in den Arbeitsspeicher geladen wird. Es handelt sich dabei um die folgenden Direktiven:

- SEGMENT / ENDS
- GROUP
- ORG
- EVEN
- ASSUME
- LABEL
- PROC / ENDP

Die SEGMENT / ENDS - Direktive

Jede Instruktion und jede Variable muß innerhalb eines logischen Blockes stehen. Dieser Block heißt Segment. Ein Segment und ein Segmentname wird mit der Segment-Direktive gebildet.

Name SEGMENT [Ausrichtung] [Verbindung] ['Klassenname']

Alle Instruktionen oder Daten, die nach einer Segment-Direktive folgen, gehören so lange zu dem Segment "Name", bis folgende Direktive erscheint:

Name ENDS

Diese Direktive beendet momentan das Segment "Name". (Siehe auch den Abschnitt: "Verschachtelte Segmente").

Man beachte:

- Es muß bei beiden Direktiven *derselbe Name* verwendet werden.

- Die Parameter nach SEGMENT müssen, falls sie angegeben werden, in der angegebenen Reihenfolge erscheinen.

In der Segment-Direktive erscheinen drei wahlfreie Parameter, die die Attribute eines Segmentes festlegen:

1. ein *Ausrichtungstyp* mit vier verschiedenen Möglichkeiten,

2. ein *Verbindungstyp* mit fünf verschiedenen Möglichkeiten und

3. ein *Klassenname* mit bis zu 40 frei wählbaren Zeichen, die in einfache Hochkommata eingeschlossen sein müssen. Segmente mit gleichem Klassennamen werden vom Linker zusammengebunden.

Die Ausrichtung eines Segmentes

Die Wahl der Ausrichtung ist im wesentlichen eine Direktive an den Linker. Der Assembler verwendet diese Direktive, um Informationen zu erzeugen, die später vom Linker benötigt werden, um die Segmente nach Wunsch verbinden und ausrichten zu können.

Es gibt die vier Ausrichtungstypen:

- PARA
- BYTE
- WORD
- PAGE

Diese vier Ausrichtungstypen erlauben es, festzulegen, wo ein Segment im Arbeitsspeicher zu liegen kommen soll. Für den Assembler ist der Segmentname gleichbedeutend mit der Paragraphennummer, bei der das Segment beginnt. Diese Paragraphennummer muß zur Laufzeit des Programmes in das betreffende Segmentregister geladen werden. Dies kann unter Benutzung des Segmentnamens geschehen:

```
MOV AX, SEGNAME
MOV DS, AX
```

Auf die Segmentanfangsadresse haben die Ausrichtungstypen folgende Auswirkungen:

Die PARA - Ausrichtung

Dies ist die *Standardeinstellung*, wenn keine Ausrichtung angegeben ist. Der Segmentanfang wird dabei auf die nächste freie Paragraphennummer gelegt (eine physikalische Adresse, die ohne Rest durch 16 teilbar ist). Zwischen zwei Segmenten (Ende des vorhergehenden Segmentes und Anfang des folgenden Segmentes) können bis zu 15 Bytes unbenutzt bleiben.

Die BYTE - Ausrichtung

Mit dieser Ausrichtung wird der Anfang eines neuen Segments lückenlos an das Ende des vorhergehenden Segmentes angeschlossen. Dies wird folgendermaßen erreicht: Der Segmentanfang des neuen Segmentes wird auf die letzte Paragraphennummer *innerhalb* des vorhergehenden Segmentes gelegt (bis zu -15 Bytes vom Ende des vorhergehenden Segmentes entfernt). Der Offset beginnt dann jedoch nicht bei 0, sondern mit einem Versatz (Displacement) um diese Anzahl von Bytes.

Die WORD - Ausrichtung

Die WORD-Ausrichtung bewirkt dieselbe Ausrichtung wie die Byte-Ausrichtung, jedoch nur auf einer geraden Adresse. Dies bietet den Vorteil, daß die Zugriffszeit des 8086-Prozessors bei Zugriff auf Wortoperanden von zwei auf einen Buszyklus halbiert wird. Es bleibt maximal ein Byte zwischen zwei Segmenten unbenutzt.

Die PAGE - Ausrichtung

Mit dieser Ausrichtung wird der Anfang eines neuen Segments auf eine Adresse gelegt, die ohne Rest durch 256 teilbar ist bzw. in hexadezimaler Schreibweise mit 00H endet. Segmente mit PAGE-Ausrichtung können also alle 256 Bytes (an 'Seitengrenzen') im Arbeitsspeicher beginnen.

Die Verbindungstypen eines Segmentes

Der Verbindungsparameter in der SEGMENT-Direktive informiert den Linker darüber, wie bzw. in welcher Reihenfolge dieses

Segment mit anderen Segmenten verbunden werden soll. Wenn kein Verbindungstyp angegeben wird, wird keine Verbindung durchgeführt und das Segment ist 'lokal' (steht für sich allein). Dies ist die Standardeinstellung.

Wenn ein Verbindungstyp angegeben wird, sollte er bei der ersten Definition dieses Segmentes erscheinen. Ist einmal ein Verbindungstyp angegeben worden, so kann er beim späteren Wiedereröffnen desselben Segmentes nicht mehr verändert werden.

Im folgenden werden die fünf Verbindungstypen beschrieben:

Die PUBLIC - Verbindung

Wenn der Verbindungstyp eines Segmentes PUBLIC ist, wird dieses Segment mit anderen Segmenten desselben Namens, die beim Binden in anderen Modulen vorgefunden werden, zu einem Segment zusammengezogen. *Es gibt für alle Segmente nur noch eine gemeinsame Segmentanfangsadresse.* Der Offset läuft vom Anfang des ersten Segmentes bis zum Ende des letzten Segmentes. Die Reihenfolge der Segmente wird durch diese Direktive nicht beeinflußt, sondern erst durch die Reihenfolge der Modulnamen beim Linken.

Hinweis:

Wird hierbei nicht die BYTE-Ausrichtung gewählt, so entstehen mitten in diesem Segment Lücken mit undefiniertem Inhalt.

Beispiel:

aus Modul 1:

```
DATEN   SEGMENT   PARA   PUBLIC
        WORTVAR1  DW     1234H
        WORTVAR2  DW     5678H
DATEN   ENDS
```

und Modul 2:

```
DATEN   SEGMENT   PARA   PUBLIC
        WORTVAR3  DW     9ABCH
DATEN   ENDS
```

entsteht nach dem Linken folgende Segmentstruktur:

OFFSET	Inhalt
0000 bis 0001	1234H
0002 bis 0003	5678H
0004 bis 000F	undefiniert
0010 bis 0011	9ABCH

Die COMMON - Verbindung

Wenn der Verbindungstyp eines Segmentes COMMON ist, werden beim Binden alle Segmente, die denselben Namen aufweisen und als COMMON gekennzeichnet sind, auf dieselbe Segmentanfangsadresse gelegt (sogenannter 'Common- Bereich'). Die Länge des Segmentes nach dem Linken ist gleich der Länge des größten COMMON-Segmentes vor dem Linken. Das bedeutet, daß genau derselbe Speicherplatz in verschiedenen Modulen mit unterschiedlichen Variablendefinitionen oder Labels definiert und angesprochen werden kann.

Hinweis:

Eine Initialisierung des Speicherplatzes mit Hilfe der DB/DW-Direktiven sollte nicht stattfinden.

Beispiel:

Modul 1:

```
GLOBALE_DATEN  SEGMENT  COMMON

               VAR1  DB  ?
               VAR2  DW  ?
               VAR3  DB  ?

GLOBALE_DATEN  ENDS
```

Modul 2:

```
GLOBALE_DATEN  SEGMENT  COMMON

               WORT1  DW  ?
               WORT2  DW  ?
               WORT3  DW  ?

GLOBALE_DATEN  ENDS
```

Es werden 6 Bytes im Speicher reserviert, deren erste 4 Bytes von Modul 1 aus mit VAR1, VAR2 oder VAR3 und von Modul 2 aus mit WORT1 und WORT2 angesprochen werden können.

Die AT - Verbindung

Ein Segment mit diesem Verbindungstyp wird auf die Adresse im Arbeitsspeicher geladen, die durch die Paragraphennummer bei AT angegeben ist. Der dafür verwendete numerische Ausdruck kann irgendeine gültige numerische Konstante sein, darf aber keine Vorwärtsreferenz besitzen (d.h. er kann zur Assemblierzeit nicht weiter unten im Programm bestimmt werden). Z.B. wird folgendes Segment:

```
DATEN  SEGMENT  AT   123H
       VAR      DW   15   DUP (?)
DATEN  ENDS
```

auf die physikalische Anfangsadresse 1230H gelegt.

Hinweis:

In Verbindung mit dem Linker und Loader unter MS-DOS kann der AT-Verbindungstyp *nicht* dazu benutzt werden, um ein Code-Segment auf eine bestimmte physikalische Adresse zu zwingen.

Die STACK - Verbindung

Ein Segment mit diesem Verbindungstyp wird mit Segmenten in anderen Modulen, die den gleichen Namen und ebenfalls die STACK-Verbindung besitzen, derart verbunden, daß ein einheitliches Stapelsegment mit einer einzigen Basisadresse entsteht. Seine Größe ist die Summe aller Einzelgrößen. Z.B. wird aus folgenden zwei Segmenten:

```
STAPEL          SEGMENT     STACK
                DW          20   DUP (?)
STAPEL_ENDE     LABEL       WORD
STAPEL          ENDS
```

und in einem anderen Modul:

```
STAPEL          SEGMENT     STACK
                DW          14   DUP (?)
STAPEL_SPITZE   LABEL       WORD
STAPEL          ENDS
```

ein einheitlicher Stapel mit 34 Worten gebildet. Die Label STAPEL_ENDE und STAPEL_SPITZE erhalten denselben Offset von 44H (=68D). Sie zeigen also beide auf das Ende des gemeinsamen Stapels.

Hinweis:

Der Linker erwartet, daß mindestens ein Stapelsegment definiert wird, andernfalls wird eine Warnung ausgegeben.

Die MEMORY - Verbindung

Der Verbindungstyp MEMORY bewirkt ähnliches wie der Verbindungstyp COMMON, nur daß ein so gekennzeichnetes Segment immer am Ende eines gebundenen Programmes eingeordnet wird. Es darf nur ein Segmentname mit diesem Verbindungstyp existieren. Treten beim Binden weitere Segmente mit anderen Namen und dem Verbindungstyp MEMORY auf, so werden sie wie PUBLIC behandelt und es wird eine Warnung ausgegeben.

Man beachte:

Obwohl STACK und MEMORY hier als Schlüsselworte benutzt werden, können sie vom Programmierer als normale Variablennamen verwendet werden.

Der Klassenname

Ein Klassenname muß in einfachen Hochkommata eingeschlossen sein und kann bis zu 40 Zeichen lang sein. Der Klassenname bewirkt, daß der Linker Segmente (auch aus verschiedenen Modulen) mit gleichem Klassennamen zusammenlegt. Es kann damit eine gewünschte Gruppierung erreicht werden.

Hinweise:

1. Eine bestimmte Reihenfolge der Klassen kann nicht erreicht werden.

2. Eine bestimmte Reihenfolge der Segmente innerhalb einer Klasse kann ebenfalls nicht erreicht werden.

3. Zwei Segmente mit gleichem Namen aber unterschiedlichem Klassennamen können durch die PUBLIC-, STACK-, COMMON- oder MEMORY-Verbindung nicht in der jeweiligen Verbindungsart verbunden werden.

Verschachtelte Segmente

Es ist nach Beenden eines Segmentes durch die ENDS-Direktive möglich, ein Segment mit demselben Namen weiter unten im Programm neu zu eröffnen. Ebenso ist es möglich, ein neues Segment zu eröffnen, ohne das alte Segment zuvor abzuschließen; jedoch muß ein inneres Segment vollständig in einem äußeren Segment liegen (das bedeutet, daß zuerst das innere Segment beendet werden muß, bevor das äußere Segment beendet werden kann).

Der Assembler legt beim Assemblieren Segmente, die im Quellcode ineinander geschachtelt sind, hintereinander ab. Ermöglicht wird dies dadurch, daß der Assembler für jedes Segment, das durch eine SEGMENT- Direktive eröffnet wird, einen eigenen *location counter* (Adreßzähler) anlegt, der beim Wiedereröffnen desselben Segments einfach weiter benutzt wird.

Beispiele:

```
CODE        SEGMENT
                .           ;der Code, der hier erscheint, wird
                .           ;dem CODE-Segment zugeordnet
    MARKE:      .
CODE        ENDS

DATEN       SEGMENT
                .           ;der Code, der hier erscheint, wird
                .           ;dem DATEN-Segment zugeordnet
DATEN       ENDS

CODE        SEGMENT
                .           ;der Code, der hier erscheint, wird wieder
                .           ;dem CODE-Segment nach MARKE zugeordnet
CODE        ENDS

AUSSEN      SEGMENT
                .           ;der Code, der hier erscheint, wird
                .           ;dem AUSSEN-Segment zugeordnet
```

```
            INNEN      SEGMENT
                           .          ;der Code, der hier erscheint, wird
                           .          ;dem INNEN-Segment zugeordnet
            INNEN      ENDS
                       .              ;der Code, der hier erscheint, wird wieder
                       .              ;dem AUSSEN-Segment zugeordnet
      AUSSEN       ENDS
```

Die GROUP - Direktive

Diese Direktive informiert den Assembler, daß die Segmente, die aufgeführt werden, innerhalb eines 64KByte-Blockes liegen und eine *Gruppe* bilden sollen. Achtung: Das Überschreiten dieser Grenze wird vom Assembler nicht geprüft. Diese Gruppe erhält einen Namen, der wie ein Segmentname verwendet werden kann. Ein Vorteil bei der Verwendung von Gruppen ist eine kompaktere Codegenerierung, da z.B. für Sprungadressen innerhalb einer Gruppe nur ein 16Bit-Offset benötigt wird, auch wenn es sich um Intersegmentsprünge handelt.

Der Assembler selbst kann nicht überprüfen, ob alle aufgeführten Segmente innerhalb einer Gruppe liegen, da einige davon in einem anderen Modul definiert sein können; er veranlaßt jedoch, daß eine solche Prüfung vom Linker durchgeführt wird. Vom Linker wird dann evtl. eine Fehlermeldung ausgegeben. Die Group-Direktive selbst legt keinerlei Ladeadressen fest.

Die Group-Direktive hat folgendes Format:

name GROUP segname1, segname2, ...

wobei *segname* entweder ein Segmentname oder der Ausdruck *"SEG varname"* oder *"SEG markenname"* sein kann. Die letzten zwei Ausdrücke (siehe SEG-Operator) geben die Adresse des Segmentes zurück, in dem sich die Variable bzw. die Marke befindet. Das kann bei Vorwärtsbezug auf Variablen oder bei Bezug auf Externals von Vorteil sein.

Beispiel:

```
CODE_GRUPPE      GROUP    CODE1, UP1, SEG ANFANG

DATEN_GRUPPE     GROUP    DATEN,GLOBALE_DATEN,SPRUNG_VEKTOREN
```

Wenn ein Segmentregister mit der Paragraphennummer einer Gruppe geladen und mit der ASSUME-Direktive der Gruppenname diesem Segmentregister zugeordnet wurde, können *alle Segmente* dieser Gruppe über dieses eine Segmentregister adressiert werden. Der benutzte Offset ist dann die Distanz zum Gruppenanfang. Das wird normalerweise nicht mehr derselbe Offset sein, der sich auf den Segmentanfang bezieht und der gewöhnlich aus der .LST-Datei ersichtlich ist. Beim Testen (debugging) eines Programmes muß man dann die Adressen benutzen, die der Loader festgelegt hat. Die einzige ASSUME-Direktive zum obigen Beispiel wird dann sehr einfach:

```
ASSUME    CS:CODE_GRUPPE, DS:DATEN_GRUPPE
```

Die Reihenfolge der Segmente innerhalb der Gruppe muß nicht unbedingt mit der angegebenen Reihenfolge in der GROUP-Direktive übereinstimmen. Andererseits kann ein Segmentname in mehreren GROUP-Direktiven erscheinen.

Es gibt keine sichere Methode, die garantiert, daß alle zwingenden Konsequenzen, die durch die Benutzung von mehreren ASSUME- und GROUP-Direktiven verursacht werden, automatisch richtig gelöst werden. Große Sorgfalt ist geboten, wenn sich mehrere Segmente auf ein Segmentregister beziehen oder mehrere Direktiven voneinander abhängig sind.

Es sollte daher nicht so sehr das Hauptaugenmerk darauf gerichtet werden, daß die Segmente über ein Segmentregister adressierbar sind, sondern daß die Segmente im Speicher nahe beieinander liegen (durch den Klassennamen in der SEGMENT-Direktive möglich). Jedoch kann dann nicht unbedingt garantiert werden, daß diese Segmente innerhalb eines 64KByte-Bereiches liegen.

Die ORG - Direktive

Der Location Counter des Assemblers nimmt zur Assemblierungszeit eine ähnliche Funktion wahr, wie der Instruction Pointer zur Ausführungszeit des Programmes:

- Der *Instruction Pointer* enthält den Offset des Befehls, der als nächster ausgeführt werden soll.

- Der *Location Counter* des Assemblers enthält den Offset, den der nächste zu assemblierende Befehl erhalten soll.

Durch eine SEGMENT-Direktive für ein in dieser Übersetzungseinheit noch nicht eröffnetes Segment wird ein neuer Location Counter eingerichtet und auf 0 gesetzt. Dieser Location Counter wird normalerweise für jedes assemblierte Byte um 1 inkrementiert. Bei einer ENDS-Direktive wird dieser Location Counter 'eingefroren' und erst wieder benutzt, falls ein Segment mit dem alten Namen wiedereröffnet wird. Dann wird ab dem alten Inhalt weitergezählt.

Mit Hilfe der ORG-Direktive (Origin) kann der Inhalt des momentan aktiven Location Counters verändert werden.

```
ORG     ganzzahl
```

Die ORG-Direktive setzt den Inhalt des Location Counters auf den Wert von *ganzzahl.*

1. *ganzzahl* muß ein numerischer Ausdruck zwischen 0 und 65535 sein.

2. Werden Symbole für *ganzzahl* verwendet, so müssen sie vorher definiert sein.

3. Das Dollarzeichen kann für 'momentaner Inhalt des Location Counters' benutzt werden. Z.B. setzt:

```
ORG   $ + 4
```

den Location Counter auf seinen aktuellen Inhalt + 4.

Man beachte:

1. Der ORG-Direktive darf keine Marke vorangestellt werden!

2. Die ORG-Direktive darf nicht innerhalb einer Struktur (siehe STRUC/ENDS-Direktive) verwendet werden.

3. In einem Programm dürfen beliebig viele ORG-Direktiven verwendet werden, die auch den Inhalt des Location Counters zurücksetzen können. Dabei besteht jedoch die Gefahr, daß ein Programmteil von einen anderen Teil beim Laden in den Speicher überschrieben wird.

Beispiele:

Die Variablen in einem Segment sollen mit dem Offset 0CH beginnen:

```
DATEN       SEGMENT
ORG         0CH
VAR         DB ?
```

Variablen sollen redefiniert werden:

```
DATEN       SEGMENT
    TABELLE     DB    4 DUP (?)
                ORG   OFFSET   TABELLE
    A           DB    'A'
    B           DB    'B'
    C           DB    'C'
    D           DB    'D'
```

Der Location Counter soll auf die nächste Paragraphennummer eingestellt werden:

```
IF  $   MOD   16 ;wird nur assembliert,wenn $ MOD 16
                 ;ungleich 0 ist

ORG $  -($ MOD 16) + 16

ENDIF
```

Die EVEN - Direktive

Die EVEN-Direktive stellt den Location Counter auf die nächste gerade Adresse ein, wenn die momentane Adresse ungerade ist.

Beispiel:

```
DATEN       SEGMENT
        DB  ?  ;Offset = 0
        EVEN
        DW  ?  ;Offset = 2
```

Die ASSUME - Direktive

Die ASSUME-Direktive spezifiziert, welche Segmentregister zur Ausführungszeit des Programmes bei der Bildung der effektiven Adressen (EA) für Marken und Variablen verwendet werden sollen. Damit der Prozessor zur Ausführungszeit eines Maschinenbefehls weiß, welches Segmentregister zu verwenden ist, muß eine entsprechende Information im Maschinenbefehl enthalten sein. Die ASSUME-Direktive liefert diese Information MASM, damit dieser den entsprechenden Maschinencode erzeugen kann. Die Syntax der ASSUME-Direktive:

ASSUME segreg:segname [,segreg:segname, ...]

oder ASSUME NOTHING

segreg steht für eines der vier Segmentregister (CS, SS, DS, ES).

segname steht für irgendeinen Segmentnamen
oder für einen vorher definierten Gruppennamen
oder für die Ausdrücke SEG varnam bzw. SEG labelname
oder für das Schlüsselwort NOTHING

Dieser Direktive darf keine Marke vorangestellt werden!

Beispiel:

```
ASSUME     DS:DATEN_SEGMENT, ES:POINTER_GRUPPE, CS:CODE1
```

Wenn ein Segmentregister in einem Modul oder in einem Segment nicht benutzt wird, dann sollte für dieses Register

ASSUME segreg:NOTHING gewählt werden.

Die Benutzung der ASSUME-Direktive bietet noch einen wichtigen Vorteil: Das Segmentpräfix bei Variablen braucht nicht angegeben zu werden. Ohne die ASSUME-Direktive wäre dies notwendig.

Dazu ein Beispiel:

```
GLOBALE_DATEN            SEGMENT
        VAR1     DW  ?
        VAR2     DW  ?
GLOBALE_DATEN            ENDS

HILFS_DATEN              SEGMENT
        HILFSVAR DW  ?
HILFS_DATEN              ENDS

CODE                     SEGMENT
        ASSUME   CS:CODE
   ;es wurde kein ASSUME für GLOBALE_DATEN und HILFS_DATEN angegeben!!
        MOV   AX, GLOBALE_DATEN
        MOV   ES, AX
```

```
        MOV    AX, HILFS_DATEN
        MOV    DS, AX
    ;deshalb sind Segmentpräfixe für sämtliche Adreßausdrücke notwendig !!
        MOV    AX, ES:VAR2
        ADD    AX, ES:VAR1
        MOV    DS:HILFSVAR, AX
         .
CODE                ENDS
```

Werden in der ASSUME-Direktive Angaben über die Segmentregister gemacht, so können die Präfixangaben entfallen:

```
CODE        SEGMENT
        ASSUME    CS:CODE, DS:HILFS_DATEN, ES:GLOBALE_DATEN
     ;Angaben für GLOBALE_DATEN und HILFS_DATEN wurden gemacht!!
        MOV    AX, GLOBALE_DATEN
        MOV    ES, AX
        MOV    AX, HILFS_DATEN
        MOV    DS, AX
     ;deshalb sind keine Segmentpräfixe notwendig !!
        MOV    AX, VAR2
        ADD    AX, VAR1
        MOV    HILFSVAR, AX
         .
CODE        ENDS
```

Die im letzten Beispiel dargestellte Verwendung der ASSUME-Direktive ist daher allgemein zu empfehlen. Die ASSUME-Direktive lädt jedoch *nicht* die entsprechenden Segmentregister mit den zugehörigen Segmentanfangsadressen! Dies muß stets zur Laufzeit des Programmes durch geeignete MOV-Befehle wie z.B. in den obigen Beispielen erfolgen.

Wird ASSUME NOTHING verwendet, so werden alle früheren Vereinbarungen ungültig und es wird die automatische Generierung von allen Segmentpräfixbytes ausgeschaltet. Der Programmierer muß dann in jedem Fall den Präfix angeben, auch wenn für den Prozessor die standardmäßige Zuordnung Gültigkeit hätte.

Beispiel:

```
ASSUME  NOTHING

MOV    AX, DS:WORT[BX]
MOV    CX, DS:[SI + 2]
MOV    DX, SS:[BP + 6]
```

Werden zur Adressierung von Speicheroperanden die Register BX, BP, SI oder DI verwendet und wurde ASSUME NOTHING nicht angegeben, so gilt für den Prozessor die standardmäßige Zuordnung der Segmentregister. Stimmt in diesem Falle die ASSUME-Direktive mit diesem Standard überein, so wird der Assembler kein Präfix-Byte erzeugen. Erkennt der Assembler jedoch auf Grund der ASSUME-Direktive, daß von dieser standardmäßigen Zuordnung abgewichen wird, so wird er ohne Zutun des Programmierers das richtige Präfix-Byte generieren.

Beispiel:

```
DATEN        SEGMENT
      VAR        DW  100 DUP (?)
      WORTVAR  DW  ?
DATEN        ENDS

CODE         SEGMENT
   ASSUME  CS:CODE, DS:DATEN
      MOV   AX, DATEN
      MOV   DS, AX

      MOV   BX, VAR[BX][SI + 2]
     ;hier wird kein Präfixbyte generiert

     MOV    CX, WORTVAR [BP]
     ;hier wird ein DS:Präfixbyte generiert statt dem Standard SS:
```

Die LABEL - Direktive

Label sind im allgemeinen Namen für irgendwelche Speicherplätze, die Befehle oder Daten enthalten. Man unterscheidet jedoch normalerweise zwischen "Variablen" bei Daten und "Marken" bei Befehlen.

Das Format für die Label-Direktive ist:

```
name        LABEL       typ
```

wobei es für 'typ' 5 verschiedene Möglichkeiten gibt:

BYTE, WORD, DWORD und NEAR, FAR

Die Label-Direktive erzeugt für den Speicherplatz, auf den der Location Counter momentan zeigt, den angegebenen Namen und weist diesem Namen den angegebenen Typ zu. Der Typ entscheidet über den erlaubten Gebrauch des Namens:

- Wenn der Typ NEAR oder FAR ist, dann wird eine *Marke* erzeugt. Diese Marke kann bei Sprüngen und Unterprogrammaufrufen benutzt werden. Sie darf nicht in Datenmanipulationsbefehlen verwendet werden und nicht mit einem Subskript versehen werden. Außerdem muß vorher in einer ASSUME-Direktive das CS-Register zugeordnet worden sein.

- Wenn der Typ BYTE, WORD, DWORD ist oder wenn irgendein Variablenname vorliegt, dann wird eine *Variable* generiert. Sie darf nicht zu direkten Sprüngen oder Programmaufrufen verwendet werden (Ausnahme: indirekte Sprünge und indirekte Unterprogrammaufrufe).

Daraus ergibt sich, daß:

```
VAR1        LABEL       BYTE
            DB          ?
```

äquivalent ist zu:

```
VAR1        DB          ?
```

und daß:

```
        WEITER  LABEL   NEAR
                MOV   AX, DX
```

äquivalent ist zu:

```
        WEITER: MOV   AX, DX
```

Eine Markendefinition ist jedoch nur erlaubt, wenn vorher in einer ASSUME-Direktive dem CS-Register ein Segmentname oder Gruppenname zugeordnet wurde (siehe auch ASSUME-Direktive). Wurde ein Gruppenname zugeordnet, so ist der Offset der Marke auf den Gruppenanfang bezogen.

Die LABEL-Direktive wird gewöhnlich benutzt, um eine Typenredefinition durchzuführen. Man kann dadurch die Anwendung des PTR-Operators umgehen:

```
BYTE_VAR    LABEL   BYTE
WORT_VAR    DW      50 DUP (?)
```

Diese Tabelle kann dann sowohl byte- wie auch wortweise verarbeitet werden, ohne den PTR-Operator zu benutzen:

```
            MOV    AL, BYTE_VAR[BX]
            MOV    CX, WORT_VAR[SI]
```

Wenn auf eine Marke sowohl von 'near' als auch 'far' gesprungen werden soll, so kann diese Marke zweifach definiert werden, um bei den Intrasegmentsprüngen den erweiterten Befehlscode einzusparen:

```
M_WEIT      LABEL   FAR
M_NAH:      NOP
```

Zusatz:

Folgende Direktiven sind äquivalent:

```
        name    LABEL   typ

und:    name    EQU     THIS    typ
```

(siehe hierzu auch THIS-Operator)

Die PROC / ENDP - Direktiven

Eine Prozedur ist ein Programmteil, der im Programmablauf sowohl 'angesprungen' als auch sequentiell erreicht werden kann. Mit dem CALL-Befehl kann zu einer Prozedur oder auf eine Marke darin gesprungen werden; mit dem RET-Befehl wird der Programmablauf mit dem nächsten Befehl nach CALL fortgesetzt (für eine ausführliche Beschreibung siehe Unterprogrammtechniken, Kapitel 6).

Voraussetzung für die Codierung von CALL/RETURN ist die PROC/ENDP-Direktive:

```
name    PROC    NEAR bzw. FAR
         .
         .
        RET
name    ENDP
```

Die Angabe von NEAR oder FAR bewirkt, daß vom Assembler entweder ein RET-Maschinenbefehl für *Intra*segmentsprünge oder ein RET-Maschinenbefehl für *Inter*segmentsprünge generiert wird. Auch der CALL-Befehl muß darauf abgestimmt sein (näheres siehe CALL, RET).

- Prozeduren können mehrere Einsprungpunkte (entry points) besitzen. Diese sind Marken, die entsprechend der Prozedur *near* oder *far* sein müssen.

- Prozeduren dürfen verschachtelt sein. Eine innere Prozedur muß ganz in einer äußeren liegen. Sie werden beim Programmablauf sequentiell durchlaufen bis zu einem RET-Befehl.

- Prozeduren müssen ganz innerhalb eines Segmentes liegen. Es ist auch erlaubt, daß ein Segment ganz innerhalb einer Prozedur liegt.

Die Befehlssatzdirektiven

Die Befehlssatzdirektiven erlauben die Festlegung des entsprechenden Prozessortyps, auf dem das Maschinenprogramm später ablaufen soll. Wenn eine dieser Direktiven erkannt wird, wird MASM alle folgenden Anweisungen für diesen Prozessortyp assemblieren. Die Befehlssatzdirektiven sollten daher stets am Beginn des Quellprogrammes stehen, um sicherzustellen, daß sämtliche Anweisungen eines Quellprogrammes unter Verwendung desselben Befehlssatzes assembliert werden. Die Syntax der Befehlssatzdirektiven:

```
.8086
.8087
.186
.286c
.286p
.287
```

.8086 Die .8086-Direktive veranlaßt MASM, Maschinencode für die 8086- und 8088-Mikroprozessoren zu erzeugen. Die spezifischen Befehle für die 80186- und 80286-Prozessoren werden damit ausgeschlossen. Diese Befehlssatzdirektive ist die Standardeinstellung, falls Sie nichts angeben. Mit dieser Standardeinstellung sind Ihre Programme auf allen Prozessoren der 8086/8088/80186/80286-Prozessorfamilie ablauffähig, also auch auf AT-kompatiblen PCs. Sie können jedoch keinen Gebrauch von den leistungsfähigeren Befehlen der 80186 und 80286-Prozessoren machen.

.8087 Die 8087-Direktive veranlaßt MASM, Befehle für den 8087-Arithmetikprozessor zu erzeugen. Auch diese Direktive gilt als Standardeinstellung. Falls Ihr Programm Gleitkommabefehle für den 8087-Koprozessor enthält, müssen Sie zusätzlich im MASM-Aufruf die /R oder die /E Option angeben. Mit der /R-Option veranlassen Sie MASM, den tatsächlichen Maschinencode für den 8087 Koprozessor zu erzeugen. Mit der /E-Option teilen Sie MASM mit, daß Code für eine Gleitkommaemulator-Routine generiert werden soll.

.186 Die .186-Direktive veranlaßt MASM, Befehle für den 8086-Prozessor sowie die zusätzlichen Befehle für den 80186-Prozessor zu generieren. Diese Direktive sollten Sie nur in Programmen verwenden, die ausschließlich auf 80186-Systemen ablaufen werden.

.286c Die .286c-Direktive veranlaßt MASM, zusätzlich zu den 8086-Befehlen die *nichtgeschützten* 80286-Befehle zu erzeugen. Dies entspricht dem 80186-Befehlssatz. Diese Direktive sollten Sie nur in Programmen verwenden, die auf 80286-Systemen ablaufen werden, jedoch die *geschützten* 80286-Befehle nicht benutzen. (Siehe hierzu auch das Kapitel 4).

.286p Die .286p-Direktive veranlaßt MASM, zusätzlich zu den 8086- und den nichtgeschützten 80286-Befehlen, auch *geschützte* 80286-Befehle zu erzeugen. Diese Direktive sollten Sie nur verwenden, wenn Ihre Programme auf 80286-Systemen ablaufen sollen und den *gesamten* 80286-Befehlssatz verwenden.

.287 Die .287-Direktive veranlaßt MASM, Befehle für den 80287-Arithmetikprozessor zu erzeugen. Diese Direktive sollte nur verwendet werden, wenn Ihr Programm 80287-Befehle enthält und auf einem 80286-System ablaufen soll. Für die MASM-Optionen gilt dasselbe wie für die .8087-Direktive.

Die Direktiven zur Symboldefinition

Es gibt die folgenden Direktiven zu Symboldefinition:

- EQU
- PURGE
- = (Gleichheitszeichen)

Die EQUATE - Direktive

Die Equate-Direktive weist Ausdrücken einen Namen zu. Dieser Name darf nicht mit einem Doppelpunkt enden. Dieser Name behält dann den einmal definierten Wert während des ganzen Übersetzungslaufes und kann nicht mehr umdefiniert werden. Die Syntax der EQU-Direktive ist:

name EQU ausdruck

ausdruck kann sein:	Beispiele:		
- numerischer Ausdruck	FUENF	EQU	5
	NUMMER	EQU	(SIZE TAB+2)*2
	ERGEB	EQU	(B*7+44) AND SUMME
- Adressen-spezifikation	SUM1	EQU	ES:SUM_TAB[SI+2]
- Register	ZAEHLER	EQU	CX
- Makroname	RADD	EQU	ADDR
- Recordausdruck	Z	EQU	STRRECORD A:1,B:2

ausdruck darf kein externes Symbol enthalten.

Die PURGE - Direktive

Die PURGE-Direktive löscht die angegebene Macrodefinition. Dadurch wird der von einer Macrodefinition während des Übersetzungsvorgangs belegte Speicherplatz freigegeben. Ein danach erfolgender Aufruf dieses Macros führt zu einem Fehler.

Die Syntax der PURGE-Direktive:

PURGE macro1, macro2, ...

Beispiel:

```
PUSHA   MACRO
.
ENDM
PURGE   PUSHA
```

Bei diesem Beispiel wird die Macrodefinition PUSHA gelöscht. Enthält Ihr Quellprogramm die .186- oder eine der .286-Direktiven, so wird ein danach folgendes PUSHA als der PUSHA-Befehl aufgefaßt und übersetzt, andernfalls erfolgt eine Fehlermeldung.

Die = (Gleichheitszeichen)-Direktive

Die Syntax der =-Direktive:

name = ausdr

Das Gleichheitszeichen bewirkt dasselbe wie die EQU-Direktive, jedoch mit dem Unterschied, daß *name* redefiniert bzw. umdefiniert werden kann, wenn *name* schon einmal definiert wurde. Die Gleichheitszeichen-Direktive kann deshalb besonders gut in Macros verwendet werden.

Beispiele:

```
ZAHL  =  0        ;dasselbe wie ZAHL EQU 0
.
ZAHL  =  5        ;Redefinition von ZAHL, mit EQU nicht möglich
.
ZAHL  =  ZAHL + 1  ;erneute Redefinition von ZAHL
.
```

Erzeugen von rekursiven Makros:

```
; das Makro Fuell erzeugt Z-mal den Befehl NOP

FUELL   MACRO   Z
        X = Z
      IF X   ;;wahr, wenn X ungleich 0 ist
        NOP
        X = X - 1
        FUELL   %X
        ;;rekursiver Aufruf, wobei Z durch den
        ;;numerischen Wert von X ersetzt wird
      ENDIF
ENDM
```

Die Modulverbindungsdirektiven

Lange Assemblerprogramme sind schwer zu testen und zu warten. Es empfiehlt sich daher, sie in einzelne Module aufzulösen, die getrennt assembliert und getestet und erst später zu einem ablauffähigen Gesamtprogramm zusammengebunden werden. Bei der getrennten Übersetzung tauchen jedoch Probleme auf:

Wird in einem Modul auf Variablen und Marken aus einem anderen Modul Bezug genommen, so würde der Assembler bei den entsprechenden Befehlen Fehlermeldungen erzeugen, da er die zugehörigen Definitionen nicht kennt.

Dem Assembler müssen also Hinweise gegeben werden, wenn symbolische Namen auch über die Assemblierung hinaus erhalten bleiben sollen, da sie der späteren Modulverbindung dienen.

Es gibt die folgenden Modulverbindungsdirektiven:

- NAME
- PUBLIC
- EXTRN

- END
- INCLUDE

Die NAME - Direktive

Die NAME-Direktive weist dem Objekt-Modul, das durch den Assembler erzeugt wird, einen Namen zu. Ihre Syntax ist:

NAME modulname

1. *modulname* muß nach den Regeln der Namensbildung gestaltet sein, es werden jedoch im Unterschied zu den anderen MASM-Namen nur die ersten 6 Stellen berücksichtigt. Er darf mit Namen identisch sein, die in anderer Weise benutzt werden (z.B. ist NAME AX erlaubt). Modulnamen sind insofern notwendig, als sie beim Binden vom Linker benötigt werden.

2. Die NAME-Direktive selbst darf keinen Namen haben.

3. Die NAME-Direktive darf in einem Modul nur einmal erscheinen.

4. Falls die NAME-Direktive fehlerhaft oder nicht angegeben wird, erzeugt der Assembler einen standardmäßigen Modulnamen. In diesem Fall wird der Name des Objektmoduls aus dem Quelldateinamen gebildet. Z.B. erzeugt MASM aus der Quellcodedatei PROGRAMM.ASM ein Objektmodul mit dem Namen PROGRAMM, das in der Datei PROGRAMM.OBJ enthalten ist.

Die PUBLIC - Direktive

Die PUBLIC-Direktive macht die angegebenen Symbole für andere Module zugänglich (public = öffentlich). Diese Symbole müssen in demselben Modul, in dem die PUBLIC-Direktive enthalten ist, definiert sein. Diese Information wird von MASM an MS-LINK weitergegeben. Die Syntax ist:

PUBLIC name1 , name2 ...

1. Die PUBLIC-Direktive selbst darf keinen Namen haben.

2. Die PUBLIC-Direktive kann an einer beliebigen Stelle innerhalb eines Moduls erscheinen.

3. Erlaubt sind Namen von Symbolen (EQU, =), Variablen oder Marken (einschließlich PROC-Namen).

4. Registernamen oder numerische Konstanten oder irgendwelche Symbole, die bei EQU bzw. = erscheinen, dürfen nur 2 Bytes lang sein.

5. Wenn mehrere Namen angegeben werden, müssen sie durch Kommata getrennt werden.

6. Jeder Name darf nur einmal in einem Modul als PUBLIC deklariert werden.

7. Ein Name, der als PUBLIC deklariert wurde, darf nicht im selben Modul als EXTERNAL deklariert werden (siehe EXTRN-Direktive).

Beispiel:

```
PUBLIC  MARKE1, WORTVAR, ZAEHLER
        ZAEHLER = 8
```

Die EXTRN - Direktive

Die EXTRN-Direktive nennt dem Assembler Namen, auf die in diesem Modul Bezug genommen wird, die aber in anderen Modulen definiert wurden. Die EXTRN-Direktive ist somit das entsprechende Gegenstück zur PUBLIC-Direktive. Für diese Namen bereitet der Assembler Adressen vor, die außerhalb dieses Moduls liegen (diese Adressen werden vom Linker und/oder vom Loader ermittelt). Der Assembler bringt in diesem Fall keine Fehlermeldung für diese Adressen, die ohne EXTRN-Direktive undefiniert wären. Die Syntax ist:

EXTRN name1:typ1 ,name2:typ2, ...

1. Die EXTRN-Direktive selbst darf keinen Namen haben.

2. Die EXTRN-Direktive kann an einer beliebiger Stelle innerhalb eines Moduls erscheinen. Ihre Placierung hat jedoch Folgen: Wird die EXTRN-Direktive *innerhalb* eines Segmentes geschrieben, so wird *name* diesem Segment zugeordnet. Der Assembler nimmt dann an, daß das Symbol *innerhalb* dieses Segments lokalisiert ist. *Im allgemeinen sind die externen Symbole jedoch in anderen Modulen und anderen Segmenten definiert. Für diesen Fall muß die EXTRN-Direktive immer außerhalb von Segmenten definiert sein.*

3. Erlaubt sind Namen von Symbolen (EQU), Variablen oder Marken (einschließlich PROC-Namen).

4. Der Typ muß angegeben werden und kann sein: BYTE, WORD, DWORD, NEAR, FAR, ABS (wobei ABS bei einer numerischen Konstanten angeben wird).

5. Der Typ muß mit dem Typ in der Definition des betreffenden Symbols übereinstimmen.

6. Wenn mehrere Namen angegeben werden, müssen sie durch Kommata getrennt werden.

7. Ein Name, der als EXTRN deklariert wurde, darf nicht in demselben Modul PUBLIC sein (siehe PUBLIC- Direktive).

Beispiel:

```
EXTRN    VAR:BYTE, UPRO1:FAR, NUMMER:ABS
CODE   SEGMENT
     .
    MOV   AL, VAR   ;VAR ist nicht in diesem Modul
                    ;definiert
    CALL  UPRO1     ;das Unterprogramm UPRO1 ist
                    ;in einem anderen Modul definiert
     .
CODE   ENDS
```

Die END - Direktive

Die END-Direktive bezeichnet das Ende des Quellprogrammes und veranlaßt den Assembler, nur bis zu dieser Quellcodezeile zu assemblieren. Die Syntax ist:

END [label]

1. Es darf nur eine END-Direktive je Quellprogramm erscheinen.

2. Die END-Direktive muß die letzte Anweisung im Quellprogramm sein. Falls nicht, werden nachfolgende Anweisungen vom Assembler nicht bearbeitet und Fehlermeldungen erzeugt.

3. Falls ein Label (wahlfrei) angegeben wird, wird der Wert dieses Labels als Startadresse des Programmes zur Ausführungszeit aufgefaßt und das Modul wird als Hauptprogramm behandelt.

4. Falls der Label nicht angegeben ist, wird keine Startadresse festgelegt und das Modul wird *nicht* als Hauptprogramm aufgefaßt.

5. Wenn mehrere getrennt übersetzte Programmodule gebunden werden, darf nur eines dieser Module ein Hauptprogramm sein und eine Startadresse enthalten; d.h. es darf nur eine der END-Direktiven einen Label verwenden.

Hinweise:

1. Unter dem Betriebssystem MS-DOS ist die Angabe eines Labels bei der END-Direktive die wichtigste Möglichkeit, den Startpunkt (Entry Point) eines Hauptprogrammes festzulegen. Diese Startadresse (CS:IP) wird vom Linker dem Loader in einem Programmvorspann übergeben. Der Loader wird nach Laden des Programmes die Steuerung an diese Adresse übergeben.

2. Falls Sie ein Quellprogramm mit Wordstar erfassen, müssen Sie unmittelbar nach der END-Direktive nochmal die RET-Taste betätigen, bevor Sie das Quellprogramm abspeichern. Andernfalls erzeugt MASM eine Fehlermeldung!

Die INCLUDE - Direktive

Die INCLUDE-Direktive übernimmt eine andere Quellcodedatei in die momentan assemblierte Quelldatei, und zwar an die Stelle des INCLUDE. Der Gebrauch von INCLUDE vermeidet das wiederholte Eingeben gleicher Befehlsfolgen. Die Syntax ist:

```
INCLUDE   dateiname
```

1. *dateiname* ist irgendeine dem jeweiligen Betriebssystem entsprechende Dateispezifikation.

2. Die INCLUDE-Datei wird eröffnet und in die momentane Datei hineinkopiert, und zwar direkt ab der INCLUDE-Direktive. Wenn das Ende der INCLUDE-Datei erreicht wird, wird mit der Assemblierung der Anweisung nach der INCLUDE-Direktive fortgefahren.

3. Auf der Assemblierungsliste erscheint für jede assemblierte Anweisung aus einer INCLUDE-Datei ein 'C' zwischen dem Code und der Assembleranweisung.

4. Verschachtelte INCLUDE-Direktiven sind erlaubt.

5. Die Datei, die im Operandenfeld angegeben ist, muß vorhanden sein. Wenn die Datei nicht gefunden wird, wird eine Fehlermeldung generiert, und die INCLUDE-Direktive wird übergangen.

Hinweis:

Wird eine INCLUDE-Datei mit Wordstar erfaßt, so füllt Wordstar das freie Dateiende mit den Zeichen 1AH auf. In diesem Fall kann es passieren, daß Ihr Assemblerlisting abbricht! Sie können dieses Problem durch Verwendung der Bedingungsdirektiven vermeiden:

```
IF1
INCLUDE   dateiname
ENDIF
```

Die Direktiven zur Speicherreservierung und Datendefinition

Da die 8086/8088/80186/80286-Prozessoren Daten in Byte-, Wort- oder Doppelwortgrößen und die 8087/80287-Koprozessoren zusätzlich Daten in 4-Wort oder 10-Byte (BCD gepackt) Größen verarbeiten können, muß dem Assembler mitgeteilt werden, welche Datenart verarbeitet wird und wieviel Speicherplatz mit welchem Inhalt er reservieren soll.

Es gibt dafür fünf Direktiven an den Assembler:

1.	Für Bytes	DB (Define Byte)
2.	Für Worte	DW (Define Word)
3.	Für Doppelworte	DD (Define Doubleword)
4.	Für 4 Worte	DQ (Define Quadword)
5.	Für 10 Bytes	DT (Define Tenbytes)

Diese Direktiven erfüllen drei Aufgaben:

a) Sie definieren Variablen mit ihren Attributen.
b) Sie reservieren Speicherplatz.
c) Sie initialisieren gegebenenfalls den reservierten Speicherplatz.

Ihre Syntax ist:

[varname] Dx ausdruck

wobei x für einen der Buchstaben B,W,D,Q oder T stehen kann.
ausdruck kann sein:

1. ein numerischer oder String-Ausdruck [,*ausdruck*]

z.B.

```
ZAHL    DB    5
XX      DW    OFFSET VAR + 3
        DB    6,2,'Text'
```

2. ein ? [,*ausdruck*]
z.B.

```
SUMME   DW    ?
ZAHLEN  DB    3,?,5
```

3. anzahl DUP (*ausdruck*) [,*ausdruck*]
z.B.

```
TAB     DB    5  DUP  (2*3,?)
YYY     DB    2  DUP  (?,3 DUP (2),4),"Text"
```

Die Definition von Variablen

Der Variablenname (falls gewünscht) wird bei *varname* angegeben. Variablen erhalten drei Attribute:

SEGMENT, OFFSET und TYPE.

1. Das SEGMENT-Attribut ist durch den momentan gültigen Segmentanfangsparagraphen bestimmt.

2. Das OFFSET-Attribut wird durch den Location Counter (Anzahl der Bytes ab Segmentanfang) zur Assemblierungszeit bestimmt.

3. Das TYPE-Attribut wird durch DB, DW, DD, DQ, DT (Byte = 1, Wort = 2, Doppelwort = 4, Quadword =8, Tenbyte = 10) bestimmt. Das TYPE-Attribut entspricht somit der Anzahl der Bytes, die eine einfache Variable belegt. Wird eine Tabelle definiert (siehe DUP), so ist ihr Typ der eines Tabellenelementes.

Beispiele:

```
DATEN1      SEGMENT
                                 ;Offset:       Type:      Segment:
        TABELLE1   DB ?          ;    0          1         DATEN1
                   DB ?          ;    1          1         DATEN1
        NUMMER     DT ?          ;    2          10        DATEN1
        TABELLE2   DW ?          ;    12         2         DATEN1
                   DQ ?          ;    14         8         DATEN1
                   DW ?          ;    22         2         DATEN1
DATEN1      ENDS
```

```
DATEN2     SEGMENT
                          ;Offset:      Type:      Segment:
        ZAHL      DB ?    ;  0           1         DATEN2
        VAR1      DD ?    ;  1           4         DATEN2
        VAR2      DW ?    ;  5           2         DATEN2

DATEN2     ENDS
```

Die Reservierung und Initialisierung von Speicherplatz

Die DB/DW/DD/DQ/DT-Direktiven reservieren und initialisieren Speicherplatz zusätzlich zur Definition von Variablen.

Die einfache Reservierung und Initialisierung

Speicherzellen werden zur Lade-Zeit des Programmes mit dem Wert vorbelegt, der bei *ausdruck* angegeben ist. *ausdruck* kann sein:

1. ein numerischer Ausdruck

```
ZAHL    DB  5*30-17H
SUMME   DW  2345H
```

2. ein Adreßausdruck (nur bei DW und DD)

```
ZEIGER  DW  ZAHL
;die Variable ZEIGER wird mit dem Offset der
;Variablen ZAHL initialisiert

VEKTOR  DD  SUMME
;das 1. Wort wird mit dem Offset von SUMME initialisiert, das
;folgende Wort mit dem Anfangsparagraphen des Segmentes, in dem
;Summe definiert ist.
```

3. ein String

```
ZEICHEN DB 'm'
```

4. ? (keine Initialisierung)

Für den Assembler ist ein einzelnes Fragezeichen ein Schlüsselwort. Das einzelne Fragezeichen darf nur bei der Initialisierung von Speicherplatz verwendet werden. Es weist den Assembler an, zwar Speicherplatz zu reservieren, diesen jedoch *nicht* zu initialisieren. Der Inhalt dieses Speicherplatzes ist nach dem Laden des Programmes deshalb nicht definiert.

```
        DB      ?
VEKTOR  DD      ?
        DW      ?
VAR     DB      ?
```

Die Initialisierungsliste

Es kann für *ausdruck* eine Liste von Ausdrücken angegeben werden, wobei die einzelnen Ausdrücke durch Kommata getrennt werden müssen. Der Assembler wird entsprechend der Anzahl der Ausdrücke *anzahlmal* Speicherplatz reservieren und initalisieren.

Beispiel:

```
TABELLE    DB   2,7,?,5,?
SPRUNG     DW   TABELLE, SPRUNG
```

Der Assembler wird im ersten Beispiel 5 Bytes reservieren und diese mit den Werten 2,7,?,5,? initialisieren. Danach wird er 2 Worte reservieren und diese mit den Offsets von TABELLE und SPRUNG initialisieren. Gleichbedeutend wäre:

```
DATEN   SEGMENT
        TABELLE    DB   2
                   DB   7
                   DB   ?
                   DB   5
```

```
                    DB   ?
        SPRUNG      DW   TABELLE
                    DW   SPRUNG
DATEN   ENDS
```

Die Vervielfältigungsmöglichkeit bei der Initialisierung

Mit Hilfe von: *anzahl* DUP (*ausdruck*) können anzahlmal Speicherstellen reserviert und anzahlmal mit einem Ausdruck initialisiert werden.

1. *anzahl* muß ein numerischer Ausdruck größer 0 sein.

2. *ausdruck* muß in runde Klammern () eingeschlossen sein und kann

   - ein numerischer oder Adreßausdruck,
   - ein Fragezeichen,
   - eine Liste von Ausdrücken oder
   - wiederum '*anzahl* DUP (*ausdruck*)' sein.

Beispiele:

```
SUM_TAB  DB  25 DUP (0)   ;es werden 25 Bytes reserviert
                          ;und mit 0 initialisiert

         DW  10 DUP (?)   ;es werden 10 Worte reserviert
                          ;und nicht initialisiert

VEKTOR   DW   5 DUP (VEKTOR)  ;es werden 5 Worte reserviert
                              ;und mit dem Offset von VEKTOR
                              ;initialisiert
```

```
DB    2  DUP (2 DUP (1,0),5,2 DUP (3,4) )
                          ;ist gleichwertig mit:
DB    1,0,1,0
DB    5
DB    3,4,3,4
DB    1,0,1,0
DB    5
DB    3,4,3,4
                          ;oder mit:
DB    1,0,1,0,5,3,4,3,4,1,0,1,0,5,3,4,3,4
                          ;bei
DW    3  DUP (VEKTOR,0)
                          ;werden 3 Doppelworte reserviert,
                          ;die den Offset von VEKTOR im Low-Word
                          ;und 0 im High-Word enthalten.
```

Die Initialisierung mit Ausdrücken

Zum Initialisieren dürfen Ausdrücke benutzt werden (siehe Ausdrücke). Da es prinzipiell zwei Arten von Ausdrücken gibt (numerische und Adreßausdrücke), ist 5 ebenso ein numerischer Ausdruck wie z.B. 4 * 50 und eine Variable ebenso ein Adreßausdruck wie eine Marke. Wenn ein Adreßausdruck zur Initialisierung einer Variablen benutzt wird, darf das nur bei DW oder DD geschehen, *jedoch nie bei* DB DQ DT.

Die Direktive: DW *variable*

initialisiert ein Wort im Speicher mit dem OFFSET von *variable.*

Die Direktive: DD *variable*

initialisiert zwei Worte im Speicher (ein Doppelwort) mit dem OFFSET von *variable* (im Low-Word) und dem SEGMENT-Anfangsparagraphen von *variable* (im High-Word).

Beispiele:

```
DEMO        SEGMENT

        NULL    DB   0      ;es wird 1 Byte mit 0 (=00H) initialisiert
        EINS    DW   EINS   ;es wird ein Wort mit dem OFFSET von EINS
                            ;(=0001H) belegt
        ZWEI    DD   ZWEI   ;es wird das Low-Wort mit dem
                            ;OFFSET von ZWEI (=0003H) und das High-Wort
                            ;mit dem Segmentanfangsparagraph von DEMO
                            ;initialisiert
        DREI    DW   DREI+5 ;es wird ein Wort mit dem OFFSET von
                            ;DREI + 5 (=000CH) initialisiert
        VIER    DW   VIER - ZWEI ;es wird ein Wort mit der Differenz
                            ;der beiden Offsets (0009H-0003H=0006H)
                            ;initialisiert
        FUENF   DB   5 * 6  ;es wird ein Byte mit 30 (=1EH)
                            ;initialisiert

DEMO        ENDS
```

Die Initialisierung mit Zeichenketten (Strings)

Da in einem Byte auch der ASCII-Code eines Zeichens stehen kann (z.B. 'A', '3' oder "Dies ist ein String"), ist es auch möglich, Speicherplatz mit Strings zu initialisieren. Es gilt dabei:

1. Der String wird in einfachen oder doppelten Hochkommata (' oder ") angegeben.

2. Besteht ein String aus mehr als einem Zeichen, so darf *nur die DB-Direktive* verwendet werden.

3. Für jedes Zeichen des Strings wird ein Byte reserviert und mit dem entsprechenden ASCII-Code initialisiert.

Beispiele:

```
TEXT1      DB  'VIELEN'
TEXT2      DB  "DANK"
LEERZEILE  DB  80 DUP (' '),0DH,0AH
```

Hinweis:
Bei den obigen Beispielen liegt ein gewisser Nachteil darin, daß bei Anwendung der TYPE, LENGTH und SIZE - Operatoren auf die Strings TEXT1 und TEXT2 Typ=1, Length=1 und somit Size=1 ist, obwohl die Strings natürlich mehr als ein Byte belegen. Dies läßt sich durch folgende Redefinitionen umgehen:

```
TEXT1   DB  6 DUP (?)
        ORG OFFSET TEXT1
        DB  'VIELEN'
TEXT2   DB  4 DUP (?)
        ORG OFFSET TEXT2
        DB  "DANK"
```

Überlauf bei der Initialisierung

Wird bei der Initialisierung ein Initialisierungswert verwendet, der größer ist als die Darstellungsmöglichkeit, so wird die Fehlermeldung VALUE IS OUT OF RANGE ausgegeben. Es ist daher besonders bei Ausdrücken darauf zu achten, daß während ihrer Berechnung kein Überlauf auftreten kann.

Beispiele:

```
ZAHL1   EQU  3
ZAHL2   EQU  1041                         ; =0411H
ZAHL3   EQU  28672                        ; =7000H
ZAHL4   EQU  ZAHL1 * ZAHL2                ; =0C33H
WORT1   DW  (ZAHL3 + ZAHL4) * ZAHL1       ; =17499H FEHLER, zu groß (!)
WORT2   DW  (ZAHL3 + ZAHL4) * ZAHL1/4     ; =17499H FEHLER, zu groß (!)
WORT3   DW  ZAHL1 / 4 * ZAHL3 + ZAHL4     ; hier tritt bei der Berechnung
                                          ; kein Überlauf auf
```

Die Initialisierung bei der DB - Direktive

Bei der DB - Direktive wird der Initialisierungswert binär in einem Byte (8 Bit) abgelegt. Dabei gilt:

1. Für numerische Ausdrücke sind Werte zwischen 0 und 255 (0 und FF hexadezimal) bzw. -128 und +127 dezimal (80 und 7F hexadezimal) erlaubt.

2. Adreßausdrücke sind nicht erlaubt.

3. Stringzeichen werden im ASCII-Code abgelegt.

Beispiele:

```
DATEN    SEGMENT
    ; Definition                        Speicher-   Offset-
    ;__________________________________inhalt_____Adresse
      VAR1  DB  7                       ; 07          0
      VAR2  DB  -1                      ; FF          1
      VAR3  DB  255                     ; FF          2
      TAB1  DB  0AH,2,16                ; 0A          3
                                        ; 02          4
                                        ; 10          5
      TAB2  DB  'abc'                   ; 61          6
                                        ; 62          7
                                        ; 63          8
DATEN    ENDS
```

Die Initialisierung bei der DW - Direktive

Bei der DW - Direktive wird der Initialisierungswert binär in einem Wort (2 Bytes) nach Intelkonvention abgelegt. Dabei gilt:

1. Bei numerischen Ausdrücken sind Werte zwischen 0 und 65535 (0 und FFFF hexadezimal) bzw. -32768 und +32767 dezimal (8000 und 7FFF hexadezimal) erlaubt.

2. Bei Adreßausdrücken wird der OFFSET-Adreßanteil abgelegt.

3. Stringzeichen (maximal 2) werden im ASCII-Code abgelegt und mit führenden Nullen erweitert. (Achtung: Intelkonvention !)

Beispiele:

```
DATEN   SEGMENT
    ;Definition                      Speicher-   Offset-
    ;_______________________________ inhalt      Adresse

     ZAHL     DW    1234H          ; 34          0
                                   ; 12          1
    SUMME     DW    -32768         ; 00          2
                                   ; 80          3
    ZEIGER    DW    SUMME          ; 02          4
                                   ; 00          5
    TEXT      DW    'AB'           ; 42          6
                                   ; 41          7
DATEN   ENDS
```

Die Initialisierung bei der DD - Direktive

Bei der DD - Direktive wird der Initialisierungswert binär in zwei Worten (4 Bytes) nach Intelkonvention abgelegt. Dabei gilt:

1. Bei numerischen Ausdrücken sind Werte zwischen 0 und 4294967295 (0 und FFFFFFFF hexadezimal) bzw. -2147483648 und +2147483647 dezimal (80000000 und 7FFFFFFF hexadezimal) erlaubt.

2. Bei Adreßausdrücken wird der OFFSET-Adreßanteil im Low-Word und der Segment-Adreßanteil im High-Word abgelegt.

3. Stringzeichen (maximal 2) werden im ASCII-Code abgelegt und mit führenden Nullen erweitert. (Achtung: Intelkonvention !)

Beispiele:

```
DATEN     SEGMENT
 ;Definition                         Speicher-    Offset-
 ;                                    inhalt      Adresse

  ZAHL  DD  12345678H                ; 78           0
                                     ; 56           1
                                     ; 34           2
                                     ; 12           3
  SUMME DD  -1                       ; FF           4
                                     ; FF           5
                                     ; FF           6
                                     ; FF           7
  ZEIGER DD SUMME                    ; 04           8
                                     ; 00           9
                                     ; 36           A
                                     ; 0C           B
  ZEICHEN DD 'AB'                    ; 42           C
                                     ; 41           D
                                     ; 00           E
                                     ; 00           F
DATEN     ENDS
```

Die Initialisierung bei der DQ - Direktive

Bei der DQ - Direktive wird der Initialisierungswert binär in zwei Doppelworten (8 Bytes) nach Intelkonvention abgelegt. Dieses Datenformat gilt nur für Befehle, die für die 8087/80287-Arithmetikprozessoren bestimmt sind. Dabei gilt:

1. Bei numerischen Ausdrücken sind Werte zwischen 0 und $2^{64}-1$ (0 und FFFFFFFFFFFFFFFF hexadezimal) bzw. -2^{63} und $+2^{63}-1$ dezimal (8000000000000000 und 7FFFFFFFFFFFFFFF hexadezimal) erlaubt.

2. Adreßausdrücke sind nicht erlaubt.

3. Stringzeichen (maximal 2) werden im ASCII-Code abgelegt und mit führenden Nullen erweitert. (Achtung: Intelkonvention !)

Beispiele:

```
DATEN    SEGMENT
    ;Definition                      Speicher-   Offset-
    ;                                inhalt      Adresse
 ZAHL  DQ  123456789ABCDEF0H         ; F0          0
                                     ; DE          1
                                     ; BC          2
                                     ; 9A          3
                                     ; 78          4
                                     ; 56          5
                                     ; 34          6
                                     ; 12          7
 BUCHSTABEN  DQ  'AB'                ; 42          8
                                     ; 41          9
                                     ; 00          A
                                     ; 00          B
                                     ; 00          C
                                     ; 00          D
                                     ; 00          E
                                     ; 00          F
DATEN    ENDS
```

Die Initialisierung bei der DT - Direktive

Bei der DT - Direktive wird ein dezimaler Initialisierungswert dezimal gepackt (BCD gepackt) mit Vorzeichen in 10 Bytes abgelegt, wobei das letzte Byte das Vorzeichen enthält. Ein in einer anderen Zahlenbasis angegebener Wert wird binär in 10 Bytes nach Intelkonvention abgelegt. Dieses Datenformat gilt nur für Befehle, die für die 8087/80287-Arithmetikprozessoren bestimmt sind.

1. Bei dezimalen numerischen Ausdrücken sind Werte zwischen -999999999999999999 und +999999999999999999 erlaubt. Das Vorzeichenbyte ist für positive Zahlen 00H und für negative Zahlen 80H. Bei einer anderen Zahlenbasis sind Werte zwischen 0H und FFFFFFFFFFFFFFFFFFFFH erlaubt.

2. Adreßausdrücke sind nicht erlaubt.

3. Stringzeichen (maximal 2) werden im ASCII-Code abgelegt und mit führenden Nullen erweitert. (Achtung: Intelkonvention !)

Beispiele:

```
;Definition                              Inhalt    Offset

BCD_ZAHL DT 123456789012345678          ; 78        0
                                        ; 56        1
                                        ; 34        2
                                        ; 12        3
                                        ; 90        4
                                        ; 78        5
                                        ; 56        6
                                        ; 34        7
                                        ; 12        8
                                        ; 00        9
NEG_ZAHL DT -123456789012345678         ; 78        A
                                        ; 56        B
                                        ; 34        C
                                        ; 12        D
                                        ; 90        E
                                        ; 78        F
                                        ; 56        10
                                        ; 34        11
                                        ; 12        12
                                        ; 80        13
```

Die RECORD - Direktive

Die Record-Direktive bereitet eine Speicherplatzzuweisung auf Bit-Ebene vor. Ein Record ist eine Maskenbeschreibung, die definiert wird und die erst später in diesem Format initialisiert wird. Die Beschreibung selbst reserviert keinen Speicherplatz. Wenn nun der Name eines Records (ähnlich wie die DB/DW-Direktiven) benutzt wird, so wird erst zu diesem Zeitpunkt Speicherplatz in der vorgesehenen Form reserviert und initialisiert. Dies schließt einige

Standardinitialisierungswerte ein, falls beim aktuellen Aufruf eines Records keine Werte angegeben wurden.

Die RECORD-Direktive hat folgendes Definitions-Format:

name RECORD feld1:länge[=ausdruck],feld2:länge[=ausdruck],...

Mit dieser Direktive wird *name* als RECORD festgelegt und in Byte- oder Wortgröße angelegt, je nach Anzahl der Bits, die durch die Anzahl der Felder und deren Länge bei der Definition benötigt werden. Ein Recordfeld wird definiert durch:

1. seinen Namen (feld)

2. einen Doppelpunkt (:)

3. einen Ausdruck, der die Länge des Feldes in Bits angibt

4. einen wahlfreien Parameter [=ausdruck], der nach dem Längenparameter angegeben wird und Initialisierungswerte angibt. Falls diese Werte zu lang sind, wird eine Fehlermeldung ausgegeben.

Ein Beispiel für eine Recorddefinition:

```
BITMASKE   RECORD   VZ:1,F:3=101B,REST:4=0BH
```

Die Höchstzahl an Bits in einem RECORD ist 16, das Minimum ist 1 Bit. Der WIDTH-Operator (siehe Operatoren) gibt die Länge eines RECORDs in Bit an (die Summe aller Feldlängen). Der SIZE-Operator (siehe Operatoren) gibt die Größe eines RECORDs in Bytes an. Für Recordlängen zwischen 1 bis 8 Bit ist SIZE gleich 1, für Längen von 9 bis 16 Bit ist SIZE gleich 2.

Die Recordfelder belegen entsprechend ihrer Reihenfolge die Bits eines Records von höherwertigen Bits zu niederwertigen Bits (von links nach rechts). Ist die gesamte Recordlänge kleiner als 8 oder 16 Bit, so wird der gesamte Record nach rechts geshiftet, bis das letzte Bit des letzten Feldes dem niederwertigsten Bit des Bytes oder Wortes entspricht.

Wenn er einmal definiert ist, kann der Recordname wie andere Datentypen für Speicherplatzreservierung und -initialisierung benutzt werden. Die Nutzungsweise ähnelt dem Gebrauch von DB, DW mit einigen zusätzlichen Möglichkeiten.

Die Syntax für den *Aufruf* eines zuvor definierten Records:

varname recordname [<ausdruck>]

Beispiel:

```
SUMME    BITMASKE    <1,,12>
```

oder

```
ZAHL     BITMASKE    <0,111B>
```

Mit Hilfe von <ausdruck> können die Recordfelder initialisiert werden. Soll ein Feld nicht initialisiert werden, so kann es durch die Angabe eines Kommas übergangen werden.

Variablen, die mit Hilfe von Record-Direktiven angelegt wurden, können wie jede andere Variable (erzeugt durch DB/DW) im Programm verwendet werden.

Die speziellen Verwendungsmöglichkeiten ergeben sich aus folgendem:

Jeder 'Feldname' eines Records kann in Ausdrücken oder Anweisungen entweder als Bitmaske (zusammen mit dem MASK-Operator) oder als Shift-Zähler (zusammen mit den Shift-Operatoren) benutzt werden.

MASK Feldname

ist als diejenige Maske definiert, die nötig ist, um ein Feld in seiner Originalposition anzusprechen.

Beispiele:

```
DEMO     RECORD    FREI:1, LEER:1, INDEX:14
```

Diese Recorddefiniton für DEMO bewirkt die Erzeugung von folgenden Symbolwerten:

Shift-Zähler:

```
FREI  = 15
LEER  = 14
INDEX = 0
```

Dies sind Shift-Werte, die benutzt werden können, um die Felder rechtsbündig in einem Wort auszurichten.

Maskierung:

```
MASK  FREI  = 8000H
MASK  LEER  = 4000H
MASK  INDEX = 3FFFH
```

Dies sind Masken, die benutzt werden können, um die Felder (angewendet auf Variablen) mit Hilfe von AND oder TEST direkt isolieren oder testen zu können.

Um z.B. das Recordfeld LEER von VAR_EINS in das Recordfeld LEER von VAR_ZWEI zu übertragen, ohne die anderen Recordfelder zu verändern, kann man folgende Anweisungsfolge benutzen:

```
MOV   AX, VAR_EINS      ;VAR_EINS nach Akku
AND   AX, MASK LEER     ;Undiert Akku mit MASK LEER
                        ;und löscht damit die anderen Recordfelder
AND   VAR_ZWEI, NOT MASK LEER
                        ;löscht das Recordfeld LEER von VAR_ZWEI
OR    VAR_ZWEI,AX       ;überträgt das Recordfeld LEER von VAR_EINS
                        ;nach VAR_ZWEI
```

Das Recordfeld LEER kann folgendermaßen getestet werden:

```
TEST  VAR_EINS, MASK LEER
```

Das Zero-Flag wird gesetzt, wenn das Recordfeld LEER=0 ist; andernfalls wird das Zero-Flag gelöscht.

Die Operatoren SIZE, WIDTH, MASK und die Shiftgrößen erlauben Manipulationen von RECORDS (auch in Schleifen), ohne eine Vielzahl von spezifischen Zahlen definieren zu müssen, wie z.B. die RECORD-Länge oder die Position oder Größe von RECORD-Feldern. Dies erleichtert die Erstellung von allgemeinen Befehlsfolgen oder Prozeduren, die ohne Modifikation in einer großen Anzahl von Anwendungen benutzt werden können.

Die STRUC - Direktive (STRUCTURE)

Die STRUC-Direktive wirkt ähnlich wie die RECORD-Direktive, nur mit dem Unterschied, daß die STRUC-Direktive nicht auf Bit-Ebene, sondern auf Byte-Ebene arbeitet. Die STRUC-Direktive besteht aus einer Definition, die eine Datenstruktur definiert, aber keinen Speicherplatz reserviert oder initialisiert, und aus einem oder mehreren Aufrufen, die nach der vorgegebenen Struktur Speicherplatz reservieren und initialisieren. Als dritter Punkt kommt noch eine spezielle Syntax bei der Verwendung von Strukturen in Befehlen hinzu.

Syntax:

a) Definition einer Struktur

```
strucname   STRUC
      .
      .            ;hier stehen DB/DW/DD/DQ/DT-Direktiven
      .            ;zur Definition von Feldern einer Datenstruktur
      .
strucname   ENDS
```

Innerhalb eines STRUC-Blockes können alle Direktiven zur Variablendefinition stehen. Dabei ist zu beachten, daß je nach Syntax dieser Direktiven die Speicherinhalte bei einem Aufruf der Struktur überschreibbar sind oder nicht. Es gilt:

1. Ein *einfaches* Feld ist überschreibbar. Z.B.:

```
SUMME  DW  5
ZAHL   DB  ?
```

2. Ein *mehrfaches* Feld ist *nicht* überschreibbar. Z.B.:

```
FELD   DB  3,1,?
TAB    DW  10 DUP (?)
```

3. Ein *Stringfeld* ist überschreibbar. Z.B.:

```
TEXT   DB  'Dies ist ein String'
```

Ist der überschreibende String kürzer, so wird das Stringfeld rechts mit Space aufgefüllt; ist der überschreibende String länger, so wird er rechts abgeschnitten.

Beispiel:

```
SATZ    STRUC
        SUMME   DW  5                          ;überschreibbar
        ZAHL    DB  ?                          ;überschreibbar
        FELD    DB  3,1,?                      ;nicht überschreibbar
        TAB     DW  10 DUP (?)                 ;nicht überschreibbar
        TEXT    DB  'Dies ist ein String'      ;überschreibbar
SATZ    ENDS
```

b) Aufruf einer Struktur:

varname strucname <ausdruck1[,ausdruck2,...]>

Beispiel:

```
DATEN    SEGMENT
 .
         AUSGABE   SATZ    <,9,,,'kürzerer Text'>
```

Mit diesem STRUCTURE-Aufruf werden 45 Bytes Speicherplatz reserviert und mit den in <> angegebenen Feldwerten initialisiert. Diese Strukturvariable hat den Namen AUSGABE und kann unter diesem Namen in Assemblerbefehlen angesprochen werden.

c) Anwendung von Strukturen in Adreßausdrücken:

Beispiele:

```
        MOV     DL,AUSGABE.ZAHL
        MOV     AUSGABE.SUMME,AX
        MOV     BX,0
        MOV     CX,10
        MOV     AX,0
SCH:
        ADD     AX,AUSGABE.TAB[BX]
        INC     BX
        INC     BX
        LOOP    SCH
```

Die .RADIX - Direktive

Die standardmäßige Zahlenbasis für numerische Konstanten bzw. Ausdrücke ist zehn. Die .RADIX-Anweisung erlaubt es, den Standardwert in jede beliebige Basis zwischen 2 und 16 zu ändern. Die Syntax:

.RADIX ausdr

ausdr ist immer eine Zahl zur Basis 10 zwischen 2 und 16. .RADIX hat keine Auswirkung auf die DD, DQ oder DT- Direktiven. Hier sind die numerischen Ausdrücke immer zur Basis 10, es sei denn, sie werden mit einem anderen Basisbuchstaben gekennzeichnet.

Beispiel:

```
MOV    BX, 0FFH
.RADIX 16
MOV    BX, 0FF
```

Die beiden Direktwerte im Beispiel sind identisch.

Die Bedingungsdirektiven

Die Bedingungsdirektiven bieten die Möglichkeit, dem Assembler mitzuteilen, daß bestimmte Blöcke in einem Assemblerquellprogramm nicht übersetzt werden sollen. Dies kann von einer Reihe von Bedingungen abhängig gemacht werden. Es gibt die folgenden Bedingungsdirektiven:

- IF
- IFE
- IF1
- IF2
- IFDEF
- IFNDEF
- IFB
- IFNB
- IFIDN
- IFDIF
- ENDIF
- ELSE

Alle Bedingungsdirektiven haben folgendes Format:

```
 IFxxxx   argument
   .
   .                 ; Block 1
   .
[ELSE
   .
   .                 ; Block 2
   . ]
ENDIF
```

Jede Bedingungsdirektive kann wahlweise zusammen mit der ELSE-Direktive dazu benutzt werden, zwei Quellcodeblöcke in Abhängigkeit von einer Bedingung alternativ zu übersetzen. Für jedes IF ist nur *ein* ELSE zulässig und das ELSE wird immer dem innersten offenen IF zugeordnet. Eine Bedingung mit mehr als einem ELSE oder ein ELSE ohne eine Bedingung erzeugen einen Fehler.

Falls die Bedingung für das Argument zutrifft (wahr ist), wird der Befehlsblock bis ENDIF assembliert. Falls eine ELSE-Direktive vorhanden ist, wird nur bis zu dieser assembliert und der Rest übergangen.

Falls die Bedingung für das Argument nicht zutrifft (nicht wahr ist), wird entweder der gesamte Befehlsblock bis zum ENDIF ignoriert oder aber, falls eine ELSE-Direktive vorhanden ist, nur der Befehlsblock vom ELSE bis zum ENDIF assembliert.

Bedingungsdirektiven können bis zu 255fach verschachtelt werden. Jedes Argument einer Bedingungsdirektive muß im ersten Assemblierungslauf bekannt sein, um Fehler und unkorrekte Assemblierungen zu vermeiden.

Die Bedingungsdirektiven sind:

IF ausdr Wahr, wenn *ausdr* nicht 0 ist.
IFE ausdr Wahr, wenn *ausdr* 0 ist.

ausdr muß einen numerischen Wert darstellen, der zuvor absolut definiert wurde.

Beispiel:

```
IFE     (TYPE TAB) - 1     ;wenn der Typ von TAB = 1
INC     SI                 ;dann soll dieser Befehl
                           ;assembliert werden
ELSE                       ;ansonsten
ADD     SI, TYPE TAB       ;soll dieser Befehl
                           ;assembliert werden
ENDIF
```

IF1 Wahr beim 1. Assembler-Durchlauf.
IF2 Wahr beim 2. Assembler-Durchlauf.

Diese beiden Bedingungsdirektiven können z.B. als Testhilfe zusammen mit der %OUT-Direktive bei Vorwärtsreferenzproblemen benutzt werden.

Beispiel:

```
IF1                         ;damit kann erkannt werden
%OUT    1. Durchlauf        ;welchen Wert SYMBOL1 im
ELSE                        ;1. und im 2. Durchlauf
%OUT    2. Durchlauf        ;annimmt
ENDIF
%OUT    SYMBOL1
```

IFDEF symbol — Wahr, wenn *symbol* definiert wurde.

IFNDEF symbol — Wahr, wenn *symbol* nicht definiert wurde und nicht als external erklärt wurde.

Wenn *symbol* erst nach diesen Direktiven in einem Programm definiert wird, wird es im ersten Assemblierungsdurchlauf als undefiniert betrachtet, im zweiten Durchlauf wird es dann jedoch als definiert erkannt.

IFB <arg> — Wahr, wenn <arg> blank ist. Die eckigen Klammern um <arg> sind erforderlich.

IFNB <arg> — Wahr, wenn <arg> nicht blank ist. Wird gebraucht, um auf Dummy-Parameter testen zu können. Die eckigen Klammern um <arg> sind erforderlich.

IFB und IFNB werden gewöhnlich innerhalb von Macros benötigt. Das Argument ist dabei typischerweise ein Dummy. Bei der Macroerweiterung wird der Dummy der Macrodefinition durch einen aktuellen Parameter aus dem Macroaufruf ersetzt. Falls der Macroaufruf keinen zugehörigen aktuellen Parameter enthält, ist *arg* blank und der IFB.....ENDIF-Block wird assembliert.

IFIDN <arg1>,<arg2> — Wahr, wenn der String <arg1> identisch mit dem String <arg2> ist. Die eckigen Klammern um <arg1> und <arg2> sind nötig.

IFDIF <arg1>,<arg2> Wahr, wenn der String <arg1> ungleich (different) zu dem String <arg2> ist. Die eckigen Klammern um <arg1> und <arg2> sind nötig.

IFIDN und IFDIF werden ebenfalls innerhalb von Macros eingesetzt. *arg1* ist dabei wieder typischerweise ein Dummy und *arg2* ein direkter Vergleichswert oder ein Dummy. Die Assemblierung kann dadurch von der Gleichheit oder Ungleichheit zweier Parameter abhängig gemacht werden.

Die Fehlerbedingungsdirektiven

MASM enthält ab der Version 4.0 zusätzlich Fehlerbedingungsdirektiven, mit denen gezielt Fehler während des Übersetzungslaufes erzeugt werden können. Alle Fehlerbedingungsdirektiven mit Ausnahme von ERR1 erzeugen fatale Assemblierungsfehler und veranlassen MASM, keinen Objektmodul zu erzeugen.

.ERR
.ERR1
.ERR2 Diese Direktiven erzeugen einen Fehler an der Stelle im Quellprogramm, an der sie stehen. .ERR erzeugt stets einen Fehler, .ERR1 und .ERR2 nur, wenn diese Direktive im ersten bzw. zweiten Assemblerdurchlauf erreicht wird. Diese Direktiven lassen sich in bedingt assemblierten Codeblöcken oder in Macros einsetzen, um zu prüfen, welche Blöcke tatsächlich erweitert werden.

.ERRE ausdr
.ERRNZ ausdr Diese Direktiven testen den Wert eines Ausdrucks. Die .ERRE-Direktive erzeugt einen Fehler, falls *ausdr* falsch (0) ist. Die .ERRNZ-Direktive erzeugt einen Fehler, falls *ausdr* wahr (ungleich 0) ist. *ausdr* muß einen Absolutwert darstellen.

.ERRDEF name
.ERRNDEF name

Diese Direktiven testen, ob *name* definiert ist. Die .ERRDEF-Direktive erzeugt einen Fehler, falls *name* als Variable, Marke oder Symbol definiert ist. Die .ERRNDEF-Direktive erzeugt einen Fehler, wenn *name* noch nicht definiert wurde. Falls *name* eine Vorwärtsreferenz ist, wird sie im Durchlauf 1 als undefiniert, im Durchlauf 2 als definiert betrachtet.

.ERRB <string>
.ERRNB <string>

Diese Direktiven untersuchen den angegebenen String. Die .ERRB-Direktive erzeugt einen Fehler, falls *string* leer (blank) ist. Die .ERRNB-Direktive erzeugt einen Fehler, falls *string* nicht leer ist. Die <>-Klammern sind erforderlich. Diese Direktiven lassen sich in Macros einsetzen, um das Vorhandensein von Parametern zu testen.

.ERRIDN <string1>,<string2>
.ERRDIF <string1>,<string2>

Diese Direktiven testen zwei Strings auf Gleichheit. Die .ERRIDN-Direktive erzeugt einen Fehler, falls die Strings identisch sind. Die .ERRDIF-Direktive erzeugt einen Fehler, falls die Strings unterschiedlich sind. Die Strings können Namen, Zahlen oder Ausdrücke sein. Gleichheit besteht, wenn jedes Zeichen in *string1* mit dem positionsgleichen Zeichen in *string2* übereinstimmt. Die <>-Klammern sind erforderlich.

Die Direktiven zur Listengenerierung

Mit den Direktiven zur Listengenerierung lassen sich Inhalt und Form der Assemblerliste (von MASM abgelegt in der .LST-Datei) steuern.

Die PAGE - Direktive

Mit der PAGE-Direktive kann das Seitenformat der Assemblierungsliste beeinflußt werden. Das Seitenformat hat normalerweise die folgenden Standardeinstellungen:

1. 50 Zeilen pro Seite.

2. Am Ende einer Seite wird das Seitenvorschubzeichen (Form Feed) gesetzt.

3. 80 Zeichen pro Zeile.

4. Die Kopfzeile enthält eine Kapitelnummer und eine Seitennummer, die durch einen Bindestrich getrennt sind.

5. Die Seitennummer wird inkrementiert, wenn eine Seite voll ist.

Die PAGE-Direktive hat folgende Syntax:

```
PAGE    [ausdr1] , [ausdr2]
```

PAGE	weist den Assembler an, Form Feed zu erzeugen und eine neue Seite mit der Seitennummer 1 zu beginnen.
PAGE +	weist den Assembler an, zusätzlich noch die Kapitelnummer zu inkrementieren.
PAGE ausdr1	weist den Assembler an, eine neue Seitenlänge zu generieren, wobei *ausdr1* die Anzahl der Zeilen pro Seite angibt und zwischen 10 und 255 liegen muß.

PAGE ausdr1,ausdr2 weist den Assembler an, zusätzlich eine neue Zeilenlänge zu generieren, wobei *ausdr2* die Anzahl der Zeichen pro Zeile angibt und zwischen 60 und 132 liegen muß.

Hinweis (nur für ältere Versionen als 4.0):

Ist *ausdr1* größer als die momentan gültige Zeilenanzahl, so wird als erstes eine zu kurze Seite generiert. Abhilfe bringt ein zusätzlich angegebenes PAGE.

Die TITLE - Direktive

Die TITLE-Direktive bestimmt einen bis zu 60 Zeichen langen Titel, der in der ersten Zeile jeder Seite der Assemblierungsliste erscheint. Es gelten folgende Regeln:

1. Wird mehr als eine TITLE-Direktive gefunden, so wird eine Fehlermeldung generiert.

2. Die ersten sechs Zeichen von *text* werden als Modulname benutzt, wenn die NAME-Direktive nicht verwendet wurde.

3. Wird weder von der TITLE-Direktive noch von der NAME-Direktive Gebrauch gemacht oder ist eines der sechs Zeichen, aus denen der Name gebildet wurde, unzulässig, so wird der Modulname aus dem Dateinamen der Assemblerquelldatei gebildet.

   Die Syntax: TITLE text

Die SUBTTL - Direktive

Die Syntax: SUBTTL text

Die SUBTTL-Direktive bestimmt einen Untertitel, der in der Zeile nach dem Titel im Seitenkopf jeder Seite ausgegeben wird. Es gelten folgende Regeln:

1. *text* wird nach 60 Zeichen abgeschnitten.

2. In einem Programm dürfen beliebig viele SUBTTL-Direktiven angegeben werden. Der jeweils zuletzt angegebene Untertitel erscheint im Seitenkopf der Assemblierungsliste.

Die COMMENT - Direktive

Die Syntax: COMMENT begrenzer text begrenzer

Das erste Zeichen nach COMMENT, das nicht blank ist, wird als Begrenzungszeichen aufgefaßt. Der darauf folgende Text wird so lange als Kommentarblock aufgefaßt, bis wieder das Begrenzungszeichen auftaucht. Z.B. könnte unter Benutzung eines Sternes als Begrenzungszeichen ein Kommentarblock folgendes Aussehen haben:

```
COMMENT *
        jeder beliebige Text kann hier als
        Kommentarblock erscheinen
        .
        .
  *     ; zurück zum normalen Kommentar
```

Die .CREF und .XCREF - Direktiven

Diese beiden Direktiven schalten die Querverweislistengenerierung *ein* (.CREF) oder *aus* (.XCREF). Die Standardeinstellung ist .CREF .

Die .LALL , .SALL und .XALL - Direktiven

Die Ausgabe von MACRO/REPT/IRP/IRPC-Erweiterungen wird von diesen drei Direktiven kontrolliert.

.LALL (LIST ALL) listet den kompletten Macrotext für alle wahren und nicht wahren (siehe IF-Direktiven) Macroerweiterungen (unabhängig davon, ob Objectcode erzeugt wurde oder nicht).

.SALL (SUPPRESS ALL) unterdrückt das Auflisten jeglichen Textes und des Objektcodes, der durch Macroerweiterungen erzeugt wurde.

.XALL ist die Standardeinstellung. Eine Macroerweiterung wird nur dann aufgelistet, wenn sie einen Objektcode erzeugt.

Die .LIST und .XLIST - Direktiven

Die Ausgabe in die Listendatei kann durch diese zwei Direktiven kontrolliert werden.

.LIST ist die Standardeinstellung und listet alle Quellcodezeilen mit dem dazu erzeugten Objectcode.

.XLIST unterdrückt ab der Zeile mit dieser Direktive das weitere Auflisten, bis wieder eine .LIST-Direktive erscheint.

Beispiel:

```
      .
   .XLIST         ;ab hier wird das Auflisten unterdrückt
      .
      .           ;z.B. Macrodefinitionen
      .
   .LIST          ;ab hier soll wieder gelistet werden
```

Die %OUT - Direktive

Die Syntax: %OUT text

Mit Hilfe der %OUT-Direktive kann der String *text* zur Assemblierungszeit am Bildschirm (Standardausgabeeinheit) ausgegeben werden.

Die .SFCOND, .LFCOND und .TFCOND - Direktiven

Das Listing bzw. die Unterdrückung des Listings von nicht-wahren Bedingungsblöcken wird von diesen drei Direktiven und dem /X-Schalter im MASM-Aufruf kontrolliert. Sie haben Ein/Aus-Schalterfunktionen. Es sind damit verschiedene Fälle steuerbar:

1. Die Standardeinstellung und der /X-Schalter sind aktiv

a) Keine dieser Direktiven wurde angegeben.

Wurde keine dieser Direktiven angegeben, so gilt die Standardeinstellung zur Listenkontrolle. Es werden nicht-wahre Bedingungsblöcke aufgelistet und der /X- Schalter im MASM-Aufruf ist aktiv. Falls dann gewünscht wird, daß die Auflistung aller nicht-wahren Bedingungsblöcke unterdrückt wird, kann der /X-Schalter im MASM-Aufruf benutzt werden.

b) Die Direktive .TFCOND (toggle false conditionals) wurde angegeben.

Diese Direktive dreht bei jeder Angabe die Standardeinstellung ins Gegenteil um. Der /X-Schalter im MASM-Aufruf bleibt aktiv. D.h., wenn es Standardeinstellung war, daß nicht-wahre Bedingungsblöcke aufgelistet werden, so wird es nach .TFCOND Standardeinstellung sein, daß die Auflistung nicht-wahrer Bedingungsblöcke unterdrückt wird. Falls dann dennoch gewünscht wird, daß alle nicht-wahren Bedingungsblöcke aufgelistet werden, kann der /X- Schalter im MASM-Aufruf benutzt werden.

2. Die Standardeinstellung und der /X-Schalter werden inaktiviert.

a) Die Direktive .LFCOND (list false conditionals) wurde angegeben.

Diese Direktive setzt die Standardeinstellung, den /X-Schalter und die .SFCOND-Direktive außer Kraft und bewirkt ab sofort die Auflistung nicht-wahrer Bedingungsblöcke. Die Angabe des /X-Schalters beim MASM-Aufruf zeigt keine Wirkung.

b) Die Direktive .SFCOND (suppress false conditionals) wurde angegeben.

   Diese Direktive setzt die Standardeinstellung, den /X-Schalter und die .LFCOND-Direktive außer Kraft und bewirkt ab sofort die Unterdrückung der Auflistung nicht-wahrer Bedingungsblöcke. Die Angabe des /X-Schalters beim MASM-Aufruf zeigt keine Wirkung.

3. Die Standardeinstellung und der /X-Schalter werden reaktiviert.

Wenn die Direktiven .LFCOND oder .SFCOND aktiv sind, werden sie durch die .TFCOND-Direktive inaktiviert und die Standardeinstellung und der /X-Schalter werden aktiviert. Gleichzeitig wird jedoch die ursprüngliche Standardeinstellung (die vor .LFCOND oder .SFCOND gültig war) umgedreht. Deshalb ist es zu empfehlen, die .TFCOND-Direktive ein zweitesmal anzugeben, damit wieder die ursprüngliche Standardeinstellung gültig ist.

Ausdrücke und Operatoren

Assemblerbefehle und -direktiven enthalten meist Operanden. Operanden repräsentieren Konstanten, Register oder Speicherstellen. Diese Operanden lassen sich durch verschiedene *Operatoren* zu *Ausdrücken* kombinieren, die während des Übersetzungsvorganges berechnet werden.

Ausdrücke in MASM

MASM unterscheidet zwei Arten von Ausdrücken:

1. Adreßausdrücke
   - Variablen
   - Marken

2. Numerische Ausdrücke oder Nummern

Adreßausdrücke

Ein Adreßausdruck ist ein Ausdruck, der eine Beziehung zu einer Speicheradresse hat. Deswegen sind *Variablen* und *Marken* Adreßausdrücke. Ein Adreßausdruck besteht aus drei Attributkomponenten:

1. der SEGMENT-Komponente

2. der OFFSET-Komponente

3. der TYPE-Komponente

Diese drei Attributkomponenten sind ein notwendiger Teil jedes korrekten Adreßausdruckes.

Numerische Ausdrücke

Numerische Ausdrücke bestehen nicht wie Adreßausdrücke aus Attributkomponenten, sondern sind einfache Zahlen. Daher ist

FUENF EQU 5 ebenso ein numerischer Ausdruck wie 5 * 4 oder wie 3.

Jede Attributkomponente eines Adreßausdrucks ist isoliert gesehen eine Nummer, aber ein Adreßausdruck als ganzer ist *keine* Nummer.

Beispiel:

```
ASSUME  DS:DATEN
DATEN       SEGMENT  AT  55H
            DB       0,1,2
BYTE_VAR    DB       0ABH
DATEN       ENDS
```

Das Segment-Attribut von BYTE_VAR ist die Nummer 0055H, das Offset-Attribut ist die Nummer 0003H und das Type-Attribut ist die Nummer 0001H. BYTE_VAR selbst ist jedoch keine Nummer, sondern eine Variable, die einen Speicherplatz belegt, somit also ein Adreßausdruck.

Die Operatoren von MASM

MASM enthält eine Reihe von *Operatoren*, die während des Übersetzungsvorganges auf Ausdrücke angewendet werden. Ihr Hauptzweck besteht darin, dem Assembler Informationen zu geben, damit er möglichst kompakten Maschinencode erzeugen kann.

Ein Operator wird auf Ausdrücke angewendet, verrichtet mit diesen Ausdrücken eine Tätigkeit (z.B. die arithmetische Verknüpfung: 5+3*4) und liefert als Ergebnis wieder einen Ausdruck. Ein Ausdruck wiederum kann beliebig tief aus Ausdrücken und Operatoren zusammengesetzt sein.

Operatoren lassen sich folgendermaßen einteilen:

1. Operatoren, die nur auf Adreßausdrücke angewendet werden können:

   - Segmentregisterpräfix
   - OFFSET
   - SEG
   - TYPE
   - LENGTH
   - SIZE

2. Operatoren, die nur auf Nummern angewendet werden können (multiplikative und logische Operatoren):

   - * , /
   - MOD
   - SHL, SHR
   - OR
   - XOR
   - AND
   - NOT
   - SHORT

3. Operatoren, die sowohl auf numerische als auch auf Adreßausdrücke angewendet werden können (relationale und additive Operatoren):

   - EQ, LT, LE, GT, GE, NE
   - +, - (auch als Vorzeichen)
   - HIGH, LOW
   - PTR
   - () runde Klammern

4. Operatoren, die den momentanen Wert des Location Counters benutzen können:

   - THIS
   - $ (Dollarzeichen)

5. Operatoren, die nur bei RECORD-Definitionen Anwendung finden:

   - SHIFT-Zähler
   - WIDTH
   - MASK

Die Rangfolge der Operatoren

Zusammengesetzte Ausdrücke werden vom Assembler nach bestimmten Regeln abgearbeitet bzw. errechnet. Diese Regeln sind:

1. Ausdrücke werden grundsätzlich von links nach rechts abgearbeitet.

2. Operatoren mit höherem Rang werden *vor* direkt benachbarten Operatoren mit niedrigerem Rang ausgeführt.

3. Sind zwei benachbarte Operatoren von gleichem Rang, so werden sie von links nach rechts ausgeführt.

4. Die Rangfolge der Operatoren kann grundsätzlich durch runde Klammern verändert werden.

5. Der in runde Klammern eingeschlossene Teil wird zuerst bearbeitet.

6. Treten zwei oder mehr runde Klammernpaare hintereinander auf, so werden sie von links nach rechts abgearbeitet.

7. Treten die Klammernpaare verschachtelt auf, so werden sie von innen nach außen abgearbeitet.

Die folgende Liste führt die Operatoren in aufsteigender Rangfolge auf:

1. SHORT, .TYPE

2. OR, XOR (logische Verknüpfung)

3. AND (logische Verknüpfung)

4. NOT (logische Verknüpfung)

5. EQ, LT, LE, GT, GE, NE (Vergleichsoperatoren)

6. +, - (Addition/Subtraktion)

7. *, /, MOD, SHL, SHR (Multiplikation, Division, Modulo, Shifts)

8. HIGH, LOW

9. Segmentregisterpräfix, PTR, OFFSET, SEG, TYPE, THIS

10. runde Klammern, LENGTH, SIZE, WIDTH, MASK, SHIFT-zähler, eckige Klammern, Dreiecksklammern

Bei 9. und 10. dürfen die Operanden mit einschließen: BYTE, WORD, DWORD, NEAR, FAR, $ und Adreßverweise (z.B. einen symbolischen Namen oder einen Namen mit Subskript).

Alphabetische Operatoren müssen von ihren Operanden mit mindestens einem Leerzeichen getrennt werden.

Die Operatoren für Adreßausdrücke

Das Segmentregisterpräfix

Bei jedem Befehl, der auf einen Speicherplatz zugreift, wird die physikalische Speicheradresse zur Ausführungszeit des Befehls aus dem Inhalt eines Segmentregisters und einem Offset gebildet. Welches Segmentregister dabei vom Prozessor benutzt wird, ist in einer Standardeinstellung festgelegt oder in einem Segmentregister-Präfixbyte, das dem Maschinenbefehl vorausgeht, angegeben.

In folgenden Fällen darf *kein* Segmentregister-Präfixbyte verwendet werden:

1. Alle Adreßausdrücke vom Typ NEAR (z.B. Marke) benutzen immer das CS-Register.

2. Alle Adreßausdrücke vom Typ FAR benutzen immer das CS-Register und den IP.

3. Befehle, die das SP-Register benutzen, beziehen sich immer auf das SS-Register (PUSH, POP, CALL, RET, IRET).

4. Stringbefehle, die das DI-Register zur Adressierung eines Strings benutzen, benötigen dazu immer das ES-Register.

   Der Ausdruck:

   segreg:Adreßausdruck

wobei *segreg* für eines der Segmentregister steht, erzeugt einen neuen Adreßausdruck, in dem nun das Segmentregister verwendet wird, das bei *segreg* angegeben ist. Wenn sich dabei das neue Segmentregister vom Standard bzw. von dem unterscheidet, das bei der ASSUME-Direktive vereinbart wurde, so wird ein Segmentregister-Präfixbyte erzeugt, das dem normalen Maschinenbefehl vorangestellt wird. Andernfalls wird kein Segmentregister-Präfixbyte erzeugt.

Beispiel:

```
DATEN           SEGMENT
        BYTEVAR DB  ?
DATEN           ENDS

CODE            SEGMENT

        ASSUME CS:CODE, DS:DATEN

        MOV   AL, [BP]                ;SS ist Standard,
                                      ;kein Präfix wird erzeugt

        MOV   AL, DS:[BP]             ;SS ist Standard,
                                      ;ein Präfix mit DS wird erzeugt.
```

```
        MOV   AL, BYTEVAR               ;durch ASSUME dem DS zugewiesen,
                                        ;kein Präfix wird erzeugt.

        MOV   AL, ES:BYTEVAR            ;DS ist Standard,
                                        ;ein Präfix mit ES wird erzeugt.

        ASSUME     DS:NOTHING, ES:DATEN

        MOV   AL, BYTEVAR               ;DS ist Standard,aber bei ASSUME
                                        ;dem ES zugewiesen,
                                        ;ein Präfix mit ES wird erzeugt.

        MOV   AL, DS:BYTEVAR            ;DS ist Standard,
                                        ;kein Präfix wird erzeugt.

CODE   ENDS
```

Der OFFSET - Operator

Der OFFSET-Operator ermittelt die OFFSET-Adreßkomponente eines Adreßausdruckes relativ zum Segment- bzw. Gruppenanfang. Wird z.B.

OFFSET VARIABLE

verwendet, so wird der Offset relativ zum Segmentanfang ermittelt; wird

OFFSET GRUPPE:VARIABLE

verwendet, so wird der Offset relativ zum Gruppenanfang ermittelt (siehe auch GROUP-Direktive).

Der Offset-Adreßanteil einer Variablen oder einer Marke kann sich zur Bindezeit eines Programmes gegenüber der Assemblierzeit verändern, falls z.B. mehrere Segmente durch die GROUP-Direktive eine gemeinsame Segmentanfangsadresse erhalten. Diese Veränderung kann erst durch den Linker berücksichtigt werden. Es ist deshalb nicht ratsam, selbst errechnete absolute Offsets zu verwenden.

Besser ist es, immer dort, wo möglich, mit dem OFFSET-Operator zu arbeiten.

Wichtig:

Offset-Adreßanteile, die sich zur Laufzeit verändern (z.B. Offset von TAB[BX]), können nicht mit dem OFFSET-Operator ermittelt werden. Dafür ist der Befehl LEA (load effective adress) zu verwenden.

Beispiele:

```
GRUPPE      GROUP DATEN,CODING,CODE
CODE        SEGMENT  BYTE
            ASSUME  CS:CODE,DS:GRUPPE
              .
              .
            MOV   BX, OFFSET TAB2
            MOV   SI, 0
            ADD   AX, [BX+SI]
              .
              .
            MOV   BX, OFFSET GRUPPE:TAB1
            MOV   SI, OFFSET CS:HILFSTAB
              .
              .
CODE        ENDS
```

Der SEG - Operator

Der SEG-Operator ermittelt von einem Adreßausdruck den Segment-Adreßanteil (die Paragraphennummer).

Beispiele:

```
DATEN1          SEGMENT

    A           DW    ?
    B           DB    2 DUP (?)
    VEKTOR_IP   DW    ?
```

```
        VEKTOR_CS   DW    ?
DATEN1              ENDS

DATEN2              SEGMENT

        STRING      DB    100 DUP (?)

DATEN2              ENDS

CODING              SEGMENT

ASSUME CS: SEG MARKE, DS: SEG A, ES:SEG STRING

                    MOV   AX, SEG A
                    MOV   DS, AX

                    MOV   AX, SEG STRING
                    MOV   ES, AX
MARKE:
                    MOV   VEKTOR_CS, SEG MARKE
                     .
                     .
                     .
CODING              ENDS
```

Der TYPE - Operator

Der TYPE-Operator ermittelt den Typ einer Variablen oder Marke als Ganzzahl (1 = Byte, 2 = Wort, 4 = Doppelwort, 8 = Quadwort, 10 = Tenbytes, -1 = NEAR, -2 = FAR). Der Rückgabewert des TYPE-Operators kann dazu verwendet werden, den Typ für einen PTR-Operator zu spezifizieren (siehe dazu PTR-Operator).

Beispiele:

```
DATEN           SEGMENT

      TAB1      DB  100 DUP (?)
      TAB2      DW  100 DUP (?)

DATEN           ENDS

CODE            SEGMENT

ASSUME CS:CODE,DS:DATEN

                MOV  AX, DATEN
                MOV  DS, AX

                MOV  CX, 100
                MOV  SI, 0
                MOV  DI, OFFSET TAB2

        SCH:    MOV  TAB1[SI], 0
                MOV  (TYPE TAB2) PTR [DI], -1 ;Verwendung im PTR-Op.
                ADD  SI, TYPE TAB1    ;SI=SI+1
                ADD  DI, TYPE TAB2    ;DI=DI+2

                LOOP SCH
                 .
                 .
CODE            ENDS
```

Der .TYPE - Operator (nur ab MASM Vers. 4.0)

Der .TYPE - Operator ermittelt den Modus und den Bezug eines Ausdruckes und gibt ein Byte zurück, das in den Bits 0,1,5 und 7 die folgenden Informationen enthält:

Bitposition	Bit = 0	Bit = 1
0	kein Programmbezug	Programmbezug
1	kein Datenbezug	Datenbezug
5	nicht definiert	definiert
7	local oder public	external

Falls die Bits 5 und 7 null sind, ist *ausdr* ungültig. Die Syntax:

.TYPE ausdr

Der .TYPE - Operator wird vor allem in Verbindung mit den Bedingungsdirektiven eingesetzt, wenn in Abhängigkeit von Modus und Reichweite eines Ausdruckes der Übersetzungsvorgang gesteuert werden soll.

Beispiel:

```
VAR    DW   10
MODUS  EQU  .TYPE  VAR
```

Dieses Beispiel setzt MODUS auf 22H (00100010B).

Bit 0 enthält 0, da VAR keinen Programmbezug hat
Bit 1 enthält 1, da VAR Datenbezug hat
Bit 5 enthält 1, da VAR definiert ist
Bit 7 enthält 0, da VAR local ist
die restlichen Bits sind stets 0.

Der LENGTH - Operator

Der LENGTH-Operator ermittelt die Anzahl der Typeneinheiten einer Variablen (=Anzahl bei DUP). Werden geschachtelte DUP-Direktiven verwendet, so liefert der LENGTH-Operator *nur* die Wiederholungszahl beim *äußersten* DUP.

Beispiel:

```
DATEN              SEGMENT
     TAB1      DW   100 DUP (?)
DATEN              ENDS

CODE               SEGMENT
     ASSUME    CS:CODE,DS:DATEN
                 .
               MOV  CX, LENGTH TAB1
                        ;Schleifenzähler = Anzahl der Tabellenelemente
               MOV  SI, 0
    SCH:       MOV  BYTE PTR TAB1[SI], 0
               ADD  SI, TYPE TAB1
               LOOP SCH
                 .
```

Der SIZE - Operator

Der SIZE-Operator ermittelt die Größe einer Variablen in Bytes. Es gilt also: SIZE = LENGTH * TYPE. Z.B.:

Definition	TYPE	LENGTH	SIZE
A DB 10 DUP (?)	1	10	10
B DW 10 DUP (?)	2	10	20
C DD 10 DUP (?)	4	10	40

Beispiel:

```
DATEN            SEGMENT
       TAB1      DD  100 DUP (?)
DATEN            ENDS
CODE             SEGMENT
     ASSUME CS:CODE,DS:DATEN
                 MOV  CX, SIZE TAB1
                 MOV  SI, 0
     SCH:        MOV  BYTE PTR TAB1[SI], 0
                 INC  SI
                 LOOP SCH
```

Die multiplikativen und logischen Operatoren

Die multiplikativen Operatoren : * / MOD

Es gibt bei MASM drei multiplikative Operatoren:

*	Multiplikation
/	ganzzahlige Division (bei Division durch 0 wird eine Fehlermeldung erzeugt)
MOD	Modulo (Rest bei einer ganzzahligen Division)

Beispiele:

```
WORTTAB   DW  (5 + 30 * 2) DUP (?)
WORTVAR1  DW  25/8                        ;=3
WORTVAR2  DW  25 MOD 8                    ;=1
WORTVAR3  DW  5 + (-30*-2)                ;=65
```

Die Shift - Operatoren : SHL SHR

Die Shift-Operatoren:

y SHR x	den Operand y um x Bits nach rechts shiften
y SHL x	den Operand y um x Bits nach links shiften

arbeiten nach folgenden Regeln:

1. Bits, die 'herausgeshiftet' werden, gehen verloren.
2. Es werden 0-Bits 'hineingeshiftet'.
3. Das Vorzeichenbit wird nicht geshiftet.
4. Die Shiftoperatoren müssen von ihren Operanden durch mindestens ein Leerzeichen getrennt werden.
5. Die Shiftoperanden müssen absolute ganze Zahlen sein.
6. Nach links shiften um x Bits entspricht einer Multiplikation mit 2^x

7. Nach rechts shiften um x Bits entspricht einer Division durch 2^x .
8. Das Shiften um -x Bits dreht die Shiftrichtung um.

Beispiele:

```
10101010B  SHR  2   ;=00101010B
10101010B  SHL  1   ;=01010100B
10101010B  SHL  -1  ;=10101010B SHR 1 =01010101B
```

Die logischen Verknüpfungsoperatoren

Der OR - Operator

Der OR-Operator verknüpft zwei Ausdrücke bitweise nach folgenden Regeln:

Ausdr 1	Ausdr 2	Ausdr 1 OR Ausdr 2
0	0	0
0	1	1
1	0	1
1	1	1

Beispiel:

```
WERT1   EQU  11010110B            ;=0D6H
MASKE   EQU  01010101B            ;=55H
        MOV  AX, WERT1 OR MASKE   ;identisch mit MOV  AX,0D7H
```

Der OR-Operator kann benutzt werden, um mit Hilfe einer Maske bestimmte Bits auf 1 zu setzen (Ein-Funktion).

Der XOR - Operator

Der XOR-Operator verknüpft zwei Ausdrücke bitweise nach folgenden Regeln:

Ausdr 1	Ausdr 2	Ausdr 1 XOR Ausdr 2
0	0	0
0	1	1
1	0	1
1	1	0

Beispiel:

```
WERT1   EQU  11010110B              ;=0D6H
MASKE   EQU  01010101B              ;=55H
        MOV  AX, WERT1 XOR MASKE    ;identisch mit  MOV  AX,83H
```

Der XOR-Operator kann benutzt werden, um mit Hilfe einer Maske bestimmte Bits zu konvertieren (Ein/Aus-Funktion).

Der AND - Operator

Der AND-Operator verknüpft zwei Ausdrücke bitweise nach folgenden Regeln:

Ausdr 1	Ausdr 2	Ausdr 1 AND Ausdr 2
0	0	0
0	1	0
1	0	0
1	1	1

Beispiel:

```
WERT1   EQU  11010110B              ;=0D6H
MASKE   EQU  01010101B              ;=55H
        MOV  AX, WERT1 AND MASKE    ;identisch mit  MOV  AX,54H
```

Der AND-Operator kann benutzt werden, um mit Hilfe einer Maske bestimmte Bits auf 0 zu setzen (AUS-Funktion) bzw. Bits zu 'isolieren'.

Werden AND, OR und XOR gleichzeitig in einem Ausdruck verwendet, so hat AND Vorrang vor OR und XOR.

Beispiele:

```
MOV AX, 10011001B AND 10101010B OR 01110111B        ;Ergebnis:  11111111B
MOV AX, 10011001B OR 10101010B AND 01110111B        ;Ergebnis:  10111011B
MOV AX, (10011001B OR 10101010B) AND 01110111B      ;Ergebnis:  00110011B
MOV AX, 10011001B OR 10101010B XOR 01110111B        ;Ergebnis:  11001100B
MOV AX, 10011001B OR (10101010B XOR 01110111B)      ;Ergebnis:  11011101B

MOV AX, 10011001B AND 10101010B XOR 01110111B       ;Ergebnis:  11111111B
MOV AX, 10011001B AND (10101010B XOR 01110111B)     ;Ergebnis:  10011001B
```

Der NOT - Operator

Der NOT-Operator bildet von einem Ausdruck das 1er-Komplement; d.h. er konvertiert bitweise 0 zu 1 und 1 zu 0. NOT hat Vorrang vor AND, OR und XOR.

Beispiele:

```
MOV AX, NOT 10110110B                       ;AX=01001001B
MOV AX, NOT 10111010B AND 11011011B         ;Ergebnis:  01001001B
MOV AX, NOT (10110110B AND 11011011B)       ;Ergebnis:  01101101B
```

Der SHORT - Operator

Der SHORT-Operator veranlaßt den Assembler, für das Ergebnis eines Ausdrucks nur ein Byte Maschinencode anzulegen. Das bedeutet, daß nur dann Maschinencode erzeugt wird, wenn das Ergebnis in einem Byte Platz findet. Ist dies nicht der Fall, wird eine Fehlermeldung generiert. Falls ein Ausdruck, der SHORT benutzt, innerhalb eines weiteren Ausdrucks als Operand benutzt wird, verliert SHORT seine Wirkung. Ein Beispiel:

```
JMP   SHORT   MARKE
```

Der Assembler legt hier die Sprungdistanz in einem Byte Maschinencode ab. Dies kann bei Vorwärtsreferenzen sinnvoll sein, da der Assembler sonst in Unkenntnis der Entfernung des Sprungziels standardmäßig eine 16Bit-Sprungdistanz generieren würde.

Die relationalen und additiven Operatoren

Die Vergleichsoperatoren : EQ LT LE GT GE NE

Diese Operatoren vergleichen zwei Ausdrücke. Sie führen folgende Vergleiche durch:

- EQ (equal)	= gleich
- NE (not equal)	= ungleich
- LT (lower than)	= kleiner
- LE (lower equal)	= kleiner gleich
- GT (greater than)	= größer
- GE (greater equal)	= größer gleich

Sie arbeiten nach folgenden Regeln:

1. Sie geben High-Value (FFFFH) zurück, wenn der jeweilige Vergleich *wahr* ist.

2. Sie geben Low-Value (0H) zurück, wenn der jeweilige Vergleich *nicht wahr* ist.

3. Damit sie Variablen oder Marken vergleichen können, müssen diese im selben Segment definiert sein. Sie vergleichen dann die *Offsets* der betreffenden Variablen bzw. Marken.

4. Zahlenausdrücke dürfen *nicht* mit Variablen oder Marken verglichen werden.

Beispiel:

```
MOV   AX, 12 AND A NE B
```

Es wird ein Maschinenbefehl vom Typ 'Übertrage Konstante nach AX' generiert. Die Konstante ist 12, wenn A <> B ist. Die Konstante ist 0, wenn A = B ist.

Die additiven Operatoren: + -

Die additiven Operatoren (+ = Addition, - = Subtraktion) bilden eine arithmetische ganzzahlige Summe bzw. Differenz aus Zahlen , Variablen und Marken nach folgenden Regeln:

1. Absolute Zahlen dürfen immer mit Variablen (= Offset der Variablen), Marken (= Offset der Marke), Segmentnamen (= Segmentadreßanteil) oder absoluten Zahlen addiert bzw. subtrahiert werden.

2. Wenn eine Zahl zu einer Variablen bzw. einer Marke addiert wird, ist das Ergebnis eine Variable bzw. ein Marke, deren Offset gleich der Summe aus der Zahl und dem Offset der ursprünglichen Variablen bzw. der Marke ist.

3. Variablen bzw. Marken dürfen nur voneinander subtrahiert werden, wenn sie im selben Segment definiert sind.

4. Variablen bzw. Marken dürfen *nicht addiert* werden.

5. Ein Basisregister und ein Indexregister dürfen addiert werden (z.B. [BX + SI]).

6. Absolute oder verschiebbare Zahlen dürfen mit Basisregistern oder Indexregistern oder mit der Summe von beiden addiert oder subtrahiert werden (z.B. [BP + DI - 2]).

7. Register dürfen nicht von Zahlen subtrahiert werden. (Z.B. ist [2 - BX] unzulässig).

Beispiel:

```
        MOV    AX, TABELLE+4    ;überträgt das 3. Wort der Tabelle nach AX

WORTVAR DW     (LENGTH TAB + 2) DUP (?)

        JMP    MARKE - 4        ;unbedingter Sprung zum Befehl, der
                                ;4 Bytes vor MARKE beginnt
```

Die Byte - Isolierungs - Operatoren

Die Byte-Isolierungs-Operatoren :

HIGH Isolierung des HIGH-Bytes eines Wortes

LOW Isolierung des LOW-Bytes eines Wortes

sind ausschließlich für die Kompatibilität zu 8080/8085-Mikroprozessoren gedacht und nicht für die Programmierung von 8086/286-Assemblerprogrammen.

Der PTR - Operator

Der PTR-Operator legt für den betroffenen Assemblerbefehl den Typ eines Adreßausdruckes fest. Alle anderen Adreßkomponenten bleiben unverändert. Seine Syntax ist:

neutyp PTR Adreßausdruck

Dabei gilt:

neutyp	Adreßausdruck
BYTE	Variable
WORD	Variable
DWORD	Variable
NEAR	Marke
FAR	Marke

Der PTR-Operator *muß* verwendet werden, wenn in einem Befehl keinerlei Hinweise auf den Typ zu finden sind.

Beispiele:

```
                        ;falsch:
INC   [SI]              ;soll ein Byte oder Wort inkrementiert werden?

                          ;richtig:
INC   WORD PTR [SI]

                        ;falsch:
MOV   [DI], 3           ;soll 3 in ein Wort oder in ein Byte
                        ;ab dem Offset [DI] übertragen werden?

                              ;richtig:
MOV   BYTE PTR [DI], 3

                      ;falsch:
JMP   [BX]            ;soll ein indirekter INTRA-Segmentsprung
                      ;oder ein indirekter INTER-Segmentsprung
                      ;stattfinden?

                      ;richtig:
JMP   DWORD PTR [BX] ; oder
JMP   WORD PTR [BX]
```

Der PTR-Operator kann verwendet werden, um den Typ einer Variablen oder einer Marke zu ändern. Diese Änderung ist allerdings *nur für den Assemblerbefehl* wirksam, der den PTR-Operator enthält!

Beispiele:

```
DATEN          SEGMENT
    WORTTAB    DW    8 DUP (0)
    BYTEVAR1   DB    1
    BYTEVAR2   DB    2
DATEN          ENDS
```

```
CODE            SEGMENT
                .
                MOV   AX, WORD PTR BYTEVAR1
                MOV   WORTTAB + 2, AX
                              ;überträgt ein Wort ab Adresse BYTEVAR1
                              ;nach WORTTAB + 2
                MOV   AL, BYTE PTR WORTTAB
                              ;überträgt ein Byte aus WORTTAB nach AL
                .
                JMP   FAR PTR MARKE
                              ;springt auf MARKE,die in einem
                              ;anderen Segment definiert ist.
CODE            ENDS
```

Die Operatoren für den Location Counter

Der THIS - Operator

Der THIS-Operator erzeugt das Segment- und das Offset-Attribut aus der momentanen Stellung des Location Counters. Der Typ muß angegeben werden. Zusammen mit der EQU-Direktive können damit Marken erzeugt bzw. redefiniert werden.

Beispiele:

```
DATEN      SEGMENT
           WORT_TAB       EQU   THIS WORD
           BYTE_TAB       DB    100  DUP  (?)
           BYTE_VAR       EQU   THIS BYTE
           WORT_VAR       DW    300  DUP  (?)
           VEKTOR_BYTE    EQU   THIS BYTE
           VEKTOR_WORT    EQU   THIS WORD
           VEKTOR         DD    100 DUP (?)
            .
           M_FAR          EQU   THIS FAR
   M:
            .
DATEN      ENDS
```

Name	SEGMENT	OFFSET	TYPE	LENGTH	SIZE
WORT_TAB	DATEN	0	2	1	2
BYTE_TAB	DATEN	0	1	100	100
BYTE_VAR	DATEN	100	1	1	1
WORT_VAR	DATEN	100	2	300	600
VEKTOR_BYTE	DATEN	700	1	1	1
VEKTOR_WORT	DATEN	700	2	1	2
VEKTOR	DATEN	700	4	100	400
.					
M_FAR	DATEN	1100	FAR		
M	DATEN	1100	NEAR		

Der $ - Operator

Der $-Operator ermittelt den momentan gültigen Wert des Location Counters.

Beispiele:

```
STRING  DB   "Dies ist ein Text"
LAENGE  DB   $ - OFFSET  STRING
        ORG  $ + 16
```

Der Klammern - Operator

Der Klammern-Operator (ein Paar von runden Klammern) verändert die Abarbeitungsfolge von Ausdrücken und hat eine der höchsten Prioritäten.

Beispiele:

```
A    EQU   5 * 3 + 4         ;=19
B    EQU   5 * (3 + 4)       ;=35

C    EQU   0 AND 0 OR 1      ;=1
D    EQU   0 AND (0 OR 1)    ;=0
```

Die RECORD- Operatoren

Der MASK - Operator

Der MASK-Operator liefert eine Bitmaske für die Bitpositionen in einem Record, die von einem bestimmten Recordfeld belegt werden. Jedes Bit, das zu einem Recordfeld gehört, wird in der Maske auf 1 gesetzt, alle anderen Bits enthalten 0. Die Syntax:

MASK recordfeldname

Nehmen Sie als Beispiel die folgende Recorddefinition:

```
DEMO      RECORD  FREI:1, LEER:1, INDEX:14
BEISPIEL  DEMO    <1,,>
```

Diese Recorddefiniton für DEMO bewirkt die Erzeugung von folgenden Symbolwerten:

```
Shift-Werte:          Bitmaske des MASK-Operators:

FREI  = 15             MASK  FREI  = 8000H
LEER  = 14             MASK  LEER  = 4000H
INDEX =  0             MASK  INDEX = 3FFFH
```

Die linken Werte sind die Shift-Werte, die benutzt werden können, um die Felder rechtsbündig ausrichten zu können.

Die rechten Werte sind die Bitmasken, die der MASK-Operator liefert und die benutzt werden können, um die Felder (angewendet auf Variablen) mit Hilfe von AND oder TEST direkt isolieren oder testen zu können.

Die Shift-Werte entsprechen der Anzahl der Bits, um die das Recordfeld nach rechts geshiftet werden muß, um sein niederwertigstes Bit in das niederwertigste Bit des Recordbytes oder Recordwortes zu bringen. Auf obiges Beispiel angewandt:

```
MOV   BX, BEISPIEL
MOV   CL, FREI          ;der Recordfeldname fungiert als Shiftzähler
SHR   BX, CL

                        ;ist gleichbedeutend mit
MOV   CL, 15
SHR   BX, CL            ;das Recordfeld FREI steht jetzt
                        ;rechtsbündig in BX
```

Der WIDTH - Operator

Der WIDTH-Operator ermittelt die Größe eines Recordfeldes oder des gesamten Records in Bit. Die Syntax:

WIDTH   recordfeldname oder recordname

Beispiel:

```
MOV CL, WIDTH INDEX
```

Der MASK-Operator erstellt von einem Recordfeld dessen 'Isolierungsmaske'. Das Recordfeld LEER kann beispielsweise folgendermaßen getestet werden:

```
TEST   VAR_EINS, MASK LEER
```

Das Zero-Flag wird gesetzt, wenn das Recordfeld LEER=0 ist; ansonsten wird das Zero-Flag gelöscht.

Die Operatoren SIZE, WIDTH, MASK und die Shift-Werte erlauben Manipulationen von Records (auch in Schleifen), ohne eine Vielzahl von spezifischen Zahlen definieren zu müssen, wie z.B. die Recordlänge oder die Position oder Größe von Recordfeldern.

3

DER BEFEHLSSATZ DER 8086/8088-MIKROPROZESSOREN

Benutzungshinweise für dieses Kapitel

Dies ist das umfangreichste Kapitel des gesamten Buches. Es läßt sich in drei Teile gliedern, mit denen Sie verschieden arbeiten können:

1. Der erste Teil auf den Seiten 149 bis 157 beschreibt detailliert den *Aufbau der Maschinenbefehle*, die das Übersetzungsprogramm aus Ihren in symbolischer Assemblersprache geschriebenen Befehlen erzeugt. Diesen Teil kann der Anfänger vorläufig übergehen.

2. Der zweite Teil mit dem Titel "Die Organisation des Befehlssatzes" enthält auf den Seiten 158 bis 180 einen *nach Funktionsgruppen geordneten Überblick über den gesamten Grundbefehlssatz* der 8086/286-Mikroprozessoren. Wenn Sie diesen Teil durchlesen, haben Sie einen guten Überblick über das Ihnen zur Verfügung stehende Befehlsrepertoire. Für die Programmierpraxis nützliche Informationen bietet dabei vor allem der Abschnitt über die bedingten Sprungbefehle auf den Seiten 172 bis 177, der auch Programmierbeispiele enthält.

3. Im dritten Teil ab der Seite 181 wird jeder Befehl des Grundbefehlssatzes ausführlich in alphabetischer Reihenfolge vorgestellt. Dieser Teil hat mehr den Charakter eines Nachschlagewerkes.

Die Befehls- und Datenformate

Allgemeines

Die Befehlsformate und die Befehlssyntax, die im folgenden dargestellt werden, entsprechen der symbolischen Assemblersprache, die vom MASM-Assembler der MICROSOFT Corp. erkannt wird. Sie gelten in den hier angegebenen Formen mit minimalen Ausnahmen auch für die entsprechenden Assemblierungsprogramme anderer Hersteller.

Es wird ein Assemblerbefehl pro Zeile geschrieben. Wenn ein Semikolon erscheint, wird der Rest der Zeile ab diesem Semikolon als Kommentar aufgefaßt. Ein Semikolon innerhalb eines Strings ist davon ausgenommen.

Jeder Befehl besteht aus einer Reihe von Zeichengruppen. Jede Zeichengruppe ist von einem der drei folgenden Typen:

Name
Konstante
Begrenzer

Wenn zwei aufeinanderfolgende Zeichengruppen als eine andere Zeichengruppe interpretiert werden können, so müssen sie durch Leerstellen voneinander getrennt werden; im übrigen haben Leerstellen keine besondere Bedeutung und werden übergangen. Zusätzliche Leerstellen können je nach Wunsch eingefügt werden. Kommentare dürfen beliebig viele Zeilen lang sein, jedoch muß am Anfang jeder Kommentarzeile ein Semikolon stehen. Der Assembler ignoriert Kommentare und Leerzeilen. Er unterscheidet auch nicht zwischen Groß- und Kleinschreibung.

Eine Ausnahme zu obigen Regeln bilden Zeichenketten. Der Assembler nimmt alle Zeichen und Leerstellen an, die innerhalb einer Zeichenkette stehen.

Allgemeiner Aufbau eines 8086/8088-Maschinenbefehls

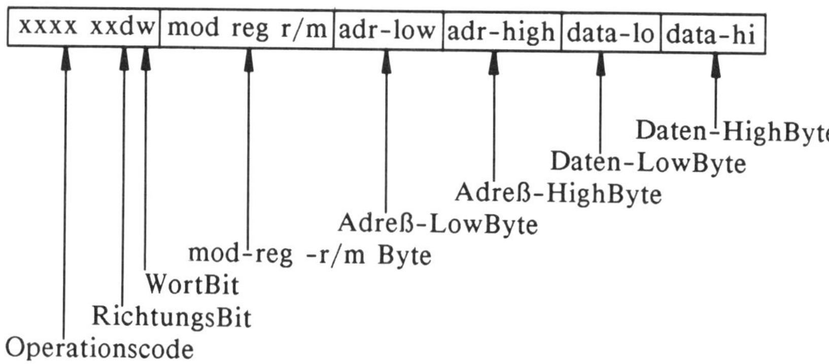

Abb. 3-1 Aufbau eines Maschinenbefehls

Der kürzeste Maschinenbefehl ist ein Byte lang, der längste ist sechs Bytes lang. Zwingend enthalten in jedem Maschinenbefehl ist nur das erste Byte mit dem Operationscode, dem Richtungs- und dem WortBit. Das Vorhandensein und der Aufbau aller weiteren Maschinenbefehlsbytes hängen von der Art des Assemblerbefehls und von den verwendeten Operanden ab.

Die Operandenkombinationen

Da bei den 8086/8088-Prozessoren nur einer der Operanden eines Maschinenbefehls ein Speicheroperand sein kann, gibt es prinzipiell die im folgenden aufgeführten Operandenkombinationen. Die Verarbeitungsrichtung verläuft dabei vom 2. Operanden zum 1. Operanden, d.h. das Ergebnis steht bei den meisten 2-Operandenbefehlen nach der Befehlsausführung im *linken* Operanden.

1. Operand	2. Operand
- - - -	- - - - -
Register	- - - - -
Register	Register
Register	Speicher
Register	Direktwert
Speicher	- - - - -
Speicher	Register
Speicher	Direktwert
Direktwert	- - - - -

Das WortBit: w

Die jeweilige Größe der Operanden kann 8Bit oder 16Bit sein. Dies wird im *WortBit* festgehalten:

w = 0 für 8Bit
w = 1 für 16Bit

Das RichtungsBit: d

Das Ergebnis eines 2-Operandenbefehls kann in ein Register oder in den Speicher abgelegt werden (normalerweise ist dieser Zieloperand der linke Operand). Dies wird im *Direction- oder RichtungsBit* festgehalten. Die Bedeutung von d = 0 ist 'nach Register' und von d = 1 ist 'von Register'.

Das Befehlsbyte: mod reg r/m

Die Bit-Kombinationen des *mod reg r/m* Bytes legen fest, welche der obigen Operandenkombinationen vorliegt und wie die EA-Bildung eines Speicheroperanden erfolgen soll.

Die Bitkombinationen für mod bedeuten:

mod = 00	1.	Ein Operand ist Speicheroperand
	2.	Es ist kein Displacement vorhanden, bis auf die Ausnahme:
	3.	if mod = 00 and r/m = 110 then EA = disp-high:disp-low
mod = 01	1.	Ein Operand ist Speicheroperand
	2.	DISP = disp-low (disp-high ist nicht vorhanden)
	3.	disp-low wird vorzeichenerweitert auf 16Bit.
mod = 10	1.	Ein Operand ist Speicheroperand
	2.	DISP = disp-high:disp-low
mod = 11	1.	Beide Operanden sind Register
	2.	EA = r/m = reg

Die Bitkombinationen für reg legen das beteiligte Register fest:

reg	w=1	w=0
000	AX	AL
001	CX	CL
010	DX	DL
011	BX	BL
100	SP	AH
101	BP	CH
110	SI	DH
111	DI	BH

Für r/m gilt:

r/m	EA	Segmentregister (Standard)
000	[BX]+[SI]+DISP	DS
001	[BX]+[DI]+DISP	DS
010	[BP]+[SI]+DISP	SS
011	[BP]+[DI]+DISP	SS
100	[SI]+DISP	DS
101	[DI]+DISP	DS
110	[BP]+DISP	SS
111	[BX]+DISP	DS

Für die Kombination von mod und r/m gilt:

r/m	mod=00	mod=01	mod=10	mod=11 w=0	mod=11 w=1
000	[BX]+[SI]	[BX]+[SI] +DISP(8)	[BX]+[SI] +DISP(16)	AL	AX
001	[BX]+[DI]	[BX]+[DI] +DISP(8)	[BX]+[DI] +DISP(16)	CL	CX
010	[BP]+[SI]	[BP]+[SI] +DISP(8)	[BP]+[SI] +DISP(16)	DL	DX
011	[BP]+[DI]	[BP]+[DI] +DISP(8)	[BP]+[DI] +DISP(16)	BL	BX
100	[SI]	[SI] +DISP(8)	[SI] +DISP(16)	AH	SP
101	[DI]	[DI] +DISP(8)	[DI] +DISP(16)	CH	BP
110	DISP(16)	[BP] +DISP(8)	[BP] +DISP(16)	DH	SI
111	[BX]	[BX] +DISP(8)	[BX] +DISP(16)	BH	DI

Standardmäßige Verwendung der Segmentregister

Die BIU benötigt zur Berechnung der physikalischen Adresse außer der EA (siehe obige Tabelle) noch eine Paragraphennummer, die in einem Segmentregister stehen muß. Die standardmäßige Zuordung einer EA zu einem Segmentregister geschieht nach folgenden Regeln:

- Ist der Basepointer (BP) in irgendeiner Weise an der EA-Bildung beteiligt, so wird standardmäßig das SS-Register zur Berechnung der physikalischen Adresse herangezogen.

- in allen anderen Fällen wird standardmäßig das DS-Register verwendet.

Nichtstandardmäßige Verwendung der Segmentregister

Die standardmäßige Zuordnung einer EA zu einem Segmentregister läßt sich dadurch umgehen, indem man im Befehl dem Adreßausdruck eines Speicheroperanden einen Vorsatz voranstellt. Dieses *Präfix* gibt an, auf welches Segmentregister Bezug genommen werden soll:

SREG:Adreßausdruck

Für SREG kann eines der vier Segmentregister stehen, zum Beispiel:

DS:WORT ES:[BX+6] CS:[BP][DI] SS:[SI]

Das Segmentregisterpräfix

Dieser Vorsatz erzeugt im Maschinencode ein sogenanntes PräfixByte, das in ähnlicher Form auch beim REP- und beim LOCK-Befehlsvorsatz Verwendung findet.

Dieses PräfixByte hat für die Segmentregister folgenden Maschinencode:

001sreg110

für sreg gilt dabei:

sreg	Segmentregister
00	ES
01	CS
10	SS
11	DS

Das FLAGS-Symbol

Befehle, die das Flag-Register beeinflussen, werden mit dem Symbol: FLAGS angegeben.

FLAGS (16Bit) hat folgenden Aufbau:

XX	XX	XX	XX	OF	DF	IF	TF	SF	ZF	XX	AF	XX	PF	XX	CF

Wobei XX ein undefiniertes Bit darstellt.

Operanden als Direktwerte

Alle 2-Operandenbefehle mit Ausnahme von MUL, DIV und den Stringbefehlen erlauben, daß als Quelloperand ein Direktwert angegeben werden kann. 16Bit-Direktwerte, die ein höherwertiges Byte besitzen, das eine Vorzeichenerweiterung des niederwertigen Bytes auf 16Bit darstellt, dürfen auf 8Bit gekürzt werden. So ist es z.B. erlaubt, statt 003AH 3AH zu schreiben.

Wichtig für die Verwendung von Direktwerten sind noch folgende drei Punkte:

1. Direktwert-Operanden können in 2-Operandenbefehlen nur Quelloperand sein.

2. Direktwert-Operanden in Wortgröße erscheinen im Maschinenbefehl nach INTEL-Konvention (in der Reihenfolge LOW-Byte, HIGH-Byte) abgespeichert.

3. In Befehlen, in denen das Vorzeichen eines Wertes und die Größe des Wertes berücksichtigt werden müssen, wird ein 8Bit

großer Direktwert auf 16Bit vorzeichenerweitert, wenn das s-Bit = 1 und das w-Bit = 1 sind.

Das Zeitverhalten

Die Zeit, die der Prozessor braucht, um einen Befehl auszuführen, wird von mehreren Faktoren bestimmt:

1. der Taktfrequenz

2. der Anzahl der Taktzyklen, die für den Befehl benötigt werden

3. der Anzahl der Taktzyklen, die zusätzlich benötigt werden, um falls erforderlich die effektive Adresse (EA) eines Speicheroperanden zu bilden.

Die Taktfrequenz

Bei 5 MHz beträgt die Zeit für einen Taktzyklus ca. 200 Nanosekunden, bei 8 MHz beträgt sie ca. 125 Nanosekunden.

1 Nanosekunde = 10^{-9} Sekunden.

Der 8088-Prozessor im IBM-PC z.B. arbeitet mit einer Taktfrequenz von 4,77 MHz. Ein Taktzyklus dauert bei diesen PCs somit ca. 210 Nanosekunden.

Die Bestimmung der zusätzlichen Taktzyklen für die Berechnung der effektiven Adresse eines Speicheroperanden:

Adressierungs-methode	Beispiele	zusätzliche Taktzyklen
direkter 16Bit-Offset	MOV BX, VAR	6
indirekt über Basis- oder Indexregister	MOV CX, [BX] MOV CX, [SI]	5
indirekt über Basis- oder Indexregister mit Displacement	MOV DX, VAR[BX] MOV DX, VAR[DI]	9
indirekt über Basis- und Indexregister	MOV DX, [BX][SI] MOV [BX][DI], CX	7 oder 8
indirekt über Basis- und Indexregister mit Displacement	MOV DX, VAR[BX][SI] MOV VAR[BX][DI], CX	11 oder 12
Ist die Adresse des Displacements ungerade:		4 zusätzliche Zyklen
Bei Übergriff in ein anderes Segment	MOV DX,ES:VAR	2 zusätzliche Zyklen

Die Organisation des Befehlssatzes

Im folgenden werden die Maschinenbefehle der 8086/8088-Prozessoren vorgestellt. Sie lassen sich nach sechs funktionellen Gruppen ordnen:

- Datentransfer
- Arithmetik
- Logik
- Stringverarbeitung
- Sprungkontrolle
- Prozessorkontrolle

Jede der drei ersten Gruppen dieser Liste läßt sich noch weiter nach Befehlsgruppen unterteilen, die sich darin unterscheiden, ob der Befehl auf Direktwerte, Register oder Speicherbereiche zugreift, ob 16Bit-Worte oder 8Bit-Bytes verarbeitet werden und welche Adressierungsmethode angewendet wird. Alle diese Codes werden im alphabetisch geordneten Teil dieses Kapitels genauestens erklärt. Normalerweise braucht sich der Programmierer jedoch nicht um diese Feinheiten zu kümmern, da der Assembler je nach Befehlstext den richtigen Maschinencode erzeugt. Es gibt im wesentlichen drei Untergruppen:

- Register/Speicher	von/nach	Register
- Direkt-Werte	nach	Register/Speicher
- Akkumulator	von/nach	Register/Speicher/Port

Die Befehle für den Datentransfer

Datentransfer-Operationen können in vier Klassen eingeteilt werden:

- Allgemeingültige Übertragungsoperationen
- Akkumulatorspezifische Übertragungsoperationen
- Adressenspezifische Übertragungsoperationen
- Flagspezifische Übertragungsoperationen

Bei diesen Befehlen (bis auf SAHF und POPF) werden keinerlei Flags verändert.

Die allgemeingültigen Datentransferbefehle

Es gibt vier allgemeingültige Datentransferbefehle. Sie können auf die allermeisten Operanden angewendet werden, obwohl sie auch spezifische Ausnahmen besitzen. Die allgemeingültigen Datentransferbefehle (mit Ausnahme von XCHG) sind die einzigen Befehle, die ein Segmentregister als Operand erlauben.

MOV führt eine Wort- oder Byte-Übertragung von der Quelle (rechter Operand) zum Ziel (linker Operand) aus.

PUSH dekrementiert das SP-Register um zwei und überträgt dann ein Wort vom Quelloperanden an die Stelle des Stacks, auf die der Stackpointer (SP) momentan verweist.

POP überträgt ein Wort von der Stelle des Stacks, auf die der SP momentan verweist in den Zieloperanden. Danach wird SP um zwei inkrementiert.

XCHG vertauscht den Quelloperanden mit dem Zieloperanden (Byte oder Wort). Hier dürfen als Operanden keine Segmentregister verwendet werden.

Die akkumulatorspezifischen Datentransferbefehle

Es gibt drei akkumulatorspezifische Datentransferbefehle:

IN überträgt ein Byte (Wort) von einem Eingabeport ins AL-Register oder ins AX-Register. Der Port wird entweder durch ein Datenbyte im Maschinenbefehl spezifiziert, das einen festgelegten Zugriff auf die Ports zwischen 0 und 255 erlaubt, oder er wird durch den Inhalt des DX- Registers bestimmt, was einen variablen Zugriff auf 64K Eingabeports ermöglicht.

OUT ist ähnlich wie IN, nur daß die Übertragung vom Akkumulator zum Ausgabeport stattfindet.

XLAT führt eine Byteumsetzung mittels einer Tabelle durch. Das AL-Register wird als Index in eine 256Byte-Tabelle benutzt, deren Startadresse im BX-Register enthalten sein muß. Der dort gefundene Wert wird nach AL übertragen.

Die adressenspezifischen Datentransferbefehle

Es gibt drei adressenspezifische Datentransferbefehle:

LEA (*l*oad *e*ffective *a*dress) überträgt den Offset des Quelloperanden in den Zieloperanden. Der Quelloperand muß ein Speicheroperand sein und der Zieloperand muß ein 16Bit-Register (allgemeines-, Zeiger- oder Index-Register) sein.

LDS (*l*oad pointer into *DS*) überträgt ein "Zeiger-Objekt" (z.B. ein 32Bit-Objekt, das einen Offset und eine Segmentadresse enthält) vom Quelloperanden (der ein Doppelwort-Operand sein muß) in ein Paar von Zielregistern, wobei die Segmentadresse in das DS-Register und der Offset in ein allgemeines Register oder Index-Register Ihrer Wahl übertragen wird.

LES (*l*oad pointer into *ES*) ist ähnlich wie LDS, nur daß die Segment-Adresse in das ES-Register übertragen wird.

Die flagspezifischen Datentransferbefehle

Es gibt vier flagspezifische Datentransferbefehle:

LAHF (*l*oad *AH* with *f*lags) überträgt aus dem Flag-Register SF, ZF, AF, PF und CF (die 8080-Flags) in festgelegte Bits des AH-Registers.

SAHF (*s*tore *AH* into *f*lags) überträgt festgelegte Bits des AH-Registers nach SF, ZF, AF, PF und CF des Flag-Registers.

PUSHF (push flags) dekrementiert den SP um zwei und überträgt das Flag-Register an die Stelle des Stacks, auf die der SP dann verweist.

POPF (pop flags) überträgt das Stackwort, auf das der SP verweist, in das Flag-Register und inkrementiert anschließend den SP um zwei.

Die arithmetischen Befehle

Die 8086/8088-Prozessoren bieten die vier Grundrechenarten in einer Vielzahl von Möglichkeiten an. Es gibt 8Bit- und 16Bit-Operationen mit oder ohne Vorzeichen. Standardmäßig wird für negative Zahlen (bei Dualzahlen mit Vorzeichen) das Zweier-Komplement benutzt. Bei den Multiplikations- und Divisions-Befehlen gibt es solche, die vorzeichenlose Zahlen verarbeiten und andere, die Zahlen mit Vorzeichen verarbeiten. Für diese Fälle erlauben die Flaginhalte die Entscheidung, ob Operationen mit oder ohne Vorzeichen durchzuführen sind (siehe auch Befehle zur Sprungkontrolle). Außerdem werden Korrektur-Befehle angeboten, die es erlauben, Zahlen direkt in ein gepacktes oder ungepacktes BCD-Format umzuwandeln.

Die durch die arithmetischen Befehle veränderten FLAGS

Sechs Flags werden durch die arithmetischen Befehle gesetzt oder gelöscht, um verschiedene Eigenschaften des Ergebnisses anzuzeigen:

CF Das *Carry Flag* wird gesetzt, wenn bei einer Operation ein Übertrag aus dem höchstwertigen Bit hinaus erfolgt (z.B. bei der Addition) oder wenn ein "Borgen" in das höchstwertige Bit hinein erfolgt (z.B. bei der Subtraktion); andernfalls wird dieses Flag gelöscht.

AF Das *Auxiliary Carry Flag* wird gesetzt, wenn bei einer Operation ein Übertrag aus Bit 3 hinaus oder ein Borgen in Bit 3 hinein erfolgt; andernfalls wird dieses Flag gelöscht. AF wird daher vornehmlich für die BCD-Arithmetik verwendet, bei der eine Dezimalziffer in einem Halbbyte gespeichert wird.

ZF Das *Zero Flag* wird gesetzt, wenn das Ergebnis einer Operation 0 ist; andernfalls wird dieses Flag gelöscht.

SF Das *Sign Flag* wird gesetzt, wenn das höchstwertigste Bit des Ergebnisses 1 ist; andernfalls wird dieses Flag gelöscht.

PF Das *Parity Flag* wird gesetzt, wenn nach einer Operation die Anzahl der 1er Bits im LOW-Byte des Ergebnisses geradzahlig ist; andernfalls wird dieses Flag gelöscht.

OF Das *Overflow Flag* wird gesetzt, wenn eine Operation mit vorzeichenbehafteten Operanden einen arithmetischen Überlauf in das Vorzeichenbit hinein erzeugt. In diesem Fall überschreitet die Größe des Ergebnisses die Kapazität des Zieloperanden. Durch einen nachfolgenden *Interrupt if Overflow*-Befehl (INTO) kann diese Bedingung abgefangen werden.

Die Additionsbefehle

Es gibt fünf Additions-Operationen:

ADD führt eine Addition des Quell- und Zieloperanden durch und legt das Ergebnis im Zieloperanden ab.

ADC (*ad*d with *c*arry) führt eine Addition des Quell- und Zieloperanden durch, addiert 1 dazu, falls das Carry-

Flag gesetzt war, und legt das Ergebnis im Zieloperanden ab.

INC (increment) inkrementiert den Operanden um 1.

AAA (unpacked BCD (*A*SCII) *a*djust for *a*ddition) korrigiert nach einer Addition zweier ungepackter BCD-Ziffern das Ergebnis in AL so, daß eine ungepackte Summe entsteht.

DAA (*d*ecimal *a*djust for *a*ddition) korrigiert nach einer Addition zweier gepackter BCD-Operanden das Ergebnis in AL so, daß eine gepackte Summe entsteht.

Die Subtraktionsbefehle

Es gibt sieben Subtraktions-Operationen:

SUB subtrahiert den Quelloperanden vom Zieloperanden und legt das Ergebnis im Zieloperanden ab.

SBB (*sub*tract with *b*orrow) subtrahiert den Quelloperanden vom Zieloperanden, subtrahiert 1 zusätzlich, falls das Carry-Flag gesetzt war, und legt das Ergebnis im Zieloperanden ab.

DEC (decrement) dekrementiert den Operanden um 1.

NEG (negate) bildet das 2er-Komplement, indem es den Operanden von -1H abzieht und 1 addiert.

CMP (compare) führt eine Subtraktion der Operanden durch, um die Flags zu setzen; die Operanden bleiben jedoch unverändert.

AAS (unpacked BCD (*A*SCII) *a*djust for *s*ubtraction) korrigiert nach einer Subtraktion zweier ungepackter BCD-Ziffern das Ergebnis in AL so, daß eine ungepackte Differenz entsteht.

DAS (*d*ecimal *a*djust for *s*ubtraction) korrigiert nach einer Subtraktion zweier gepackter BCD-Operanden das Ergebnis in AL so, daß eine gepackte Differenz entsteht.

Die Multiplikationsbefehle

Es gibt drei Multiplikationsoperationen:

MUL (multiply) führt eine vorzeichenlose Multiplikation mit dem Akkumulator und einem Quelloperanden durch und legt das Produkt (das doppelt so lang wie der Operand ist) bei einer 8Bit-Multiplikation in AX, bei einer 16Bit-Multiplikation in AX und DX (das LOW-WORD in AX, das HIGH-WORD in DX) ab. Das Carry- und das Overflow-Flag werden gesetzt, wenn die HIGH-Hälfte des Produktes keine Vorzeichenerweiterung der LOW-Hälfte darstellt.

IMUL (*i*nteger *mul*tiply) ist ähnlich wie MUL, nur wird hier eine Multiplikation *mit* Vorzeichen ausgeführt.

AAM (unpacked BCD (*A*SCII) *a*djust for *m*ultiply) korrigiert nach einer Multiplikation zweier ungepackter BCD-Ziffern das Ergebnis in AX, um ein ungepacktes Produkt zu erhalten.

Die Divisionsbefehle

Es gibt drei Divisionsoperationen und zwei Vorzeichenerweiterungsoperationen zur Unterstützung der Division mit Vorzeichen:

DIV (divide) dividiert entweder AX durch einen 8Bit-Operanden und legt das ganzzahlige Ergebnis in AL und den Rest in AH ab oder dividiert AX+DX (LOW-Teil in AX, HIGH-Teil in DX) durch einen 16Bit-Operanden und legt das ganzzahlige Ergebnis in AX, den Rest in DX ab. Die Flags bleiben unverändert. Bei Division durch 0 oder wenn das Ergebnis für den Akkumulator zu groß ist, wird ein Interrupt vom Typ 0 erzeugt.

IDIV (integer division) ist ähnlich wie DIV, nur wird hier eine Division vorzeichenbehafteter Operanden ausgeführt.

AAD (unpacked BCD (*A*SCII) *a*djust for *d*ivision) korrigiert vor einer Division zweier ungepackter BCD-Ziffern den Dividenden in AL, um nach der Division einen ungepackten Quotienten zu erhalten.

CBW (*c*onvert *B*yte to *w*ord) führt eine Vorzeichenerweiterung von AL nach AH aus.

CWD (*c*onvert *w*ord to *d*oubleword) führt eine Vorzeichenerweiterung von AX nach DX durch.

Die Logikbefehle

Die Logikbefehle sind für 8Bit- wie auch für 16Bit-Operanden gültig.

Die Logikbefehle mit einem Operanden

Es gibt neun Logik-Operationen mit einem Operanden:

NOT bildet das 1er-Komplement bzw. die logische Negation eines Operanden durch Bit-Inversion.

SHL (*sh*ift logical *l*eft) logisches Linksschieben.

SAL (*s*hift *a*rithmetic *l*eft) arithmetisches Linksschieben.

SHR (*sh*ift logical *r*ight) logisches Rechtsschieben.

SAR (*s*hift *a*rithmetic *r*ight) sind Schiebe-Operationen, die ein Register oder einen Speicheroperanden um ein oder mehrere Bits nach links oder rechts verschieben (bei mehreren Bits wird CL als Zähler benutzt). Das letzte Bit, das hinausgeschoben wurde, ersetzt das Carry-Flag. Nach Shifts um mehrere Bits ist das Overflow-Flag stets undefiniert. Bei Shifts um eine Bitposition wird OF gesetzt, falls sich das Vorzeichenbit durch den Shift ändert, andernfalls wird OF gelöscht. PF, SF und ZF werden je nach Ergebnis gesetzt.

ROL (*ro*tate *l*eft) rotieren nach links.

RCL (*r*otate through *c*arry flag *l*eft) durch das Carry-Flag nach links rotieren.

ROR (*ro*tate *r*ight) rotieren nach rechts.

RCR (*r*otate through *c*arry flag *r*ight) sind Rotier-Operationen, die ein Register oder einen Speicheroperanden um ein oder mehrere Bits nach links oder rechts im Kreis rotieren (bei mehreren Bits wird CL als Zähler benutzt). Von der einen Seite wird das Bit hereingeschoben, das auf der anderen Seite hinausgeschoben wird. Bei RCL und RCR wird noch das Carry-Flag miteinbezogen. Das letzte Bit, das hinausgeschoben wurde, ist anschließend im Carry-Flag zu finden. Das Overflow-Flag wird nur verändert, wenn um ein einzelnes Bit verschoben wird; es wird gesetzt, wenn das Vorzeichenbit nach dem Verschieben anders ist als vor dem Verschieben. PF, SF und ZF werden je nach Ergebnis gesetzt.

Die Logikbefehle mit zwei Operanden

Es gibt vier Logik-Operationen mit zwei Operanden. Bei allen wird CF und OF gelöscht, SF, PF und ZF werden je nach Ergebnis gesetzt.

AND verknüpft die beiden Operanden bitweise den logischen Und-Regeln entsprechend und legt das Ergebnis im Zieloperanden ab.

TEST führt ähnlich wie AND eine logische UND-Verknüpfung der beiden Operanden durch, jedoch wird das Ergebnis nicht abgelegt (es werden nur die Flags verändert).

OR verknüpft die beiden Operanden bitweise den logischen Oder-Regeln entsprechend und legt das Ergebnis im Zieloperanden ab.

XOR verknüpft die beiden Operanden bitweise den logischen Exklusiv-Oder-Regeln entsprechend und legt das Ergebnis im Zieloperanden ab.

Die Befehle zur Stringverarbeitung

Die Befehle zur Stringverarbeitung lassen sich in zwei Gruppen aufteilen:

- Einfache Stringbefehle ohne Wiederholung
- Wiederholungsbefehle

Ein einfacher Stringbefehl kann durch einen sogenannten Präfix zu einem Wiederholungsbefehl gemacht werden. Diese Befehle erzeugen einen effizienteren Code bei der Programmierung von Stringmanipulationen.

Es gelten für alle Stringbefehle folgende Regeln:

1. Alle einfachen Befehle zur Stringverarbeitung arbeiten mit derselben Kombination von Registern zur Adressierung der Operanden.

2. Sie verarbeiten einen String byte- oder wortweise. Dafür ist irgendeine Information über den Typ erforderlich.

3. Sie verarbeiten einen String entweder von 'links nach rechts' (aufsteigende Speicheradressen) oder von 'rechts nach links'

(absteigende Speicheradressen). Dafür wird das Direction-Flag als Informant benutzt (siehe auch die Befehle STD und CLD).

4. Werden diese einfachen Stringbefehle mit einem Wiederholungspräfix benutzt, so ist das CX-Register als Schleifenzähler reserviert.

5. Einige Wiederholungsbefehle haben eine zweite Abbruchsbedingung. Sie fragen dafür noch zusätzlich das Zero-Flag ab.

6. Werden in Verbindung mit dem Wiederholungspräfix noch weitere Präfixe (Segment-Präfix oder LOCK-Präfix) verwendet, so können Schwierigkeiten bei der Interruptverarbeitung auftreten, da diese neben einem Wiederholungspräfix keine weiteren Präfixe erkennt.

Für die Adressierung von String-Operanden gelten folgende Regeln:

1. Der Quelloperand wird immer über das DS- und SI-Register adressiert, wobei in DS die betreffende Segmentadresse und in SI der Offset des Quelloperanden (bzw. Offset + Length - 1, wenn die Verarbeitung von 'rechts nach links' stattfindet) steht.

2. Der Zieloperand wird immer über das ES- und DI-Register adressiert, wobei in ES die betreffende Segmentadresse und in DI der Offset des Zieloperanden (bzw. Offset + Length - 1, wenn die Verarbeitung von 'rechts nach links' stattfindet) steht.

Die einfachen Stringbefehle ohne Wiederholung

Es gibt fünf einfache Stringbefehle:

MOVS (*mov*e *s*tring) überträgt ein Byte/Wort von Quelle nach Ziel und erhöht/erniedrigt anschließend SI und DI um 1 bzw. 2. SI muß dem Offset von DS:Quelle zugeordnet sein, DI muß dem Offset von ES:Ziel zugeordnet sein.

LODS (*lo*a*d* *s*tring) überträgt ein Byte/Wort von Quelle nach AL bzw. AX und erhöht/erniedrigt anschließend SI um 1 bzw. 2. SI muß dem Offset von DS:Quelle zugeordnet sein.

STOS (*sto*re *s*tring) überträgt ein Byte/Wort von AL bzw. AX nach Ziel und erhöht/erniedrigt anschließend DI um 1 bzw. 2. DI muß dem Offset von ES:Ziel zugeordnet sein.

SCAS (*sca*n *s*tring) vergleicht den Byte/Wort-Inhalt von AL bzw. AX mit dem Inhalt von Ziel und erhöht/erniedrigt anschließend DI um 1 bzw. 2. DI muß dem Offset von ES:Ziel zugeordnet sein.

CMPS (*comp*are *s*tring) vergleicht den Byte/Wort-Inhalt von Quelle mit dem Inhalt von Ziel und erhöht/erniedrigt anschließend SI und DI um 1 bzw. 2. SI muß dem Offset von DS:Quelle und DI muß dem Offset von ES:Ziel zugeordnet sein.

Die Stringbefehle mit Wiederholung

Das Präfix REP

Durch das Präfix REP wird jeder einfache Stringbefehl in einer sogenannten Hardware-Schleife mit CX als Schleifenzähler ausgeführt. 'Hardware-Schleife' bedeutet dabei, daß im Unterschied zu den Softwareschleifen, die mit den Loop-Befehlen programmiert werden, der Stringbefehl mit seinem REP-Präfix nur einmal gefetched werden muß und dann im Prozessor wiederholt ausgeführt wird. Dies ist natürlich nur möglich, weil die Schleife aus einem einzigen Befehl besteht.

Vor jeder Ausführung der Schleife wird CX abgefragt. Der einfache Stringbefehl innerhalb der Schleife wird nur ausgeführt, wenn CX ungleich 0 ist. Nach jeder Ausführung des Stringbefehls wird CX um 1 dekrementiert und an den Anfang der Schleife verzweigt. Ist CX gleich 0, wird die Programmverarbeitung mit dem nächsten Befehl nach der Schleife fortgesetzt.

Es gibt zwei sinnvolle REP-Kombinationen:

REP MOVS (repeat move string) überträgt den Inhalt eines Quellstrings byte- oder wortweise in einen Zielstring, beginnend von links oder beginnend von rechts, je nach Stellung des Direction-Flags.

REP STOS (repeat store string) bringt den Inhalt von AL oder von AX byte- oder wortweise in einen Zielstring und zwar CXmal, beginnend von links oder beginnend von rechts (z.B. zum Vorbelegen eines Strings mit Leerzeichen).

Die Kombinationen:

REP LODS (repeat load string)

REP SCAS (repeat scan string)

REP CMPS (repeat compare string)

sind zwar möglich, aber von der Logik her nicht sehr sinnvoll.

Die Präfixe REPZ / REPE und REPNZ / REPNE

Diese Präfixe dürfen vor SCAS oder vor CMPS stehen. Durch sie wird in der Schleife am Ende (nach dem Dekrementieren von CX) eine Abbruchsbedingung abgeprüft, und zwar bei REPZ bzw. REPE, ob das Zero-Flag = 0 ist (Verlassen der Schleife bei ZF = 0) und bei REPNZ bzw. REPNE, ob das Zero-Flag = 1 ist (Verlassen der Schleife bei ZF = 1). Folgende vier Fälle sind möglich:

REPZ SCAS (repeat while zero scan string) oder

REPE SCAS (repeat while equal scan string). Der Inhalt von AL bzw. AX wird solange byte-/wortweise mit dem Inhalt des Zielstrings verglichen, solange CX

<> 0 UND das Zero-Flag = 1 sind (also solange Gleichheit erkannt wird).

REPZ CMPS (repeat while zero compare string) oder

REPE CMPS (repeat while equal compare string). Der Inhalt des Quellstrings wird solange byte-/wortweise mit dem Inhalt des Zielstrings verglichen, solange CX <> 0 UND das Zero-Flag = 1 sind (also solange Gleichheit erkannt wird).

REPNZ SCAS (repeat while not zero scan string) oder

REPNE SCAS (repeat while not equal scan string). Der Inhalt von AL bzw. AX wird solange byte- /wortweise mit dem Inhalt des Zielstrings verglichen, solange CX <> 0 UND das Zero-Flag = 0 sind (also solange Ungleichheit erkannt wird).

REPNZ CMPS (repeat while not zero compare string) oder

REPNE CMPS (repeat while not equal compare string). Der Inhalt des Quellstrings wird solange byte-/wortweise mit dem Inhalt des Zielstrings verglichen, solange CX <> 0 UND das Zero-Flag = 0 sind (also solange Ungleichheit erkannt wird).

Die Befehle zur Sprungkontrolle

Die Befehle zur Sprungkontrolle können in vier Gruppen aufgeteilt werden:

- Prozeduraufruf, Prozedurrücksprung, unbedingter Sprung
- Bedingte Sprungbefehle
- Befehle zur Schleifenbildung
- Interruptbefehle

Alle Befehle zur Sprungkontrolle bewirken, daß die Programmausführung an einer anderen Stelle des Speichers fortgesetzt wird (gegebenenfalls sogar in einem anderen Codesegment).

Prozeduraufrufe, Prozedurrücksprünge und unbedingte Sprünge

Diese drei Befehle führen Sprünge entweder innerhalb eines Code-Segmentes (Intra-Segment Sprünge) oder in ein anderes Code-Segment (Inter-Segment Sprünge) aus. Beim unbedingten Sprung ist es zusätzlich auch möglich, nur um eine Distanz zwischen -128 und +127 Bytes zu springen (Short-Sprünge).

CALL legt den Inhalt von IP (bei einem Inter-Segment-Sprung zusätzlich den Inhalt vom CS-Register) im Stack ab und lädt IP (und CS) mit der Adresse des Sprungziels.

RET holt die Adressen, die durch CALL in den Stack abgelegt wurden, nach IP (und CS) zurück und bewirkt dadurch einen Rücksprung ins aufrufende Programm.

JMP verändert den momentanen IP-Inhalt und bewirkt dadurch einen unbedingten Sprung.

Die bedingten Sprungbefehle

Die bedingten Sprungbefehle führen zu einer Verzweigung zum Sprungziel in Abhängigkeit vom Status verschiedener Flags zum Zeitpunkt der Ausführung des Sprungbefehls. Für die verschiedenen Flags und bestimmte logische Kombinationen von Flags gibt es jeweils spezielle bedingte Sprungbefehle. Ist die in den nachfolgenden Tabellen angegebene Bedingung 'wahr', dann wird zum Sprungziel verzweigt, andernfalls wird mit dem auf den bedingten Sprungbefehl folgenden Befehl fortgefahren.

Das Sprungziel muß für alle bedingten Sprungbefehle innerhalb desselben Codesegmentes liegen und darf höchstens -128 Bytes bis +127 Bytes Maschinencode vom Offset des Befehls entfernt sein, der unmittelbar nach dem bedingten Sprungbefehl steht (der IP zeigt zur Ausführungszeit eines Befehls bereits auf den nächsten Befehl).

Diese Beschränkung in der Sprungweite rührt daher, daß im Maschinencode für alle bedingten Sprungbefehle nur ein Byte für die Codierung der Sprungdistanz zur Verfügung steht.

OP-Code	Distanz

Falls die Bedingung 'wahr' ist und der Sprung ausgeführt werden soll, wird lediglich die Distanz auf 16Bit vorzeichenerweitert und zum Inhalt des IP addiert. Dann wird mit dem so adressierten Befehl fortgefahren.

Hinweis:

Ältere Versionen als 3.0 des Assemblers MASM generieren **keine!** Fehlermeldung, wenn in einem Programm die Sprungdistanz überschritten wird. Vor allem bei der Anwendung von Macros besteht in diesem Fall die Gefahr, daß die Sprungdistanzen überschritten werden, da die Größe von Makroerweiterungen variabel sein kann und meist zur Zeit der Programmerstellung nicht bekannt ist.

Die bedingten Sprungbefehle, die nur ein Flag prüfen:

JC	(Jump if Carry)
JNC	(Jump if not Carry)
JO	(Jump if Overflow)
JNO	(Jump if not Overflow)
JS	(Jump if Sign)
JNS	(Jump if not Sign)
JP	(Jump if Parity)
JNP	(Jump if not Parity)
JPE	(Jump if Parity even)
JPO	(Jump if Parity odd)
JZ	(Jump if Zero)
JNZ	(Jump if not Zero)

Flag	Sprung soll erfolgen bei Flag = 1	bei Flag = 0
CARRY	JC	JNC
OVERFLOW	JO	JNO
SIGN	JS	JNS
PARITY	JP	JNP
	JPE	JPO
ZERO	JZ	JNZ

Die bedingten Sprungbefehle für den Vergleich von Operanden:

Befehl		abgeprüfte Flags
JE	(Jump if equal)	ZF = 1
JNE	(Jump if not equal)	ZF = 0
JG	(Jump if greater)	((SF xor OF) or ZF) = 0
JNG	(Jump if not greater)	((SF xor OF) or ZF) = 1
JGE	(Jump if greater or equal)	(SF xor OF) = 0
JNGE	(Jump if not (greater or equal))	(SF xor OF) = 1
JL	(Jump if less)	(SF xor OF) = 1
JNL	(Jump if not less)	(SF xor OF) = 0
JLE	(Jump if less or equal)	((SF xor OF) or ZF) = 1
JNLE	(Jump if not (less or equal))	((SF xor OF) or ZF) = 0
JA	(Jump if above)	(CF or ZF) = 0
JNA	(Jump if not above)	(CF or ZF) = 1
JAE	(Jump if above or equal)	CF = 0
JNAE	(Jump if not (above or equal))	CF = 1
JB	(Jump if below)	CF = 1
JNB	(Jump if not below)	CF = 0
JBE	(Jump if below or equal)	(CF or ZF) = 1
JNBE	(Jump if not (below or equal))	(CF or ZF) = 0

Diese bedingten Sprungbefehle fragen Kombinationen mehrerer Flags oder einzelne Flags ab. Sie finden vor allem in Zusammenhang mit Vergleichen Verwendung. Ihre Anwendung läßt sich an folgendem Beispiel verdeutlichen. Die Inhalte der Register AX und BX sollen verglichen werden, um in Abhängigkeit vom Ergebnis dieses Vergleichs in der Programmlogik zu verzweigen:

```
            CMP   AX,BX
            Jxxx  MARKE
             .
             .
MARKE:
```

Sprung soll erfolgen bei		**zu verwendender bedingter Sprungbefehl bei Operanden**	
		mit Vorzeichen	**ohne Vorzeichen**
AX =	BX	JE oder JZ	JE oder JZ
AX <>	BX	JNE oder JNZ	JNE oder JNZ
AX >	BX	JG oder JNLE	JA oder JNBE
AX >=	BX	JGE oder JNL	JAE oder JNB
AX <	BX	JL oder JNGE	JB oder JNAE
AX <=	BX	JLE oder JNG	JBE oder JNA

Der Unterschied zwischen Operanden mit Vorzeichen und Operanden ohne Vorzeichen kann an folgenden Beispielen verdeutlicht werden:

```
MOV  AX,0H
MOV  BX,0FFFFH

CMP  AX,BX
```

Dieser Befehl führt eine Subtraktion durch, verändert dabei die Flags, läßt aber die Operanden unverändert.

AX	0000 0000 0000 0000
-BX	-1111 1111 1111 1111
=	0000 0000 0000 0001

Nach der Ausführung dieses Befehls haben die Flags folgenden Status:

AF = 1   ZF = 0   CF = 1   OF = 0   SF = 0   PF = 0

Es soll in einer Programmlogik nun ein bedingter Sprung ausgeführt werden, falls die Bedingung AX > BX 'wahr' ist. Dazu muß unterschieden werden, ob der Inhalt von AX und BX als vorzeichenlose oder vorzeichenbehaftete Zahl interpretiert wird.

1. Operanden werden als *vorzeichenbehaftete* Dualzahlen interpretiert

```
              .
              .
        CMP   AX,BX
        JG    MARKE
              .
              .
MARKE:        .
```

AX enthält 0H, BX enthält 0FFFFH (=-1 im Zweierkomplement). Der Inhalt von AX ist also größer als der von BX und der Sprung zu MARKE erfolgt, denn die Bedingung ((SF xor OF) or ZF) = 0 ist 'wahr'.

2. Operanden werden als *vorzeichenlose* Dualzahlen interpretiert

```
              .
              .
        CMP   AX,BX
        JA    MARKE
              .
              .
MARKE:        .
```

AX enthält 0H, BX enthält 0FFFFH (=65535). Der Inhalt von AX ist in diesem Fall also kleiner als der von BX und der Sprung zu MARKE erfolgt nicht, denn die Bedingung CF or ZF = 0 ist nicht 'wahr'.

Falls das Sprungziel weiter als -128 oder +127 Bytes entfernt ist, kann man sich auf einfache Weise helfen:

Die Befehlsfolge:

```
MARKE:        .
              .  ;(mehr als -128 Bytes)
              .
        CMP   AX,BX
        JG    MARKE
              .
```

kann unter Verwendung des unbedingten Sprungbefehls (JMP), der beliebig weite Sprünge erlaubt, in folgende logisch gleichwertige Befehlsfolge umformuliert werden:

```
MARKE:        .
              .   ;(mehr als -128 Bytes)
              .
        CMP   AX,BX
        JNG   WEITER
        JMP   MARKE
WEITER:       .
```

Die Befehle zur Schleifenbildung

Die Befehle zur Schleifenbildung führen 'Solange'- und 'Bis'-Schleifen (DO WHILE / REPEAT UNTIL) aus. Die Sprungdistanz muß zwischen -128 und +127 Bytes liegen.

Es gibt vier Befehle zur Schleifenbildung:

LOOP dekrementiert das CX-Register um 1 und verzweigt, wenn CX <> 0 ist.

LOOPZ (loop if zero) ist gleichbedeutend mit

LOOPE (loop if equal) dekrementiert das CX-Register um 1 und verzweigt, wenn CX <> 0 und ZF = 1 sind.

LOOPNZ (loop if not zero) ist gleichbedeutend mit

LOOPNE (loop if not equal) dekrementiert das CX-Register um 1 und verzweigt, wenn CX <> 0 und ZF = 0 sind.

JCXZ (jump if CX is zero) verzweigt, wenn CX = 0 ist.

Die Interruptbefehle

Ähnlich wie bei externen Interrupts kann mit drei internen Interruptbefehlen zu Interruptroutinen verzweigt bzw. aus Interruptroutinen zurückgesprungen werden. Beim Absprung wird das Flag-Register im Stack abgelegt, TF und IF auf 0 gesetzt, dann das CS-Register im Stack abgelegt, mit dem HIGH-Word des entsprechenden Interruptvektors geladen und schließlich wird der IP im Stack abgelegt und mit dem LOW-Word des entsprechenden Interruptvektors geladen. Danach wird die Programmverarbeitung mit dem Befehl auf der entsprechenden Speicheradresse fortgesetzt.

INT n (Interrupt) springt zu der Interruptroutine, die durch die Nummer n (0 bis 255) bestimmt ist. Z.B. INT 17 springt zu der Interruptroutine, die durch den Interruptvektor 17 adressiert wird. Wird nach INT keine Zahl angegeben, so wird eine Interruptroutine über den Interruptvektor 3 angesprungen.

INTO (*Int*errupt if *o*verflow) verzweigt nur dann zu der Interruptroutine, die über den Vektor 4 adressiert wird, wenn OF=1 ist.

IRET (*I*nterrupt *ret*urn) bewirkt einen Rücksprung aus einer Interruptroutine ins unterbrochene Programm.

Die Befehle zur Prozessorkontrolle

Es gibt die folgenden Befehle, die eine Kontrolle über den Prozessor und sein Verhalten zu seinem Umfeld ermöglichen, indem bestimmte Flags gezielt gesetzt oder gelöscht werden.

CLC (*cl*ear *c*arry flag) setzt das Carry-Flag auf 0.

STC (*set c*arry flag) setzt das Carry-Flag auf 1.

CMC (*com*plement *c*arry flag) komplementiert das Carry-Flag.

CLD (*cl*ear *d*irection flag) setzt das Direction-Flag auf 0 (für Stringverarbeitung von 'links nach rechts').

STD (*set d*irection flag) setzt das Direction-Flag auf 1 (für Stringverarbeitung von 'rechts nach links').

CLI (*cl*ear *I*nterrupt flag) setzt das Interrupt-Flag auf 0, um externe Interrupts zu sperren (gilt nicht für den NMI-Interrupt).

STI (*set I*nterrupt Flag) setzt das Interrupt-Flag auf 1, um externe Interrupts zuzulassen.

Der Prozessor HALT-Befehl

Der HLT-Befehl bewirkt beim Prozessor den Halt-Zustand. Er wird durch einen zugelassenen externen Interrupt oder durch RESET aufgehoben.

Der Prozessor WAIT-Befehl

Der WAIT-Befehl bewirkt den Übergang in einen Wartezustand, falls kein Signal am TEST-Pin erkannt wird. Der WAIT-Zustand kann durch einen zugelassenen Interrupt unterbrochen werden. Nach der Ausführung der Interruptroutine geht der Prozessor wieder in den WAIT-Zustand. Der WAIT-Zustand wird durch ein Signal am TEST-Pin beendet. Dieser Befehl ermöglicht es, den Prozessor mit externen Geräten oder Koprozessoren zu synchronisieren.

Der Prozessor-ESCAPE-Befehl

Der ESC-Befehl bewirkt, daß ein anderer Prozessor (z.B. der arithmetische Koprozessor 8087) Befehle vom 8086 empfangen und vom 8086-Adreßmodus Gebrauch machen kann. Der 8086-Prozessor führt hierbei keinerlei Operationen aus, bis auf den Empfang eines Speicheroperanden.

Der BUS-LOCK-Befehl

Ein spezielles Ein-Byte-Präfix kann jedem Befehl vorangestellt werden und bewirkt, daß der Bus für die Dauer dieser Operation für andere Anwendungen gesperrt wird. Dies wird hauptsächlich bei Multiprozessorsystemen angewendet.

Der SINGLE-STEP-Befehl

Wenn das Trap-Flag gesetzt ist, führt der Prozessor jeweils einen Befehl des laufenden Programmes aus und verzweigt dann in eine Interruptroutine, die über den Vektor 1 adressiert wird. Es gibt jedoch keine Befehle, mit denen man das Trap-Flag direkt setzen oder löschen kann. Es ist jedoch möglich, das Flag-Register in den Stack abzulegen (PUSHF) und anschließend den Stackinhalt in ein Register zu bringen (POP AX). Danach kann das Trap-Flag-Bit durch geeignete logische Operationen manipuliert werden. Über den Umweg über den Stack kann nun dieser Wert wieder in das Flag-Register gebracht werden (PUSH AX und POPF).

Wird das Trap-Flag durch eine Befehlsfolge gelöscht, so ist der Single-Step-Modus noch während dieser Befehlsfolge wirksam. Falls ein anderer Interrupt zusätzlich wirksam wird, wird als erstes der Befehl des laufenden Programmes abgearbeitet, danach wird der zusätzliche Interrupt abgearbeitet und erst dann erfolgt die Bearbeitung der Single-Step-Routine.

Der 8086/8088-Befehlssatz in alphabetischer Reihenfolge

Im folgenden wird der Befehlssatz der 8086/8088-Prozessoren vorgestellt. Zu jedem Befehl werden die folgenden Informationen gegeben:

1. Die Erklärung der *Befehlsmnemonik* auf Englisch und auf Deutsch.

2. Eine verbale Beschreibung der *Wirkungsweise* des Befehls.

3. Eine symbollogische *Beschreibung der Operationseinzelschritte*, die bei einem Befehl vom Prozessor ausgeführt werden.

4. Der *Aufbau des Maschinenbefehls* in einer anschaulichen Form. Maschinenbefehlsbytes, die bei jeder Form dieses Befehls vorhanden sind, sind dabei in einem Kästchen mit durchgehenden Linien dargestellt. Maschinenbefehlsbytes, die z.B. in Abhängigkeit von der Adressierungsart vorhanden sein können oder auch nicht, sind in ein Kästchen mit gepunkteten Linien eingezeichnet.

5. Der *Zeitbedarf* für die Ausführung des Maschinenbefehls als Anzahl von Maschinenzyklen.

6. Der *Zustand der Flags* nach der Abarbeitung des Befehls und zwar "-" für unverändert, "U" für undefiniert und "X" für verändert (siehe Flags Kap. 1).

7. *Beispiele*, die den Gebrauch des Befehls verdeutlichen. Zusätzlich ist bei den meisten Befehlsbeispielen der von MASM erzeugte Maschinencode angegeben, so wie er nach der Assemblierung aus der .LST-Datei ersichtlich ist.

Erklärung der verwendeten Abkürzungen

Folgende Abkürzungen werden zur symbolischen Erklärung der Wirkungsweise der Befehle verwendet. Sie stimmen nicht unbedingt mit der Syntax des Assemblers (des Übersetzungsprogrammes) überein.

Abkürzungen für Register

Abkürzung	Bedeutung
AX	Akkumulator-Register (16Bit)
AH	Akkumulator-High-Register (8Bit)
AL	Akkumulator-Low-Register (8Bit)
BX	Base-Register (16Bit)
BH	Base-High-Register (8Bit)
BL	Base-Low-Register (8Bit)
CX	Count-Register (16Bit)
CH	Count-High-Register (8Bit)
CL	Count-Low-Register (8Bit)
DX	Data-Register (16Bit)
DH	Data-High-Register (8Bit)
DL	Data-Low-Register (8Bit)
SI	Sourceindex-Register (16Bit)
DI	Destinationindex-Register (16Bit)
BP	Basepointer-Register (16Bit)
SP	Stackpointer-Register (16Bit)
IP	Instructionpointer-Register (16Bit)
CS	Codesegment-Register (16Bit)
DS	Datasegment-Register (16Bit)
SS	Stacksegment-Register (16Bit)
ES	Extrasegment-Register (16Bit)

Abkürzungen für Flags

Abkürzung	Bedeutung
OF	Overflow-Flag
DF	Direction-Flag
IF	Interrupt-Flag
TF	Trap-Flag
SF	Sign-Flag
ZF	Zero-Flag
AF	Auxiliary-Flag
PF	Parity-Flag
CF	Carry-Flag

Abkürzungen und Pseudocode für die symbolische Beschreibung der Operationseinzelschritte

Abkürzung/ Pseudocode	Bedeutung
if...then.... else	Verzweigung
=	Identität
<>	Nicht-Identität
<	kleiner
>	größer
<=	kleiner gleich
>=	größer gleich
-->,<--	Zuweisung
+	Addition
-	Subtraktion
*	Multiplikation
**	Potenz
/	Division

Abkürzung/ Pseudocode	Bedeutung
MOD i	ganzzahliger Rest nach Division durch i
and	logische UND-Verknüpfung (bitweise)
or	logische ODER-Verknüpfung (bitweise)
xor	logische EXCLUSIV-ODER-Verknüpfung (bitweise)
(...)	Inhalt von ...
((SP)+1:(SP))	Inhalt des Stackwortes, auf das der SP momentan zeigt
(SF):(ZF):...	Reihenfolge von FlagBits
SEG	Segmentadresse (Paragraphennummer)
OFF	Offsetadresse
DIST	Distanz
DELT	Delta beim Inkrement bzw. Dekrement
OP	Operand
LIOP	Linker Operand
REOP	Rechter Operand
BEST	Bestimmungsoperand (Ergebnisoperand)
LV	Low Value (0H)
HV	High Value (-1H oder 0FFH für 8Bit bzw. (0FFFFH für 16Bit)
MAX	Maximum
mod	Modus (siehe MOD REG R/M)
reg	Register (siehe MOD REG R/M)
sreg	Segmentregister (siehe MOD REG R/M)
adr	Speicheradresse (siehe MOD REG R/M)
daten	Datenbytes
s	Bit für Vorzeichenerweiterung von Datenbytes
w	Bit für Größe von Operanden
EA	benötigte Grundzeittakte zur Berechnung der effektiven Adresse von Speicheroperanden

Die folgenden Segment- und Variablendefinitionen finden bei allen Rcfehlsbeispielen in Kapitel 3 Vcrwendung. Die Befehlsbeispiele wurden mit diesen Segmenten assembliert, um den erzeugten Maschinencode zu demonstrieren.

```
= 0005              EQUATE_WERT    EQU       5
0000                DATEN  SEGMENT
0000  ??                   BYTE_VAR       DB        ?
0001  ????                 WORT_VAR       DW        ?
0003  ????                 WORT           DW        ?
0005     64 `              BYTE_TAB       DB        100 DUP (?)
              ??
                   ^

0069     C8 `              WORT_TAB       DW        200 DUP (?)
              ????
                   ^

01F9     50 `              VARIABLE       DW        50H DUP (?)
              ????
                   ^

0299          ????         START_ADR      DW        ?
029B     64 `              VEC            DD        100 DUP (?)
              ????????
                   ^

042B     50 `              B_STR1         DB        80  DUP (?)
              ??
                   ^

047B     84 `              W_STR1         DW        132 DUP (?)
              ????
                   ^

0583  ????????             DWORT_VAR      DD        ?
0587  042B ---- R          Q_STRING_ADR   DD        B_STR1
058B                DATEN  ENDS
:
:
:
0000                TEXT   SEGMENT
0000     50 `              B_STR2         DB        80  DUP (?)
              ??
                   ^

0050     84 `              W_STR2         DW        132 DUP (?)
              ????
                   ^

0158  0000 ---- R          Z_STRING_ADR   DD        B_STR2
015C                TEXT   ENDS
```

AAA

AAA **(ASCII adjust for addition)**
Korrektur *nach* einer ASCII-Addition
(ungepackte BCD-Addition)

bewirkt eine Korrektur des Ergebnisses in AL nach einer Addition zweier ungepackter Dezimalziffern (BCD ungepackt). Das Ergebnis der Korrektur ist eine ungepackte Dezimalziffer und falls erforderlich ein Dezimalübertrag.

Operation:

Wenn das niederwertige Halbbyte von AL größer als 9 ist oder wenn AF gesetzt ist, dann wird 6 zu AL addiert und 1 zu AH. Das höherwertige Halbbyte von AL wird gelöscht. AF und CF werden auf 1 gesetzt. Der neue Wert von AL ist somit immer 0 im höherwertigen Halbbyte und eine Ziffer zwischen 0 und 9 im niederwertigen Halbbyte.

```
if ((AL) and 0FH) > 9 or (AF) = 1 then
     (AL) <-- (AL) + 6
     (AH) <-- (AH) + 1
     (AF) <-- 1
     (CF) <-- 1
endif
(AL) <-- (AL) and 0FH
```

Maschinencode:

0011 0111

Zeit: 4 Takte

Flags:

O	D	I	T	S	Z	A	P	C
U	-	-	-	U	U	X	U	X

Beispiele:

```
                ;      AH                AL
MOV  AX,4       ;  0  0000 0000     4   0000 0100
ADD  AL,7       ; +0  0000 0000    +7   0000 0111
                ;  =  0000 0000     =   0000 1011

;     niederwertiges Halbbyte in AL grösser 9 !
;     d.h. keine gültige BCD-Ziffer


AAA             ; +1  0000 0001    +6   0000 0110
                ;  =  0000 0001     =   0001 0001
                ;                   &   0000 1111
                ;                   =   0000 0001

;     AH und AL enthalten jetzt die BCD-Zahl 11


                ;      AH                AL
MOV  AX,9       ;  0  0000 0000     9   0000 1001
ADD  AL,8       ; +0  0000 0000    +8   0000 1000
                ;  =  0000 0000     =   0001 0001
;    AF = 1 !

AAA             ; +1  0000 0001    +6   0000 0110
                ;  =  0000 0001     =   0001 0111
                ;                   &   0000 1111
                ;                   =   0000 0111

;     AH und AL enthalten jetzt die BCD-Zahl 17
```

AAD

AAD **(ASCII adjust for division)**
Korrektur *vor* einer ASCII-Division
(ungepackte BCD-Division)

bewirkt eine Vorbereitung eines Dividenden in AL und AH vor einer Division zweier ungepackter Dezimalzahlen (BCD ungepackt), um nach der Division als Ergebnis einen ungepackten Dezimalquotienten zu erhalten.

Operation:

Das höherwertige Byte des Akku (AH) wird mit 10 multipliziert und zum niederwertigen Byte (AL) addiert. AH wird auf 0 gesetzt.

```
(AL) <-- (AL) + (AH) * 0AH
(AH) <-- 0
```

Maschinencode:

1101 0101	0000 1010

Zeit: 60 Takte

Flags:

O	D	I	T	S	Z	A	P	C
U	-	-	-	X	X	U	X	U

Beispiele:

```
                 ;        AH                AL
MOV  AH,4        ;  4  0000 0100     x   xxxx xxxx
MOV  AL,5        ;  4  0000 0100     5   0000 0101

AAD              ;  0  0000 0000    45   0010 1101

MOV  CL,5
DIV  CL          ;  0  0000 0000     9   0000 1001
                 ;     Rest              Ergebnis
```

```
                 ;        AH                AL
MOV  AH,3        ;  3  0000 0011     x   xxxx xxxx
MOV  AL,1        ;  3  0000 0011     1   0000 0001

AAD              ;  0  0000 0000    31   0001 1111

MOV  DL,8
DIV  DL          ;  7  0000 0111     3   0000 0011
                 ;        Rest           Ergebnis
```

AAM

AAM **(ASCII adjust for multiply)**
Korrektur *nach* einer ASCII-Multiplikation
(ungepackte BCD-Multiplikation)

bewirkt die Korrektur eines Ergebnisses in AL nach einer Multiplikation zweier ungepackter Dezimalziffern. Das Ergebnis der Korrektur ist ein ungepacktes Dezimalprodukt bestehend aus zwei BCD-Ziffern in AL und AH.

Operation:

Der Inhalt von AL wird durch 10 geteilt. Das ganzzahlige Ergebnis wird in AH abgespeichert, der Rest in AL.

```
(AH) <-- (AL) / 0AH
(AL) <-- (AL) MOD 10
```

Maschinencode:

1101 0100	0000 1010

Zeit: 83 Takte

Flags:

O	D	I	T	S	Z	A	P	C
U	-	-	-	X	X	U	X	U

Beispiele:

```
               ;      AH              AL
MOV  AL,5      ;  x  xxxx xxxx    5  0000 0101
MOV  CL,7
MUL  CL        ;  0  0000 0000   35  0010 0011

AAM            ;  3  0000 0011    5  0000 0101
```

```
               ;      AH              AL
MOV  AL,9      ;  x  xxxx xxxx    9  0000 1100
MOV  BYTE_ZAHL,9
MUL  BYTE_ZAHL ;  0  0000 0000   81  0101 0001

AAM            ;  8  0000 1000    1  0000 0001
```

AAS

AAS **(ASCII adjust for subtraction)**
Korrektur *nach* einer ASCII-Subtraktion
(ungepackte BCD-Subtraktion)

bewirkt die Korrektur eines Ergebnisses in AL nach einer Subtraktion zweier ungepackter Dezimalzahlen. Das Ergebnis der Korrektur ist eine ungepackte Dezimaldifferenz.

Operation:

Wenn das niederwertige Halbbyte von AL größer als 9 ist oder wenn AF gesetzt ist, dann wird 6 von AL subtrahiert und 1 von AH. AF und CF werden auf 1 gesetzt. Der neue Inhalt von AL ist 0 im höherwertigen Halbbyte und eine Ziffer zwischen 0 und 9 im niederwertigen Halbbyte.

```
  if ((AL) and 0FH) > 9 or (AF) = 1  then
     (AL) <-- (AL) - 6
     (AH) <-- (AH) - 1
     (AF) <-- 1
     (CF) <-- 1
  endif
(AL) <-- (AL) and 0FH
```

Maschinencode:

0011 1111

Zeit: 4 Takte

Flags:	O	D	I	T	S	Z	A	P	C
	U	-	-	-	U	U	X	U	X

Beispiele:

```
                ;      AH                 AL
MOV  AX,9       ;  0  0000 0000     9  0000 1001
SUB  AL,8       ;                   8  0000 1000
                ; ______________________________

                ;                  =1  0000 0001
AAS
     ;da das Ergebnis weder größer 9 noch AF = 1
     ;ist, erfolgt keine Operation



                ;      AH                 AL
MOV  AX,4       ;  0  0000 0000     4  0000 0100
SUB  AL,7       ;                   7  0000 0111
                ; ______________________________

                ;                   =  1111 1101

;    niederwertiges Halbbyte in AL größer 9 !
;    und AF = 1

AAS             ;- 1  0000 0001   - 6  0000 0110
                ; ______________________________

                ;=-1  1111 1111     =  1111 0111
                ;                 and  0000 1111
                ;                  =7  0000 0111
```

ADC

ADC **(add with carry)**
Addiere mit Übertrag

addiert die zwei Operanden, addiert 1 dazu, falls CF zuvor gesetzt war und speichert das Ergebnis im Bestimmungsoperanden (der linke Operand) ab. Erlaubte Operandenpaare sind:

LIOP	REOP				
	Akku	Reg	Sreg	Speicher	Direktwert
Akku	ja	ja	nein	ja	ja
Reg	ja	ja	nein	ja	ja
Sreg	nein	nein	nein	nein	nein
Speicher	ja	ja	nein	nein	ja

Operation:

Auf die Summe der beiden Operanden wird der Inhalt von CF aufaddiert, bevor diese im Bestimmungsoperanden (LIOP) abgelegt wird.

```
(LIOP) <-- (LIOP) + (REOP) + (CF)
```

Flags:

O	D	I	T	S	Z	A	P	C
X	-	-	-	X	X	X	X	X

ADC

Register nach Register

Maschinencode:

0001 001w	11regreg

w = 0 für 8Bit
w = 1 für 16Bit

Zeit: 3 Takte

Beispiele:

```
13 FB          ADC   DI,BX
12 EB          ADC   CH,BL
12 E0          ADC   AH,AL
```

Speicher nach Register

Maschinencode:

0001 001w	mod reg r/m	adr-low	adr-high

w = 0 für 8Bit
w = 1 für 16Bit

Zeit: 9 + EA Takte

Beispiele:

```
13 16 0001 R    ADC  DX,WORT_VAR
13 84 0069 R    ADC  AX,WORT_TAB[SI]
12 90 0005 R    ADC  DL,BYTE_TAB[BX+SI]
12 07           ADC  AL,[BX]
```

ADC

Register nach Speicher

Maschinencode:

0001 000w	mod reg r/m	adr-low	adr-high

w = 0 für 8Bit
w = 1 für 16Bit

Zeit: 16 + EA Takte

Beispiele:

```
11 16 01F9 R      ADC  VARIABLE,DX
11 84 0069 R      ADC  WORT_TAB[SI],AX
10 98 0005 R      ADC  BYTE_TAB[BX+SI],BL
10 07             ADC  [BX],AL
```

Direktwert nach Akkumulator

Maschinencode:

0001 010w	data-low	data-high

w = 0 für 8Bit und AL
w = 1 für 16Bit und AX

Zeit: 4 Takte

Beispiele:

```
14 03             ADC  AL,3
15 1234           ADC  AX,1234H
15 0005           ADC  AX,EQUATE_WERT
14 BC             ADC  AL,0BCH
```

ADC

Direktwert nach Register

Maschinencode:

1000 00sw	11 010 reg	data-low	data-high

w = 0 für 8Bit s = 0 falls keine data-erweiterung erforderlich
w = 1 für 16Bit s = 1 falls data-erweiterung erforderlich

Zeit: 4 Takte

Beispiele:

```
80 D3 03          ADC  BL,3
81 D3 EDCC        ADC  BX,-1234H
80 D1 05          ADC  CL,EQUATE_WERT
81 D7 FF44        ADC  DI,-0BCH
```

Direktwert nach Speicher

Maschinencode:

1000 00sw	mod010r/m	adr-low	adr-high	data-low	data-high

w = 0 für 8Bit s = 0 falls keine data-erweiterung erforderlich
w = 1 für 16Bit s = 1 falls data-erweiterung erforderlich

Zeit: 17 + EA Takte

Beispiele:

```
83 16 01F9 R 03      ADC  VARIABLE,3
81 94 0069 R EDCC    ADC  WORT_TAB[SI],-1234H
83 16 0003 R 05      ADC  WORT,EQUATE_WERT
80 17 44             ADC  BYTE PTR [BX],-0BCH
```

ADD

ADD **(Addition)**
Addiere

addiert die zwei Operanden und speichert das Ergebnis im Bestimmungsoperanden (dem linken Operanden) ab. Erlaubte Operandenpaare sind:

LIOP	REOP				
	Akku	Reg	Sreg	Speicher	Direktwert
Akku	ja	ja	nein	ja	ja
Reg	ja	ja	nein	ja	ja
Sreg	nein	nein	nein	nein	nein
Speicher	ja	ja	nein	nein	ja

Operation:

Die Summe der beiden Operanden wird im Bestimmungsoperanden (LIOP) abgelegt.

```
(LIOP) <-- (LIOP) + (REOP)
```

Flags:

O	D	I	T	S	Z	A	P	C
X	-	-	-	X	X	X	X	X

ADD

Register nach Register

Maschinencode:

0000 001w	11regreg

w = 0 für 8Bit
w = 1 für 16Bit

Zeit: 3 Takte

Beispiele:

```
03 C6          ADD  AX,SI
03 FB          ADD  DI,BX
02 EB          ADD  CH,BL
02 E0          ADD  AH,AL
```

Speicher nach Register

Maschinencode:

0000 001w	mod reg r/m	adr-low	adr-high

w = 0 für 8Bit
w = 1 für 16Bit

Zeit: 9 + EA Takte

Beispiele:

```
03 16 0001 R   ADD  DX,WORT_VAR
03 85 0069 R   ADD  AX,WORT_TAB[DI]
02 80 0005 R   ADD  AL,BYTE_TAB[BX+SI]
02 2F          ADD  CH,[BX]
```

ADD

Register nach Speicher

Maschinencode:

0000 000w	mod reg r/m	adr-low	adr-high

w = 0 für 8Bit
w = 1 für 16Bit

Zeit: 16 + EA Takte

Beispiele:

```
01 16 0003 R      ADD  WORT,DX
01 84 0069 R      ADD  WORT_TAB[SI],AX
00 10             ADD  [SI][BX],DL
01 1F             ADD  [BX],BX
```

Direktwert nach Akkumulator

Maschinencode:

0000 010w	data-low	data-high

w = 0 für 8Bit und AL
w = 1 für 16Bit und AX

Zeit: 4 Takte

Beispiele:

```
04 03             ADD  AL,3
05 1234           ADD  AX,1234H
05 0005           ADD  AX,EQUATE_WERT
04 05             ADD  AL,EQUATE_WERT
```

ADD

Direktwert nach Register

Maschinencode:

1000 00sw	11 000 reg	data-low	data-high

w = 0 für 8Bit   s = 0 falls keine data-erweiterung erforderlich
w = 1 für 16Bit   s = 1 falls data-erweiterung erforderlich

Zeit: 4 Takte

Beispiele:

```
83 C2 03          ADD  DX,3
81 C3 EDCC        ADD  BX,-1234H
80 C1 05          ADD  CL,EQUATE_WERT
81 C7 00BC        ADD  DI,0BCH
```

Direktwert nach Speicher

Maschinencode:

1000 00sw	mod000r/m	adr-low	adr-high	data-low	data-high

w = 0 für 8Bit   s = 0 falls keine data-erweiterung erforderlich
w = 1 für 16Bit   s = 1 falls data-erweiterung erforderlich

Zeit: 17 + EA Takte

Beispiele:

```
83 06 0001 R 03   ADD  WORT_VAR,3
83 84 0069 R 01   ADD  WORT_TAB[SI],1
80 07 05          ADD  BYTE PTR [BX],EQUATE_WERT
83 04 05          ADD  WORD PTR [SI],EQUATE_WERT
```

AND

AND **(logical AND)**
logisches UND

verknüpft die beiden Operanden bitweise nach den Regeln der logischen UND-Verknüpfung und speichert das Ergebnis im Bestimmungsoperanden (dem linken Operanden) ab. Erlaubte Operandenpaare sind:

LIOP	REOP				
	Akku	Reg	Sreg	Speicher	Direktwert
Akku	ja	ja	nein	ja	ja
Reg	ja	ja	nein	ja	ja
Sreg	nein	nein	nein	nein	nein
Speicher	ja	ja	nein	nein	ja

Operation:

Die beiden Operanden werden bitweise logisch UND-verknüpft. Das Ergebnis wird im Bestimmungsoperanden (LIOP) abgelegt. Anschließend werden CF und OF gelöscht.

```
(LIOP) <-- (LIOP) and (REOP)
(CF) <-- 0
(OF) <-- 0
```

Flags:	O	D	I	T	S	Z	A	P	C
	0	-	-	-	X	X	U	X	0

AND

Register UND Register

Maschinencode:

0010 001w	11regreg

w = 0 für 8Bit
w = 1 für 16Bit

Zeit: 3 Takte

Beispiele:

```
23 C6           AND  AX,SI
23 FB           AND  DI,BX
22 EB           AND  CH,BL
22 E0           AND  AH,AL
```

Speicher UND Register

Maschinencode:

0010 001w	mod reg r/m	adr-low	adr-high

w = 0 für 8Bit
w = 1 für 16Bit

Zeit: 9 + EA Takte

Beispiele:

```
23 16 0003 R    AND  DX,WORT
23 84 0069 R    AND  AX,WORT_TAB[SI]
22 9F 0005 R    AND  BL,BYTE_TAB[BX]
22 2F           AND  CH,[BX]
```

AND

Register UND Speicher

Maschinencode:

0010 000w	mod reg r/m	adr-low	adr-high

w = 0 für 8Bit
w = 1 für 16Bit

Zeit: 16 + EA Takte

Beispiele:

```
21 16 01F9 R      AND   VARIABLE,DX
21 84 0069 R      AND   WORT_TAB[SI],AX
20 01             AND   [BX][DI],AL
21 3C             AND   [SI],DI
```

Direktwert UND Akkumulator

Maschinencode:

0010 010w	data-low	data-high

w = 0 für 8Bit und AL
w = 1 für 16Bit und AX

Zeit: 4 Takte

Beispiele:

```
24 03             AND   AL,3
25 1234           AND   AX,1234H
25 0005           AND   AX,EQUATE_WERT
24 05             AND   AL,EQUATE_WERT
```

AND

Direktwert UND Register

Maschinencode:

1000 000w	11 100 reg	data-low	data-high

w = 0 für 8Bit
w = 1 für 16Bit

Zeit: 4 Takte

Beispiele:

```
80 E4 FE         AND  AH,0FEH
81 E3 0F0F       AND  BX,0000111100001111B
80 E1 05         AND  CL,EQUATE_WERT
81 E7 FFFF       AND  DI,65535
```

Direktwert UND Speicher

Maschinencode:

1000 000w	mod100r/m	adr-low	adr-high	data-low	data-high

w = 0 für 8Bit
w = 1 für 16Bit

Zeit: 17 + EA Takte

Beispiele:

```
81 26 0001 R 00FF    AND  WORT_VAR,0FFH
81 24 0F0F           AND  WORD PTR [SI],0F0FH
80 A7 0005 R 03      AND  BYTE_TAB[BX],3
80 27 0F             AND  BYTE PTR [BX],0FH
```

CALL

CALL **(Call a procedure)**
Aufruf einer Prozedur (eines Unterprogrammes)

bewirkt durch das Laden einer Adresse, die entweder im Befehl direkt (*direkter* Call) oder in einem Register oder einem Speicheroperand (*indirekter* Call) steht, den Aufruf eines Unterprogrammes. Für den Rücksprung ins aufrufende Programm wird die Adresse des Befehls, der sich nach CALL anschließt, im Stack abgelegt. Der Assembler erzeugt unterschiedliche CALL-Befehle in Abhängigkeit davon, ob das anzuspringende Unterprogramm in demselben oder einem anderen Codesegment als das aufrufende Programm liegt.

Für die Adressenformate kommen daher zwei Möglichkeiten in Betracht:

NEAR (Intrasegment-Aufruf). Beim NEAR-Aufruf bestehen Ansprung- und Rücksprungadressen nur aus 16Bit-Offsets. Durch NEAR-Calls können damit nur Unterprogramme angesprungen werden, die in demselben Codesegment wie das aufrufende Programm stehen.

FAR (Intersegment-Aufruf). Beim FAR-Aufruf bestehen Ansprung- und Rücksprungadressen aus 16Bit-Offsets und 16Bit-Paragraphennummern. Durch FAR-Calls können damit Unterprogramme in beliebigen anderen Codesegmenten angesprungen werden.

Sowohl NEAR- als auch FAR-Prozeduren können *direkt* oder *indirekt* aufgerufen werden:

Bei *direkten* Aufrufen wird die Ansprungadresse direkt im CALL-Maschinenbefehl codiert, und zwar bei direkten NEAR-Aufrufen als 16Bit-Distanzadresse, bei direkten FAR-Aufrufen als 16Bit-Offset plus 16Bit-Paragraphennummer.

Bei *indirekten* Aufrufen enthält der CALL-Maschinenbefehl lediglich einen Hinweis darauf, wo die Ansprungadresse zu finden ist, und zwar kann sie bei indirekten NEAR-Aufrufen als 16Bit-Offset in einem 16Bit-Register oder in einem Speicherwort stehen. Bei indirekten FAR-Aufrufen muß sie in einem 32Bit-Speicherdoppelwort stehen.

Bei *indirekten* CALL-Befehlen wird automatisch das DS-Register als Segmentregister angenommen, es sei denn, man benutzt BP (wird auf das SS-Register bezogen) oder ein Segmentregisterpräfix wie z.B.

```
CALL    WORD PTR ES:[BP][DI]
```

Hier wird als Segmentregister ES benutzt. Ein implizites Segmentregister für den indirekten CALL wird durch die Adressierung der CALL-Anweisung und eine ASSUME-Direktive bestimmt.

Zu jedem CALL-Befehl wird am Ende des aufrufenden Unterprogramms für den Rücksprung ein passender RET-Befehl benötigt (NEAR oder FAR). Bei indirekten CALLs muß sehr sorgfältig beachtet werden, daß der Typ des CALL-Befehls mit dem Typ des RET-Befehls übereinstimmt (entscheidend ist, ob im Stack ein oder zwei Worte abgespeichert werden und ob sie wieder zurückgeladen werden). Z.B. darf

```
CALL  WORD PTR [BX]
```

keine FAR-Prozedur aufrufen und

```
CALL DWORD PTR [BX]
```

darf keine NEAR-Prozedur aufrufen.

CALL

Direkter Intra-Segment oder Intra-Group CALL

Operation:

Der SP wird um 2 dekrementiert und der Inhalt von IP (Offset des Befehls, der nach dem CALL steht) wird im Stack abgespeichert. Zum momentanen IP-Inhalt wird das im Befehl enthaltene Distanz-Wort addiert.

```
(SP) <-- (SP) - 2
((SP) + 1:(SP)) <-- (IP)
(IP) <-- (IP) + DIST
```

Maschinencode:

1110 1000	DIST-Low	DIST-High

Zeit: 19 Takte

Flags:

O	D	I	T	S	Z	A	P	C
-	-	-	-	-	-	-	-	-

Beispiele:

```
0000                CODE    SEGMENT
0000  90                      NOP
0001  E8 0005 R     CALL    UP_NEAR
0004  90                      NOP
0005                UP_NEAR     PROC    NEAR
0005  90                      NOP
0006  C3                      RET
0007                UP_NEAR     ENDP
0007                CODE    ENDS
```

Direkter Inter-Segment CALL

Operation:

Der SP wird um 2 dekrementiert und der Inhalt von CS wird im Stack abgespeichert. CS wird mit dem High-Word des Adreßdoppelwortes geladen, das mit im Befehlscode steht. Danach wird der SP nochmal um 2 dekrementiert und der Inhalt von IP im Stack abgelegt. IP wird mit dem Low-Word des Adreßdoppelwortes geladen, das mit im Befehlscode steht.

```
(SP) <-- (SP) - 2
((SP) + 1:(SP)) <-- (CS)
(CS) <-- SEG aus Maschinencode
(SP) <-- (SP) - 2
((SP) + 1:(SP)) <-- (IP)
(IP) <-- OFFSET aus Maschinencode
```

Maschinencode:

1001 1010	OFF-low	OFF-high	SEG-low	SEG-high

Zeit: 28 Takte

Flags:

O	D	I	T	S	Z	A	P	C
-	-	-	-	-	-	-	-	-

Beispiele:

```
                     EXTRN  UP_FAR:FAR
                     CODE   SEGMENT
90                          NOP
9A 0000 ---- E              CALL  UP_FAR
90                          NOP
                     CODE   ENDS
```

CALL

Indirekter Intra-Segment oder Intra-Group CALL

Operation:

Der SP wird um 2 dekrementiert und der Inhalt von IP wird im Stack abgespeichert. Der IP wird mit dem Inhalt des Operanden (Wortgröße) geladen. Der Operand kann ein Register (16Bit) oder ein Speicherwort sein.

```
(SP) <-- (SP) - 2
((SP) + 1:(SP)) <-- (IP)
```

a) `(IP) <-- reg16`

Maschinencode:

1111 1111	11010reg

Zeit: 16 Takte

b) `(IP) <-- mem16`

Maschinencode:

1111 1111	mod010r/m	adr-low	adr-high

Zeit: 21 + EA Takte

Flags:

O	D	I	T	S	Z	A	P	C
-	-	-	-	-	-	-	-	-

Beispiele:

```
0000 BB 000F R              MOV  BX,OFFSET UP_NEAR
0003 FF D3                  CALL BX
0005 C7 06 0299 R 000F R    MOV  START_ADR,OFFSET UP_NEAR
000B FF 16 0299 R           CALL START_ADR
000F                        UP_NEAR  PROC  NEAR
000F C3                     RET
0010                        UP_NEAR  ENDP
```

CALL

Indirekter Intersegment CALL

Operation:

Der SP wird um 2 dekrementiert und der Inhalt von CS wird im Stack abgespeichert. CS wird mit dem Inhalt des High-Wortes eines Doppelwort-Operanden geladen. Danach wird SP nochmals um 2 dekrementiert und der Inhalt von IP wird im Stack abgespeichert. Der IP wird mit dem Inhalt des Low-Wortes eines Doppelwort-Operanden geladen.

```
(SP) <-- (SP) - 2
((SP) + 1:(SP)) <-- (CS)
(CS) <-- (EA + 2)
(SP) <-- (SP) - 2
((SP) + 1:(SP)) <-- (IP)
(IP) <-- (EA)
```

Maschinencode: | 1111 1111 | mod011r/m | adr-low | adr-high |

Zeit: 37 + EA Takte

Flags:

O	D	I	T	S	Z	A	P	C
-	-	-	-	-	-	-	-	-

Beispiele:

```
                        EXTRN  UP_FAR:FAR
C7 84 029B R 0000 E     MOV    WORD PTR VEC[SI],OFFSET UP_FAR
C7 84 029D R ---- E     MOV    WORD PTR VEC[SI+2],SEG  UP_FAR
FF 9C 029B R            CALL   VEC[SI]
8D 9C 029B R            LEA    BX,VEC[SI]
FF 1F                   CALL   DWORD PTR [BX]
```

CBW

CBW **(convert byte to word)**
Vorzeichengerechte Erweiterung von AL nach AH

erweitert das AL-Register vorzeichengerecht von AL nach AH.

Operation:

Wenn das höchstwertige Bit von AL 0 ist, wird AH auf 0 gesetzt; wenn dieses Bit 1 ist, wird AH auf 0FFH gesetzt.

```
if (AL and 80H) = 80H  then
     AH <-- 0FFH
else
     AH <-- 0
endif
```

Maschinencode: | 1001 1000 |

Zeit: 2 Takte

Flags:

O	D	I	T	S	Z	A	P	C
-	-	-	-	-	-	-	-	-

Beispiele:

```
                ;       AH          AL
                ;    xxxx xxxx   0111 1111
     CBW        ;    0000 0000   0111 1111

                ;    xxxx xxxx   1000 0000
     CBW        ;    1111 1111   1000 0000
```

CLC

CLC **(clear carry flag)**
das Carry-Flag löschen (auf 0 setzen)

löscht das Carry-Flag.

Operation: Das Carry-Flag wird auf 0 gesetzt.

```
(CF) <-- 0
```

Maschinencode:

1111 1000

Zeit: 2 Takte

Flags:

O	D	I	T	S	Z	A	P	C
-	-	-	-	-	-	-	-	0

Beispiele:

```
        CLC        ;0 nach CF
        ADC AL,BH  ;es wird kein Übertrag addiert

;Das CF kann als Returncode aus einem Unterprogramm
;verwendet werden
        .
        CLC        ; Returncode=0
        RET
        .
;im Hauptprogramm:
        .
        CALL UP
        JNC  RICHTIG
FALSCH:
        .
```

CLD

CLD **(clear direction flag)**
das Direction-Flag auf 0 setzen

löscht das Direction-Flag. Bei einer Stringoperation wird somit eine Zeichenkette von links nach rechts (von niederen zu höheren Adressen) bearbeitet.

Operation: Das Direction-Flag wird auf 0 gesetzt.

```
(DF) <-- 0
```

Maschinencode:

1111 1100

Zeit: 2 Takte

Flags:

O	D	I	T	S	Z	A	P	C
-	0	-	-	-	-	-	-	-

Beispiele:

```
CLD              ; 0 nach Direction-Flag
REP MOVS QUELLE,ZIEL
;der Quellstring wird von links nach rechts
;nach Ziel übertragen
```

CLI **(clear interrupt flag)**
das Interrupt-Flag löschen (auf 0 setzen)

löscht das Interrupt-Flag und unterbindet somit maskierbare Interruptanforderungen. Nichtmaskierbare Interruptanforderungen (NMI-Leitung) werden nicht unterbunden.

Operation: Das Interrupt-Flag wird auf 0 gesetzt.

```
(IF) <-- 0
```

Maschinencode:

1111 1010

Zeit: 2 Takte

Flags:

O	D	I	T	S	Z	A	P	C
-	-	0	-	-	-	-	-	-

Beispiele:

```
NMI_ROUTINE    PROC  FAR
        .
        .
        CLI         ;unterbindet hier in einer NMI-
                    ;Routine die Unterbrechung durch
                    ;einen maskierbaren Interrupt
        .
        .
```

CMC

CMC **(complement carry flag)**
das Carry-Flag komplementieren

komplementiert das Carry-Flag ('dreht es um').

Operation:

Wenn das Carry-Flag auf 0 steht, wird es auf 1 gesetzt; wenn es auf 1 steht, wird es auf 0 gesetzt.

```
(CF) <-- (CF) xor 1
```

Maschinencode: 1111 0101

Zeit: 2 Takte

Flags:

O	D	I	T	S	Z	A	P	C
-	-	-	-	-	-	-	-	-

Beispiele:

```
STC       ;setzt das CF auf 1
CMC       ;setzt das CF auf 0
          ;
CLC       ;setzt das CF auf 0
CMC       ;setzt das CF auf 1
```

CMP

CMP **(compare two operands)**
Zwei Operanden vergleichen

führt eine Subtraktion der beiden Operanden durch, *ohne das Ergebnis abzulegen.* Es werden nur die Flags verändert. Beide Operanden müssen vom selben Typ sein (Byte oder Wort). Direktwerte in Bytegröße werden vorzeichenerweitert, falls sie mit einem Wort verglichen werden. Erlaubte Operandenpaare sind:

LIOP	REOP				
	Akku	Reg	Sreg	Speicher	Direktwert
Akku	ja	ja	nein	ja	ja
Reg	ja	ja	nein	ja	ja
Sreg	nein	nein	nein	nein	nein
Speicher	ja	ja	nein	nein	ja

Operation:

Der rechte Operand wird vom linken Operanden subtrahiert. Das Ergebnis wird nicht abgelegt. Die Flags werden verändert.

```
(FLAGS) <-- (LIOP) - (REOP)
```

Flags:	O	D	I	T	S	Z	A	P	C
	X	-	-	-	X	X	X	X	X

CMP

Register mit Register

Maschinencode:

0011 101w	11 reg reg

w = 0 für 8Bit
w = 1 für 16Bit

Zeit: 3 Takte

Beispiele:

```
3B C2          CMP  AX,DX
3B F5          CMP  SI,BP
3A F9          CMP  BH,CL
```

Speicher mit Register

Maschinencode:

0011 100w	mod reg r/m	adr-low	adr-high

w = 0 für 8Bit
w = 1 für 16Bit

Zeit: 9 + EA Takte

Beispiele:

```
39 36 0003 R   CMP  WORT,SI
38 06 0000 R   CMP BYTE_VAR,AL
39 17          CMP  [BX],DX
39 80 0069 R   CMP WORT_TAB[BX+SI],AX
```

CMP

Register mit Speicher

Maschinencode:

0011 101w	mod reg r/m	adr-low	adr-high

w = 0 für 8Bit
w = 1 für 16Bit

Zeit: 9 + EA Takte

Beispiele:

```
3B 36 0001 R      CMP  SI,WORT_VAR
3B 97 0069 R      CMP  DX,WORT_TAB[BX]
3A 2E 0000 R      CMP  CH,BYTE_VAR
3B 1F             CMP  BX,[BX]
```

Akkumulator mit Direktwert

Maschinencode:

0011 110w	data-low	data-high

w = 0 für 8Bit
w = 1 für 16Bit

Zeit: 4 Takte

Beispiele:

```
3C 06             CMP  AL,6
3C 05             CMP  AL,EQUATE_WERT
3D FFFF           CMP  AX,-1H
3D FFFF           CMP  AX,0FFFFH
```

CMP

Register mit Direktwert

Maschinencode:

1000 00sw	11 111 reg	data-low	data-high

w = 0 für 8Bit   s = 0 falls keine data-erweiterung erforderlich
w = 1 für 16Bit   s = 1 falls data-erweiterung erforderlich

Zeit: 4 Takte

Beispiele:

```
80 FF 0F          CMP  BH,0FH
80 F9 05          CMP  CL,EQUATE_WERT
83 FA FF          CMP  DX,-1H
81 FE 0C00        CMP  SI,3*1024
```

Speicher mit Direktwert

Maschinencode:

1000 00sw	mod111r/m	adr-low	adr-high	data-low	data-high

w = 0 für 8Bit   s = 0 falls keine data-erweiterung erforderlich
w = 1 für 16Bit   s = 1 falls data-erweiterung erforderlich

Zeit: 10 + EA Takte

Beispiele:

```
81 3E 0001 R 00FF     CMP  WORT_VAR,0FFH
80 BC 0005 R 11       CMP  BYTE_TAB[SI],17
83 3F FF              CMP  WORD PTR [BX],-1H
80 3C FF              CMP  BYTE PTR [SI],0FFH
```

CMPS

CMPS **(compare strings)**
CMPSB **(compare string bytes)**
CMPSW **(compare string words)**
Zwei Strings byte- oder wortweise vergleichen

subtrahiert den Inhalt des Zieloperanden (rechter Operand), der über ES:[DI] adressiert sein muß, vom Inhalt des Quelloperanden (linker Operand), der über DS:[SI] adressiert sein muß, legt jedoch das Ergebnis nicht ab. Flags werden verändert. Zusammen mit den REP-Präfixen können so Texte auf Gleichheit oder Ungleichheit verglichen werden. Man beachte: CMPS ist der einzige String-Befehl, bei dem der Zieloperand der rechte Operand und der Quelloperand der linke Operand ist!

Operation:

Der rechte Operand, der über ES:DI adressiert sein muß, wird vom linken Operanden, der über DS:SI adressiert sein muß, subtrahiert. Das Ergebnis wird nicht abgelegt, sondern es werden nur die Flags verändert. Danach werden SI und DI um DELTA inkrementiert oder dekrementiert, wobei DELTA=1 bei Bytestrings und DELTA=2 bei Wortstrings ist.

```
(FLAGS) <-- (LIOP) - (REOP)
if (DF) = 0 then
     (SI) <-- (SI) + DELTA
     (DI) <-- (DI) + DELTA
else
     (SI) <-- (SI) - DELTA
     (DI) <-- (DI) - DELTA
endif
```

CMPS

Maschinencode: | 1010 011w |

w = 0 für 8Bit
w = 1 für 16Bit

Zeit: 22 Takte

Flags:

O	D	I	T	S	Z	A	P	C
X	-	-	-	X	X	X	X	X

Beispiele:

```
FC              CLD
B8 ---- R       MOV  AX,SEG B_STR1
8E D8           MOV  DS,AX
BE 042B R       MOV  SI,OFFSET B_STR1
;
B8 ---- R       MOV  AX,SEG B_STR2
8E C0           MOV  ES,AX
BF 0000 R       MOV  DI,OFFSET B_STR2
;
A6              CMPS  B_STR1,B_STR2
;
A6              CMPSB    ;Für Bytestrings und
A7              CMPSW    ;für Wortstrings
;
A6              CMPS  BYTE PTR DS:[SI],ES:[DI] ;ODER
A7              CMPS  WORD PTR DS:[SI],ES:[DI]
```

CWD **(convert word to doubleword)**
Vorzeichengerechte Erweiterung von AX nach DX

führt eine vorzeichengerechte Erweiterung des AX-Registers ins DX-Register aus.

Operation:

Ist das höchstwertigste Bit (Vorzeichenbit) von AX=0, so wird DX auf 0 gesetzt; ist dieses Bit 1, so wird DX auf 0FFFFH gesetzt.

```
if ((AX) and 8000H) = 8000H then
     (DX) <-- 0FFFFH
else
     (DX) <-- 0
endif
```

Maschinencode: 1001 1001

Zeit: 5 Takte

Flags:

O	D	I	T	S	Z	A	P	C
-	-	-	-	-	-	-	-	-

Beispiele:

```
MOV   AX,WORT_VAR
CWD                  ;Erweiterung von AX nach DX
IDIV  WORD PTR [BP+SI+2]
                     ;Ergebnis in AX, Rest in DX
```

DAA

DAA **(decimal adjust for addition)**
Korrektur *nach* einer Dezimal-Addition
(gepackte BCD-Addition)

bewirkt die Korrektur eines Ergebnisses in AL nach einer Addition zweier Bytes, die beide jeweils zwei gepackte BCD-Ziffern enthalten. Das Ergebnis der Korrektur ist eine gepackte Dezimalsumme.

Operation:

Wenn das niederwertige Halbbyte von AL größer als 9 ist oder wenn AF gesetzt ist, dann wird 6 zu AL addiert und AF wird gesetzt. Wenn AL größer ist als 9FH oder wenn CF gesetzt wurde, dann wird 60H auf AL addiert und CF wird gesetzt.

```
if ((AL) and 0FH) > 9 or (AF) = 1 then
      (AL) <-- (AL) + 6
      (AF) <-- 1
endif
if (AL) > 9FH or (CF) = 1 then
      (AL) <-- (AL) + 60H
      (CF) <-- 1
endif
```

Maschinencode: 0010 0111

Zeit: 4 Takte

Flags:

O	D	I	T	S	Z	A	P	C
U	-	-	-	X	X	X	X	X

Beispiele:

```
                    ;       AL
MOV  AL,4           ;  4  0000 0100
ADD  AL,7           ; +7  0000 0111
                    ;  =  0000 1011

;     niederwertiges Halbbyte in AL größer 9 !
DAA                 ; +6  0000 0110
                    ;=11  0001 0001

MOV  AL, 43H        ; 43  0100 0011
ADD  AL, 8          ; +8  0000 1000
                    ;  =  0100 1011

;     niederwertiges Halbyte in AL größer 9 !
DAA                 ; +6  0000 0110
                    ;=51  0101 0001

MOV  AL,98H         ; 98  1001 1000
ADD  AL,8           ; +8  0000 1000
                    ;  =  1010 0000
                    ; AF = 1 !
DAA                 ; +6  0000 0110
                    ;  =  1010 0110

; AL größer 9FH !
                    ;+60H 0110 0000
                    ;=06  0000 0110
; CF = 1 !
; Der Übertrag kann dem Carry-Flag entnommen werden
```

DAS

DAS **(decimal adjust for subtraction)**
Korrektur nach einer Dezimal-Subtraktion
(gepackte BCD-Subtraktion)

bewirkt die Korrektur eines Ergebnisses in AL nach einer Subtraktion zweier Bytes, die jeweils zwei gepackte BCD-Ziffern enthalten. Das Ergebnis der Korrektur ist eine gepackte Dezimaldifferenz.

Operation:

Wenn das niederwertige Halbbyte von AL größer als 9 ist oder wenn AF gesetzt ist, dann wird 6 von AL subtrahiert und AF wird gesetzt. Wenn AL größer ist als 9FH oder wenn CF gesetzt wurde, dann wird 60H von AL subtrahiert und CF wird gesetzt.

```
if ((AL) and 0FH) > 9 or (AF) = 1 then
     (AL) <-- (AL) - 6
     (AF) <-- 1
endif
if (AL) > 9FH or (CF) = 1 then
     (AL) <-- (AL) - 60H
     (CF) <-- 1
endif
```

Maschinencode: `0010 1111`

Zeit: 4 Takte

Flags:

O	D	I	T	S	Z	A	P	C
U	-	-	-	X	X	X	X	X

Beispiele:

```
                ;          AL
MOV  AL,11H     ; 11  0001 0001
SUB  AL,7       ;-07  0000 0111
                ;  =  0000 1010

;     niederwertiges Halbbyte in AL größer 9 !
DAS             ; -6  0000 0110
                ;=04  0000 0100


                ;          AL
MOV  AL,51H     ; 51  0101 0001
SUB  AL,8       ;-08  0000 1000
                ;  =  0100 1001

;     Auxiliary Carry-Flag ist gesetzt !
DAS             ; -6  0000 0110
                ;=43  0100 0011

;im folgenden Fall: 6 - 8 = 98  (Hunderterkomplement)


                ;          AL
MOV  AL,6       ; 06  0000 0110
SUB  AL,8       ;-08  0000 1000
                ;  =  1111 1110

; AF = 1 ! und niederwertiges Halbbyte
; in AL größer 9 ! und CF = 1 !
DAS             ; -6  0000 0110
                ;  =  1111 1000

                ; AL größer 9FH !
                ;-60H 0110 0000
                ;=98  1001 1000
;  die 'geborgte' 1 ist an CF = 1 zu erkennen !
```

DEC

DEC **(decrement destination by 1)**
Dekrementierung des Operanden um 1

subtrahiert 1 vom Inhalt des Operanden.

Operation:

```
(OP) <-- (OP) - 1
```

Flags:

O	D	I	T	S	Z	A	P	C
X	-	-	-	X	X	X	X	-

Operand ist ein 16Bit-Register

Maschinencode: 0100 1reg

Zeit: 2 Takte

Beispiele:

```
48          DEC  AX
49          DEC  CX
4E          DEC  SI
4F          DEC  DI
```

DEC

Operand ist ein 8Bit-Register

Maschinencode:

1111 1110	11 001 reg

Zeit: 2 Takte

Beispiele:

```
FE C8           DEC  AL
FE C9           DEC  CL
FE CF           DEC  BH
FE CC           DEC  AH
```

Operand ist ein Speicheroperand

Maschinencode:

1111 111w	mod001r/m	adr-low	adr-high

w = 0 für 8Bit
w = 1 für 16Bit

Zeit: 15 + EA Takte

Beispiele:

```
FE 0E 0000 R    DEC  BYTE_VAR
FF 0E 0001 R    DEC  WORT_VAR
FF 88 0069 R    DEC  WORT_TAB[BX+SI]
FE 0F           DEC  BYTE PTR [BX]
FE 0C           DEC  [SI]
 E r r o r   ---35:Operand must have size
```

DIV

DIV **(division, unsigned)**
Division vorzeichenloser Operanden

In Abhängigkeit vom Operandentyp wird entweder ein Wort in AX durch einen Bytedivisor oder ein Doppelwort in DX:AX durch einen Wortdivisor geteilt. Quotient und Rest werden bei der Wort:Byte-Division in AL und AH, bei der Doppelwort:Wort-Division in AX und DX zur Verfügung gestellt.

	Dividend /	Divisor -->	Quotient und	Rest
a)	16Bit	8Bit	8Bit	8Bit
	AX	Operand	AL	AH
b)	32Bit	16Bit	16Bit	16Bit
	DX:AX	Operand	AX	DX

Wenn das Ergebnis überläuft (Ergebnis > High Value z.Bsp. bei Division durch 0 oder Division durch 1), wird ein Interrupt 0 generiert (siehe Interruptverarbeitung).

Operation:

```
if (Dividend) / (Divisor) > HIGH VALUE then
      INT 0
else  (Quotient) <-- (Dividend) / (Divisor)
      (Rest)     <-- (Dividend) MOD (Divisor)
endif
```

Maschinencode: | 1111 011w | mod110r/m | adr-low | adr-high |

w = 0 für Dividend = AH + AL (16Bit)
Divisor = 8Bit-Register oder 8Bit-Speicher
Quotient = AL Rest = AH

w = 1 für Dividend = DX + AX (32Bit)
Divisor = 16Bit-Register oder 16Bit-Speicher
Quotient = AX Rest = DX

DIV

Zeit: 8Bit 80 bis 96 + EA Takte
16Bit 144 bis 168 + EA Takte

Flags:	O	D	I	T	S	Z	A	P	C
	U	-	-	-	U	U	U	U	U

Beispiele:

a1) **Division von Wort durch Byte**

```
A1 0001 R          MOV  AX,WORT_VAR
F6 36 0000 R       DIV  BYTE_VAR
;
8B 84 0069 R       MOV  AX,WORT_TAB[SI]
F6 F3              DIV  BL ;Ergebnis in AL, Rest in AH
```

a2) **Division von Byte durch Byte**

```
8A 87 0005 R       MOV  AL,BYTE_TAB[BX]
B4 00              MOV  AH,0
F6 F1              DIV  CL ;Ergebnis in AL, Rest in AH
```

b1) **Division von Doppelwort durch Wort**

```
8B 16 0585 R       MOV  DX,WORD PTR DWORT_VAR+2
A1 0583 R          MOV  AX,WORD PTR DWORT_VAR
F7 F3              DIV  BX  ;Ergebnis in AX, Rest in DX
```

b2) **Division von Wort durch Wort**

```
A1 0001 R          MOV  AX,WORT_VAR
BA 0000            MOV  DX,0
F7 37              DIV  WORD PTR [BX] ;Ergebnis in AX, Rest in DX
```

ESC

ESC **(escape)**
Prozessor Escape

bietet die Möglichkeit für einen externen Prozessor (z.B. den Arithmetik-Koprozessor 8087), Operationscodes und möglicherweise auch Speicheroperanden vom 8086/8088 zu erhalten. Der Operationscode für den externen Prozessor wird als 6Bit-Konstante (xxx und xxx) im Maschinenbefehl codiert. Wenn ESC gefetched wird, kann sich ein externer Prozessor diesen Operationscode aus dem Systembus holen. Wenn der Quelloperand des ESC-Befehls ein Register ist, erfolgt keine Aktion. Wenn der Quelloperand eine Speichervariable ist, liest der Prozessor sie und vergißt sie wieder. Während diese Variable auf dem Datenbus ist, kann ein externer Prozessor sie sich holen.

Operation:

```
if mod = 11 then  no operation
           else  Datenbus <-- (EA)
endif
```

Maschinencode:

1101 1xxx	mod xxx r/m	adr-low	adr-high

Zeit: 8 + EA Takte

Flags:

O	D	I	T	S	Z	A	P	C
-	-	-	-	-	-	-	-	-

Beispiele:

```
    ESC  WORT_VAR  ;stellt den Inhalt von WORT_VAR auf den Datenbus
    ESC  BYTE PTR [BX + SI]
    OPCODE equ  101110B
    ESC  OPCODE, WORT_VAR
;OPCODE ist eine 6Bit-Nummer, die in 2 X 3 Bits aufgeteilt wird und den
;unbestimmten xxx im Maschinencode zugewiesen wird. Sie stellen eine Adresse
;des abholenden Bausteins dar
```

HLT **(Halt)**
Prozessor Halt

veranlaßt den Prozessor, in den Halt-Status zu gehen. Dieser Zustand wird nur durch einen zugelassenen Interrupt oder durch RESET aufgehoben.

Operation:

Der Prozessor stellt die Befehlsabarbeitung ein.

Maschinencode: 1111 0100

Zeit: 2 Takte

Flags:

O	D	I	T	S	Z	A	P	C
-	-	-	-	-	-	-	-	-

Beispiel:

```
.
.
.
HLT
```

IDIV

IDIV **(integer division, signed)**
Division ganzer Zahlen mit Vorzeichen

führt eine Division unter Berücksichtigung des Vorzeichens aus (zur Erklärung siehe auch DIV):

	Dividend /	Divisor -->	Quotient und	Rest
a)	16Bit	8Bit	8Bit	8Bit
	AX	Operand	AL	AH
b)	32Bit	16Bit	16Bit	16Bit
	DX:AX	Operand	AX	DX

Wenn das Ergebnis überläuft (Ergebnis zerstört Vorzeichenbit), wird ein Interrupt 0 generiert (siehe Interruptverarbeitung).

Für das Vorzeichen gilt:

Dividend /	Divisor -->	Quotient und	Rest
+	+	+	+
+	-	-	+
-	+	-	-
-	-	+	-

IDIV

Operation:

```
if 8Bit then MAX <-- 7FH
         else MAX <-- 7FFFH
endif
if (DIVIDEND) / (DIVISOR) >= 0  and
   (DIVIDEND) / (DIVISOR) > MAX or
   (DIVIDEND) / (DIVISOR) < 0  and
   (DIVIDEND) / (DIVISOR) < (0-MAX-1)
then
   INT 0
else
  (Quotient) <-- (Dividend) / (Divisor)
  (Rest)     <-- (Dividend) MOD (Divisor)
endif
```

Maschinencode:

1111 011w	mod111r/m	adr-low	adr-high

w = 0 für Dividend = AH + AL (16Bit)
Divisor = 8Bit-Register oder 8Bit-Speicher
Quotient = AL
Rest = AH

w = 1 für Dividend = DX + AX (32Bit)
Divisor = 16Bit-Register oder 16Bit-Speicher
Quotient = AX
Rest = DX

Zeit:

8Bit 101 bis 118 + EA Takte
16Bit 165 bis 190 + EA Takte

Flags:

O	D	I	T	S	Z	A	P	C
U	-	-	-	U	U	U	U	U

IDIV

Beispiele:

a1) Division von Wort durch Byte

```
A1 0001 R         MOV  AX,WORT_VAR
F6 3E 0000 R      IDIV  BYTE_VAR
;
8B 84 0069 R      MOV  AX,WORT_TAB[SI]
F6 FB              IDIV  BL
                  ;Ergebnis in AL, Rest in AH
```

a2) Division von Byte durch Byte

```
A0 0000 R         MOV  AL,BYTE_VAR
98                CBW
                  ;vorzeichengerechte Erweiterung von AL nach AH
F6 FA             IDIV  DL
                  ;Ergebnis in AL, Rest in AH
```

b1) Division von Doppelwort durch Wort

```
8B 16 0585 R      MOV  DX,WORD PTR DWORT_VAR+2
A1 0583 R         MOV  AX,WORD PTR DWORT_VAR
F7 FB             IDIV  BX
```

b2) Division von Wort durch Wort

```
A1 0001 R         MOV  AX,WORT_VAR
99                CWD
                  ;
F7 3F             IDIV  WORD PTR [BX]
                  ;Ergebnis in AX, Rest in DX
```

IMUL

IMUL **(integer multiply accumulator by register-or-memory; signed)**
Multiplikation des Akkumulators mit einem Register- oder Speicheroperanden für vorzeichenbehaftete Zahlen

führt eine Multiplikation unter Berücksichtigung des Vorzeichens aus. Es gilt:

Multiplikand	*	Multiplikator	-->	Produkt
a) 8Bit		8Bit		16Bit
AL		Operand		AX
b) 16Bit		16Bit		32Bit
AX		Operand		DX:AX

CF und OF werden gesetzt, wenn der HIGH-Teil des Ergebnisses nicht eine vorzeichengerechte Erweiterung des LOW-Teils ist; ansonsten werden sie gelöscht. Bei CF=0 und OF=0 ist es somit ausreichend, nur mit dem LOW-Teil des Ergebnisses weiterzurechnen.

Operation:

```
(Produkt)  <--  (Multiplikand) * (Multiplikator)
if HIGH-Teil = Vorzeichenerweiterung von LOW-Teil
     then
        (CF) <-- 0
        (OF) <-- 0
     else
        (CF) <-- 1
        (OF) <-- 1
endif
```

IMUL

Maschinencode:

1111 011w	mod101r/m	adr-low	adr-high

w = 0 für Multiplikand = AL
Multiplikator = 8Bit-Register oder 8Bit-Speicher
Produkt = AX

w = 1 für Multiplikand = AX
Multiplikator = 16Bit-Register oder 16Bit-Speicher
Produkt = DX:AX

Zeit:	8Bit	80 bis 104 + EA Takte
	16Bit	128 bis 160 + EA Takte

Flags:	O	D	I	T	S	Z	A	P	C
	X	-	-	-	U	U	U	U	X

Beispiele:

a) **Multiplikation von Byte mit Byte**

```
A0 0000 R         MOV  AL,BYTE_VAR
F6 AC 0005 R      IMUL  BYTE_TAB[SI]
                  ; Ergebnis in AX

A0 0000 R         MOV  AL,BYTE_VAR
F6 EB             IMUL  BL
                  ; Ergebnis in AX
```

b) Multiplikation von Byte mit Wort

```
A0 0000 R        MOV  AL,BYTE_VAR
98               CBW

                 ;vorzeichengerechte Erweiterung von AL nach AH

F7 2E 0001 R     IMUL  WORT_VAR

                 ;Ergebnis HIGH-Teil in DX, LOW-Teil in AX


A0 0000 R        MOV  AL,BYTE_VAR
98               CBW

                 ;vorzeichengerechte Erweiterung von AL nach AH

F7 EF            IMUL  DI

                 ;Ergebnis HIGH-Teil in DX, LOW-Teil in AX
```

c) Multiplikation von Wort mit Wort

```
A1 0001 R        MOV  AX,WORT_VAR
F7 2F            IMUL  WORD PTR [BX]

                 ;Ergebnis HIGH-Teil in DX, LOW-Teil in AX

A1 0001 R        MOV AX,WORT_VAR
F7 EB            IMUL  BX

                 ;Ergebnis HIGH-Teil in DX, LOW-Teil in AX
```

IN

IN **(input byte and input word)**
Einlesen eines Bytes oder eines Wortes

überträgt ein Byte bzw. Wort von einem Eingabe-Port nach AL bzw. AX. Der Port kann durch einen Direktwert spezifiziert werden, wenn die Portadresse zwischen 0 und 255 liegt. Ist die Adresse größer als 255, muß sie vorher in das DX-Register geladen werden. Dadurch ist es möglich, Ein/Ausgabeports mit einem Adreßbereich von 64K zu erreichen.

Operation:

Der Wert, der an einem Input-Port anliegt, wird in den Akkumulator übertragen.

```
(LIOP) <-- PORT(REOP)
```

Flags: O D I T S Z A P C
- - - - - - - - -

Portadresse ist ein Direktwert zwischen 0 und 255

Maschinencode:

1110 010w	portadresse

w = 0 für LIOP = AL
w = 1 für LIOP = AX

Zeit: 10 Takte

Beispiele:

```
            PORT_ADR  EQU  255
            ;
E4 19       IN  AL,25
E5 FF       IN  AX,PORT_ADR
```

Portadresse steht in DX

Maschinencode: 1110 110w

w = 0 für LIOP = AL
w = 1 für LIOP = AX

Zeit: 8 Takte

Beispiele:

```
                BYTE_PORT  EQU  0FEA0H
                WORD_PORT  EQU  0EA88H
                ;
BA FEA0         MOV  DX,BYTE_PORT
EC              IN   AL,DX
                ;
BA EA88         MOV  DX,WORD_PORT
ED              IN   AX,DX
```

INC

INC **(increment destination by 1)**
Inkrementieren des Operanden um 1

addiert 1 zum Operanden.

Operation:

Der Operand wird um 1 inkrementiert.

```
(OP) <-- (OP) + 1
```

Flags:

O	D	I	T	S	Z	A	P	C
X	-	-	-	X	X	X	X	-

Operand ist ein 16Bit-Register

Maschinencode: | 0100 0reg |

Zeit: 2 Takte

Beispiele:

```
40      INC  AX
41      INC  CX
46      INC  SI
45      INC  BP
```

INC

Operand ist ein 8Bit-Register

Maschinencode: | 1111 1110 | 11 000 reg |

Zeit: 3 Takte

Beispiele:

```
FE C0    INC  AL
FE C1    INC  CL
FE C7    INC  BH
FE C2    INC  DL
```

Operand ist ein Speicheroperand

Maschinencode:

1111 111w	mod000r/m	adr-low	adr-high

w = 0 für 8Bit
w = 1 für 16Bit

Zeit: 15 + EA Takte

Beispiele:

```
FE 06 0000 R    INC  BYTE_VAR
FF 80 0069 R    INC  WORT_TAB[SI][BX]
FE 07           INC  BYTE PTR [BX]
FE 04           INC  [SI]
 E r r o r  ---   35:Operand must have size
```

INT

INT n **(Interrupt)**
Unterbrechung durch Interrupt

bewirkt eine Unterbrechung des momentan laufenden Programmes. Es wird durch einen indirekten Sprung über einen der Interruptvektoren (0 bis 255) eine Interruptroutine angesprungen und abgearbeitet. Danach wird der Programmablauf im unterbrochenen Programm beim nächsten Befehl nach INT fortgesetzt (siehe auch Interruptverarbeitung). Der INT n-Befehl ähnelt somit einem indirekten Intersegment-Sprung.

Operation:

Es werden alle Flags in den Stack gerettet. Das Interrupt-Flag und das Trap-Flag werden auf 0 gesetzt. Der momentane CS-Inhalt wird in den Stack gerettet. Das CS-Register wird dann mit dem High-Teil des betreffenden Interruptvektors geladen. Danach wird der momentane IP-Inhalt in den Stack gerettet und der IP mit dem Low-Teil des betreffenden Interruptvektors geladen. Die Adresse des Interruptvektors = Interruptnummer * 4.

```
(SP) <-- (SP) - 2
((SP)+1:(SP)) <-- (FLAGS)
(IF) <-- 0
(TF) <-- 0
(SP) <-- (SP) - 2
((SP)+1:(SP)) <-- (CS)
(CS) <-- (Nummer * 4 + 2)
(SP) <-- (SP) - 2
((SP)+1:(SP)) <-- (IP)
(IP) <-- (Nummer * 4)
```

INT

Maschinencode:

a) | 1100 1100 | für INT 3

b) | 1100 1101 | nummer | für INT nummer

nummer <> 3 and 0 <= nummer <= 255

Zeit: 51 Takte für INT n
52 Takte für INT 3

Flags:

O	D	I	T	S	Z	A	P	C
-	-	0	0	-	-	-	-	-

Beispiele:

```
CC       INT  3

         ;Ein-Byte Instruktion 11001100
         ;springt zu der Interruptroutine, die über den
         ;Interruptvektor 3 adressiert ist

CD 02    INT  2

         ;Zwei-Byte Instruktion 11001101 00000010
         ;springt zu der Interruptroutine, die über den
         ;Interruptvektor 2 adressiert ist

         DOS_FUNKTIONEN  EQU  21H
CD 21    INT  DOS_FUNKTIONEN

         ;Zwei-Byte Instruktion 11001101 00100001
         ;springt zu der Interruptroutine, die über den
         ;Interruptvektor 21H adressiert ist
```

INTO

INTO **(Interrupt if overflow)**
Unterbrechen durch Interrupt bei Overflow

unterbricht das laufende Programm und verzweigt nur dann zu einer Interruptroutine, die über den Interruptvektor 4 adressiert ist, wenn OF gesetzt ist. Ansonsten ist INTO wirkungslos.

Operation:

Es erfolgt nur dann eine Operation, wenn OF gesetzt ist. Es werden alle Flags in den Stack gerettet. Das Interrupt-Flag und das Trap-Flag werden auf 0 gesetzt. Der momentane CS-Inhalt wird in den Stack gerettet. Das CS-Register wird dann mit dem High-Teil des Interruptvektors 4 geladen. Der momentane IP-Inhalt wird in den Stack gerettet. Der IP wird mit dem Low-Teil des Interruptvektors 4 geladen. Die Adresse des Interruptvektors 4 = 10H.

```
if (OF) = 1  then
   (SP) <-- (SP) - 2
   ((SP)+1:(SP)) <-- FLAGS
   (IF) <-- 0
   (TF) <-- 0
   (SP) <-- (SP) - 2
   ((SP)+1:(SP)) <-- (CS)
   (CS) <-- (10H + 2)
   (SP) <-- (SP) - 2
   ((SP)+1:(SP)) <-- (IP)
   (IP) <-- (10H)
endif
```

INTO

Maschinencode: | 1100 1110 |

Zeit: 53 Takte, falls Sprung erfolgt
4 Takte, falls kein Sprung erfolgt

Flags:

O	D	I	T	S	Z	A	P	C
-	-	0	0	-	-	-	-	-

Beispiele:

```
ADD  AX,BX
INTO
;verzweigt zu der Interruptroutine, die über den
;Interruptvektor 4 adressiert ist, wenn bei der
;Addition das Vorzeichen zerstört wurde.
```

IRET

IRET **(Interrupt return)**
Rücksprung aus einer Interruptroutine

bewirkt den Rücksprung aus einer Interruptroutine in das unterbrochene Programm.

Operation:

Der IP wird mit dem Inhalt des Stackwortes geladen, auf das der SP zeigt. SP wird dann um zwei erhöht. Dann wird CS mit dem Inhalt des Stackwortes geladen, auf das der SP zeigt. SP wird dann um zwei erhöht. Dann wird das Flagregister mit dem Inhalt des Stackwortes geladen, auf das der SP zeigt.

```
(IP) <-- ((SP)+1:(SP))
(SP) <-- (SP) + 2
(CS) <-- ((SP)+1:(SP))
(SP) <-- (SP) + 2
FLAGS <-- ((SP)+1:(SP))
(SP) <-- (SP) + 2
```

Maschinencode: 1100 1111

Zeit: 24 Takte

Flags:

O	D	I	T	S	Z	A	P	C
X	X	X	X	X	X	X	X	X

Beispiele:

```
INTERRUPT_ROUTINEN    SEGMENT
     ROUTINE_4 PROC FAR
               .
               IRET
     ROUTINE_4 ENDP
INTERRUPT_ROUTINEN    ENDS
```

JA

JA **(jump if above)**
Sprung, wenn größer

ist gleich mit JNBE (jump if not below or equal) und verzweigt zur angegebenen Adresse (Marke), wenn CF = 0 und ZF = 0 sind. Das Sprungziel darf nicht weiter entfernt sein als -128 bis +127 Bytes. 'Above' und 'below' beziehen sich auf Zahlen ohne Vorzeichen.

Operation:

Wenn CF = 0 und ZF = 0 sind, dann wird die im Befehl enthaltene Distanzadresse auf 16Bit vorzeichenerweitert und zum IP addiert.

```
if (CF) = 0 and (ZF) = 0
    then  (IP) <-- (IP) + distanz
endif
```

Maschinencode:

0111 0111	distanz

Zeit: Sprung wird ausgeführt: 16 Takte
Sprung wird nicht ausgeführt: 4 Takte

Flags:

O	D	I	T	S	Z	A	P	C
-	-	-	-	-	-	-	-	-

Beispiele:

```
CMP  AL,  0 ;vorzeichenlos
JA   MARKE  ;Sprung nach MARKE, falls AL > 0

SUB  AL,  DIREKT_WERT
JA   WEITER
```

JAE

JAE **(jump if above or equal)**
Sprung, wenn größer oder gleich

ist gleich mit JNB (jump if not below) und verzweigt zur angegebenen Adresse (Marke), wenn CF = 0 ist. Die angegebene Adresse (Marke) darf nicht weiter entfernt sein als -128 bis +127 Bytes. 'Above' und 'below' beziehen sich auf Zahlen ohne Vorzeichen.

Operation:

Wenn CF = 0 ist, dann wird die im Befehl enthaltene Distanzadresse auf 16Bit vorzeichenerweitert und zum IP addiert.

```
if (CF) = 0  then
     (IP) <-- (IP) + distanz
endif
```

Maschinencode:

0111 0011	distanz

Zeit: Sprung wird ausgeführt: 16 Takte
Sprung wird nicht ausgeführt: 4 Takte

Flags:

O	D	I	T	S	Z	A	P	C
-	-	-	-	-	-	-	-	-

Beispiele:

```
CMP  AL,  0FH  ;vorzeichenlos
JAE  MARKE  ;Sprung nach MARKE, falls AL >= 0FH

SUB  AL,  BYTE_VAR
JAE  WEITER
```

JB **(jump if below)**
Sprung, wenn kleiner

ist gleich mit JNAE (jump if not above or equal) und verzweigt zur angegebenen Adresse (Marke), wenn CF = 1 ist. Die angegebene Adresse (Marke) darf nicht weiter entfernt sein als -128 bis +127 Bytes. 'Above' und 'below' beziehen sich auf Zahlen ohne Vorzeichen.

Operation:

Wenn CF = 1 ist, dann wird die im Befehl enthaltene Distanzadresse auf 16Bit vorzeichenerweitert und zum IP addiert.

```
if (CF) = 1  then
     (IP) <-- (IP) + distanz
endif
```

Maschinencode:

0111 0010	distanz

Zeit: Sprung wird ausgeführt: 16 Takte
Sprung wird nicht ausgeführt: 4 Takte

Flags:

O	D	I	T	S	Z	A	P	C
-	-	-	-	-	-	-	-	-

Beispiele:

```
CMP  AL,3AH
JB   ZIFFER

SUB  AL,BYTE_VAR
JB   WEITER
```

JBE

JBE **(jump if below or equal)**
Sprung, wenn kleiner-gleich

ist gleich mit JNA (jump if not above) und verzweigt zur angegebenen Adresse (Marke), wenn CF = 1 oder ZF = 1 ist. Die angegebene Adresse (Marke) darf nicht weiter entfernt sein als -128 bis +127 Bytes. 'Above' und 'below' beziehen sich auf Zahlen ohne Vorzeichen.

Operation:

Wenn CF = 1 oder ZF = 1 ist, dann wird die im Befehl enthaltene Distanzadresse auf 16Bit vorzeichenerweitert und zum IP addiert.

```
if (CF) = 1  or (ZF) = 1 then
     (IP) <-- (IP) + distanz
endif
```

Maschinencode:

0111 0110	distanz

Zeit: Sprung wird ausgeführt: 16 Takte
Sprung wird nicht ausgeführt: 4 Takte

Flags:

O	D	I	T	S	Z	A	P	C
-	-	-	-	-	-	-	-	-

Beispiele:

```
CMP  AL,39H
JBE  ZIFFER

SUB  AL,  BYTE_VAR
JBE  WEITER
```

JC **(jump if carry)**
Sprung, wenn Carry

verzweigt zur angegebenen Adresse (Marke), wenn CF = 1 ist. Die angegebene Adresse (Marke) darf nicht weiter entfernt sein als -128 bis +127 Bytes.

Operation:

Wenn CF = 1 ist, dann wird die im Befehl enthaltene Distanzadresse auf 16Bit vorzeichenerweitert und zum IP addiert.

```
if (CF) = 1 then
    (IP) <-- (IP) + distanz
endif
```

Maschinencode: | 0111 0010 | distanz |

Zeit: Sprung wird ausgeführt: 16 Takte
Sprung wird nicht ausgeführt: 4 Takte

Flags: O D I T S Z A P C
- - - - - - - - -

Beispiele:

```
; in einem Unterprogramm wird CF als Returncode benutzt
; und im aufrufenden Programm dementsprechend verzweigt
                .
                CALL UP
                JC FALSCH
        RICHTIG:
```

JCXZ

JCXZ **(jump if CX is zero)**
Sprung, wenn CX gleich 0

verzweigt zur angegebenen Adresse (Marke), wenn das CX-Register = 0 ist. Die angegebene Adresse (Marke) darf nicht weiter entfernt sein als -128 bis +127 Bytes.

Operation:

Wenn das CX-Register = 0 ist, dann wird die im Befehl enthaltene Distanzadresse auf 16Bit vorzeichenerweitert und zum IP addiert.

```
if (CX) = 0  then
     (IP) <-- (IP) + distanz
endif
```

Maschinencode:

1110 0011	distanz

Zeit: Sprung wird ausgeführt: 18 Takte
Sprung wird nicht ausgeführt: 6 Takte

Flags:

O	D	I	T	S	Z	A	P	C
-	-	-	-	-	-	-	-	-

Beispiele:

```
SCHLEIFE: NOP
          .
          CMP  AX, 5
          JE   RAUS
          .
          LOOP SCHLEIFE
RAUS:     JCXZ WEITER
          .
```

JE **(jump if equal)**
Sprung, wenn gleich

ist gleich mit JZ (jump if zero) und verzweigt zur angegebenen Adresse (Marke), wenn ZF = 1 ist. Die angegebene Adresse (Marke) darf nicht weiter entfernt sein als -128 bis +127 Bytes.

Operation:

Wenn ZF = 1 ist, dann wird die im Befehl enthaltene Distanzadresse auf 16Bit vorzeichenerweitert und zum IP addiert.

```
if (ZF) = 1 then
    (IP) <-- (IP) + distanz
endif
```

Maschinencode:

0111 0100	distanz

Zeit: Sprung wird ausgeführt: 16 Takte
Sprung wird nicht ausgeführt: 4 Takte

Flags:

O	D	I	T	S	Z	A	P	C
-	-	-	-	-	-	-	-	-

Beispiele:

```
CMP  AL,0
JE   MARKE

SUB  AL,BYTE_VAR
JE   WEITER
```

JG

JG **(jump if greater)**
Sprung, wenn größer

ist gleich mit JNLE (jump if not (less or equal)) und verzweigt zur angegebenen Adresse (Marke), wenn SF = OF und ZF = 0 sind. Die angegebene Adresse (Marke) darf nicht weiter entfernt sein als -128 bis +127 Bytes. 'Greater' und 'less' beziehen sich auf Zahlen mit Vorzeichen.

Operation:

Wenn SF = OF und ZF = 0 sind, dann wird die im Befehl enthaltene Distanzadresse auf 16Bit vorzeichenerweitert und zum IP addiert.

```
if (SF) = (OF) and (ZF) = 1 then
     (IP) <-- (IP) + distanz
endif
```

Maschinencode:

0111 1111	distanz

Zeit: Sprung wird ausgeführt: 16 Takte
Sprung wird nicht ausgeführt: 4 Takte

Flags:

O	D	I	T	S	Z	A	P	C
-	-	-	-	-	-	-	-	-

Beispiele:

```
CMP  AL, 0
JG   MARKE

SUB  AL,BYTE_VAR
JG   WEITER
```

JGE

JGE **(jump if greater or equal)**
Sprung, wenn größer-gleich

ist gleich mit JNL (jump if not less) und verzweigt zur angegebenen Adresse (Marke), wenn SF = OF ist. Die angegebene Adresse (Marke) darf nicht weiter entfernt sein als -128 bis +127 Bytes. 'Greater' und 'less' beziehen sich auf Zahlen mit Vorzeichen.

Operation:

Wenn SF = OF ist, dann wird die im Befehl enthaltene Distanzadresse auf 16Bit vorzeichenerweitert und zum IP addiert.

```
if (SF) = (OF) then
    (IP) <-- (IP) + distanz
endif
```

Maschinencode:

0111 1101	distanz

Zeit: Sprung wird ausgeführt: 16 Takte
Sprung wird nicht ausgeführt: 4 Takte

Flags:

O	D	I	T	S	Z	A	P	C
-	-	-	-	-	-	-	-	-

Beispiele:

```
CMP  AL,0
JGE   MARKE

SUB  AL,BYTE_VAR
JGE   WEITER
```

JL

JL **(jump if less)**
Sprung, wenn kleiner

ist gleich mit JNGE (jump if not (greater or equal)) und verzweigt zur angegebenen Adresse (Marke), wenn SF <> OF ist. Die angegebene Adresse (Marke) darf nicht weiter entfernt sein als -128 bis +127 Bytes. 'Greater' und 'less' beziehen sich auf Zahlen mit Vorzeichen.

Operation:

Wenn SF <> OF ist, dann wird die im Befehl enthaltene Distanzadresse auf 16Bit vorzeichenerweitert und zum IP addiert.

```
if (SF) <> (OF) then
     (IP) <-- (IP) + distanz
endif
```

Maschinencode:

0111 1100	distanz

Zeit: Sprung wird ausgeführt: 16 Takte
Sprung wird nicht ausgeführt: 4 Takte

Flags:

O	D	I	T	S	Z	A	P	C
-	-	-	-	-	-	-	-	-

Beispiele:

```
CMP  AL,0
JL   MARKE

SUB  AL,BYTE_VAR
JL   WEITER
```

JLE

JLE **(jump if less or equal)**
Sprung, wenn kleiner-gleich

ist gleich mit JNG (jump if not greater) und verzweigt zur angegebenen Adresse (Marke), wenn ZF = 1 oder SF <> OF ist. Die angegebene Adresse (Marke) darf nicht weiter entfernt sein als -128 bis +127 Bytes. 'Greater' und 'less' beziehen sich auf Zahlen mit Vorzeichen.

Operation:

Wenn ZF = 1 oder SF <> OF ist, dann wird die im Befehl enthaltene Distanzadresse auf 16Bit vorzeichenerweitert und zum IP addiert.

```
if (ZF) = 1 or (SF) <> (OF) then
    (IP) <-- (IP) + distanz
endif
```

Maschinencode:

0111 1110	distanz

Zeit: Sprung wird ausgeführt: 16 Takte
Sprung wird nicht ausgeführt: 4 Takte

Flags:

O	D	I	T	S	Z	A	P	C
-	-	-	-	-	-	-	-	-

Beispiele:

```
CMP AL, 0
JLE  MARKE

SUB AL, BYTE_VAR
JLE  WEITER
```

JMP

JMP **(jump)**
Unbedingter Sprung

bewirkt einen unbedingten Sprung auf eine Adresse (Marke). Es gibt sechs unterschiedliche Sprungmöglichkeiten:

Flags: O D I T S Z A P C
- - - - - - - - -

Direkter kurzer Intrasegment-Sprung

Maschinencode:

1110 1011	distanz

distanz wird auf 16Bit erweitert und muß zwischen -128 und +127 liegen. Diese Distanz wird dann auf den IP addiert.

```
(IP) <-- (IP) + distanz
```

Zeit: 15 Takte

Beispiele:

```
0000  EB 14      JMP  SHORT MARKE
                 ;
0016  90         MARKE:  NOP
```

Direkter langer Intrasegment-Sprung

Maschinencode:

1110 1001	offs-low	offs-high

Der Offset des Sprungziels steht als 16Bit-Größe im zweiten und dritten Befehlsbyte. Damit sind beliebig weite Sprünge innerhalb eines Segmentes möglich.

Zeit: 15 Takte

Beispiele:

```
0017  E9 0146 R        JMP  WEIT
                       ;
0146  90               WEIT:  NOP
```

Direkter Intersegment-Sprung

Maschinencode:

1110 1010	offset-low	offset-high	seg-low	seg-high

Da bei diesem Sprungbefehl das Sprungziel in einem anderen Codesegment liegt, werden CS und IP mit der Adresse des Sprungziels aus dem Maschinenbefehl geladen. Falls das Sprungziel in einer anderen Übersetzungseinheit enthalten ist, ist seine vollständige Adresse dem Übersetzungsprogramm nicht bekannt und kann erst beim Binden bzw. beim Laden in den Maschinenbefehl eingetragen werden.

Zeit: 15 Takte

Beispiele:

```
EA 0000 ---- E         JMP  SEHR_WEIT
```

Indirekter Intrasegment-Sprung (über Register)

Maschinencode:

1111 1111	11 100 reg

Sprung innerhalb eines Codesegmentes zu einem Befehl, dessen Offset im angegebenen Register steht.

JMP

Zeit: 11 Takte

Beispiele:

```
FF E0           JMP  AX
FF E6           JMP  SI
FF E5           JMP  BP
```

Indirekter Intrasegment-Sprung (über Speicher)

Maschinencode:

1111 1111	mod100r/m	adr-low	adr-high

Sprung innerhalb eines Codesegmentes zu einem Befehl, dessen Offset in dem adressierten Speicherwort steht.

Zeit: 18 + EA Takte

Beispiele:

```
FF A7 0069 R    JMP  WORT_TAB[BX]
FF 24           JMP  WORD PTR [SI]
FF 24           JMP  [SI]
```

Indirekter Intersegment-Sprung

Maschinencode:

1111 1111	mod101r/m	adr-low	adr-high

Sprung in ein anderes Codesegment zu einem Befehl, dessen Adresse in dem als Operand angegebenen Doppelwort steht. ACHTUNG! MASM erzeugt bei fehlendem PTR-Operator keine Fehlermeldung, sondern stets einen indirekten Intrasegment-Sprung.

Zeit: 24 + EA Takte

Beispiele:

```
FF 2E 0583 R    JMP  DWORT_VAR
FF 2F           JMP  DWORD PTR [BX]
FF 27           JMP  [BX] ;Intrasegment-Sprung!!!
```

JNA

JNA **(jump if not above)**
Sprung, wenn nicht größer

ist gleich mit JBE (jump if below or equal) und verzweigt zur angegebenen Adresse (Marke), wenn CF = 1 oder ZF = 1 ist. Die angegebene Adresse (Marke) darf nicht weiter entfernt sein als -128 bis +127 Bytes. 'Above' und 'below' beziehen sich auf Zahlen ohne Vorzeichen.

Operation:

Wenn CF = 1 oder ZF = 1 ist, dann wird die im Befehl enthaltene Distanzadresse auf 16Bit vorzeichenerweitert und zum IP addiert.

```
if (CF) = 1  or (ZF) = 1 then
     (IP) <-- (IP) + distanz
endif
```

Maschinencode:

0111 0110	distanz

Zeit: Sprung wird ausgeführt: 16 Takte
Sprung wird nicht ausgeführt: 4 Takte

Flags:

O	D	I	T	S	Z	A	P	C
-	-	-	-	-	-	-	-	-

Beispiele:

```
CMP  AL,39H
JNA  ZIFFER

SUB  AL,BYTE_VAR
JNA  WEITER
```

JNAE

JNAE **(jump if not (above or equal))**
Sprung, wenn nicht größer-gleich

ist gleich mit JB (jump if below) und verzweigt zur angegebenen Adresse (Marke), wenn CF = 1 ist. Die angegebene Adresse (Marke) darf nicht weiter entfernt sein als -128 bis +127 Bytes. 'Above' und 'below' beziehen sich auf Zahlen ohne Vorzeichen.

Operation:

Wenn CF = 1 ist, dann wird die im Befehl enthaltene Distanzadresse auf 16Bit vorzeichenerweitert und zum IP addiert.

```
if (CF) = 1  then
     (IP) <-- (IP) + distanz
endif
```

Maschinencode:

0111 0010	distanz

Zeit: Sprung wird ausgeführt: 16 Takte
Sprung wird nicht ausgeführt: 4 Takte

Flags:

O	D	I	T	S	Z	A	P	C
-	-	-	-	-	-	-	-	-

Beispiele:

```
CMP  AL,3AH
JNAE ZIFFER

SUB  AL,BYTE_VAR
JNAE WEITER
```

JNB

JNB **(jump if not below)**
Sprung, wenn nicht kleiner

ist gleich mit JAE (jump if above or equal) und verzweigt zur angegebenen Adresse (Marke), wenn CF=0 ist. Die angegebene Adresse (Marke) darf nicht weiter entfernt sein als -128 bis +127 Bytes. 'Above' und 'below' beziehen sich auf Zahlen ohne Vorzeichen.

Operation:

Wenn CF = 0 ist, dann wird die im Befehl enthaltene Distanzadresse auf 16Bit vorzeichenerweitert und zum IP addiert.

```
if (CF) = 0  then
     (IP) <-- (IP) + distanz
endif
```

Maschinencode:

0111 0011	distanz

Zeit: Sprung wird ausgeführt: 16 Takte
Sprung wird nicht ausgeführt: 4 Takte

Flags:

O	D	I	T	S	Z	A	P	C
-	-	-	-	-	-	-	-	-

Beispiele:

```
CMP  AL,41H
JNB  BUCHSTABE

SUB  AL,BYTE_VAR
JNB  WEITER
```

JNBE

JNBE **(jump if not (below or equal))**
Sprung, wenn nicht kleiner-gleich)

ist gleich mit JA (jump if above) und verzweigt zur angegebenen Adresse (Marke), wenn CF = 0 und ZF = 0 sind. Die angegebene Adresse (Marke) darf nicht weiter entfernt sein als -128 bis +127 Bytes. 'Above' und 'below' beziehen sich auf Zahlen ohne Vorzeichen.

Operation:

Wenn CF = 0 und ZF = 0 sind, dann wird die im Befehl enthaltene Distanzadresse auf 16Bit vorzeichenerweitert und zum IP addiert.

```
if (CF) = 0  and (ZF) = 0  then
     (IP) <-- (IP) + distanz
endif
```

Maschinencode:

0111 0111	distanz

Zeit: Sprung wird ausgeführt: 16 Takte
Sprung wird nicht ausgeführt: 4 Takte

Flags:

O	D	I	T	S	Z	A	P	C
-	-	-	-	-	-	-	-	-

Beispiele:

```
CMP  AL,40H
JNBE BUCHSTABE

SUB  AL,DIREKT_WERT
JNBE WEITER
```

JNC

JNC **(jump if not carry)**
Sprung, wenn nicht Carry

verzweigt zur angegebenen Adresse (Marke), wenn CF = 0 ist. Die angegebene Adresse (Marke) darf nicht weiter entfernt sein als -128 bis +127 Bytes.

Operation:

Wenn CF = 0 ist, dann wird die im Befehl enthaltene Distanzadresse auf 16Bit vorzeichenerweitert und zum IP addiert.

```
if (CF) = 0  then
    (IP) <-- (IP) + distanz
endif
```

Maschinencode:

0111 0011	distanz

Zeit: Sprung wird ausgeführt: 16 Takte
Sprung wird nicht ausgeführt: 4 Takte

Flags:

O	D	I	T	S	Z	A	P	C
-	-	-	-	-	-	-	-	-

Beispiele:

```
; in einem Unterprogramm wird CF als Returncode benutzt
; und im aufrufenden Programm dementsprechend verzweigt
                .
                CALL UP
                JNC RICHTIG
        FALSCH: .
                .
```

JNE

JNE **(jump if not equal)**
Sprung, wenn nicht gleich

ist gleich mit JNZ (jump if not zero) und verzweigt zur angegebenen Adresse (Marke), wenn ZF = 0 ist. Die angegebene Adresse (Marke) darf nicht weiter entfernt sein als -128 bis +127 Bytes.

Operation:

Wenn ZF = 0 ist, dann wird die im Befehl enthaltene Distanzadresse auf 16Bit vorzeichenerweitert und zum IP addiert.

```
if (ZF) = 0 then
    (IP) <-- (IP) + distanz
endif
```

Maschinencode:

0111 0101	distanz

Zeit: Sprung wird ausgeführt: 16 Takte
Sprung wird nicht ausgeführt: 4 Takte

Flags:

O	D	I	T	S	Z	A	P	C
-	-	-	-	-	-	-	-	-

Beispiele:

```
CMP  AL,0
JNE  MARKE

SUB  AL,BYTE_VAR
JNE  WEITER
```

JNG

JNG **(jump if not greater)**
Sprung, wenn nicht größer

ist gleich mit JLE (jump if less or equal) und verzweigt zur angegebenen Adresse (Marke), wenn ZF = 1 oder SF <> OF ist. Die angegebene Adresse (Marke) darf nicht weiter entfernt sein als -128 bis +127 Bytes. 'Greater' und 'less' beziehen sich auf Zahlen mit Vorzeichen.

Operation:

Wenn ZF = 1 oder SF <> OF ist, dann wird die im Befehl enthaltene Distanzadresse auf 16Bit vorzeichenerweitert und zum IP addiert.

```
if (ZF) = 1 or (SF) <> (OF) then
     (IP) <-- (IP) + distanz
endif
```

Maschinencode:

0111 1110	distanz

Zeit: Sprung wird ausgeführt: 16 Takte
Sprung wird nicht ausgeführt: 4 Takte

Flags:

O	D	I	T	S	Z	A	P	C
-	-	-	-	-	-	-	-	-

Beispiele:

```
CMP  AL,0
JNG  MARKE

SUB  AL,BYTE_VAR
JNG  WEITER
```

JNGE

JNGE **(jump if not (greater or equal))**
Sprung, wenn nicht größer-gleich

ist gleich mit JL (jump if less) und verzweigt zur angegebenen Adresse (Marke), wenn SF <> OF ist. Die angegebene Adresse (Marke) darf nicht weiter entfernt sein als -128 bis +127 Bytes. 'Greater' und 'less' beziehen sich auf Zahlen mit Vorzeichen.

Operation:

Wenn SF <> OF ist, dann wird die im Befehl enthaltene Distanzadresse auf 16Bit vorzeichenerweitert und zum IP addiert.

```
if (SF) <> (OF) then
    (IP) <-- (IP) + distanz
endif
```

Maschinencode:

0111 1100	distanz

Zeit: Sprung wird ausgeführt: 16 Takte
Sprung wird nicht ausgeführt: 4 Takte

Flags:

O	D	I	T	S	Z	A	P	C
-	-	-	-	-	-	-	-	-

Beispiele:

```
CMP  AL,0
JNGE MARKE

SUB  AL,BYTE_VAR
JNGE WEITER
```

JNL

JNL **(jump if not less)**
Sprung, wenn nicht kleiner

ist gleich mit JGE (jump if greater or equal) und verzweigt zur angegebenen Adresse (Marke), wenn SF = OF ist. Die angegebene Adresse (Marke) darf nicht weiter entfernt sein als -128 bis +127 Bytes. 'Greater' und 'less' beziehen sich auf Zahlen mit Vorzeichen.

Operation:

Wenn SF = OF ist, dann wird die im Befehl enthaltene Distanzadresse auf 16Bit vorzeichenerweitert und zum IP addiert.

```
if (SF) = (OF) then
    (IP) <-- (IP) + distanz
endif
```

Maschinencode:

0111 1101	distanz

Zeit: Sprung wird ausgeführt: 16 Takte
Sprung wird nicht ausgeführt: 4 Takte

Flags:

O	D	I	T	S	Z	A	P	C
-	-	-	-	-	-	-	-	-

Beispiele:

```
CMP  AL,0
JNL  MARKE

SUB  AL,BYTE_VAR
JNL  WEITER
```

JNLE

JNLE **(jump if not (less or equal))**
Sprung, wenn nicht kleiner-gleich

ist gleich mit JG (jump if greater) und verzweigt zur angegebenen Adresse (Marke), wenn SF = OF und ZF = 0 sind. Die angegebene Adresse (Marke) darf nicht weiter entfernt sein als -128 bis +127 Bytes. 'Greater' und 'less' beziehen sich auf Zahlen mit Vorzeichen.

Operation:

Wenn SF = OF und ZF = 0 sind, dann wird die im Befehl enthaltene Distanzadresse auf 16Bit vorzeichenerweitert und zum IP addiert.

```
if (SF) = (OF) and (ZF) = 1 then
    (IP) <-- (IP) + distanz
endif
```

Maschinencode:

0111 1111	distanz

Zeit: Sprung wird ausgeführt: 16 Takte
Sprung wird nicht ausgeführt: 4 Takte

Flags:

O	D	I	T	S	Z	A	P	C
-	-	-	-	-	-	-	-	-

Beispiele:

```
CMP   AL,0
JNLE  MARKE

SUB   AL,BYTE_VAR
JNLE  WEITER
```

JNO

JNO **(jump if no overflow)**
Sprung, wenn nicht Overflow

verzweigt zur angegebenen Adresse (Marke), wenn OF = 0 ist. Die angegebene Adresse (Marke) darf nicht weiter entfernt sein als -128 bis +127 Bytes.

Operation:

Wenn OF = 0 ist, dann wird die im Befehl enthaltene Distanzadresse auf 16Bit vorzeichenerweitert und zum IP addiert.

```
if (OF) = 0 then
    (IP) <-- (IP) + distanz
endif
```

Maschinencode:

0111 0001	distanz

Zeit: Sprung wird ausgeführt: 16 Takte
Sprung wird nicht ausgeführt: 4 Takte

Flags:

O	D	I	T	S	Z	A	P	C
-	-	-	-	-	-	-	-	-

Beispiele:

```
ADD  AL,0FH
JNO  MARKE

SUB  AL,BYTE_VAR
JNO  WEITER
```

JNP

JNP **(jump if no parity)**
Sprung, wenn nicht Parität

ist gleich mit JPO (jump if parity odd) und verzweigt zur angegebenen Adresse (Marke), wenn PF = 0 ist. Die angegebene Adresse (Marke) darf nicht weiter entfernt sein als -128 bis +127 Bytes.

Operation:

Wenn PF = 0 ist, dann wird die im Befehl enthaltene Distanzadresse auf 16Bit vorzeichenerweitert und zum IP addiert.

```
if (PF) = 0 then
    (IP) <-- (IP) + distanz
endif
```

Maschinencode:

0111 1011	distanz

Zeit: Sprung wird ausgeführt: 16 Takte
Sprung wird nicht ausgeführt: 4 Takte

Flags:

O	D	I	T	S	Z	A	P	C
-	-	-	-	-	-	-	-	-

Beispiele:

```
ADD  AL,0FH
JNP  MARKE

SUB  AL,BYTE_VAR
JNP  WEITER
```

JNS (jump if no sign, jump if positive)
Sprung, wenn Sign-Flag=0 bzw. wenn positiv

verzweigt zur angegebenen Adresse (Marke), wenn SF = 0 ist. Die angegebene Adresse (Marke) darf nicht weiter entfernt sein als -128 bis +127 Bytes.

Operation:

Wenn SF = 0 ist, dann wird die im Befehl enthaltene Distanzadresse auf 16Bit vorzeichenerweitert und zum IP addiert.

```
if (SF) = 0 then
    (IP) <-- (IP) + distanz
endif
```

Maschinencode: | 0111 1001 | distanz |

Zeit: Sprung wird ausgeführt: 16 Takte
Sprung wird nicht ausgeführt: 4 Takte

Flags:	O	D	I	T	S	Z	A	P	C
	-	-	-	-	-	-	-	-	-

Beispiele:

```
ADD  AL,0FH
JNS  MARKE

SUB  AL,BYTE_VAR
JNS  WEITER
```

JNZ

JNZ **(jump if not zero)**
Sprung, wenn nicht 0

ist gleich mit JNE (jump if not equal) und verzweigt zur angegebenen Adresse (Marke), wenn ZF = 0 ist. Die angegebene Adresse (Marke) darf nicht weiter entfernt sein als -128 bis +127 Bytes.

Operation:

Wenn ZF = 0 ist, dann wird die im Befehl enthaltene Distanzadresse auf 16Bit vorzeichenerweitert und zum IP addiert.

```
if (ZF) = 0 then
     (IP) <-- (IP) + distanz
endif
```

Maschinencode:

0111 0101	distanz

Zeit: Sprung wird ausgeführt: 16 Takte
Sprung wird nicht ausgeführt: 4 Takte

Flags:

O	D	I	T	S	Z	A	P	C
-	-	-	-	-	-	-	-	-

Beispiele:

```
CMP  AL,0
JNZ  MARKE

SUB  AL,BYTE_VAR
JNZ  WEITER
```

JO

JO **(jump if overflow)**
Sprung, wenn Overflow

verzweigt zur angegebenen Adresse (Marke), wenn OF = 1 ist. Die angegebene Adresse (Marke) darf nicht weiter entfernt sein als -128 bis +127 Bytes.

Operation:

Wenn OF = 1 ist, dann wird die im Befehl enthaltene Distanzadresse auf 16Bit vorzeichenerweitert und zum IP addiert.

```
if (OF) = 1 then
    (IP) <-- (IP) + distanz
endif
```

Maschinencode:

0111 0000	distanz

Zeit: Sprung wird ausgeführt: 16 Takte
Sprung wird nicht ausgeführt: 4 Takte

Flags:

O	D	I	T	S	Z	A	P	C
-	-	-	-	-	-	-	-	-

Beispiele:

```
ADD  AL,0FH
JO   MARKE

SUB  AL,BYTE_VAR
JO   WEITER
```

JP

JP **(jump if parity)**
Sprung, wenn Parität

ist gleich mit JPE (jump if parity even) und verzweigt zur angegebenen Adresse (Marke), wenn PF = 1 ist. Die angegebene Adresse (Marke) darf nicht weiter entfernt sein als -128 bis +127 Bytes.

Operation:

Wenn PF = 1 ist, dann wird die im Befehl enthaltene Distanzadresse auf 16Bit vorzeichenerweitert und zum IP addiert.

```
if (PF) = 1 then
     (IP) <-- (IP) + distanz
endif
```

Maschinencode:

0111 1010	distanz

Zeit: Sprung wird ausgeführt: 16 Takte
Sprung wird nicht ausgeführt: 4 Takte

Flags:

O	D	I	T	S	Z	A	P	C
-	-	-	-	-	-	-	-	-

Beispiele:

```
ADD  AL,0FH
JP   MARKE

SUB  AL,BYTE_VAR
JP   WEITER
```

JPE **(jump if parity even)**
Sprung, wenn gerade Parität

ist gleich mit JP (jump if parity) und verzweigt zur angegebenen Adresse (Marke), wenn PF = 1 ist. Die angegebene Adresse (Marke) darf nicht weiter entfernt sein als -128 bis +127 Bytes.

Operation:

Wenn PF = 1 ist, dann wird die im Befehl enthaltene Distanzadresse auf 16Bit vorzeichenerweitert und zum IP addiert.

```
if (PF) = 1 then
    (IP) <-- (IP) + distanz
endif
```

Maschinencode:

0111 1010	distanz

Zeit: Sprung wird ausgeführt: 16 Takte
Sprung wird nicht ausgeführt: 4 Takte

Flags:

O	D	I	T	S	Z	A	P	C
-	-	-	-	-	-	-	-	-

Beispiele:

```
ADD  AL,0FH
JPE  MARKE

SUB  AL,BYTE_VAR
JPE   WEITER
```

JPO

JPO **(jump if parity odd)**
Sprung, wenn ungerade Parität

ist gleich mit JNP (jump if no parity) und verzweigt zur angegebenen Adresse (Marke), wenn PF = 0 ist. Die angegebene Adresse (Marke) darf nicht weiter entfernt sein als -128 bis +127 Bytes.

Operation:

Wenn PF = 0 ist, dann wird die im Befehl enthaltene Distanzadresse auf 16Bit vorzeichenerweitert und zum IP addiert.

```
if (PF) = 0 then
     (IP) <-- (IP) + distanz
endif
```

Maschinencode:

0111 1011	distanz

Zeit: Sprung wird ausgeführt: 16 Takte
Sprung wird nicht ausgeführt: 4 Takte

Flags:

O	D	I	T	S	Z	A	P	C
-	-	-	-	-	-	-	-	-

Beispiele:

```
ADD  AL,0FH
JPO  MARKE

SUB  AL,BYTE_VAR
JPO  WEITER
```

JS **(jump if sign, jump if negative)**
Sprung, wenn Sign-Flag=1 bzw. negativ

verzweigt zur angegebenen Adresse (Marke), wenn SF = 1 ist. Die angegebene Adresse (Marke) darf nicht weiter entfernt sein als -128 bis +127 Bytes.

Operation:

Wenn SF = 1 ist, dann wird die im Befehl enthaltene Distanzadresse auf 16Bit vorzeichenerweitert und zum IP addiert.

```
if (SF) = 1 then
    (IP) <-- (IP) + distanz
endif
```

Maschinencode:

0111 1000	distanz

Zeit: Sprung wird ausgeführt: 16 Takte
Sprung wird nicht ausgeführt: 4 Takte

Flags:

O	D	I	T	S	Z	A	P	C
-	-	-	-	-	-	-	-	-

Beispiele:

```
ADD  AL,0FH
JS   MARKE

SUB  AL,BYTE_VAR
JS   WEITER
```

JZ

JZ **(jump if zero)**
Sprung, wenn Zero-Flag=1

ist gleich mit JE (jump if equal) und verzweigt zur angegebenen Adresse (Marke), wenn ZF = 1 ist. Die angegebene Adresse (Marke) darf nicht weiter entfernt sein als -128 bis +127 Bytes.

Operation:

Wenn ZF = 1 ist, dann wird die im Befehl enthaltene Distanzadresse auf 16Bit vorzeichenerweitert und zum IP addiert.

```
if (ZF) = 1 then
    (IP) <-- (IP) + distanz
endif
```

Maschinencode:

0111 0100	distanz

Zeit: Sprung wird ausgeführt: 16 Takte
Sprung wird nicht ausgeführt: 4 Takte

Flags:

O	D	I	T	S	Z	A	P	C
-	-	-	-	-	-	-	-	-

Beispiele:

```
CMP  AL,0
JZ   MARKE

SUB  AL,BYTE_VAR
JZ   WEITER
```

LAHF

LAHF **(load AH from flags)**
AH mit dem Low-Byte des Flagregisters laden

überträgt Sign-Flag (SF), Zero-Flag (ZF), Auxiliary Carry-Flag (AF), Parity-Flag (PF) und Carry-Flag (CF) in bestimmte Bits des AH-Registers (kompatibel zum 8080-Code).

Operation:

SF wird nach Bit 7, ZF nach Bit 6, AF nach Bit 4, PF nach Bit 2 und CF nach Bit 0 von AH übertragen. Die Bits 1, 3, 5 von AH bleiben unbestimmt.

```
(AH) <-- (SF):(ZF):x:(AF):x:(PF):x:(CF)
```

Maschinencode: 1001 1111

Zeit: 4 Takte

Flags:	O	D	I	T	S	Z	A	P	C
	-	-	-	-	-	-	-	-	-

Beispiele:

```
LAHF      ;AH <-- Flags
NOT  AH   ;AH <-- not AH
SAHF      ;Flags <-- AH
```

LDS

LDS **(load data segment register)**
Das DS-Register und das Operandenregister mit einem Doppelwort laden

überträgt ein Doppelwort (Pointer, Vektor) in ein Registerpaar. Das High-Wort des Doppelwortes wird immer in das DS-Register übertragen. Das Low-Wort kann in jedes 16Bit-Register außer einem Segment-Register übertragen werden.

Operation:

Das LOW-WORD eines Speicherdoppelwortes wird in das angegebene Register übertragen. Danach wird das HIGH-WORD in das DS-Register übertragen.

```
(REG) <-- (EA)
(DS) <-- (EA + 2)
```

Maschinencode:

1100 0101	mod reg r/m	adr-low	adr-high

mod <> 11

Zeit: 16 + EA Takte

Flags: O D I T S Z A P C
- - - - - - - - -

Beispiele:

```
C5 1E 0583 R     LDS  BX,DWORT_VAR
C5 36 0587 R     LDS  SI,Q_STRING_ADR
C5 07            LDS  AX,[BX]
```

LEA

LEA **(load effective address)**
Laden einer effektiven Adresse

berechnet und überträgt die effektive Adresse (EA) eines Speicheroperanden in ein beliebiges 16Bit-Register.

Operation:

```
(REG) <-- EA
```

Maschinencode:

1000 1101	mod reg r/m	adr-low	adr-high

mod <> 11

Zeit: 2 + EA Takte

Flags:

O	D	I	T	S	Z	A	P	C
-	-	-	-	-	-	-	-	-

Beispiele:

```
8D 9C 0005 R      LEA  BX,BYTE_TAB[SI]
8D B4 042B R      LEA  SI,B_STR1[SI]
8D 7F 06          LEA  DI,[BX+6]
```

Hinweis:

Dieser Befehl sollte nur benutzt werden, wenn die EA zur Laufzeit berechnet werden muß, z.B. weil Index- oder Basisregister im Adreßausdruck enthalten sind. Steht die EA bereits zur Übersetzungszeit oder zur Bindezeit fest, sollte mit MOV und dem OFFSET-Operator gearbeitet werden.

LES

LES **(load extra segment register)**
Das ES-Register und das angegebene Operandenregister mit einem Doppelwort laden

überträgt ein Doppelwort (Pointer, Vektor) in ein Registerpaar. Das High-Wort des Doppelwortes wird immer in das ES-Register übertragen. Das Low-Wort kann in jedes 16Bit-Register außer einem Segmentregister übertragen werden.

Operation:

Das LOW-WORD eines Speicherdoppelwortes wird in das angegebene Register übertragen. Danach wird das HIGH-WORD in das ES-Register übertragen.

```
(REG) <-- (EA)
(ES) <-- (EA + 2)
```

Maschinencode:

1100 0101	mod reg r/m	adr-low	adr-high

mod <> 11

Zeit: 16 + EA Takte

Flags:

O	D	I	T	S	Z	A	P	C
-	-	-	-	-	-	-	-	-

Beispiele:

```
C4 1E 0583 R        LES  BX,DWORT_VAR
26:C4 3E 0158 R     LES  DI,Z_STRING_ADR
C4 04               LES  AX,[SI]
```

LOCK

LOCK **(lock)**
Prozessor Lock

ist ein Präfixbefehl, der jedem anderen Befehl vorangestellt werden kann. LOCK zeigt in einem Mehrprozessorsystem dem BUS-ARBITER (BUS-Verwalter) an, daß kein anderer Prozessor unterbrechen bzw. den BUS benutzen kann, solange das LOCK-Signal anliegt. LOCK kann mit anderen Präfixen kombiniert werden, was aber unter Umständen zu Schwierigkeiten führen kann (siehe REP-Präfix).

Operation: Keine.

Maschinencode: | 1111 0000 | **Zeit:** 2 Takte

Flags: O D I T S Z A P C
- - - - - - - - -

Beispiele:

```
;Um eine Sperrung länger als für die Dauer eines Befehls aufrecht erhalten
;zu können und um gleichzeitig testen zu können, ob ein anderer Prozessor
;gerade gesperrt hat, wird häufig der sogenannte 'locked exchange'
;verwendet: Dabei existiert eine Speichervariable, deren Inhalt entweder 0
;(für nicht gesperrt) oder 1 (für gesperrt) ist. Dieser Inhalt kann von
;jedem Prozessor nach Bedarf geprüft oder verändert werden:
     PRUEF:    MOV  AL,1         ;1 für 'locked' nach AL
          LOCK XCHG SPERRUNG,AL  ;gleichzeitig sperren
               TEST AL,AL        ;und SPERRUNG testen
               JNZ  PRUEF        ;wenn von einem anderen
                                 ;gesperrt, dann warten
     ;hier Befehle ausführen, für die gesperrt wurde
               MOV SPERRUNG,0    ;SPERRUNG aufheben
```

LODS

LODS
LODSB
LODSW **(load string byte or word)**
Laden eines Stringbytes oder Stringwortes in den Akkumulator

gehört zu der Gruppe der einfachen Stringbefehle und überträgt ein Byte (Wort) vom Quellstring (adressiert über DS:SI) nach AL (AX). Der Präfix REP ist zwar möglich, aber logisch unsinnig.

Operation:

Vom Quellstring (adressiert über DS:SI) wird ein Byte (Wort) nach AL (AX) übertragen. Danach wird SI um 1 (2) inkrementiert, wenn DF = 0 oder um 1 (2) dekrementiert, wenn DF = 1.

```
(AKKU) <-- (QUELLE)
if (DF) = 0 then
     (SI) <-- (SI) + DELTA
  else
     (SI) <-- (SI) - DELTA
endif
```

Maschinencode: | 1010 110w |

w = 0 für AKKU = AL
QUELLE = 8Bit
DELTA = 1
w = 1 für AKKU = AX
QUELLE = 16Bit
DELTA = 2

LODS

Zeit: 12 Takte

Flags: O D I T S Z A P C
- - - - - - - - -

Beispiele:

```
FC              CLD              ;String nach aufsteigenden
                                 ;Adressen verarbeiten
BE 042B R       MOV  SI,OFFSET B_STR1
AC              LODS  B_STR1
                ;
                ;
FC              CLD
BE 047B R       MOV  SI,OFFSET W_STR1
AD              LODSW
                ;
FD              STD              ;String nach absteigenden
                                 ;Adressen verarbeiten
BE 042B R       MOV  SI,OFFSET B_STR1
83 C6 4F        ADD  SI,SIZE B_STR1 - 1
AC              LODSB
```

LOOP

LOOP **(loop or iterate instruction sequence until count complete)**
Wiederholen einer Befehlssequenz, solange Zähler ungleich 0

dekrementiert das CX-Register (Count) um 1 und verzweigt zur angegebenen Adresse (Marke), wenn CX <> 0 ist. Bei CX = 0 wird der Programmlauf mit dem nächsten Befehl nach LOOP fortgesetzt. Die Entfernung des Sprungziels (Marke) darf maximal - 128 und + 127 Bytes betragen.

Operation:

Das CX-Register wird um 1 dekrementiert. Wenn CX <> 0 ist, wird die im Befehl enthaltene Distanzadresse auf 16Bit vorzeichen-erweitert und zum IP addiert. Wenn CX = 0 ist, erfolgt kein Sprung.

```
(CX) <-- (CX) - 1
if (CX) <> 0  then
     (IP) <-- (IP) + DISTANZ
endif
```

Maschinencode:

1110 0010	distanz

Zeit: Sprung wird ausgeführt: 17 Takte
Sprung wird nicht ausgeführt: 5 Takte

Flags:

O	D	I	T	S	Z	A	P	C
-	-	-	-	-	-	-	-	-

Beispiele:

```
;Quersumme bilden über eine Tabelle:
;
      MOV  CX,  LENGTH  TAB    ;Länge nach Schleifenzähler
      MOV  AX,  0              ;0 nach Summe
      MOV  SI,  0              ;0 nach Index

SCHL:                          ;Schleifenanfang
      ADD  AX,  TAB[SI]        ;aufaddieren
      ADD  SI,  TYPE TAB       ;Index erhöhen
      LOOP SCHL                ;Schleifenende
      MOV  QUERSUMME, AX       ;Ergebnis nach QUERSUMME

;2 verschachtelte Schleifen: kleines Einmaleins
      MOV  DI,  0         ;0 nach Ergebnis-Index
      MOV  BH,  0         ;0 nach Multiplikand
      MOV  CX,  10        ;10 nach äußerem Schleifenzähler

SCH_A:                    ;Anfang der äußeren  Schleife
      INC  BH             ;Multiplikand + 1
      MOV  BL,  0         ;0 nach Multiplikator
      PUSH CX             ;äußeren Schleifenzähler retten
      MOV  CX,  0AH       ;10 nach innerem Schleifenzähler

SCH_I:                    ;Anfang der inneren  Schleife
      INC  BL             ;Multiplikator + 1
      MOV  AL,  BH        ;Multiplikand nach AL
      MUL  BL             ;AL * BL nach AX
      MOV  [DI],AL        ;Ergebnis ablegen
      INC  DI             ;Ergebnis-Index + 1
      LOOP SCH_I          ;Ende der inneren Schleife

      POP  CX             ;äußeren Schleifenzähler holen
      LOOP SCH_A          ;Ende der äußeren Schleife
```

LOOPE

LOOPE **(loop if equal)**
Ausführen eines Befehlsblockes, solange gleich

ist gleich mit LOOPZ (loop if zero), dekrementiert das CX-Register (Count) um 1 und verzweigt zur angegebenen Adresse (Marke), wenn CX <> 0 und ZF = 1 ist. Bei CX = 0 oder ZF = 0 wird der Programmlauf mit dem nächsten Befehl fortgesetzt. Die Entfernung der Sprungadresse (Marke) darf maximal - 128 und + 127 Bytes betragen.

Operation:

Das CX-Register wird um 1 dekrementiert. Wenn ZF = 1 und CX <> 0 sind, wird die im Befehl enthaltene Distanzadresse auf 16Bit vorzeichenerweitert und zum IP addiert. Wenn ZF = 0 oder CX = 0 ist, erfolgt kein Sprung.

```
(CX) <-- (CX) - 1
if (ZF) = 1 and (CX) <> 0  then
         (IP) <-- (IP) + DISTANZ
endif
```

Maschinencode:

1110 0001	distanz

Zeit: Sprung wird ausgeführt: 18 Takte
Sprung wird nicht ausgeführt: 6 Takte

Flags:

O	D	I	T	S	Z	A	P	C
-	-	-	-	-	-	-	-	-

Beispiele:

```
;Auffinden eines Tabellenelementes <> 0
;
    MOV  CX,  LENGTH TAB     ;Länge nach Zähler
    MOV  SI,  -1             ;-1 nach Index

SCH:                         ;Anfang der Schleife
    INC  SI                  ;Index + 1
    CMP  TAB[SI], 0          ;Element = 0 ?
    LOOPE  SCH               ;Ende der Schleife
    JNE  GEFUND              ;wenn Element <> 0 gefunden
          .
          .
```

LOOPNE

LOOPNE **(loop if not equal)**
Ausführen eines Befehlsblockes, solange nicht gleich

ist gleich mit LOOPNZ (loop if not zero), dekrementiert das CX-Register (Count) um 1 und verzweigt zur angegebenen Adresse (Marke), wenn CX <> 0 und ZF = 0 ist. Bei CX = 0 oder ZF = 1 wird der Programmlauf mit dem nächsten Befehl fortgesetzt. Die Entfernung der Sprungadresse (Marke) darf maximal - 128 und + 127 Bytes betragen.

Operation:

Das CX-Register wird um 1 dekrementiert. Wenn ZF = 0 und CX <> 0 ist, wird die im Befehl enthaltene Distanzadresse auf 16Bit vorzeichenerweitert und zum IP addiert. Wenn ZF = 1 oder CX = 0 ist, erfolgt kein Sprung.

```
(CX) <-- (CX) - 1
if (ZF) = 0 and (CX) <> 0  then
        (IP) <-- (IP) + DISTANZ
endif
```

Maschinencode:

1110 0000	distanz

Zeit: Sprung wird ausgeführt: 19 Takte
Sprung wird nicht ausgeführt: 5 Takte

Flags:

O	D	I	T	S	Z	A	P	C
-	-	-	-	-	-	-	-	-

Beispiele:

```
;Der Inhalt von TAB1 wird solange nach TAB2 übertragen,
;bis ein * erkannt wird
;
      MOV  CX,  LENGTH TAB1
      MOV  SI, -1

SCH:                            ;Anfang der Schleife
      INC  SI
      MOV  AL,  TAB1[SI]        ;TAB1 nach AL
      MOV  TAB2[SI], AL         ;AL nach TAB2
      CMP  AL, '*'              ;* ?
      LOOPNE SCH                ;Fertig, wenn Endevon
                                ;Tab oder *
```

LOOPNZ

LOOPNZ **(loop if not zero)**
Ausführen eines Befehlsblockes, solange nicht 0

ist gleich LOOPNE (loop if not equal), dekrementiert das CX-Register (Count) um 1 und verzweigt zur angegebenen Adresse (Marke), wenn CX <> 0 und ZF = 0 ist. Bei CX = 0 oder ZF = 1 wird der Programmlauf mit dem nächsten Befehl fortgesetzt. Die Entfernung der Sprungadresse (Marke) darf maximal - 128 und + 127 Bytes betragen.

Operation:

Das CX-Register wird um 1 dekrementiert. Wenn ZF = 0 und CX <> 0 ist, wird die im Befehl enthaltene Distanzadresse auf 16Bit vorzeichenerweitert und zum IP addiert. Wenn ZF = 1 oder CX = 0 ist, erfolgt kein Sprung.

```
(CX) <-- (CX) - 1
if (ZF) = 0 and (CX) <> 0  then
          (IP) <-- (IP) + DISTANZ
endif
```

Maschinencode:

1110 0000	distanz

Zeit: Sprung wird ausgeführt: 19 Takte
Sprung wird nicht ausgeführt: 5 Takte

Flags:

O	D	I	T	S	Z	A	P	C
-	-	-	-	-	-	-	-	-

Beispiele:

```
;Der Inhalt von TAB1 wird so lange nach TAB2 übertragen,
;bis ein * erkannt wird
;
     MOV  CX,  LENGTH TAB1
     MOV  SI, -1

SCH:                            ;Anfang der Schleife
     INC  SI
     MOV  AL,  TAB1[SI]         ;TAB1 nach AL
     MOV  TAB2[SI], AL          ;AL nach TAB2
     CMP  AL, '*'               ;* ?
     LOOPNZ SCH                 ;Fertig, wenn Endevon
                                ;Tab oder *
```

LOOPZ

LOOPZ **(loop if zero)**
Ausführen eines Befehlsblockes, solange Null

ist gleich mit LOOPE (loop if equal), dekrementiert das CX-Register (Count) um 1 und verzweigt zur angegebenen Adresse (Marke), wenn CX <> 0 und ZF = 1 sind. Bei CX = 0 oder ZF = 0 wird der Programmlauf mit dem nächsten Befehl fortgesetzt. Die Entfernung der Sprungadresse (Marke) darf maximal - 128 und + 127 Bytes betragen.

Operation:

Das CX-Register wird um 1 dekrementiert. Wenn ZF = 1 und CX <> 0 ist, wird die im Befehl enthaltene Distanzadresse auf 16Bit vorzeichenerweitert und zum IP addiert. Wenn ZF = 0 oder CX = 0 ist, erfolgt kein Sprung.

```
(CX) <-- (CX) - 1
if (ZF) = 1 and (CX) <> 0  then
        (IP) <-- (IP) + DISTANZ
endif
```

Maschinencode:

1110 0001	distanz

Zeit: Sprung wird ausgeführt: 18 Takte
Sprung wird nicht ausgeführt: 6 Takte

Flags:

O	D	I	T	S	Z	A	P	C
-	-	-	-	-	-	-	-	-

Beispiele:

```
;Auffinden eines Tabellenelementes <> 0
;
    MOV  CX,  LENGTH TAB     ;Länge nach Zähler
    MOV  SI,  -1             ;-1 nach Index

SCH:                         ;Anfang der Schleife
    INC  SI                  ;Index + 1
    CMP  TAB[SI], 0          ;Element = 0 ?
    LOOPZ SCH                ;Ende der Schleife
    JNE   GEFUND             ;wenn Element <> 0 gefunden
         .
         .
```

MOV

MOV **(move)**
Übertragen

überträgt den Inhalt des Quelloperanden (der Rechte) in den Zieloperanden (der Linke). Der Befehl ist sehr leistungsfähig, da die Operanden Register, Speicherstellen oder Direktwerte sein können. Folgende Operandenkombinationen sind möglich:

LIOP	REOP				
	Akku	Reg	Sreg	Speicher	Direktwert
Akku	ja	ja	ja	ja	ja
Reg	ja	ja	ja	ja	ja
Sreg(<>CS)	ja	ja	nein	ja	nein
Speicher	ja	ja	ja	nein	ja

Operation:

Der Inhalt des Quelloperanden (der Rechte) wird in den Zieloperanden (der Linke) übertragen.

```
(LIOP) <-- (REOP)
```

Flags: O D I T S Z A P C
- - - - - - - - -

MOV

Übertragung von Akkumulator nach Speicheroperand

Maschinencode: | 1010 001w | adr-low | adr-high |

w = 0 für 8Bit und AL
w = 1 für 16Bit und AX

Zeit: 10 Takte

Beispiele:

```
A3 0001 R        MOV  WORT_VAR,AX
A2 0000 R        MOV  BYTE_VAR,AL
```

Übertragung von Speicheroperand nach Akkumulator

Maschinencode:

| 1010 000w | adr-low | adr-high |

w = 0 für 8Bit und AL
w = 1 für 16Bit und AX

Zeit: 10 Takte

Beispiele:

```
A1 0001 R        MOV  AX,WORT_VAR
A0 0000 R        MOV  AL,BYTE_VAR
```

MOV

Übertragung von Register nach Segmentregister

Maschinencode:

1000 1110	110 sreg reg

sreg <> 01

Zeit: 2 Takte

Beispiele:

```
8E D8            MOV  DS,AX
8E C3            MOV  ES,BX
8E D5            MOV  SS,BP
8E CA            MOV  CS,DX  ;UNZULAESSIG!
 E r r o r   ---  59:CS register illegal usage
```

Übertragung von Speicheroperand nach Segmentregister

Maschinencode:

1000 1110	mod 0sreg r/m	adr-low	adr-high

sreg <> 01

Zeit: 8 + EA Takte

Beispiele:

```
8E 1E 0001 R     MOV  DS,WORT_VAR
8E 87 01F9 R     MOV  ES,VARIABLE[BX]
8E 91 006E R     MOV  SS,WORT_TAB[BX+DI+5]
8E 5F 02         MOV  DS,[BX+2]
```

Übertragung von Segmentregister nach Register

Maschinencode:

1000 1100	110 sreg reg

Zeit: 2 Takte

Beispiele:

```
8C D2          MOV  DX,SS
8C DE          MOV  SI,DS
8C C8          MOV  AX,CS   ;ZULAESSIG!
8C C5          MOV  BP,ES
```

Übertragung von Segmentregister nach Speicheroperand

Maschinencode:

1000 1100	mod 0sreg r/m	adr-low	adr-high

Zeit: 9 + EA Takte

Beispiele:

```
8C 16 0003 R    MOV  WORT,SS
8C 98 0069 R    MOV  WORT_TAB[BX+SI],DS
8C 0E 0001 R    MOV  WORT_VAR,CS          ;ZULAESSIG
8C 46 04        MOV  [BP+4],ES
```

MOV

Übertragung von Register nach Register

Maschinencode:

1000 101w	11 reg reg

w = 0 für 8Bit
w = 1 für 16Bit

Zeit: 2 Takte

Beispiele:

```
8B C3          MOV  AX,BX
8A E0          MOV  AH,AL
8A CF          MOV  CL,BH
8B EC          MOV  BP,SP
8B FF          MOV  DI,DI
```

Übertragung von Speicheroperand nach Register

Maschinencode:

1000 101w	mod reg r/m	adr-low	adr-high

w = 0 für 8Bit
w = 1 für 16Bit

Zeit: 8 + EA Takte

Beispiele:

```
8B 1E 0001 R   MOV  BX,WORT_VAR
8A 99 0005 R   MOV  BL,BYTE_TAB[BX+DI]
8B 4E 08       MOV  CX,[BP+8]
8A 26 0000 R   MOV  AH,BYTE_VAR
```

MOV

Übertragung von Register nach Speicheroperand

Maschinencode:

1000 100w	mod reg r/m	adr-low	adr-high

w = 0 für 8Bit
w = 1 für 16Bit

Zeit: 9 + EA Takte

Beispiele:

```
88 36 0000 R      MOV  BYTE_VAR,DH
89 0E 0003 R      MOV  WORT,CX
88 90 0005 R      MOV  BYTE_TAB[BX+SI],DL
89 50 02          MOV  [BX+SI+2],DX
```

Übertragung von Direktwert nach Register

Maschinencode:

1011 w reg	daten-low	daten-high

w = 0 für 8Bit
w = 1 für 16Bit

Zeit: 4 Takte

Beispiele:

```
B8 00A3           MOV  AX,0A3H
B3 05             MOV  BL,EQUATE_WERT
B9 FF80           MOV  CX,-128
B2 02             MOV  DL,TYPE VARIABLE
```

MOV

Übertragung von Direktwert nach Speicheroperand

Maschinencode:

1100 011w	mod000r/m	adr-low	adr-high	data-low	data-high

w = 0 für 8Bit
w = 1 für 16Bit

Zeit: 10 + EA Takte

Beispiele:

```
C6 06 0000 R FF          MOV  BYTE_VAR,0FFH
C7 06 0001 R 0005        MOV  WORT_VAR,EQUATE_WERT
C7 81 01FD R C420        MOV  VARIABLE[BX+DI+4],-1532
C7 06 0003 R 01F9 R      MOV  WORT,OFFSET VARIABLE
```

MOVS

MOVS
MOVSB
MOVSW **(move string byte or word)**
Übertragen eines Byte- oder Wort-Strings

gehört zu der Gruppe der einfachen Stringbefehle und überträgt ein Byte bzw. ein Wort vom Quelloperanden in den Zieloperanden. Zusammen mit dem REP-Präfix kann so ein Quellstring in einen Zielstring übertragen werden.

Operation:

Ein Byte bzw. ein Wort wird vom Quelloperanden, der über DS:SI adressiert sein muß, in den Zieloperanden, der über ES:DI adressiert sein muß, übertragen. Anschließend werden SI und DI um 1 (2) inkrementiert, wenn DF = 0 ist, oder um 1 (2) dekrementiert, wenn DF = 1 ist.

```
(LIOP) <-- (REOP)
if (DF) = 0    then
        (SI) <-- (SI) + DELTA
        (DI) <-- (DI) + DELTA
else
        (SI) <-- (SI) - DELTA
        (DI) <-- (DI) - DELTA
endif
```

Maschinencode: 1010 010w

w = 0 für 8Bit DELTA = 1
w = 1 für 16Bit DELTA = 2

MOVS

Zeit: 18 Takte ohne REPEAT-Präfix oder
9 Grundtakte
+ 17 Takte pro Wiederholung bei REPEAT-Präfix

Flags: O D I T S Z A P C
\- - - - - - - - - - -

Beispiele:

```
BE 042B R        MOV  SI,OFFSET B_STR1
BF 0000 R        MOV  DI,OFFSET B_STR2
A4               MOVS  B_STR2,B_STR1

;die Variablennamen werden nur für den Typ gebraucht


BE 047B R        MOV  SI,OFFSET W_STR1
BF 0050 R        MOV  DI,OFFSET W_STR2
B9 0084          MOV  CX,LENGTH W_STR1
FC               CLD
F3/ A5           REP MOVS  W_STR2,W_STR1


;oder:

F3/ A5           REP MOVSW
```

MUL

MUL (multiply accumulator by register or memory; unsigned)
Vorzeichenlose Multiplikation des Akkumulators mit einem Speicheroperand oder Register

führt eine Multiplikation mit folgenden Operandenkombinationen aus :

	Multiplikand	*	Multiplikator	-->	Produkt
a)	8 Bit AL		8 Bit Operand		16 Bit AX
b)	16 Bit AX		16 Bit Operand		32 Bit DX:AX

CF und OF werden gesetzt, wenn der HIGH-Teil des Ergebnisses nicht 0 ist.

Operation:

```
        (Produkt)  <--  (Multiplikand) * (Multiplikator)
        if HIGH-Teil = 0 then
            (CF) <-- 0
            (OF) <-- 0
        else (CF) <-- 1
            (OF) <-- 1
endif
```

Maschinencode: | 1111 011w | mod 100 r/m | adr-low | adr-high |

w = 0 für Multiplikand = AL
Multiplikator = 8Bit-Register oder 8Bit-Speicheroperand
Produkt = AX
w = 1 für Multiplikand = AX
Multiplikator = 16Bit-Register oder 16Bit-Speicheroperand
Produkt = DX + AX

MUL

Zeit: 8Bit 70 bis 83 + EA Takte
16Bit 118 bis 139 + EA Takte

Flags:	O	D	I	T	S	Z	A	P	C
	X	-	-	-	U	U	U	U	X

Beispiele:

a) **Multiplikation von Byte mit Byte**

```
A0 0000 R       MOV  AL,BYTE_VAR
F6 A4 0005 R    MUL  BYTE_TAB[SI]        ;Ergebnis in AX
A0 0000 R       MOV  AL,BYTE_VAR
F6 E3           MUL  BL           ;Ergebnis in AX
```

b1) **Multiplikation von Byte mit Wort**

```
A0 0000 R       MOV  AL,BYTE_VAR
B4 00           MOV  AH,0         ;Erweiterung von AL nach AH
F7 26 0001 R    MUL  WORT_VAR
                ;Ergebnis HIGH-Teil in DX, LOW-Teil in AX

A0 0000 R       MOV  AL,BYTE_VAR
B4 00           MOV  AH,0         ;Erweiterung von AL nach AH
F7 E7           MUL  DI
                ;Ergebnis HIGH-Teil in DX, LOW-Teil in AX
```

b2) **Multiplikation von Wort mit Wort**

```
A1 0001 R       MOV  AX,WORT_VAR
F7 25           MUL  WORD PTR [DI]
                ;Ergebnis HIGH-Teil in DX, LOW-Teil in AX

A1 0001 R       MOV  AX,WORT_VAR
F7 E3           MUL  BX
                ;Ergebnis HIGH-Teil in DX, LOW-Teil in AX
```

NEG

NEG **(negate or form 2's complement)**
Negieren bzw. Bilden des 2er-Komplements

bildet vom Operanden das 2er-Komplement, d.h. das Vorzeichen eines Integerwertes wird umgedreht. Ist der Operand 0, so wird sein Vorzeichen nicht geändert.

Operation:

Der Operand wird von High-Value (0FFH bei Bytegröße, 0FFFFH bei Wortgröße) abgezogen. Dann wird noch 1 dazuaddiert. Das Ergebnis wird wieder im Operanden abgelegt.

```
(EA) <-- HIGHVALUE - (EA)
(EA) <-- (EA) + 1
```

Der Operand ist ein Register

Maschinencode:

1111 011w	11 011 reg

w = 0 für 8Bit
w = 1 für 16Bit

Zeit: 3 Takte

Der Operand ist Speicheroperand

Maschinencode:

1111 011w	mod 011 r/m	adr-low	adr-high

w = 0 für 8Bit
w = 1 für 16Bit

Zeit: 16 + EA Takte

NEG

Flags:

O	D	I	T	S	Z	A	P	C
X	-	-	-	X	X	X	X	1*

* ausgenommen, wenn der Operand 0 ist; dann gilt CF = 0

Beispiele:

```
                        ;          AL
MOV  AL, 14             ;  +14    0000 1110

NEG  AL                 ;   -1    1111 1111
                        ;  -14    0000 1110
                        ;  ------------------
                        ;= -15    1111 0001
                        ;   +1    0000 0001
                        ;  ------------------
                        ;= -14    1111 0010
                        ;  ==================



MOV  AL,0AFH            ;   0AFH 1010 1111

NEG  AL                 ;    -1H 1111 1111
                        ;  -0AFH 1010 1111
                        ;  ------------------
                        ;=   50H 0101 0000
                        ;   + 1H 0000 0001
                        ;  ------------------
                        ;= 51H   0101 0001
                        ;  ==================
```

NOP

NOP **(no operation)**
Keine Operation

bewirkt keine Operation. NOP ist ein 1Byte-Maschinenbefehl, der vom Assembler verwendet wird, um bestimmte unbenutzte Befehlsbytes aufzufüllen.

Operation: Keine.

Maschinencode: | 1001 0000 |

Zeit: 3 Takte

Flags:

O	D	I	T	S	Z	A	P	C
-	-	-	-	-	-	-	-	-

Beispiele:

```
          .
MARKE:   NOP
         MAKROAUFRUF
          .
          .
          NOP      ;hier wurde Platz gelassen, um
          NOP      ;evtl. im Maschinencode etwas
          NOP      ;einzufügen (zu patchen).
          NOP
```

NOT

NOT **(not or form 1's complement)**
Logisches Nicht oder Bilden des 1er-Komplements

bildet von einem Operanden die logische Negation (das 1er-Komplement).

Operation:

Der Operand wird von High-Value (0FFH bei Bytegröße, 0FFFFH bei Wortgröße) abgezogen. Das Ergebnis wird wieder im Operanden abgelegt.

```
(EA) <-- HIGHVALUE - (EA)
```

Der Operand ist ein Register

Maschinencode:

1111 011w	11 010 reg

w = 0 für 8Bit
w = 1 für 16Bit

Zeit: 3 Takte

Der Operand ist Speicheroperand

Maschinencode:

1111 011w	mod 010 r/m	adr-low	adr-high

w = 0 für 8Bit
w = 1 für 16Bit

Zeit: 16 + EA Takte

Flags:

O	D	I	T	S	Z	A	P	C
-	-	-	-	-	-	-	-	-

Beispiele:

```
                      ;         AL
MOV  AL, 14           ;  +14    0000 1110

NOT  AL               ;   -1    1111 1111
                      ;-  14    0000 1110
                      ;= -15    1111 0001

MOV  AL,0AFH          ;   0AFH 1010 1111

NOT  AL               ;    -1H 1111 1111
                      ;-  0AFH 1010 1111
                      ;=   50H 0101 0000
```

OR

OR **(or inclusive)**
Logisches ODER

verknüpft nach den Regeln des logischen ODER die beiden Operanden und legt das Ergebnis im linken Operanden ab.

Die Regeln des logischen ODER:

a	b	a ODER b
0	0	0
0	1	1
1	0	1
1	1	1

Operation:

Die beiden Operanden werden bitweise nach den Regeln des logischen ODER verknüpft. Das Ergebnis wird im linken Operanden abgelegt. CF und OF werden gelöscht.

```
(LIOP) <-- (LIOP) or (REOP)
(CF) <-- 0
(OF) <-- 0
```

Flags:

O	D	I	T	S	Z	A	P	C
0	-	-	-	X	X	U	X	0

Register ODER Register

Maschinencode:

0000 101w	11 reg reg

w = 0 für 8Bit
w = 1 für 16Bit

Zeit: 3 Takte

Beispiele:

```
0B C6          OR  AX,SI
0B FB          OR  DI,BX
0A EB          OR  CH,BL
```

Register ODER Speicheroperand

Maschinencode:

0000 101w	mod reg r/m	adr-low	adr-high

w = 0 für 8Bit
w = 1 für 16Bit

Zeit: 9 + EA Takte

Beispiele:

```
0B 16 0001 R   OR  DX,WORT_VAR
0B 84 0069 R   OR  AX,WORT_TAB[SI]
0B 39          OR  DI,[BX+DI]
0A 44 05       OR  AL,[SI+5]
```

OR

Speicheroperand ODER Register

Maschinencode:

0000 100w	mod reg r/m	adr-low	adr-high

w = 0 für 8Bit
w = 1 für 16Bit

Zeit: 16 + EA Takte

Beispiele:

```
09 06 0001 R      OR   WORT_VAR,AX
09 94 0069 R      OR   WORT_TAB[SI],DX
09 7F 10          OR   [BX+10H],DI
08 1E 0000 R      OR   BYTE_VAR,BL
```

Akkumulator ODER Direktwert

Maschinencode:

0000 110w	data-low	data-high

w = 0 für LIOP = AL
REOP = daten (8 Bit)
w = 1 für LIOP = AX
REOP = daten (16 Bit)

Zeit: 4 Takte

Beispiele:

```
0C 03             OR   AL,3
0D 1234           OR   AX,1234H
0D 0005           OR   AX,EQUATE_WERT
0C BC             OR   AL,0BCH
```

OR

Register ODER Direktwert

Maschinencode:

1000 000w	11 001 reg	data-low	data-high

w = 0 für 8Bit
w = 1 für 16Bit

Zeit: 4 Takte

Beispiele:

```
80 CB 9E          OR  BL,10011110B
81 CB 00FF        OR  BX,0FFH
80 C9 05          OR  CL,EQUATE_WERT
81 CF 0F0F        OR  DI,0F0FH
```

Speicheroperand ODER Direktwert

Maschinencode:

1000000w	mod001r/m	adr-low	adr-high	data-low	data-high

w = 0 für 8Bit
w = 1 für 16Bit

Zeit: 17 + EA Takte

Beispiele:

```
80 0E 0000 R 0F          OR  BYTE_VAR,00001111B
80 0F 0F                 OR  BYTE PTR [BX],0FH
81 8C 006E R 0005        OR  WORT_TAB[SI+5],EQUATE_WERT
80 0C 05                 OR  [SI],EQUATE_WERT
 E r r o r   ---35:Operand must have size
```

OUT

OUT **(output byte and output word)**
Ausgabe eines Byte bzw. eines Wortes

überträgt ein Byte bzw. Wort von AL bzw. AX zu einem Output-Port. Der Port kann durch einen Direktwert spezifiziert werden, wenn die Portadresse zwischen 0 und 255 liegt. Ist die Adresse größer als 255, muß sie vorher in das DX-Register geladen werden. Dadurch ist es möglich, einen Portadreßbereich von 64K zu erreichen.

Operation:

Der Inhalt des Akkumulators wird an einen Output-Port übertragen.

```
PORT <-- (REOP)
```

Flags:	O	D	I	T	S	Z	A	P	C
	-	-	-	-	-	-	-	-	-

Portadresse ist ein Direktwert zwischen 0 und 255

Maschinencode:

1110 011w	portadresse

w = 0 für AL
w = 1 für AX

Zeit: 10 Takte

Beispiele:

```
                   PORT_ADR  EQU  OEOH
E6 19              OUT  25,AL
E7 E0              OUT  PORT_ADR,AX
```

OUT

Portadresse steht in DX

Maschinencode: | 1110 111w |

w = 0 für AL
w = 1 für AX

Zeit: 8 Takte

Beispiele:

```
BA EA88         MOV  DX,0EA88H
EE              OUT  DX,AL
                ;
                PORT_ADR1  EQU  0F800H
BA F800         MOV  DX,PORT_ADR1
EF              OUT  DX,AX
```

POP

POP **(pop word off stack into destination)**
Übertragen eines Stackwortes in einen Operanden

überträgt ein Wort von der Spitze des Stapels, adressiert durch SP, in den Operanden.

Operation:

Ein Wort wird von der Spitze des Stapels, adressiert durch SP, in den Operanden übertragen. Danach wird SP um 2 inkrementiert.

```
(BEST) <-- ((SP) + 1:(SP))
(SP) <-- (SP) + 2
```

Flags:

O	D	I	T	S	Z	A	P	C
-	-	-	-	-	-	-	-	-

Der Operand ist ein Register

Maschinencode: 0101 1reg

Zeit: 8 Takte

Beispiele:

```
5B      POP  BX
59      POP  CX
58      POP  AX
5D      POP  BP
```

POP

Der Operand ist ein Segmentregister

Maschinencode: | 000sreg111 |

reg <> 01 CS-Register nicht erlaubt !

Zeit: 8 Takte

Beispiele:

```
1F              POP  DS
07              POP  ES
17              POP  SS
```

Der Operand ist ein Speicheroperand

Maschinencode: | 1000 1111 | mod000r/m | adr-low | adr-high |

Zeit: 17 + EA Takte

Beispiele:

```
8F 06 0001 R    POP  WORT_VAR
8F 84 006B R    POP  WORT_TAB[SI+2]
8F 07           POP  WORD PTR [BX]
8F 07           POP  [BX] ;zulässig
```

POPF

POPF **(pop flags off stack)**
Übertragen eines Stackwortes in das Flagregister

überträgt bestimmte Bits von dem Wort an der Spitze des Stapels, adressiert durch SP, in die Flags.

Operation:

Bestimmte Bits werden von der Spitze des Stapels, adressiert durch SP, in die Flags übertragen. Danach wird SP um 2 inkrementiert.

```
(OF) <-- Bit 11
(DF) <-- Bit 10
(IF) <-- Bit  9
(TF) <-- Bit  8
(SF) <-- Bit  7
(ZF) <-- Bit  6
(AF) <-- Bit  4
(PF) <-- Bit  2
(CF) <-- Bit  0
(SP) <-- (SP) + 2
```

Maschinencode: 1001 1101

Zeit: 8 Takte

Flags:

O	D	I	T	S	Z	A	P	C
X	X	X	X	X	X	X	X	X

Beispiele:

```
PUSHF
CLI  ;sperren
 .
POPF ;alten Flagzustand wieder herstellen
```

PUSH

PUSH **(push word onto stack)**
Übertragen eines Wortes in den Stack

überträgt einen Wort-Operanden auf die Spitze des Stapels, adressiert durch SP.

Operation:

SP wird um 2 dekrementiert. Danach wird der Wort-Operand auf die Spitze des Stapels, adressiert durch SP, übertragen.

(SP) <-- (SP) - 2
((SP) + 1:(SP)) <-- (Operand)

Flags:	O	D	I	T	S	Z	A	P	C
	-	-	-	-	-	-	-	-	-

Der Operand ist ein Register

Maschinencode: 0101 0 reg

Zeit: 11 Takte

Beispiele:

```
53      PUSH  BX
51      PUSH  CX
50      PUSH  AX
55      PUSH  BP
```

PUSH

Der Operand ist ein Segmentregister

Maschinencode: | 000 reg 110 |

CS-Register ist erlaubt !

Zeit: 10 Takte

Beispiele:

```
1E            PUSH  DS
06            PUSH  ES
16            PUSH  SS
0E            PUSH  CS        ;ZULÄSSIG
```

Der Operand ist ein Speicheroperand

Maschinencode: | 1111 1111 | mod110adr | adr-low | adr-high |

Zeit: 16 + EA Takte

Beispiele:

```
FF 36 0001 R     PUSH  WORT_VAR
FF B4 006B R     PUSH  WORT_TAB[SI+2]
FF 37            PUSH  WORD PTR [BX]
FF 37            PUSH  [BX]
```

PUSHF

PUSHF **(push flags onto stack)**
Übertragen des Flagregisters in den Stack

überträgt das Flagregister an die Spitze des Stapels, adressiert durch SP.

Operation:

SP wird um 2 dekrementiert. Danach werden die Flags an die Spitze des Stapels, adressiert durch SP, übertragen.

```
(SP) <-- (SP) - 2
((SP)+1:(SP)) <-- (x:x:x:x:OF:DF:IF:TF:SF:ZF:x:AF:x:PF:x:CF)
```

Maschinencode: 1001 1100

Zeit: 10 Takte

Flags:

O	D	I	T	S	Z	A	P	C
-	-	-	-	-	-	-	-	-

Beispiele:

```
PUSHF
POP  AX
OR   AH, 01H ;SETZEN DES TRAP-FLAGS
PUSH AX
POPF
;
PUSHF
POP  AX
AND  AH,OFEH ;RÜCKSETZEN DES TRAP-FLAGS
PUSH AX
POPF
```

RCL

RCL **(rotate left through carry)**
Rotieren nach links über das Carry-Flag

rotiert den Operanden bitweise nach links unter Einbeziehung des Carry-Flags.

Operation:

Der Operand (der linke) wird nummermal bitweise nach links unter Einbeziehung des Carry-Flags rotiert. Diese Nummer kann direkt nach dem Operanden stehen, wenn sie 1 ist. Ansonsten muß vorher CL mit dieser Nummer geladen werden. Die Rotation wird so lange durchgeführt, bis die Anzahl der Rotationen gleich der Nummer ist. Das Carry-Flag wird mit einbezogen und wird nach Bit 0 des Operanden übertragen. Das höchstwertige Bit des Operanden wird in das Carry-Flag übertragen.

Rotierbefehle verändern nur das Carry-Flag und das Overflow-Flag. CF enthält stets das letzte Bit, das aus dem Operanden 'hinausrotiert' wurde. OF ist bei Multibitrotationen immer undefiniert. Bei Rotationen um 1 Bit wird OF gesetzt, falls sich das Vorzeichen durch das Rotieren ändert, andernfalls wird OF gelöscht.

```
(ZÄHLER) <-- NUMMER
do while (ZÄHLER) <> 0
      (HILFBIT) <-- (CF)
      (CF) <-- höchstwertiges BIT von (OPERAND)
      (OPERAND) <-- (OPERAND) * 2 + (HILFBIT)
      (ZÄHLER) <-- (ZÄHLER) - 1
enddo
if NUMMER = 1  then
   if höchstwertiges BIT von (OPERAND) <> (CF)
      then    (OF) <-- 1
      else    (OF) <-- 0
   endif
endif
```

RCL

Flags: O D I T S Z A P C
X - - - - - - - X

Rotieren eines Registers um 1 Bit

Maschinencode: | 1101 000w | 11010 reg |

w = 0 für 8Bit
w = 1 für 16Bit

Zeit: 2 Takte

Beispiele:

```
D0 D4        RCL  AH,1
D0 D3        RCL  BL,1
D1 D1        RCL  CX,1
D1 D6        RCL  SI,1
```

Rotieren eines Registers um mehr als 1 Bit

Maschinencode: | 1101 001w | 11010 reg |

w = 0 für 8Bit
w = 1 für 16Bit

Zeit: 8 + 4 Takte pro Bit

Beispiele:

```
B1 04        MOV  CL,4
D2 D4        RCL  AH,CL
D3 D3        RCL  BX,CL
D3 D6        RCL  SI,CL
```

RCL

Rotieren eines Speicheroperanden um 1 Bit

Maschinencode: | 1101 000w | mod010r/m | adr-low | adr-high |

w = 0 für 8Bit
w = 1 für 16Bit

Zeit: 15 + EA Takte

Beispiele:

```
D0 16 0000 R     RCL  BYTE_VAR,1
D1 90 0069 R     RCL  WORT_TAB [BX+SI],1
D1 15            RCL  WORD PTR [DI],1
D0 17            RCL  [BX],1
 E r r o r   ---35:Operand must have size
```

Rotieren eines Speicheroperanden um mehr als 1 Bit

Maschinencode: | 1101 001w | mod010r/m | adr-low | adr-high |

w = 0 für 8Bit
w = 1 für 16Bit

Zeit: 20 + EA + 4 Takte pro Bit

Beispiele:

```
B1 06            MOV  CL,6
D2 16 0000 R     RCL  BYTE_VAR,CL
D3 14            RCL  WORD PTR [SI],CL
D2 14            RCL  [SI],CL
 E r r o r   ---35:Operand must have size
```

RCR (rotate right through carry)
Rotieren nach rechts über das Carry-Flag

rotiert den Operanden bitweise nach rechts unter Einbeziehung des Carry-Flags.

Operation:

Der (linke) Operand wird nummermal bitweise nach rechts unter Einbeziehung des Carry-Flags rotiert. Diese Nummer kann direkt nach dem Operanden stehen, wenn sie 1 ist. Ansonsten muß vorher CL mit dieser Nummer geladen werden. Die Rotation wird so lange durchgeführt, bis die Anzahl der Rotationen gleich der Nummer ist. Das Carry-Flag wird mit einbezogen und wird nach dem höchstwertigen Bit des Operanden übertragen. Das Bit 0 des Operanden wird in das Carry-Flag übertragen. Rotierbefehle verändern nur das Carry-Flag und das Overflow-Flag. CF enthält stets das letzte Bit, das aus dem Operanden 'hinausrotiert' wurde. OF ist bei Multibitrotationen immer undefiniert. Bei Rotationen um 1 Bit wird OF gesetzt, falls sich das Vorzeichen durch das Rotieren ändert, andernfalls wird OF gelöscht.

```
(ZÄHLER) <-- NUMMER
do while (ZÄHLER) <> 0
     (HILFBIT) <-- (CF)
     (CF) <-- BIT 0  von (OPERAND)
     (OPERAND) <-- (OPERAND) / 2
     höchstwertiges BIT von (OPERAND) <-- (HILFBIT)
     (ZÄHLER) <-- (ZÄHLER) - 1
enddo
if NUMMER = 1  then
     if höchstwertiges BIT von (OPERAND) <>
     zweithöchstes BIT von (OPERAND)
       then     (OF) <-- 1
       else     (OF) <-- 0
     endif
endif
```

RCR

Flags:

O	D	I	T	S	Z	A	P	C
X	-	-	-	-	-	-	-	X

Rotieren eines Registers um 1 Bit

Maschinencode: | 1101 000w | 11011 reg |

w = 0 für 8Bit
w = 1 für 16Bit

Zeit: 2 Takte

Beispiele:

```
D0 DC          RCR  AH,1
D0 DB          RCR  BL,1
D1 D9          RCR  CX,1
D1 DE          RCR  SI,1
```

Rotieren eines Registers um mehr als 1 Bit

Maschinencode: | 1101 001w | 11011 reg |

w = 0 für 8Bit
w = 1 für 16Bit

Zeit: 8 + 4 Takte pro Bit

Beispiele:

```
B1 04          MOV  CL,4
D2 DC          RCR  AH,CL
D3 DB          RCR  BX,CL
D3 DE          RCR  SI,CL
```

RCR

Rotieren eines Speicheroperanden um 1 Bit

Maschinencode: | 1101 000w | mod011r/m | adr-low | adr-high |

w = 0 für 8Bit
w = 1 für 16Bit

Zeit: 15 + EA Takte

Beispiele:

```
D0 1E 0000 R      RCR  BYTE_VAR,1
D1 98 0069 R      RCR  WORT_TAB [BX+SI],1
D1 1D             RCR  WORD PTR [DI],1
D0 1F             RCR  [BX],1
 E r r o r   ---35:Operand must have size
```

Rotieren eines Speicheroperanden um mehr als 1 Bit

Maschinencode: | 1101 001w | mod011r/m | adr-low | adr-high |

w = 0 für 8Bit
w = 1 für 16Bit

Zeit: 20 + EA + 4 Takte pro Bit

Beispiele:

```
B1 06             MOV  CL,6
D2 1E 0000 R      RCR  BYTE_VAR,CL
D2 99 0005 R      RCR  BYTE_TAB [BX+DI],CL
D3 1C             RCR  WORD PTR [SI],CL
```

REP

REP **(repeat string operation)**
Wiederholen der einfachen Stringoperation

ist ein Präfix vor einem einfachen Stringbefehl und bewirkt, daß der einfache Stringbefehl in einer sog. Hardwareschleife mit CX als Schleifenzähler ausgeführt wird. Hardwareschleife bedeutet im Unterschied zu einer Softwareschleife (LOOP), daß der Maschinenbefehl nur einmal gefetcht werden muß. Die ganze Schleife besteht somit aus einem Stringbefehl und einem Wiederholungspräfix.

Es gibt zwei sinnvolle REP-Kombinationen:

REP MOVS (repeat move string) überträgt den Inhalt eines Quellstrings byte-/wortweise nach einem Zielstring, beginnend von links oder beginnend von rechts.

REP STOS (repeat store string) bringt den Inhalt von AL oder von AX byte-/wortweise in einen Zielstring und zwar CXmal, beginnend von links oder beginnend von rechts (z.B. zum Vorbelegen eines Strings mit einem Zeichen).

REP LODS (repeat load string)

REP SCAS (repeat scan string)

REP CMPS (repeat compare string) sind zwar möglich, aber von der Logik her nicht sinnvoll.

REP kann mit anderen Präfixen grundsätzlich kombiniert werden. Es muß jedoch zu diesem Zeitpunkt gewährleistet sein, daß kein Interrupt stattfindet, da die Verarbeitung nach der Rückkehr aus der Interruptroutine beim ersten Präfix wiederaufgenommen wird.

REP

Operation:

Der einfache Stringbefehl wird in einer Hardwareschleife mit CX als Schleifenzähler ausgeführt. Vor jeder Ausführung der Schleife wird CX abgefragt. Der einfache Stringbefehl innerhalb der Schleife wird nur ausgeführt, wenn CX ungleich 0 ist. Nach jeder Ausführung des Stringbefehls wird CX um 1 dekrementiert und an den Anfang der Schleife verzweigt. Ist CX gleich 0, wird die Programmverarbeitung mit dem nächsten Befehl nach der Schleife fortgesetzt.

```
do  while  (CX) <> 0
    ; hier kann Interruptunterbrechung erfolgen
    AUSFÜHRUNG DES EINFACHEN STRINGBEFEHLS
    (CX) <-- (CX) - 1
enddo
```

Maschinencode: | 1111 001x |

x = beliebig

Zeit: 2 Takte

Flags:

O	D	I	T	S	Z	A	P	C
-	-	-	-	-	-	-	-	-

Beispiele:

```
B0 20          MOV  AL,' '
BF 0000 R      MOV  DI,OFFSET B_STR2
B9 0050        MOV  CX,LENGTH B_STR2
F3/ AA         REP STOSB
               ;
BE 047B R      MOV  SI,OFFSET W_STR1
BF 0050 R      MOV  DI,OFFSET W_STR2
B9 0084        MOV  CX,LENGTH W_STR1
F3/ A5         REP MOVSW
```

REPE

REPE **(repeat string operation if equal)**
Wiederholen der einfachen Stringoperation, solange gleich

ist gleich mit REPZ (repeat string operation if zero) und ist ein Präfix vor den einfachen Stringbefehlen SCAS und CMPS. Die Schleife wird zusätzlich zu CX = 0 verlassen, wenn Ungleichheit erkannt wird.

REPE SCAS (repeat if equal scan string) vergleicht den Inhalt von AL bzw. AX so lange byte-/wortweise mit dem Inhalt des Zielstrings (beginnend von rechts oder von links), solange CX <> 0 UND das Zero-Flag = 1 sind (also solange Gleichheit erkannt wird).

REPE CMPS (repeat if equal compare string) vergleicht den Inhalt des Quellstrings so lange byte-/wortweise mit dem Inhalt des Zielstrings (beginnend von rechts oder von links), solange CX <> 0 UND das Zero-Flag = 1 sind (also solange Gleichheit erkannt wird).

Operation:

Der einfache Stringbefehl wird in einer Hardwareschleife mit CX als Schleifenzähler ausgeführt. Vor jeder Ausführung der Schleife wird CX abgefragt. Ist CX gleich 0, wird die Programmverarbeitung mit dem nächsten Befehl nach der Schleife fortgesetzt. Der einfache Stringbefehl innerhalb der Schleife wird nur ausgeführt, wenn CX ungleich 0 ist. Nach jeder Ausführung des einfachen Stringbefehls wird CX um 1 dekrementiert. Wenn ZF=1 ist, wird an den Anfang der Schleife verzweigt, ansonsten wird die Programmverarbeitung mit dem nächsten Befehl nach der Schleife fortgesetzt.

REPE

```
do  while  (CX) <> 0
     ; hier kann Interruptunterbrechung erfolgen
     AUSFÜHRUNG DES EINFACHEN STRINGBEFEHLS
     (CX) <-- (CX) - 1
     break if (ZF) = 0
enddo
```

Maschinencode: 1111 0011

Zeit: 2 Takte

Flags:

O	D	I	T	S	Z	A	P	C
-	-	-	-	-	-	-	-	-

Beispiele:

```
FC              CLD
B9 0050         MOV  CX,LENGTH B_STR1
BE 042B R       MOV  SI,OFFSET B_STR1
BF 0000 R       MOV  DI,OFFSET B_STR2
F3/ A6          REPE CMPSB
75 0E           JNE  UNGLEICH

FC              CLD
B9 0084         MOV  CX,LENGTH W_STR2
B8 0000         MOV  AX,0
BF 0050 R       MOV  DI,OFFSET W_STR2
F3/ AF          REPE SCASW
75 1F           JNE  UNGLEICH
```

REPNE

REPNE **(repeat string operation if not equal) Wiederholen der einfachen Stringoperation solange ungleich**

ist gleich mit REPNZ (repeat string operation if not zero) und ist ein Präfix vor den einfachen Stringbefehlen SCAS und CMPS. Die Schleife wird zusätzlich zu CX = 0 verlassen, wenn Gleichheit erkannt wird.

REPNE SCAS (repeat if not equal scan string) vergleicht den Inhalt von AL bzw. AX so lange byte-/wortweise mit dem Inhalt des Zielstrings (beginnend von rechts oder von links), solange CX <> 0 UND das Zero-Flag = 0 sind (also solange Ungleichheit erkannt wird).

REPNE CMPS (repeat if not equal compare string) vergleicht den Inhalt vom Quellstring so lange byte-/wortweise mit dem Inhalt des Zielstrings (beginnend von rechts oder von links), solange CX <> 0 UND das Zero-Flag = 0 sind (also solange Ungleichheit erkannt wird).

Operation:

Der einfache Stringbefehl wird in einer Hardwareschleife mit CX als Schleifenzähler ausgeführt. Vor jeder Ausführung der Schleife wird CX abgefragt. Ist CX gleich 0, wird die Programmverarbeitung mit dem nächsten Befehl nach der Schleife fortgesetzt. Der einfache Stringbefehl innerhalb der Schleife wird nur ausgeführt, wenn CX ungleich 0 ist. Nach jeder Ausführung des einfachen Stringbefehls wird CX um 1 dekrementiert. Wenn ZF=0 ist, wird an den Anfang der Schleife verzweigt, ansonsten wird die Programmverarbeitung mit dem nächsten Befehl nach der Schleife fortgesetzt.

```
do  while  (CX) <> 0
     ; hier kann Interruptunterbrechung erfolgen
     AUSFÜHRUNG DES EINFACHEN STRINGBEFEHLS
     (CX) <-- (CX) - 1
     break if (ZF) = 1
enddo
```

Maschinencode: 1111 0010

Zeit: 2 Takte

Flags:

O	D	I	T	S	Z	A	P	C
-	-	-	-	-	-	-	-	-

Beispiele:

```
FC              CLD
B9 0050         MOV  CX,LENGTH B_STR1
BE 042B R       MOV  SI,OFFSET B_STR1
BF 0000 R       MOV  DI,OFFSET B_STR2
F2/ A6          REPNE CMPSB
E3 0F           JCXZ  TOTAL_VERSCHIEDEN

FC              CLD
B9 0084         MOV  CX,LENGTH W_STR2
B8 0000         MOV  AX,0
BF 0050 R       MOV  DI,OFFSET W_STR2
F2/ AF          REPNE SCASW
74 1E           JE  GEFUNDEN
```

REPNZ

REPNZ **(repeat string operation if not zero)**
Wiederholen der einfachen Stringoperation solange nicht 0

ist gleich mit REPNE (repeat string operation if not equal) und ist ein Präfix vor den einfachen Stringbefehlen SCAS und CMPS. Die Schleife wird zusätzlich zu CX = 0 verlassen, wenn Gleichheit erkannt wird.

REPNZ SCAS (repeat if not zero scan string) vergleicht den Inhalt von AL bzw. AX so lange byte-/wortweise mit dem Inhalt des Zielstrings (beginnend von rechts oder von links), solange CX <> 0 UND das Zero-Flag = 0 sind (also solange Ungleichheit erkannt wird).

REPNZ CMPS (repeat if not zero compare string) vergleicht den Inhalt vom Quellstring so lange byte-/wortweise mit dem Inhalt des Zielstrings (beginnend von rechts oder von links), solange CX <> 0 UND das Zero-Flag = 0 sind (also solange Ungleichheit erkannt wird).

Operation:

Der einfache Stringbefehl wird in einer Hardwareschleife mit CX als Schleifenzähler ausgeführt. Vor jeder Ausführung der Schleife wird CX abgefragt. Ist CX gleich 0, wird die Programmverarbeitung mit dem nächsten Befehl nach der Schleife fortgesetzt. Der einfache Stringbefehl innerhalb der Schleife wird nur ausgeführt, wenn CX ungleich 0 ist. Nach jeder Ausführung des einfachen Stringbefehls wird CX um 1 dekrementiert. Wenn ZF=0 ist, wird an den Anfang der Schleife verzweigt, ansonsten wird die Programmverarbeitung mit dem nächsten Befehl nach der Schleife fortgesetzt.

REPNZ

```
do  while  (CX) <> 0
     ; hier kann Interruptunterbrechung erfolgen
     AUSFÜHRUNG DES EINFACHEN STRINGBEFEHLS
     (CX) <-- (CX) - 1
     break if (ZF) = 1
enddo
```

Maschinencode: 1111 0010

Zeit: 2 Takte

Flags:

O	D	I	T	S	Z	A	P	C
-	-	-	-	-	-	-	-	-

Beispiele:

```
FC              CLD
B9 0050         MOV  CX,LENGTH B_STR1
BE 042B R       MOV  SI,OFFSET B_STR1
BF 0000 R       MOV  DI,OFFSET B_STR2
F2/ A6          REPNZ CMPSB
E3 0F           JCXZ  TOTAL_VERSCHIEDEN

FC              CLD
B9 0084         MOV  CX,LENGTH W_STR2
B8 0000         MOV  AX,0
BF 0050 R       MOV  DI,OFFSET W_STR2
F2/ AF          REPNZ  SCASW
74 1E           JZ  GEFUNDEN
```

REPZ

REPZ **(repeat string operation if zero)**
Wiederholen der einfachen Stringoperation solange 0

ist gleich mit REPE (repeat string operation if equal) und ist ein Präfix vor den einfachen Stringbefehlen SCAS und CMPS. Die Schleife wird zusätzlich zu CX = 0 verlassen, wenn Ungleichheit erkannt wird.

REPZ SCAS (repeat if zero scan string) vergleicht den Inhalt von AL bzw. AX so lange byte-/wortweise mit dem Inhalt des Zielstrings (beginnend von rechts oder von links), solange CX <> 0 UND das Zero-Flag = 1 sind (also solange Gleichheit erkannt wird).

REPZ CMPS (repeat if zero compare string) vergleicht den Inhalt des Quellstrings so lange byte-/wortweise mit dem Inhalt des Zielstrings (beginnend von rechts oder von links), solange CX <> 0 UND das Zero-Flag = 1 sind (also solange Gleichheit erkannt wird).

Operation:

Der einfache Stringbefehl wird in einer Hardwareschleife mit CX als Schleifenzähler ausgeführt. Vor jeder Ausführung der Schleife wird CX abgefragt. Ist CX gleich 0, wird die Programmverarbeitung mit dem nächsten Befehl nach der Schleife fortgesetzt. Der einfache Stringbefehl innerhalb der Schleife wird nur ausgeführt, wenn CX ungleich 0 ist. Nach jeder Ausführung des einfachen Stringbefehls wird CX um 1 dekrementiert. Wenn ZF=1 ist, wird an den Anfang der Schleife verzweigt, ansonsten wird die Programmverarbeitung mit dem nächsten Befehl nach der Schleife fortgesetzt.

REPZ

```
do  while  (CX) <> 0
     ; hier kann Interruptunterbrechung erfolgen
     AUSFÜHRUNG DES EINFACHEN STRINGBEFEHLS
     (CX) <-- (CX) - 1
     break if (ZF) = 0
enddo
```

Maschinencode: 1111 0011

Zeit: 2 Takte

Flags:

O	D	I	T	S	Z	A	P	C
-	-	-	-	-	-	-	-	-

Beispiele:

```
FC              CLD
B9 0050         MOV  CX,LENGTH B_STR1
BE 042B R       MOV  SI,OFFSET B_STR1
BF 0000 R       MOV  DI,OFFSET B_STR2
F3/ A6          REPZ CMPSB
75 0E           JNZ  UNGLEICH

FC              CLD
B9 0084         MOV  CX,LENGTH W_STR2
B8 0000         MOV  AX,0
BF 0050 R       MOV  DI,OFFSET W_STR2
F3/ AF          REPZ SCASW
75 1F           JNZ  UNGLEICH
```

RET

RET **(Return from procedure)**
Rücksprung aus einer Prozedur

bewirkt den Rücksprung aus einem Unterprogramm in das aufrufende Programm. Wenn einem Unterprogramm Parameter (Werte bzw. Variablenadressen) im Stack übergeben wurden, so ist es mit Hilfe eines Direktwertes bei RET möglich, diesen Stackspeicherplatz beim Rücksprung ins aufrufende Programm wieder 'freizugeben'. Zu jedem CALL wird ein passendes RET benötigt. Bei indirekten CALLs muß sehr sorgfältig beachtet werden, daß der Typ des CALL-Befehls mit dem Typ des RET-Befehls übereinstimmt (Near oder Far). Zum Beispiel:

```
CALL WORD PTR [BX]
```

darf keine FAR-Prozedur aufrufen und

```
CALL  DWORD PTR [BX]
```

darf keine NEAR-Prozedur aufrufen. Siehe auch bei CALL.

Die Angabe des Typs NEAR oder FAR in der Prozedurdirektive hat vor allem die Funktion, dem Assembler mitzuteilen, welchen Typ des RET-Befehls er generieren soll.

Flags:	O	D	I	T	S	Z	A	P	C
	-	-	-	-	-	-	-	-	-

RET

Intrasegment-Rücksprung (NEAR-Return)

Operation:

Der IP wird mit dem Inhalt des Stackwortes, auf das der SP verweist, geladen. SP wird danach um 2 inkrementiert.

```
(IP) <-- ((SP) + 1:(SP))
(SP) <-- (SP) + 2
```

Maschinencode: 1100 0011

Zeit: 8 Takte

Beispiel:

```
0000                HP  SEGMENT
                    ASSUME CS:HP
0000  90            NOP
0001  90            NOP
0002  E8 0007 R     CALL  UP
0005  90            NOP
0006  90            NOP
0007                UP  PROC  NEAR
0007  90            NOP
0008  90            NOP
0009  C3            RET
000A                UP  ENDP
000A                HP  ENDS
                    END
```

RET

Intrasegment-Rücksprung mit zusätzlichem Direktwert

Operation:

Der IP wird mit dem Inhalt des Stackwortes, auf das der SP verweist, geladen. SP wird danach um 2 inkrementiert. Der Direktwert, der nach RET steht, wird zum SP addiert.

```
(IP) <-- ((SP) + 1:(SP))
(SP) <-- (SP) + 2
(SP) <-- (SP) + DIREKTWERT
```

Maschinencode:

1100 0010	data-low	data-high

Zeit: 12 Takte

Beispiele:

```
0000              HP  SEGMENT
                  ASSUME CS:HP
0000  90          NOP
0001  90          NOP
0002  B8 01F9 R   MOV  AX,OFFSET VARIABLE
0005  50          PUSH  AX
0006  E8 000B R   CALL  UP
0009  90          NOP
000A  90          NOP
000B              UP  PROC  NEAR
000B  90          NOP
000C  90          NOP
000D  C2 0002     RET 2           ;das Parameterwort im Stack
                                  ; wird wieder freigegeben
0010              UP  ENDP
0010              HP  ENDS
                  END
```

RET

Intersegment-Rücksprung (FAR-Return)

Operation:

Der IP wird mit dem Inhalt des Stackwortes, auf das der SP verweist, geladen. SP wird um 2 inkrementiert. Das CS-Register wird mit dem Inhalt des Stackwortes, auf das der SP verweist, geladen. SP wird um 2 inkrementiert.

```
(IP) <-- ((SP) + 1:(SP))
(SP) <-- (SP) + 2
(CS) <-- ((SP) + 1:(SP))
(SP) <-- (SP) + 2
```

Maschinencode: 1100 1011

Zeit: 18 Takte

Beispiele:

```
0000                   UP_ROUTINEN SEGMENT
                       ASSUME CS:UP_ROUTINEN
0000                   UP  PROC  FAR
                       .
0002  CB               RET
0003                   UP  ENDP
0003                   UP_ROUTINEN ENDS

0000                   HP  SEGMENT
                       ASSUME CS:HP,DS:DATEN
                       .
0001  9A 0000 ---- R   CALL  UP
                       .
0008                   HP  ENDS
                       END
```

RET

Intersegment-Rücksprung mit zusätzlichem Direktwert

Operation:

Der IP wird mit dem Inhalt des Stackwortes, auf das der SP verweist, geladen. SP wird um 2 inkrementiert. Das CS-Register wird mit dem Inhalt des Stackwortes, auf das der SP verweist, geladen. SP wird um 2 inkrementiert. Der Direktwert, der nach RET steht, wird zum SP addiert.

```
(IP) <-- ((SP) + 1:(SP))
(SP) <-- (SP) + 2
(CS) <-- ((SP) + 1:(SP))
(SP) <-- (SP) + 2
(SP) <-- (SP) + DIREKTWERT
```

Maschinencode:

1100 1010	data-low	data-high

Zeit: 17 Takte

Beispiel:

```
0000                    UP_ROUTINEN SEGMENT
                        ASSUME CS:UP_ROUTINEN
0000                    UP  PROC  FAR
                        .
0002 CA 0002            RET 2
0005                    UP  ENDP
0005                    UP_ROUTINEN ENDS

0000                    HP  SEGMENT
                        ASSUME CS:HP,DS:DATEN
                        .
0001  B8 01F9 R         MOV  AX,OFFSET VARIABLE
0004  50                PUSH  AX
0005  9A 0000 ---- R    CALL  UP
000C                    HP  ENDS
                        END
```

ROL

ROL **(Rotate left)**
Rotieren nach links

rotiert den (linken) Operanden bitweise nummermal nach links. Diese Nummer kann direkt nach dem Operanden stehen, wenn sie 1 ist. Ansonsten muß vorher CL mit dieser Nummer geladen werden. Die Rotation wird so lange durchgeführt, bis die Anzahl der Rotationen gleich der Nummer ist.

Operation:

Das höchstwertige Bit des Operanden wird in das Carry-Flag übertragen. Dessen alter Inhalt geht verloren. Die restlichen Bits werden um 1 nach links verschoben. Der Inhalt des Carry-Flags wird in das niederwertigste Bit übertragen. Dies wird nummermal wiederholt. Rotierbefehle verändern nur das Carry-Flag und das Overflow-Flag. CF enthält stets das letzte Bit, das aus dem Operanden 'hinausrotiert' wurde. OF ist bei Multibitrotationen immer undefiniert. Bei Rotationen um 1 Bit wird OF gesetzt, falls sich das Vorzeichen durch das Rotieren ändert, andernfalls wird OF gelöscht.

```
(ZÄHLER) <-- NUMMER
do while (ZÄHLER) <> 0
     (CF) <-- höchstwertiges BIT von (OPERAND)
     (OPERAND) <-- (OPERAND) * 2 + (CF)
     (ZÄHLER) <-- (ZÄHLER) - 1
enddo
if NUMMER = 1  then
     if höchstwertiges BIT von (OPERAND) <> (CF)
       then     (OF) <-- 1
       else     (OF) <-- 0
     endif
endif
```

ROL

Flags: O D I T S Z A P C
X - - - - - - - X

Rotieren eines Registers um 1 Bit

Maschinencode: | 1101 000w | 11000 reg |

w = 0 für 8Bit
w = 1 für 16Bit

Zeit: 2 Takte

Beispiele:

```
D0 C4          ROL  AH,1
D0 C3          ROL  BL,1
D1 C1          ROL  CX,1
D1 C6          ROL  SI,1
```

Rotieren eines Registers um mehr als 1 Bit

Maschinencode: | 1101 001w | 11000 reg |

w = 0 für 8Bit
w = 1 für 16Bit

Zeit: 8 + 4 Takte pro Bit

Beispiele:

```
B1 04          MOV  CL,4
D2 C4          ROL  AH,CL
D3 C3          ROL  BX,CL
D3 C6          ROL  SI,CL
```

ROL

Rotieren eines Speicheroperanden um 1 Bit

Maschinencode:

1101 000w	mod000r/m	adr-low	adr-high

w = 0 für 8Bit
w = 1 für 16Bit

Zeit: 15 + EA Takte

Beispiele:

```
D0 06 0000 R      ROL  BYTE_VAR,1
D1 80 0069 R      ROL  WORT_TAB [BX+SI],1
D1 05             ROL  WORD PTR [DI],1
D0 07             ROL  [BX],1
 E r r o r   ---35:Operand must have size
```

Rotieren eines Speicheroperanden um mehr als 1 Bit

Maschinencode:

1101 001w	mod000r/m	adr-low	adr-high

w = 0 für 8Bit
w = 1 für 16Bit

Zeit: 20 + EA + 4 Takte pro Bit

Beispiele:

```
B1 06             MOV  CL,6
D2 06 0000 R      ROL  BYTE_VAR,CL
D2 81 0005 R      ROL  BYTE_TAB [BX+DI],CL
D3 04             ROL  WORD PTR [SI],CL
```

ROR

ROR **(Rotate right)**
Rotieren nach rechts

rotiert den (linken) Operanden nummermal nach rechts. Diese Nummer kann direkt nach dem Operanden stehen, wenn sie 1 ist. Ansonsten muß vorher CL mit dieser Nummer geladen werden. Die Rotation wird so lange durchgeführt, bis die Anzahl der Rotationen gleich der Nummer ist.

Operation:

Das niederwertigste Bit des Operanden wird in das Carry-Flag übertragen. Dessen alter Inhalt geht verloren. Die restlichen Bits werden um 1 nach rechts verschoben. Der Inhalt des Carry-Flags wird in das höchstwertige Bit übertragen. Dies wird nummermal wiederholt. Rotierbefehle verändern nur das Carry-Flag und das Overflow-Flag. CF enthält stets das letzte Bit, das aus dem Operanden 'hinausrotiert' wurde. OF ist bei Multibitrotationen immer undefiniert. Bei Rotationen um 1 Bit wird OF gesetzt, falls sich das Vorzeichen durch das Rotieren ändert, andernfalls wird OF gelöscht.

```
(ZÄHLER) <-- NUMMER
do while (ZÄHLER) <> 0
       (CF) <-- BIT 0  von (OPERAND)
       (OPERAND) <-- (OPERAND) / 2
       höchstwertiges BIT von (OPERAND) <-- (CF)
       (ZÄHLER) <-- (ZÄHLER) - 1
enddo
if NUMMER = 1  then
       if höchstwertiges BIT von (OPERAND) <>
       benachbartes  BIT von (OPERAND)
            then    (OF) <-- 1
            else    (OF) <-- 0
       endif
endif
```

ROR

Flags:

O	D	I	T	S	Z	A	P	C
X	-	-	-	-	-	-	-	X

Rotieren eines Registers um 1 Bit

Maschinencode: | 1101 000w | 11001 reg |

w = 0 für 8Bit
w = 1 für 16Bit

Zeit: 2 Takte

Beispiele:

```
D0 CC          ROR  AH,1
D0 CB          ROR  BL,1
D1 C9          ROR  CX,1
D1 CE          ROR  SI,1
```

Rotieren eines Registers um mehr als 1 Bit

Maschinencode: | 1101 001w | 11001 reg |

w = 0 für 8Bit
w = 1 für 16Bit

Zeit: 8 + 4 Takte pro Bit

Beispiele:

```
B1 04          MOV  CL,4
D2 CC          ROR  AH,CL
D3 CB          ROR  BX,CL
D3 CE          ROR  SI,CL
```

ROR

Rotieren eines Speicheroperanden um 1 Bit

Maschinencode:

1101 000w	mod001r/m	adr-low	adr-high

w = 0 für 8Bit
w = 1 für 16Bit

Zeit: 15 + EA Takte

Beispiele:

```
D0 0E 0000 R      ROR  BYTE_VAR,1
D1 88 0069 R      ROR  WORT_TAB [BX+SI],1
D1 0D             ROR  WORD PTR [DI],1
D0 0F             ROR  [BX],1
 E r r o r    ---35:Operand must have size
```

Rotieren eines Speicheroperanden um mehr als 1 Bit

Maschinencode:

1101 001w	mod001r/m	adr-low	adr-high

w = 0 für 8Bit
w = 1 für 16Bit

Zeit: 20 + EA + 4 Takte pro Bit

Beispiele:

```
B1 06             MOV  CL,6
D2 0E 0000 R      ROR  BYTE_VAR,CL
D2 89 0005 R      ROR  BYTE_TAB [BX+DI],CL
D3 0C             ROR  WORD PTR [SI],CL
```

SAHF

SAHF **(Store AH into FLAGS)**
Übertragen von AH nach Flagregister

überträgt bestimmte Bits des AH-Registers nach Sign-Flag (SF), Zero-Flag (ZF), Auxiliary Carry-Flag (AF), Parity-Flag (PF) und Carry-Flag (CF).

Operation:

Bit 7 wird nach SF, Bit 6 nach ZF, Bit 4 nach AF, Bit 2 nach PF und Bit 0 nach CF übertragen. Die Bits 1, 3, 5 von AH bleiben unberührt.

```
(SF):(ZF):x:(AF):x:(PF):x:(CF) <-- (AH)
```

Maschinencode: 1001 1110

Zeit: 4 Takte

Flags:

O	D	I	T	S	Z	A	P	C
-	-	-	-	X	X	X	X	X

Beispiele:

```
LAHF      ;AH <-- Flags
NOT  AH   ;AH <-- not AH
SAHF      ;Flags <-- AH
```

SAL

SAL **(Shift arithmetic left)**
arithmetisches Shiften nach links

ist gleich mit SHL (Shift logical left) und shiftet den (linken) Operanden bitweise nummermal nach links. Diese Nummer kann direkt nach dem Operanden stehen, wenn sie 1 ist. Ansonsten muß vorher CL mit dieser Nummer geladen werden. Das Shiften wird so lange durchgeführt, bis die Anzahl des Shiftens gleich der Nummer ist. Nach Beendigung des Befehls enthält CL immer noch die Nummer.

Operation:

Das höchstwertige Bit des Operanden wird in das Carry-Flag übertragen. Dessen alter Inhalt geht verloren. Die restlichen Bits werden um 1 nach links verschoben. In das niederwertigste Bit wird 0 nachgezogen. Das wird nummermal wiederholt. Die Flags werden folgendermaßen verändert: AF ist immer undefiniert; PF, SF und ZF werden entsprechend dem Ergebnis der Shiftoperation gesetzt; CF enthält immer das Bit, das aus dem Operanden hinausgeshiftet wurde; OF ist bei Multibitshifts immer undefiniert. Nach Shifts um 1 Bit wird OF gesetzt, falls sich der Inhalt des Vorzeichens geändert hat, andernfalls wird OF gelöscht.

```
(ZÄHLER) <-- NUMMER
do while (ZÄHLER) <> 0
     (CF) <-- höchstwertige BIT von (OPERAND)
     (OPERAND) <-- (OPERAND) * 2
     (ZÄHLER) <-- (ZÄHLER) - 1
enddo
if NUMMER = 1  then
     if höchstwertige BIT von (OPERAND) <> (CF)
         then     (OF) <-- 1
         else     (OF) <-- 0
     endif
endif
```

SAL

Flags:

	O	D	I	T	S	Z	A	P	C
	X	-	-	-	X	X	U	X	X

Shiften eines Registers um 1 Bit

Maschinencode: | 1101 000w | 11100 reg |

w = 0 für 8Bit
w = 1 für 16Bit

Zeit: 2 Takte

Beispiele:

```
D0 E4           SAL  AH,1
D0 E3           SAL  BL,1
D1 E1           SAL  CX,1
D1 E6           SAL  SI,1
```

Shiften eines Registers um mehr als 1 Bit

Maschinencode: | 1101 001w | 11100 reg |

w = 0 für 8Bit
w = 1 für 16Bit

Zeit: 8 + 4 Takte pro Bit

Beispiele:

```
B1 04           MOV  CL,4
D2 E4           SAL  AH,CL
D3 E3           SAL  BX,CL
D3 E6           SAL  SI,CL
```

SAL

Shiften eines Speicheroperanden um 1 Bit

Maschinencode: | 1101 000w | mod100r/m | adr-low | adr-high |

w = 0 für 8Bit
w = 1 für 16Bit

Zeit: 15 + EA Takte

Beispiele:

```
D0 26 0000 R        SAL  BYTE_VAR,1
D1 A0 0069 R        SAL  WORT_TAB [BX+SI],1
D1 25               SAL  WORD PTR [DI],1
D0 27               SAL  [BX],1
 E r r o r    ---35:Operand must have size
```

Shiften eines Speicheroperanden um mehr als 1 Bit

Maschinencode: | 1101 001w | mod100r/m | adr-low | adr-high |

w = 0 für 8Bit
w = 1 für 16Bit

Zeit: 20 + EA + 4 Takte pro Bit

Beispiele:

```
B1 06               MOV  CL,6
D2 26 0000 R        SAL  BYTE_VAR,CL
D2 A1 0005 R        SAL  BYTE_TAB [BX+DI],CL
D3 24               SAL  WORD PTR [SI],CL
```

SAR

SAR (Shift arithmetic right)
arithmetisches Shiften nach rechts

shiftet den (linken) Operanden bitweise nummermal nach rechts. Diese Nummer kann direkt nach dem Operanden stehen, wenn sie 1 ist. Ansonsten muß vorher CL mit dieser Nummer geladen werden. Das Shiften wird so lange durchgeführt, bis die Anzahl des Shiftens gleich der Nummer ist.

Operation:

Das niederwertigste Bit des Operanden wird in das Carry-Flag übertragen. Dessen alter Inhalt geht verloren. Die restlichen Bits werden um 1 nach rechts verschoben. Der alte Inhalt des höchstwertigen Bits (Vorzeichen) wird wieder hergestellt. Das wird nummermal wiederholt. Die Flags werden folgendermaßen verändert: AF ist immer undefiniert; PF, SF und ZF werden entsprechend dem Ergebnis der Shiftoperation gesetzt; CF enthält immer das Bit, das aus dem Operanden hinausgeshiftet wurde; OF ist bei Multibitshifts immer undefiniert. Nach Shifts um 1 Bit wird OF gelöscht.

```
(ZÄHLER) <-- NUMMER
do while (ZÄHLER) <> 0
     (CF) <-- BIT 0  von (OPERAND)
     (HILFSBIT) <-- höchstwertige BIT von (OPERAND)
     (OPERAND) <-- (OPERAND) / 2
     höchstwertige BIT von (OPERAND) <-- (HILFSBIT)
     (ZÄHLER) <-- (ZÄHLER) - 1
enddo
if NUMMER = 1  then
     (OF) <-- 0
endif
```

SAR

Flags: O D I T S Z A P C
X - - - X X U X X

Shiften eines Registers um 1 Bit

Maschinencode: | 1101 000w | 11111 reg |

w = 0 für 8Bit
w = 1 für 16Bit

Zeit: 2 Takte

Beispiele:

```
D0 FC          SAR  AH,1
D0 FB          SAR  BL,1
D1 F9          SAR  CX,1
D1 FE          SAR  SI,1
```

Shiften eines Registers um mehr als 1 Bit

Maschinencode: | 1101 001w | 11111 reg |

w = 0 für 8Bit
w = 1 für 16Bit

Zeit: 8 + 4 Takte pro Bit

Beispiele:

```
B1 04          MOV  CL,4
D2 FC          SAR  AH,CL
D3 FB          SAR  BX,CL
D3 FE          SAR  SI,CL
```

SAR

Shiften eines Speicheroperanden um 1 Bit

Maschinencode: | 1101 000w | mod111r/m | adr-low | adr-high |

w = 0 für 8Bit
w = 1 für 16Bit

Zeit: 15 + EA Takte

Beispiele:

```
D0 3E 0000 R      SAR  BYTE_VAR,1
D1 B8 0069 R      SAR  WORT_TAB [BX+SI],1
D1 3D             SAR  WORD PTR [DI],1
D0 3F             SAR  [BX],1
 E r r o r    ---35:Operand must have size
```

Shiften eines Speicheroperanden um mehr als 1 Bit

Maschinencode: | 1101 001w | mod111r/m | adr-low | adr-high |

w = 0 für 8Bit
w = 1 für 16Bit

Zeit: 20 + EA + 4 Takte pro Bit

Beispiele:

```
B1 06             MOV  CL,6
D2 3E 0000 R      SAR  BYTE_VAR,CL
D2 B9 0005 R      SAR  BYTE_TAB [BX+DI],CL
D3 3C             SAR  WORD PTR [SI],CL
```

SBB

SBB **(Subtract with borrow)**
Subtraktion mit Borgen

subtrahiert den rechten Operanden vom linken Operanden, zieht 1 ab, falls das Carry-Flag gesetzt war, und speichert das Ergebnis im Bestimmungsoperanden (der Linke) ab. Erlaubte Operandenpaare sind:

LIOP	REOP				
	Akku	Reg	Sreg	Speicher	Direktwert
Akku	ja	ja	nein	ja	ja
Reg	ja	ja	nein	ja	ja
Sreg	nein	nein	nein	nein	nein
Speicher	ja	ja	nein	nein	ja

Operation:

Von der Differenz der beiden Operanden wird der alte Inhalt von CF subtrahiert, bevor die Differenz im Bestimmungsoperanden (LIOP) abgelegt wird.

```
(LIOP) <-- (LIOP) - (REOP) - (CF)
```

Flags:	O	D	I	T	S	Z	A	P	C
	X	-	-	-	X	X	X	X	X

SBB

Subtraktion Register von Register

Maschinencode: | 0001 101w | 11 reg reg |
|---|---|

w = 0 für 8Bit
w = 1 für 16Bit

Zeit: 3 Takte

Beispiele:

```
1B C6          SBB  AX,SI
1B FB          SBB  DI,BX
1A EB          SBB  CH,BL
```

Subtraktion eines Speicheroperanden von einem Register

Maschinencode:

0001 101w	mod reg r/m	adr-low	adr-high

w = 0 für 8Bit
w = 1 für 16Bit

Zeit: 9 + EA Takte

Beispiele:

```
1B 16 0001 R   SBB  DX,WORT_VAR
1B 84 0069 R   SBB  AX,WORT_TAB [SI]
1B 3F          SBB  DI,[BX]
1A 5C 02       SBB  BL,[SI+2]
```

SBB

Subtraktion Register von Speicheroperand

Maschinencode:

0001 100w	mod reg r/m	adr-low	adr-high

w = 0 für 8Bit
w = 1 für 16Bit

Zeit: 16 + EA Takte

Beispiele:

```
19 06 01F9 R     SBB  VARIABLE,AX
19 95 0069 R     SBB  WORT_TAB [DI],DX
19 07            SBB  [BX],AX
18 44 05         SBB  [SI+5],AL
```

Subtraktion Direktwert von Akkumulator

Maschinencode:

0001 110w	data-low	data-high

w = 0 für LIOP = AL
REOP = daten (8Bit)
w = 1 für LIOP = AX
REOP = daten (16Bit)

Zeit: 4 Takte

Beispiele:

```
1C 03            SBB  AL,3
1D 1234          SBB  AX,1234H
1D 0005          SBB  AX,EQUATE_WERT
1C BC            SBB  AL,0BCH
```

SBB

Subtraktion Direktwert von Register

Maschinencode:

1000 00sw	11 011 reg	data-low	data-high

w = 0 für 8Bit s = 0 falls keine data-erweiterung erforderlich
w = 1 für 16Bit s = 1 falls data-erweiterung erforderlich

Zeit: 4 Takte

Beispiele:

```
80 DB 0F          SBB  BL,0FH
81 DB 2345        SBB  BX,2345H
83 DF 05          SBB  DI,EQUATE_WERT
80 D9 FB          SBB  CL,-5
```

Subtraktion Direktwert von Speicheroperand

Maschinencode:

1000 01sw	mod011r/m	adr-low	adr-high	data-low	data-high

w = 0 für 8Bit s = 0 falls keine data-erweiterung erforderlich
w = 1 für 16Bit s = 1 falls data-erweiterung erforderlich

Zeit: 17 + EA Takte

Beispiele:

```
80 1E 0000 R 64         SBB  BYTE_VAR,100
81 1E 0001 R 1234       SBB  WORT_VAR,1234H
83 1F 05                SBB  WORD PTR [BX],EQUATE_WERT
80 1C 0F                SBB  [SI],0FH
 E r r o r   ---35:Operand must have size
```

SCAS

SCAS
SCASB
SCASW **(Scan string byte or word)**
Vergleiche String mit Akku

gehört zu der Gruppe der einfachen Stringbefehle und subtrahiert den Inhalt des Operanden, der über ES:DI adressiert sein muß, vom Inhalt des Akkumulators, ohne das Ergebnis abzulegen. Es werden nur die Flags verändert. Zusammen mit einem REP-Präfix kann ein String auf Vorhandensein bzw. Nichtvorhandensein eines Zeichens durchsucht werden.

Operation:

Der Operand, der über ES:DI adressiert sein muß, wird vom Inhalt des Akkumulators subtrahiert, ohne das Ergebnis abzulegen. Es werden nur die Flags verändert. Danach wird DI um 1 bzw. 2 inkrementiert, wenn das Direction-Flag gleich 0 ist, oder DI wird um 1 bzw. 2 dekrementiert, wenn das Direction-Flag gleich 1 ist.

```
(FLAGS) <-- (AKKU) - (OPERAND)
if (DF) = 0  then
          (DI) <-- (DI) + DELTA
        else
          (DI) <-- (DI) - DELTA
endif
```

Maschinencode: | 1010 111w |

w = 0 für AKKU = AL
OPERAND = 8Bit
DELTA = 1
w = 1 für AKKU = AX
OPERAND = 16Bit
DELTA = 2

SCAS

Zeit: 15 Takte

Flags:

O	D	I	T	S	Z	A	P	C
X	-	-	-	X	X	X	X	X

Beispiele:

```
B0 20           MOV  AL,' '
BF 0000 R       MOV  DI,OFFSET B_STR2
B9 0050         MOV  CX,LENGTH B_STR2
FC              CLD
F2/ AE          REPNE  SCASB
74 14           JE  GEFUNDEN
```

```
B0 2F           MOV  AL,'/'
B4 2A           MOV  AH,'*'
BF 0050 R       MOV  DI,OFFSET W_STR2
81 C7 0083      ADD  DI,LENGTH W_STR2 - 1
B9 0084         MOV  CX,LENGTH W_STR2
FD              STD
F2/ AF          REPNE  SCASW
74 01           JE  GEFUNDEN
```

SHL

SHL **(Shift logical left)**
logisches Shiften nach links

ist funktionsgleich mit SAL (Shift arithmetic left) und shiftet den (linken) Operanden bitweise nummermal nach links. Diese Nummer kann direkt nach dem Operanden stehen, wenn sie 1 ist. Ansonsten muß vorher CL mit dieser Nummer geladen werden. Das Shiften wird so lange durchgeführt, bis die Anzahl des Shiftens gleich der Nummer ist.

Operation:

Das höchstwertige Bit des Operanden wird in das Carry-Flag übertragen. Dessen alter Inhalt geht verloren. Die restlichen Bits werden um 1 nach links verschoben. In das niederwertigste Bit wird 0 nachgezogen. Die Flags werden folgendermaßen verändert: AF ist immer undefiniert; PF, SF und ZF werden entsprechend dem Ergebnis der Shiftoperation gesetzt; CF enthält immer das Bit, das aus dem Operanden hinausgeshiftet wurde; OF ist bei Multibitshifts immer undefiniert. Nach Shifts um 1 Bit wird OF gesetzt, falls sich der Inhalt des Vorzeichens geändert hat, andernfalls wird OF gelöscht.

```
(ZÄHLER) <-- NUMMER
do while (ZÄHLER) <> 0
      (CF) <-- höchstwertiges BIT von (OPERAND)
      (OPERAND) <-- (OPERAND) * 2
      (ZÄHLER) <-- (ZÄHLER) - 1
enddo
if NUMMER = 1  then
      if höchstwertiges BIT von (OPERAND) <> (CF)
           then     (OF) <-- 1
           else     (OF) <-- 0
      endif
endif
```

SHL

Flags:

O	D	I	T	S	Z	A	P	C
X	-	-	-	X	X	U	X	X

Shiften eines Registers um 1 Bit

Maschinencode: | 1101 000w | 11100 reg |

w = 0 für 8Bit
w = 1 für 16Bit

Zeit: 2 Takte

Beispiele:

```
D0 E4          SHL  AH,1
D0 E3          SHL  BL,1
D1 E1          SHL  CX,1
D1 E6          SHL  SI,1
```

Shiften eines Registers um mehr als 1 Bit

Maschinencode: | 1101 001w | 11100 reg |

w = 0 für 8Bit
w = 1 für 16Bit

Zeit: 8 + 4 Takte pro Bit

Beispiele:

```
B1 04          MOV  CL,4
D2 E4          SHL  AH,CL
D3 E3          SHL  BX,CL
D3 E6          SHL  SI,CL
```

SHL

Shiften eines Speicheroperanden um 1 Bit

Maschinencode: | 1101 000w | mod100r/m | adr-low | adr-high |

w = 0 für 8Bit
w = 1 für 16Bit

Zeit: 15 + EA Takte

Beispiele:

```
D0 26 0000 R      SHL  BYTE_VAR,1
D1 A0 0069 R      SHL  WORT_TAB [BX+SI],1
D1 25             SHL  WORD PTR [DI],1
D0 27             SHL  [BX],1
 E r r o r   ---35:Operand must have size
```

Shiften eines Speicheroperanden um mehr als 1 Bit

Maschinencode: | 1101 001w | mod100r/m | adr-low | adr-high |

w = 0 für 8Bit
w = 1 für 16Bit

Zeit: 20 + EA + 4 Takte pro Bit

Beispiele:

```
B1 06             MOV  CL,6
D2 26 0000 R      SHL  BYTE_VAR,CL
D2 A1 0005 R      SHL  BYTE_TAB [BX+DI],CL
D3 24             SHL  WORD PTR [SI],CL
```

SHR

SHR **(Shift logical right)**
logisches Shiften nach rechts

shiftet den (linken) Operanden bitweise nummermal nach rechts. Diese Nummer kann direkt nach dem Operanden stehen, wenn sie 1 ist. Ansonsten muß vorher CL mit dieser Nummer geladen werden. Das Shiften wird so lange durchgeführt, bis die Anzahl des Shiftens gleich der Nummer ist.

Operation:

Das niederwertigste Bit des Operanden wird in das Carry-Flag übertragen. Dessen alter Inhalt geht verloren. Die restlichen Bits werden um 1 nach rechts verschoben. In das höchstwertige Bit wird 0 nachgezogen. Die Flags werden folgendermaßen verändert: AF ist immer undefiniert; PF, SF und ZF werden entsprechend dem Ergebnis der Shiftoperation gesetzt; CF enthält immer das Bit, das aus dem Operanden hinausgeshiftet wurde; OF ist bei Multibitshifts immer undefiniert. Nach Shifts um 1 Bit wird OF gesetzt, falls sich der Inhalt des Vorzeichens geändert hat, andernfalls wird OF gelöscht.

```
(ZÄHLER) <-- NUMMER
do while (ZÄHLER) <> 0
     (CF) <-- BIT 0  von (OPERAND)
     (OPERAND) <-- (OPERAND) / 2
     höchstwertiges BIT von (OPERAND) <-- 0
     (ZÄHLER) <-- (ZÄHLER) - 1
enddo
if NUMMER = 1  then
     if höchstwertiges BIT von (OPERAND) <>
     benachbartes  BIT von (OPERAND)
          then    (OF) <-- 1
          else    (OF) <-- 0
     endif
endif
```

SHR

Flags:	O	D	I	T	S	Z	A	P	C
	X	-	-	-	X	X	U	X	X

Shiften eines Registers um 1 Bit

Maschinencode: | 1101 000w | 11101 reg |

w = 0 für 8Bit
w = 1 für 16Bit

Zeit: 2 Takte

Beispiele:

```
D0 EC          SHR  AH,1
D0 EB          SHR  BL,1
D1 E9          SHR  CX,1
D1 EE          SHR  SI,1
```

Shiften eines Registers um mehr als 1 Bit

Maschinencode: | 1101 001w | 11101 reg |

w = 0 für 8Bit
w = 1 für 16Bit

Zeit: 8 + 4 Takte pro Bit

Beispiele:

```
B1 04          MOV  CL,4
D2 EC          SHR  AH,CL
D3 EB          SHR  BX,CL
D3 EE          SHR  SI,CL
```

SHR

Shiften eines Speicheroperanden um 1 Bit

Maschinencode: | 1101 000w | mod101r/m | adr-low | adr-high |

w = 0 für 8Bit
w = 1 für 16Bit

Zeit: 15 + EA Takte

Beispiele:

```
D0 2E 0000 R      SHR  BYTE_VAR,1
D1 A8 0069 R      SHR  WORT_TAB [BX+SI],1
D1 2D             SHR  WORD PTR [DI],1
D0 2F             SHR  [BX],1
 E r r o r   ---35:Operand must have size
```

Shiften eines Speicheroperanden um mehr als 1 Bit

Maschinencode: | 1101 001w | mod101r/m | adr-low | adr-high |

w = 0 für 8Bit
w = 1 für 16Bit

Zeit: 20 + EA + 4 Takte pro Bit

Beispiele:

```
B1 06             MOV  CL,6
D2 2E 0000 R      SHR  BYTE_VAR,CL
D2 A9 0005 R      SHR  BYTE_TAB [BX+DI],CL
D3 2C             SHR  WORD PTR [SI],CL
```

STC

STC **(Set Carry flag)**
Das Carry-Flag setzen

setzt das Carry-Flag auf 1.

Operation:

```
(CF) <-- 1
```

Maschinencode: 1111 1001

Zeit: 2 Takte

Flags:

O	D	I	T	S	Z	A	P	C
-	-	-	-	-	-	-	-	1

Beispiele:

```
STC
RCL AX, 1    ;AX <-- AX * 2 + 1
```

STD

STD **(Set direction flag)**
Das Richtungs-Flag setzen

setzt das Richtungsflag auf 1 und beeinflußt damit die Stringbefehle. Es werden dadurch die Zeichen in einer Zeichenkette (string) von rechts nach links (von höheren zu niederen Adressen) verarbeitet. (Nach der Ausführung eines einfachen Stringbefehls wird SI und/oder DI dekrementiert.)

Operation:

```
(DF) <-- 1
```

Maschinencode: 1111 1101

Zeit: 2 Takte

Flags:

O	D	I	T	S	Z	A	P	C
-	1	-	-	-	-	-	-	-

Beispiele:

Siehe die einfachen Stringbefehle und die REP und die REPE Präfixe.

STI

STI **(Set interrupt enable flag)**
Das Interrupt-Flag setzen

setzt das Interrupt-Flag. Es werden dadurch nach der Ausführung des nächsten Befehls maskierbare Interrupts zugelassen (siehe auch Kap. 8).

Operation:

```
(IF) <-- 1
```

Maschinencode: 1111 1011

Zeit: 2 Takte

Flags:

O	D	I	T	S	Z	A	P	C
-	-	1	-	-	-	-	-	-

Beispiele:

```
NMI_ROUTINE    SEGMENT
          .
               ; MASKIERBARE INTERRUPTS SIND GESPERRT
          .
          .
          STI  ;AUFHEBEN DER SPERRE
          .
          IRET
          .
```

STOS

STOS (Store string byte or word)
STOSB Inhalt des Akkumulators in einen String
STOSW übertragen

gehört zu der Gruppe der einfachen Stringoperationen und überträgt den Inhalt des Akkumulators in eine Zeichenkette. Zusammen mit dem REP-Präfix kann so ein String mit einem Zeichen vorbelegt werden (z.B. mit dem Leerzeichen).

Operation:

Der Inhalt des Akkumulators wird byte-/wortweise in einen Zieloperanden, der über ES:DI adressiert sein muß, übertragen. Danach wird DI um 1 bzw. 2 inkrementiert, wenn das Direction-Flag gleich 0 ist, oder DI wird um 1 bzw. 2 dekrementiert, wenn das Direction-Flag gleich 1 ist.

```
(OPERAND) <-- (AKKU)
if   (DF) = 0  then (DI) <-- (DI) + DELTA
                else (DI) <-- (DI) - DELTA
endif
```

Maschinencode: 1010 101w

w = 0 für OPERAND = 8Bit AKKU = AL DELTA = 1
w = 1 für OPERAND = 16Bit AKKU = AX DELTA = 2

Zeit: 11 Takte

Flags:

O	D	I	T	S	Z	A	P	C
-	-	-	-	-	-	-	-	-

Beispiele:

```
B0 20           MOV  AL,' '
BF 0000 R       MOV  DI,OFFSET B_STR2
AA              STOSB
```

SUB

SUB **(Subtract)**
Subtrahieren

subtrahiert den rechten vom linken Operanden und speichert das Ergebnis im Bestimmungsoperanden (der Linke) ab. Erlaubte Operandenpaare sind:

LIOP	REOP				
	Akku	Reg	Sreg	Speicher	Direktwert
Akku	ja	ja	nein	ja	ja
Reg	ja	ja	nein	ja	ja
Sreg	nein	nein	nein	nein	nein
Speicher	ja	ja	nein	nein	ja

Operation:

Die Differenz der beiden Operanden wird im Bestimmungsoperanden (der Linke) abgespeichert.

```
(LIOP) <-- (LIOP) - (REOP)
```

Flags:	O	D	I	T	S	Z	A	P	C
	X	-	-	-	X	X	X	X	X

SUB

Subtraktion Register von Register

Maschinencode: | 0010 101w | 11 reg reg |

w = 0 für 8Bit
w = 1 für 16Bit

Zeit: 3 Takte

Beispiele:

```
2B C6           SUB  AX,SI
2B FB           SUB  DI,BX
2A EB           SUB  CH,BL
```

Subtraktion Speicheroperand von Register

Maschinencode: | 0010 101w | mod reg r/m | adr-low | adr-high |

w = 0 für 8Bit
w = 1 für 16Bit

Zeit: 9 + EA Takte

Beispiele:

```
2B 16 0001 R    SUB  DX,WORT_VAR
2B 84 0069 R    SUB  AX,WORT_TAB [SI]
2B 3F           SUB  DI,[BX]
2A 5C 02        SUB  BL,[SI+2]
```

SUB

Subtraktion Register von Speicheroperand

Maschinencode: | 0010 100w | mod reg r/m | adr-low | adr-high |

w = 0 für 8Bit
w = 1 für 16Bit

Zeit: 16 + EA Takte

Beispiele:

```
29 06 01F9 R      SUB  VARIABLE,AX
29 95 0069 R      SUB  WORT_TAB [DI],DX
29 07             SUB  [BX],AX
28 44 05          SUB  [SI+5],AL
```

Subtraktion Direktwert von Akkumulator

Maschinencode: | 0010 110w | data-low | data-high |

w = 0 für LIOP = AL
REOP = daten (8Bit)
w = 1 für LIOP = AX
REOP = daten (16Bit)

Zeit: 4 Takte

Beispiele:

```
2C 03             SUB  AL,3
2D 1234           SUB  AX,1234H
2D 0005           SUB  AX,EQUATE_WERT
2C BC             SUB  AL,0BCH
```

SUB

Subtraktion Direktwert von Register

Maschinencode:

1000 00sw	11 101 reg	data-low	data-high

w = 0 für 8Bit s = 0 falls keine data-erweiterung erforderlich
w = 1 für 16Bit s = 1 falls data-erweiterung erforderlich

Zeit: 4 Takte

Beispiele:

```
80 EB 0F           SUB  BL,0FH
81 EB 2345         SUB  BX,2345H
83 EF 05           SUB  DI,EQUATE_WERT
80 E9 FB           SUB  CL,-5
```

Subtraktion Direktwert von Speicheroperand

Maschinencode:

1000 00sw	mod101r/m	adr-low	adr-high	data-low	data-high

w = 0 für 8Bit s = 0 falls keine data-erweiterung erforderlich
w = 1 für 16Bit s = 1 falls data-erweiterung erforderlich

Zeit: 17 + EA Takte

Beispiele:

```
80 2E 0000 R 64          SUB  BYTE_VAR,100
81 2E 0001 R 1234        SUB  WORT_VAR,1234H
83 2F 05                 SUB  WORD PTR [BX],EQUATE_WERT
80 2C 0F                 SUB  [SI],0FH
 E r r o r  ---35:Operand must have size
```

TEST

TEST **(Test or logical compare)**
Testen oder logischer Vergleich

führt eine bitweise Verknüpfung der zwei Operanden nach den logischen UND-Verknüpfungsregeln durch, speichert jedoch das Ergebnis nicht ab. Es werden nur die Flags verändert. Erlaubte Operandenkombinationen sind:

LIOP	REOP				
	Akku	Reg	Sreg	Speicher	Direktwert
Akku	ja	ja	nein	ja	ja
Reg	ja	ja	nein	ja	ja
Sreg	nein	nein	nein	nein	nein
Speicher	ja	ja	nein	nein	ja

Operation:

Die beiden Operanden werden bitweise nach den logischen UND-Verknüpfungsregeln verknüpft (d.h. ein Ergebnisbit ist nur dann 1, wenn beide Operandenbits 1 sind; ansonsten ist es 0). Das Ergebnis wird nicht abgespeichert. Es werden nur die Flags verändert. Anschließend werden das Carry-Flag und das Overflow-Flag auf 0 gesetzt.

```
(FLAGS) <-- (LIOP) and (REOP)
(CF)    <-- 0
(OF)    <-- 0
```

Flags:	O	D	I	T	S	Z	A	P	C
	0	-	-	-	X	X	U	X	0

TEST

Testen Register mit Register

Maschinencode: | 1000 010w | 11 reg reg |

w = 0 für 8Bit
w = 1 für 16Bit

Zeit: 3 Takte

Beispiele:

```
85 C6          TEST  AX,SI
85 FB          TEST  DI,BX
84 EB          TEST  CH,BL
```

Testen Speicheroperand mit Register bzw. Register mit Speicheroperand

Maschinencode: | 1000 010w | mod reg r/m | adr-low | adr-high |

w = 0 für 8Bit
w = 1 für 16Bit

Zeit: 9 + EA Takte

Beispiele:

```
85 16 0001 R   TEST  DX,WORT_VAR
85 84 0069 R   TEST  AX,WORT_TAB [SI]
85 3F          TEST  DI,[BX]
84 5C 02       TEST  BL,[SI+2]
85 06 01F9 R   TEST  VARIABLE,AX
85 95 0069 R   TEST  WORT_TAB [DI],DX
85 07          TEST  [BX],AX
```

TEST

Testen Akkumulator mit Direktwert

Maschinencode:

1010 100w	data-low	data-high

w = 0 für LIOP = AL
REOP = daten (8Bit)
w = 1 für LIOP = AX
REOP = daten (16Bit)

Zeit: 4 Takte

Beispiele:

```
A8 03          TEST  AL,3
A9 1234        TEST  AX,1234H
A9 0005        TEST  AX,EQUATE_WERT
A8 BC          TEST  AL,0BCH
```

Testen Register mit Direktwert

Maschinencode:

1111 011w	11 000 reg	data-low	data-high

w = 0 für 8Bit
w = 1 für 16Bit

Zeit: 5 Takte

Beispiele:

```
F6 C3 0F       TEST  BL,0FH
F7 C3 2345     TEST  BX,2345H
F7 C7 0005     TEST  DI,EQUATE_WERT
F6 C1 FB       TEST  CL,-5
```

TEST

Testen Speicheroperand mit Direktwert

Maschinencode:

1111 011w	mod000r/m	adr-low	adr-high	data-low	data-high

w = 0 für 8Bit
w = 1 für 16Bit

Zeit: 11 + EA Takte

Beispiele:

```
F6 06 0000 R 64          TEST  BYTE_VAR,100
F7 06 0001 R 1234        TEST  WORT_VAR,1234H
F7 07 0005               TEST  WORD PTR [BX],EQUATE_WERT
F6 04 0F                 TEST  [SI],0FH
 E r r o r   ---35:Operand must have size
```

WAIT

WAIT **(Wait)**
In den WAIT-Status gehen

veranlaßt den Prozessor, so lange in den WAIT-Status zu gehen, bis ein Signal am TEST-Pin anliegt. Der WAIT-Status kann durch nichtgesperrte Interrupts unterbrochen werden. Nach der Rückkehr aus der Interruptroutine geht der Prozessor wieder in den WAIT-Status. Der WAIT-Status wird verlassen, wenn ein Signal am TEST-Pin erkannt wird, und der Prozessor setzt die Verarbeitung fort. Dann ist erst wieder ein Interrupt nach der Abarbeitung des nächsten Befehls möglich. WAIT ermöglicht es, den Prozessor mit externer Hardware zu synchronisieren.

Operation: keine.

Maschinencode: 1001 1011

Zeit: 3 + 5*n Takte

wobei n angibt, wie oft der TEST-Pin abgefragt und inaktiv gefunden wurde.

Flags:

O	D	I	T	S	Z	A	P	C
-	-	-	-	-	-	-	-	-

Beispiele:

```
WAIT
```

XCHG

XCHG **(Exchange)**
Austauschen der Operanden

vertauscht den Inhalt des linken Operanden mit dem Inhalt des rechten Operanden. Erlaubte Operandenkombinationen sind:

LIOP	REOP				
	Akku	Reg	Sreg	Speicher	Direktwert
Akku	ja	ja	nein	ja	nein
Reg	ja	ja	nein	ja	nein
Sreg	nein	nein	nein	nein	nein
Speicher	ja	ja	nein	nein	nein

Operation:

Der Inhalt des linken Operanden wird in ein internes Arbeitsregister abgespeichert. Dann wird der Inhalt des rechten Operanden in den linken Operanden übertragen. Der Inhalt des internen Arbeitsregisters wird anschließend in den rechten Operanden übertragen.

```
(HILFREG) <-- (LIOP)
(LIOP) <-- (REOP)
(REOP) <-- (HILFREG)
```

Flags:	O	D	I	T	S	Z	A	P	C
	-	-	-	-	-	-	-	-	-

XCHG

Vertauschen von Register mit AX

Maschinencode: | 1001 0 reg |

für AX und 16Bit Register

Zeit: 3 Takte

Beispiele:

```
93              XCHG  AX,BX
96              XCHG  AX,SI
91              XCHG  AX,CX
93              XCHG  BX,AX
97              XCHG  DI,AX
91              XCHG  CX,AX
90              XCHG  AX,AX    ;=NOP (90H)
```

Vertauschen von Register mit Register

Maschinencode: | 1000 011w | 11 reg reg |

w = 0 für 8Bit
w = 1 für 16Bit

Zeit: 4 Takte

Beispiele:

```
87 FE           XCHG  DI,SI
86 C1           XCHG  AL,CL
86 F8           XCHG  BH,AL
87 FA           XCHG  DI,DX
86 E0           XCHG  AH,AL
```

XCHG

Vertauschen von Register mit Speicheroperand

Maschinencode:

1000 011w	mod reg r/m	adr-low	adr-high

w = 0 für 8Bit
w = 1 für 16Bit

Zeit: 17 + EA Takte

Beispiele:

```
87 0E 01F9 R      XCHG  CX,VARIABLE
86 84 0005 R      XCHG  AL,BYTE_TAB[SI]
87 B0 006B R      XCHG  SI,WORT_TAB[BX+SI+2]
86 1C             XCHG  BL,[SI]
87 07             XCHG  AX,[BX]
```

XLAT

XLAT
XLATB **(Translate)**
Umschlüsseln

schlüsselt ein Byte mittels einer Tabelle um. Die Tabelle kann maximal 256 Bytes groß sein. In BX muß der OFFSET der Tabelle stehen. AL wird als Index benutzt.

Operation:

Der Inhalt von AL wird als Index in eine Tabelle, deren Offset in BX stehen muß, aufgefaßt. Der Inhalt des so angesprochenen Tabellenelements wird nach AL übertragen.

```
(AL) <-- ((BX) + (AL))
```

Maschinencode: | 1101 0111 |

Zeit: 11 Takte

Flags:

O	D	I	T	S	Z	A	P	C
-	-	-	-	-	-	-	-	-

Beispiele:

```
MOV  BX,OFFSET  BYTE_UMTAB
MOV  AL,20H
XLAT BYTE_UMTAB

MOV  BX,OFFSET TABELLE
MOV  AL,'?'
XLATB
```

XOR **(Exclusive Or)**
Exklusives Oder

verknüpft die beiden Operanden nach den Regeln des logischen EXKLUSIV-ODER und legt das Ergebnis im linken Operanden ab. Die Regeln des logischen EXKLUSIV-ODER:

a	b	a XOR b
0	0	0
0	1	1
1	0	1
1	1	0

Operation:

Die beiden Operanden werden bitweise nach den Regeln des logischen EXKLUSIV-ODER verknüpft. Das Ergebnis wird im linken Operanden abgelegt. CF und OF werden gelöscht.

```
(LIOP) <-- (LIOP) xor (REOP)
(CF) <-- 0
(OF) <-- 0
```

Flags:	O	D	I	T	S	Z	A	P	C
	0	-	-	-	X	X	U	X	0

XOR

Register EXKLUSIV-ODER Register

Maschinencode: | 0011 001w | 11 reg reg |

w = 0 für 8Bit
w = 1 für 16Bit

Zeit: 3 Takte

Beispiele:

```
33 C6          XOR  AX,SI
33 FB          XOR  DI,BX
32 EB          XOR  CH,BL
```

Register EXKLUSIV-ODER Speicheroperand

Maschinencode: | 0011 001w | mod reg r/m | adr-low | adr-high |

w = 0 für 8Bit
w = 1 für 16Bit

Zeit: 9 + EA Takte

Beispiele:

```
33 16 0001 R   XOR  DX,WORT_VAR
33 84 0069 R   XOR  AX,WORT_TAB[SI]
33 39          XOR  DI,[BX+DI]
32 44 05       XOR  AL,[SI+5]
```

XOR

Speicheroperand EXKLUSIV-ODER Register

Maschinencode:

0011 000w	mod reg r/m	adr-low	adr-high

w = 0 für 8Bit
w = 1 für 16Bit

Zeit: 16 + EA Takte

Beispiele:

```
31 06 0001 R     XOR  WORT_VAR,AX
31 94 0069 R     XOR  WORT_TAB[SI],DX
31 7F 10         XOR  [BX+10H],DI
30 1E 0000 R     XOR  BYTE_VAR,BL
```

Akkumulator EXKLUSIV-ODER Direktwert

Maschinencode:

0011 010w	data-low	data-high

w = 0 für LIOP = AL
REOP = daten (8Bit)
w = 1 für LIOP = AX
REOP = daten (16Bit)

Zeit: 4 Takte

Beispiele:

```
34 03            XOR  AL,3
35 1234          XOR  AX,1234H
35 0005          XOR  AX,EQUATE_WERT
34 BC            XOR  AL,0BCH
```

XOR

Register EXKLUSIV-ODER Direktwert

Maschinencode:

1000 000w	11 110 reg	data-low	data-high

w = 0 für 8Bit
w = 1 für 16Bit

Zeit: 4 Takte

Beispiele:

```
80 F3 9E          XOR  BL,10011110B
81 F3 00FF        XOR  BX,0FFH
80 F1 05          XOR  CL,EQUATE_WERT
81 F7 0F0F        XOR  DI,0F0FH
```

Speicheroperand EXKLUSIV-ODER Direktwert

Maschinencode:

1000 000w	mod110r/m	adr-low	adr-high	data-low	data-high

w = 0 für 8Bit
w = 1 für 16Bit

Zeit: 17 + EA Takte

Beispiele:

```
80 36 0000 R 0F       XOR  BYTE_VAR,00001111B
80 37 0F              XOR  BYTE PTR [BX],0FH
81 B4 006E R 0005     XOR  WORT_TAB[SI+5],EQUATE_WERT
80 34 05              XOR  [SI],EQUATE_WERT
 E r r o r   ---35:Operand must have size
```

4

DIE MIKROPROZESSOREN 80186 UND 80286

Benutzungshinweise für dieses Kapitel

Dieses Kapitel wird für Sie nur dann von praktischem Interesse sein, wenn Sie für ein 80186- oder 80286-gestütztes Mikrocomputersystem Assemblerprogramme entwickeln wollen. Es macht in diesem Fall allerdings eine sorgfältige Beschäftigung mit den Kapiteln 1, 2 und 3 nicht überflüssig, sondern ergänzt sie nur.

Im ersten Teil bis zur S. 403 werden die *Architektur und allgemeine Merkmale* der 80186/80286-Mikroprozessoren dargestellt.

Im folgenden Teil ab der S. 404 wird der *erweiterte Befehlssatz* präsentiert, wobei die Darstellung jedes Befehls sich an den im Kapitel 3 verwendeten Merkmalen orientiert.

Falls Sie Befehle aus dem erweiterten Befehlssatz in Ihren Assemblerprogrammen verwenden, sollten Sie auch den Abschnitt "Die Befehlssatzdirektiven" im Kapitel 2 ab S. 83 lesen.

Einführung

1978 hatte INTEL den 8086- und im folgenden Jahr den 8088-Mikroprozessor angekündigt und auf den Markt gebracht. Diese beiden Mikroprozessoren sind auch bei Drucklegung dieses Buches (1987) noch die verbreitetsten Mikroprozessoren in Personalcomputern. Dem Wusch nach höherer Integration und höherer Leistung kam INTEL allerdings schon im Jahr 1982 mit der Ankündigung von drei weiterentwickelten 16Bit-Mikroprozessoren entgegen. Es handelte sich um die Mikroprozessoren 80186, 80188 und 80286.

Der **80186-Mikroprozessor** stellt eine höher integrierte Version des 8086-Prozessors dar und enthält auf dem Prozessorchip einige Funktionen, für die zuvor eigene Chips erforderlich waren, so z.B. einen integrierten Timer. Der 80186 ist voll aufwärtskompatibel zum 8086, er verfügt vor allem über dieselbe Daten- und Adreßbusstruktur wie der 8086 und damit ebenfalls über einen physikalischen Adreßraum von 1MByte. Seine interne Architektur, sein Registersatz und seine Adreßmodi entsprechen voll dem 8086-Prozessor. Der 80186-Prozessor arbeitet mit demselben Maschinenbefehlssatz wie die 8086/8088-Prozessoren, er verfügt darüberhinaus jedoch über einige *erweiterte Befehle*, die in diesem Kapitel im Abschnitt "Der erweiterte Befehlssatz der 80186/80286-Mikroprozessoren" erläutert werden.

Der **80188-Mikroprozessor** stellt eine höher integrierte Version des 8088-Prozessors dar und enthält wie der 80186 auf dem Prozessorchip Funktionen, die bis dahin durch gesonderte Chips realisiert werden mußten. Alles, was zuvor zum 80186 gesagt wurde, gilt auch für den 80188-Mikroprozessor, nur daß er wie auch der 8088 nur über einen 8Bit breiten externen Datenbus verfügt.

Auch der **80286-Mikroprozessor** ist voll aufwärtskompatibel zu den 8086/8088-Prozessoren, stellt gegenüber diesen jedoch einen größeren Entwicklungssprung als die 80186/80188-Prozessoren dar. Der 80286 ist vor allem dadurch gekennzeichnet, daß er in seiner Architektur bereits Erfordernisse für *Multiuser-* und *Multitasking-*Betriebssysteme berücksichtigt. Außerdem kann er durch seinen 24Bit breiten Adreßbus einen auf 16MBytes erweiterten physikalischen Adreßraum ansprechen und Programme im Vergleich mit dem 8086-Prozessor etwa sechsmal schneller abarbeiten. Dadurch, daß IBM den 80286 als Prozessor für den PC-AT auswählte, hat auch dieser Prozessor inzwischen weite Verbreitung im Personalcomputerbereich gefunden. Zum Zeitpunkt der Drucklegung dieses Buches gab es bereits mehr als fünfzig unterschiedliche Personalcomputermodelle, die den 80286-Mikroprozessor enthielten.

Die Betriebsarten des 80286 - Mikroprozessors

Der 80286-Prozessor kann in zwei Betriebsarten betrieben werden:

In der *ungeschützten Betriebsart* (Real Address Mode) arbeitet der 80286 aus der Sicht der Software wie ein sehr leistungsfähiger 8086-Prozessor. Dies ist die Betriebsart, in der die meisten AT-kompatiblen PCs betrieben werden und auf die sich daher die weiteren Erläuterungen im wesentlichen beschränken. Programme, die für die 8086/8088-Prozessoren oder für den 80186-Prozessor geschrieben wurden, sind ohne Änderungen in dieser Betriebsart ablauffähig. Diese Aufwärtskompatibilität bezieht sich auch auf die Objektcodeebene. Wie der 8086 arbeitet der 80286 in der ungeschützten Betriebsart mit *realen* Adressen und einem maximal 1MByte großen Arbeitsspeicher. Zusätzlich zum Befehlssatz der 8086/8088-Prozessoren verfügt der 80286 in dieser Betriebsart über einen sog. *erweiterten Befehlssatz*, der auch bei den 80186/80188-Prozessoren vorhanden ist. Dieser erweiterte Befehlssatz wird später in diesem Kapitel im Abschnitt "Der erweiterte Befehlssatz der 80186/80286-Mikroprozessoren" behandelt.

In der *geschützten Betriebsart* (Protected Virtual Address Mode) erreicht der 80286 seinen vollen Leistungsumfang. Diese Betriebsart bietet vor allem die Möglichkeit zur Adressierung eines bis zu 1GByte (2^{30} Bytes) großen virtuellen Speichers und zum gegenseitigen Schutz (protection) mehrerer konkurrierender Tasks. Dieser geschützten Betriebsart ist ein zusätzlicher Befehlssatz mit Befehlen zur Systemverwaltung zugeordnet, der *nicht* Gegenstand dieses Buches ist.

Nach einem RESET befindet sich der 80286-Prozessor stets in der ungeschützten Betriebsart und kann durch einen speziellen Befehl in die geschützte Betriebsart übergehen. Es gibt allerdings keinen Befehl, um aus dieser wieder in die ungeschützte Betriebsart zurückzukommen. Dies kann nur durch ein erneutes RESET erfolgen, andernfalls gäbe es die Möglichkeit für eine Task oder einen Benutzer, durch Wechsel in die ungeschützte Betriebsart das gesamte Schutzkonzept zu durchbrechen.

Die Architektur des 80286 - Mikroprozessors

Während die 8086/8088-Prozessoren intern aus den beiden Funktionseinheiten *Execution Unit* und *Bus Interface Unit* bestehen, die teilweise zeitlich parallel arbeiten können, sind es beim 80286-Prozessor vier Funktionseinheiten (siehe Abb.4-1).

Die **Buseinheit (BU)** entspricht in ihrer Funktion der BIU der 8086/8088-Prozessoren und führt alle Zugriffe auf den Arbeitsspeicher und Peripheriechips durch. Sie führt Aufträge der Adressierungseinheit oder eines externen Koprozessors aus. Liegen von diesen keine Anforderungen vor und ist der externe Bus frei, so lädt die Buseinheit selbstständig weitere Bytes Maschinencode aus dem auszuführenden Befehlsstrom (prefetch), und lädt damit eine sechs Bytes große Warteschlange innerhalb der Buseinheit.

Die **Instruktionseinheit (IU)** existiert als eigener Funktionsblock noch nicht bei den 8086/8088-Prozessoren. Beim 80286 entnimmt die IU der Codewarteschlange der BU einzelne Bytes und faßt sie zu Maschinenbefehlen zusammen. Diese Maschinenbefehle werden decodiert und vorverarbeitet, d.h. es werden z.B. Direktwerte vorzeichenrichtig erweitert und Segmentregister-Präfixbytes berücksichtigt. Die so vorbereiteten Befehle werden in einer Warteschlange für decodierte Instruktionen abgelegt.

Die **Ausführungseinheit (EU)** entspricht der EU der 8086/8088-Prozessoren. Hier erfolgt die Ausführung der aus der Warteschlange der IU entnommenen Befehle. Die EU enthält dafür die Arithmetisch Logische Einheit (ALU) und die allgemeinen Register. Die einzelnen Befehle werden durch die Abarbeitung von Mikrobefehlen aus einem im Prozessorchip enthaltenen Mikrocode-ROM ausgeführt. Falls Befehle einen Zugriff auf Speicheroperanden oder Peripheriebausteine benötigen, wird die Adressierungseinheit aufgefordert, eine physikalische Adresse zu bilden. Die dafür erforderlichen Adreßkomponenten stellt die Ausführungseinheit der Adressierungseinheit über ein internes Bussystem zur Verfügung. Beim Schreiben von Ergebnisoperanden in den Arbeitsspeicher kann die Ausführungseinheit sofort den nächsten Befehl bearbeiten, da Adreßrechnung und Buszugriff zeitlich parallel von der Adressierungseinheit und der Buseinheit abgewickelt werden.

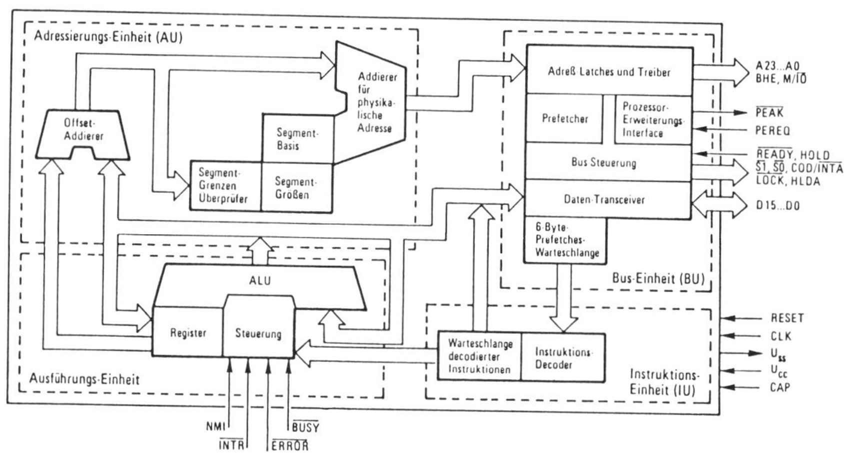

Abb.4-1 Die interne Struktur des 80286-Prozessors

Die **Adressierungseinheit (AU)** vereinigt in sich Funktionen, die bei den 8086/8088-Prozessoren auf EU und BIU verteilt sind. Die *effektive Adresse* eines Speicheroperanden kann sich bei indirekter Adressierung aus bis zu drei Adreßkomponenten (Basis-, Index- und Displacementteil) zusammensetzen. Bei den 8086/8088-Prozessoren werden diese Adreßkomponenten durch die EU addiert, was zu einer Verlängerung der Befehlsausführungszeiten führt. Beim 80286-Prozessor führt die Adressierungseinheit diese Addition aus und prüft zusätzlich, ob Segmentgrenzen überschritten oder Zugriffsrechte verletzt werden. Dann erst wird die effektive Adresse mit der Segmentanfangsadresse des entsprechenden Segmentes addiert, um die physikalische 24Bit-Adresse zu bilden. Diese letzte Funktion wird bei den 8086/8088-Prozessoren von der BIU ausgeführt.

Die höhere Komplexität des 80286-Prozessors zeigt sich auch in der Tatsache, daß er im Vergleich zu den ca. 30000 Transistorfunktionen des 8086-Prozessors 130000 Transistorfunktionen auf dem Prozessorchip enthält.

Die Register des 80286 - Mikroprozessors

Der 80286-Prozessor enthält denselben Registersatz wie der 8086-Prozessor. Alles was im Kapitel 1 zu diesen Registern gesagt wurde, gilt auch für den 80286-Prozessor und muß hier nicht wiederholt werden.

Der Inhalt der vier Segmentregister (CS, DS, ES, SS) wird allerdings in Abhängigkeit von der Betriebsart unterschiedlich interpretiert:

1. In der *ungeschützten* Betriebsart enthält ein Segmentregister wie beim 8086-Prozessor eine Paragraphennummer. d.h. die höherwertigen 16Bit einer 20Bit breiten pysikalischen Segmentanfangsadresse im bis zu 1MByte großen Arbeitsspeicher.

2. In der *geschützten* Betriebsart enthält ein Segmentregister einen sog. *Segmentselektor*. Jedes Segment im System wird durch einen 8 Byte langen *Segmentdeskriptor* beschrieben, der Angaben über Anfangsadresse, Länge, Typ und Zugriffsrechte dieses Segmentes enthält. Nach dem Laden eines Segmentregisters holt

sich der Prozessor den zugehörigen Segmentdeskriptor in ein unsichtbares Cacheregister im Prozessorchip, um keine zusätzlichen Speicherzugriffe für die Berechnung der physikalischen Adressen erforderlich zu machen. Die Segmentdeskriptoren sind in sog. Deskriptortabellen zusammengefaßt, und der Inhalt eines Segmentregisters stellt praktisch einen Index in eine Deskriptortabelle dar.

Das *Flagregister* enthält dieselben 6 Statusflags und 3 Kontrollflags wie beim 8086-Prozessor. Zusätzlich werden jedoch die Bits 12 bis 14 des Flagregisters für die *geschützte* Bertriebsart verwendet. Die Bits 12 und 13 enthalten eine Angabe über den *I/O-privilege level* und das Bit 14 das sog. *nested task flag*. Assemblerprogramme, die in der *ungeschützten* Betriebsart ablaufen, sollten diese Flagbits unverändert lassen.

Zusätzlich zu diesen 14 Registern verfügt der 80286-Prozessor über ein weiteres 16Bit-Register, das Maschinen Status Wort (MSW). In diesem Register ist u.a. in einem Bit angegeben, in welcher Betriebsart sich der Prozessor befindet.

Interrupts in der ungeschützten Betriebsart

Alles, was im Kapitel 8 zur Interruptverarbeitung bei den 8086/8088-Prozessoren gesagt wird, gilt auch für die Interruptverarbeitung des 80286-Prozessors in der *ungeschützten* Betriebsart. Vor allem verfügt auch der 80286-Prozessor über INTR- und NMI-Eingänge für *externe* Interrupts. Der Interruptvektor befindet sich in der ungeschützten Betriebsart ebenfalls am unteren Ende des Arbeitsspeichers. In der *geschützten* Betriebsart hat der Interruptvektor dagegen keine feste physikalische Adresse und es kann nicht direkt auf ihn zugegriffen werden. Programme, die den Interruptvektor direkt verändern wie die Beispielprogramme aus Kapitel 8 sind daher auf 80286-Systemen nur in der ungeschützten Betriebsart ablauffähig.

Der 80286-Prozessor verfügt über dieselben *internen* Interruptquellen wie der 8086-Prozessor, es gibt jedoch einige Erweiterungen:

1. Ein Interrupt vom Typ 5 wird erzeugt, wenn bei der Ausführung eines BOUND-Befehls der angegebene Tabellenindex die Tabellengrenzen überschreitet (siehe BOUND-Befehl).

2. Ein Interrupt vom Typ 6 wird erzeugt, wenn bei der Ausführung eines Befehls ein ungültiger Operationscode festgestellt wird. Dies tritt z.B. ein, falls in der ungeschützten Betriebsart Befehle aus dem geschützten Befehlssatz ausgeführt werden sollen.

3. Ein Interrupt vom Typ 7 wird erzeugt, wenn bei der Ausführung des ESC-Befehls festgestellt wird, daß kein Koprozessor verfügbar ist.

4. Ein Interrupt vom Typ 8 wird erzeugt, wenn die Länge des Interruptvektors durch einen LIDT-Befehl verändert wurde und ein Interrupt auftrat, dessen Vektorelement nicht mehr innerhalb der gültigen Vektorgrenzen liegt.

5. Ein Interrupt vom Typ 9 wird erzeugt, wenn ein Speicheroperand für einen Koprozessor nicht innerhalb eines Segmentes liegt.

6. Ein Interrupt vom Typ 13 wird erzeugt, wenn ein Speicheroperand außerhalb eines Segmentes liegt. In der ungeschützten Betriebsart kann dies nur eintreten, wenn ein Wortoperand mit dem Offset 0FFFFH beginnt.

7. Ein Interrupt vom Typ 16 wird erzeugt, wenn ein numerischer Koprozessor einen Fehler meldet. Dieser Interrupt kann nur während der Ausführung eines folgenden WAIT- oder ESC-Befehls auftreten.

Der erweiterte Befehlssatz der 80186/80286 - Mikroprozessoren

Der Befehlssatz des 80286-Prozessors läßt sich in drei Teile gliedern (siehe Abb.4-2):

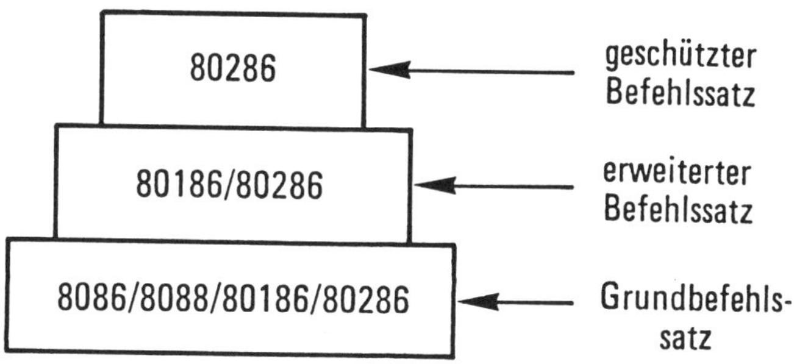

Abb. 4-2 Die Hierarchie der Befehlssätze für den 80286-Prozessor

1. In den *Grundbefehlssatz*, der diejenigen Befehle enthält, die auf allen Prozessoren der 8086/286-Prozessorlinie ablauffähig sind. Dieser Grundbefehlssatz entspricht voll den 8086/8088-Befehlen, wie sie im Kapitel 3 dargestellt sind. Der in Kapitel 2 dargestellte MASM-Macroassembler erstellt standardmäßig Maschinencode mit diesem Grundbefehlssatz.

2. In den *erweiterten Befehlssatz*, der nur für die 80186- und 80286-Prozessoren Gültigkeit hat. Die Befehle dieser Gruppe können vom 80186-Prozessor und von einem in der ungeschützten Betriebsart betriebenen 80286-Prozessor zusätzlich zu den Befehlen aus Gruppe 1 ausgeführt werden. Assemblerquellprogramme, die Befehle der Gruppen 1 und 2 enthalten und

auf 80286-Systemen ablaufen sollen, sollten die .286c-Direktive enthalten (siehe Kapitel 2 "Die Befehlssatzdirektiven").

3. In den *geschützten Befehlssatz* des 80286-Prozessors, der nur in der geschützten Betriebsart ausführbar ist. Assemblerquellprogramme, die Befehle aus dem geschützten Befehlssatz verwenden, müssen die .286p-Direktive enthalten (siehe Kapitel 2 "Die Befehlssatzdirektiven").

Die Befehle des erweiterten Befehlsatzes lassen sich in drei Gruppen einteilen:

1. Modifikationen bestehender Befehle des Grundbefehlssatzes. Dazu gehören Modifikationen der PUSH-, IMUL-, Shift- und Rotierbefehle.

2. Neue Befehle zur blockweisen Ein-/Ausgabe.

3. High Level-Befehle zur Unterstützung höherer Programmiersprachen.

Die Modifikationen bestehender Befehle des Grundbefehlssatzes werden im folgenden knapp erläutert. Die allgemeine Erklärung dieser Befehle erfolgte bereits im Kapitel 3. Die Befehle der Gruppen 2 und 3 werden danach in derselben ausführlichen Weise beschrieben, wie die Befehle des Grundbefehlssatzes im Kapitel 3.

Modifikationen bestehender Befehle des Grundbefehlssatzes:

PUSH erlaubt über Register- und Speicheroperanden hinaus auch das Pushen von 8Bit- oder 16Bit-Direktwerten. Weiterhin gibt es einen Unterschied zwischen den 8086/8088-Prozessoren und dem 80286-Prozessor bei der Ausführung des Befehls PUSH SP. Während der 8086 bei diesem Befehl bereits den um 2 dekrementierten SP-Wert pusht, wird beim 80286 der *vor* Ausführung dieses Befehls bestehende SP-Wert gepusht.

Beispiele:

```
                    .286c
68 ABCD             PUSH  0ABCDH
54                  PUSH  SP
```

POPF kopiert wie im Grundbefehl das Wort, auf das SS:SP zeigt, in das Flagregister. Da das Flagregister des 80286-Prozessors jedoch zusätzlich zu den 9 Flagbits der 8086/8088-Prozessoren noch in den Bits 12 und 13 den *I/O-privilege level* und in Bit 14 das *nested task flag* enthält, ergeben sich einige Einschränkungen. Der I/O-privilege level wird nur geändert, wenn das den POPF-Befehl ausführende Programm den privilege level 0 hat. Das IF-Flag wird nur geändert, wenn das den POPF-Befehl ausführende Programm keine niedrigere Privilegstufe hat wie der aus dem Stack zu übernehmende Wert. Die ungeschützte Betriebsart entspricht dem privilege level 0.

IMUL erlaubt zusätzlich zu den im Grundbefehl möglichen Operandenkombinationen die Angabe eines 16Bit-Registers zur Aufnahme des Produktes. In diesem Fall kann der IMUL-Befehl *zwei* oder *drei* Operanden enthalten. Hat er zwei Operanden, so muß der erste ein allgemeines 16Bit-Register sein, der zweite muß ein 8Bit-Direktwert sein. Das Produkt aus Direktwertoperand und Registerinhalt ersetzt den Registerinhalt. Hat der IMUL-Befehl drei Operanden, so wird der zweite Operand (ein

Speicherwort) mit dem dritten Operanden (einem 8Bit- oder 16Bit-Direktwert) multipliziert und das Produkt in den ersten Operanden (ein 16Bit-Register) abgespeichert. Falls das Produkt die Kapazität des 16Bit-Registers überschreitet, werden CF und OF auf 1 gesetzt.

Beispiele:

```
6B DB FC                IMUL  BX,-4
6B F6 64                IMUL  SI,100
6B 0E 012D R 18         IMUL  CX,WORTVAR,24
6B 1C 0A                IMUL  BX,WORD PTR [SI],10
69 06 012D R 03E8       IMUL  AX,WORTVAR,1000
```

RCL
RCR
ROL
ROR

erlauben über ihre Operandenkombinationen im Grundbefehlsatz hinaus, die Anzahl der Bitpositionen, um die rotiert werden soll, als Konstante im Befehl anzugeben, auch wenn sie größer als 1 ist.

Beispiele:

```
C0 D4 03                RCL  AH,3
C1 DB 08                RCR  BX,8
C0 06 012C R 04         ROL  BYTEVAR,4
C1 0F 02                ROR  WORD PTR [BX],2
```

SAL
SAR
SHL
SHR

erlauben über ihre Operandenkombinationen im Grundbefehlssatz hinaus, die Anzahl der Bitpositionen, um die geshiftet werden soll, als Konstante im Befehl anzugeben, auch wenn sie größer als 1 ist.

Beispiele:

```
C0 E0 05              SAL  AL,5
C1 FA 07              SAR  DX,7
C0 26 012C R 04       SHL  BYTEVAR,4
C1 2C 03              SHR  WORD PTR [SI],3
```

BOUND

BOUND **(check array index against bounds)**
Prüfen eines Tabellenindex mit Grenzwerten

überprüft, ob ein vorzeichenbehafteter Indexwert innerhalb spezifizierter Grenzen liegt. Falls dies *nicht* zutrifft, wird ein Interrupt vom Typ 5 erzeugt. Damit läßt sich einfach sicherstellen, daß ein Befehl mit einem indiziert adressierten Operanden nicht Speicherstellen außerhalb eines bestimmten Bereiches verändern kann.

Operation:

Falls der linke Operand (ein 16Bit-Register) kleiner als das niederwertige Wort oder größer als das höherwertige Wort eines Speicherdoppelwortes ist, das mit dem rechten Operanden adressiert wird, erfolgt ein Interrupt vom Typ 5. Andernfalls hat der Befehl keine Wirkung.

```
if (LIOP) < ((REOP) + 1:(REOP)) or
   (LIOP) > ((REOP+2) + 1:(REOP+2))
   then  INT 5
endif
```

Flags: O D I T S Z A P C
- - - - - - - - -

Maschinencode:

0110 0010	mod reg r/m	adr-low	adr-high

Zeit: 13 Takte

Beispiele:

```
C7 06 FFFC R 0000     MOV  WORD PTR BYTETAB-4,0    ;DOPPELWORT MIT GRENZWERTEN
C7 06 FFFE R 0063     MOV  WORD PTR BYTETAB-2,LENGTH BYTETAB-1  ;LADEN
                      .
62 36 FFFC R          BOUND  SI,DWORD PTR BYTETAB-4    ;VERGLEICH DES INDEX
```

ENTER

ENTER **(make stack frame for procedure parameters) erzeugen eines Stapelrahmens für Prozeduren bei blockstrukturierten höheren Programmiersprachen**

bewirkt die Erzeugung eines Stapelrahmens für Parameter, wie ihn die meisten blockstrukturierten höheren Programmiersprachen verwenden. Der linke Operand (ein 16Bit-Direktwert) gibt an, wieviele Bytes dynamischer Speicher im Stapel für die Prozedur zugewiesen werden sollen. Der rechte Operand (ein 8Bit-Direktwert) gibt die Verschachtelungsebene (LEVEL) der Prozedur innerhalb des höhersprachlichen Quellprogrammes an.

Operation:

```
(LEVEL) <-- REOP mod 32
PUSH  BP
(HILF) <-- (SP)
if (LEVEL) > 0 then
   repeat (LEVEL - 1)mal
          (BP) <-- (BP) - 2
          PUSH  [BP]
   end repeat
   PUSH HILF
endif
(BP) <-- (HILF)
(SP) <-- (SP) - LIOP
```

Maschinencode:

1100 1000	data-low	data-high	level

Flags: O D I T S Z A P C
- - - - - - - - -

Zeit: 11 - 15 Takte

Beispiel:

```
                UPRO  PROC  FAR
C8 0400 03      ENTER  1024,3            ;weist dieser Prozedur 1024
                                         ;Bytes dynamischen Speicher
                                         ;auf dem Stapel zu und erzeugt
                                         ;Zeiger auf zwei übergeordnete
                                         ;Stapelrahmen
                .
                .
C9              LEAVE                    ;Umkehroperation zu ENTER
CA 0006         RET 6
                UPRO  ENDP
```

INS

INS (input from port to string)
INSB (input from port to bytestring)
INSW (input from port to wordstring)
blockweises Einlesen von einem Eingabeport

überträgt Daten von einem Eingabeport, dessen Portadresse in DX enthalten sein muß, in den Speicher an die Adresse ES:DI. Die Speicheradresse muß immer mit dem ES-Segmentregister gebildet werden. Dem Befehl kann der REP-Präfix vorangestellt werden, um eine im CX-Register angegebene Anzahl von Bytes oder Worten blockweise zu übertragen (siehe Kapitel 3 zum REP-Präfix).

Operation:

Der Byte- oder Wortwert, der an dem mit DX spezifizierten Eingabeport anliegt, wird in den Speicher an die Adresse ES:DI übertragen. Nach der Übertragung wird DI in Abhängigkeit vom Directionflag um DELTA erhöht oder erniedrigt, wobei DELTA=1 bei Bytestrings und DELTA=2 bei Wortstrings ist.

```
((ES:DI)) <-- (PORT)
if  (DF) = 0  then  (DI) <-- (DI) + DELTA
                else  (DI) <-- (DI) - DELTA
endif
```

Flags:

O	D	I	T	S	Z	A	P	C
-	-	-	-	-	-	-	-	-

Maschinencode: 0110 110w

w = 0 für Bytestrings
w = 1 für Wortstrings

Zeit: 5 Takte

Beispiele:

```
FC                CLD
B8 ---- R         MOV  AX,SEG BYTETAB
8E C0             MOV  ES,AX
BF 0000 R         MOV  DI,OFFSET BYTETAB
BA FE00           MOV  DX,0FE00H            ;PORTADRESSE
B9 0064           MOV  CX,100               ;BLOCKLAENGE
F3/ 6C            REP INS  BYTETAB,DX       ;IST IDENTISCH MIT
                  ;
F3/ 6C            REP INSB
                  ;
B8 ---- R         MOV  AX,SEG WORTTAB
8E C0             MOV  ES,AX
BF 0064 R         MOV  DI,OFFSET WORTTAB
BA FE80           MOV  DX,0FE80H            ;PORTADRESSE
B9 0064           MOV  CX,100               ;BLOCKLAENGE
F3/ 6D            REP INS  WORTTAB,DX       ;IST IDENTISCH MIT
                  ;
F3/ 6D            REP INSW
```

LEAVE

LEAVE **(high level procedure exit)**
löschen des Stapelrahmens für Prozeduren bei blockstrukturierten höheren Programmiersprachen

bewirkt die Umkehroperation von ENTER und gibt den dynamischen Stapelspeicherbereich, der durch ENTER für diese Prozedur zugeordnet wurde, wieder frei.

Operation:

Der Inhalt von BP wird nach SP kopiert, um den durch den letzten ENTER-Befehl zugeordneten dynamischen Stapelspeicherbereich wieder freizugeben. Danach wird der alte BP-Wert aus dem Stapel gepopt. Ein nachfolgender RET n -Befehl sollte alle Parameter, mit denen die Prozedur aufgerufen wurde, aus dem Stapel entfernen.

```
(SP) <-- (BP)
(BP) <-- ((SP) + 1:(SP))
(SP) <-- (SP) + 2
```

Flags: O D I T S Z A P C
- - - - - - - - -

Maschinencode: 1100 1001

Zeit: 5 Takte

Beispiel:

```
             UPRO  PROC  FAR
C8 0400 03   ENTER  1024,3           ;weist dieser Prozedur 1024
                  .                  ;Bytes dynamischen Speicher
                  .                  ;auf dem Stapel zu
C9           LEAVE                   ;Umkehroperation zu ENTER
CA 0006      RET 6
             UPRO  ENDP
```

OUTS

OUTS **(output string to port)**
OUTSB **(output bytestring to port)**
OUTSW **(output wordstring to port)**
blockweise Ausgabe zu einem Ausgabeport

überträgt Daten von der Speicheradresse DS:SI zu einem Ausgabeport, dessen Portadresse in DX angegeben sein muß. Dem Befehl kann der REP-Präfix vorangestellt werden, um eine im CX-Register angegebene Anzahl von Bytes oder Worten blockweise zu übertragen.

Operation:

Das Byte oder Wort an der Speicheradresse DS:SI wird in den mit dem DX-Register angegebenen Ausgabeport übertragen. Nach der Übertragung wird SI in Abhängigkeit vom Directionflag um DELTA erhöht oder erniedrigt, wobei DELTA=1 bei Bytestrings und DELTA=2 bei Wortstrings ist.

```
(PORT) <-- ((DS:SI))
if  (DF) = 0  then  (SI) <-- (SI) + DELTA
                else  (SI) <-- (SI) - DELTA
endif
```

Flags: O D I T S Z A P C
- - - - - - - - -

Maschinencode: | 0110 111w |

w = 0 für Bytestrings
w = 1 für Wortstrings

Zeit: 5 Takte

OUTS

Beispiele:

```
FC              CLD
B8 ---- R       MOV  AX,SEG BYTETAB
8E D8           MOV  DS,AX
BE 0000 R       MOV  SI,OFFSET BYTETAB
BA B000         MOV  DX,0B000H          ;PORTADRESSE
B9 0064         MOV  CX,100             ;BLOCKLAENGE
F3/ 6E          REP OUTS  DX,BYTETAB    ;IST IDENTISCH MIT

F3/ 6E          REP OUTSB

B8 ---- R       MOV  AX,SEG WORTTAB
8E D8           MOV  DS,AX
BE 0064 R       MOV  SI,OFFSET WORTTAB
BA B080         MOV  DX,0B080H          ;PORTADRESSE
B9 0064         MOV  CX,100             ;BLOCKLAENGE
F3/ 6F          REP OUTS  DX,WORTTAB    ;IST IDENTISCH MIT

F3/ 6F          REP OUTSW
```

POPA

POPA **(pop all general registers)**
laden der allgemeinen Register sowie der Index- und Pointerregister mit acht Worten aus dem Stapel

lädt die acht Register DI,SI,BP,SP,BX,DX,CX und AX in dieser Reihenfolge mit acht Worten aus dem Stapel mit der Ausnahme, daß der Wert für SP *nicht* in das SP-Register geladen wird, sondern unberücksichtigt bleibt.

Operation:

Ein Wort wird von der Spitze des Stapels in das erste Register übertragen. Danach wird SP um 2 inkrementiert. Dies wiederholt sich für alle angegebenen Register mit einer Einschränkung für SP.

```
(DI) <-- ((SP)+1:(SP))
(SP) <-- (SP)+2
(SI) <-- ((SP)+1:(SP))
(SP) <-- (SP)+2
(BP) <-- ((SP)+1:(SP))
(SP) <-- (SP)+2
(SP) <-- (SP)+2
(BX) <-- ((SP)+1:(SP))
(SP) <-- (SP)+2
(DX) <-- ((SP)+1:(SP))
(SP) <-- (SP)+2
(CX) <-- ((SP)+1:(SP))
(SP) <-- (SP)+2
(AX) <-- ((SP)+1:(SP))
(SP) <-- (SP)+2
```

POPA

Flags: O D I T S Z A P C
- - - - - - - - -

Maschinencode: 0110 0001

Zeit: 19 Takte

Beispiel:

```
61                POPA
```

PUSHA

PUSHA **(push all general registers)**
übertragen der allgemeinen Register, der Index- und Pointerregister in den Stapel

überträgt die acht Register AX,CX,DX,BX,SP (alter Inhalt *vor* PUSHA),BP,SI und DI in dieser Reihenfolge in den Stapel. Der Stapelzeiger zeigt danach auf das zuletzt in den Stapel gepushte Wort (DI).

Operation:

SP wird um 2 dekrementiert. Danach wird das erste Register an die Spitze des Stapels übertragen. Dies wiederholt sich, bis alle acht angegebenen Register übertragen wurden.

```
(HILF) <-- (SP)
(SP) <-- (SP)-2
((SP)+1:(SP)) <-- (AX)
(SP) <-- (SP)-2
((SP)+1:(SP)) <-- (CX)
(SP) <-- (SP)-2
((SP)+1:(SP)) <-- (DX)
(SP) <-- (SP)-2
((SP)+1:(SP)) <-- (BX)
(SP) <-- (SP)-2
((SP)+1:(SP)) <-- (HILF)
(SP) <-- (SP)-2
((SP)+1:(SP)) <-- (BP)
(SP) <-- (SP)-2
((SP)+1:(SP)) <-- (SI)
(SP) <-- (SP)-2
((SP)+1:(SP)) <-- (DI)
```

PUSHA

Flags: O D I T S Z A P C
- - - - - - - - -

Maschinencode: 0110 0000

Zeit: 17 Takte

Beispiel:

```
60                    PUSHA
```

5

DIE MACROSPRACHE VON MASM

Benutzungshinweise für dieses Kapitel

Falls Sie mit Macros arbeiten möchten, sollten Sie die Einführung und die Abschnitte "Die Wiederholungsmacros" und "Die Macros mit Definition" durcharbeiten. Die darin enthaltenen Informationen werden in den allermeisten Anwendungsfällen ausreichen. Die danach folgenden Abschnitte dieses Kapitels beziehen sich auf Spezialanwendungen.

In Verbindung mit Macros sind drei Direktiven des MASM-Macroassemblers besonders nützlich, deren Beschreibung Sie im Kapitel 2 nachlesen können:

1. Die INCLUDE-Direktive (S.92)

2. Die .LIST-Direktive (S.120)

3. Die .XLIST-Direktive (S.120)

Einführung

Die Macrosprache des MASM-Assemblers bietet die Möglichkeit, Zeichenfolgen eines Quellprogrammes (Befehle, Direktiven und/oder Kommentare) zu einer vordefinierten Einheit - einem Macro - zusammenzufassen und dieser Einheit einen Namen zu geben. MASM ersetzt während des Übersetzungsvorganges jedes Vorkommen eines Macronamens durch die zugehörige Macrodefinition. Es besteht außerdem die Möglichkeit, in Macrodefinitionen variable Platzhalter (dummys) einzusetzen, die erst zur Assemblierzeit durch konkrete Zeichenfolgen (Parameter) ersetzt werden.

Bei der Assemblerprogrammierung steht man hin und wieder vor der Wahl, eine Teilfunktion durch eine Prozedur oder durch ein Macro zu lösen. Bei der Entscheidung sind folgende Punkte zu berücksichtigen:

1. *Macros* werden bei jedem Aufruf durch die Anweisungsfolge der Macrodefinition ersetzt. Die Länge des entstehenden Maschinenprogrammes wird sich dadurch vergrößern.

2. *Prozeduren* existieren als Befehlsfolge zwar nur einmal im Maschinenprogramm und können beliebig oft aufgerufen werden. Ihr An- und Rücksprung erfordert jedoch einigen Aufwand (siehe Kapitel 6), durch den ein Maschinenprogramm im Vergleich zur Verwendung von Macros verlangsamt wird.

Macros können an beliebigen Stellen einer Quelldatei definiert sein, die Definition muß jedoch immer *vor* dem ersten Aufruf des Macros stehen. Es ist daher sinnvoll, Macrodefinitionen an den Anfang eines Quellprogrammes zu stellen, sie können aber auch in einer eigenen Textdatei enthalten sein, die am Modulanfang mit Hilfe der INCLUDE-Direktive zur Assemblierzeit in das Quellprogramm eingefügt wird. Damit die Listendateien (xxxx.LST) durch Macrodefinitionen nicht unnötig groß werden, ist es empfehlenswert, Macrodefinitionstexte mit Hilfe der .XLIST- und .LIST-Direktiven zu unterdrücken.

Bei der Verwendung von Macros ist es sinnvoll, drei Phasen zu unterscheiden:

1. **Die Definition eines Macros:**

   Ein Macro kann nur aufgerufen werden, wenn es zuvor definiert wurde. Dies geschieht durch die MACRO-Direktive. MASM enthält allerdings auch bereits drei Macrodefinitionen für vordefinierte Macros, die Sie einfach aufrufen können.

2. **Der Aufruf eines Macros:**

   In einem Quellprogramm wird an der Stelle des Programmes, ab der die vordefinierte Zeichenfolge stehen soll, nur der Name des Macros und evtl. die endgültigen Zeichenfolgen für Platzhalter (Parameter) geschrieben. Dies ist der Aufruf eines Macros.

3. **Die Erweiterung eines Macros:**

   Der Aufruf eines Macros wird beim Übersetzen durch die vordefinierte Zeichenfolge und die Platzhalter durch die Parameter im Aufruf ersetzt. MASM kennzeichnet Macroerweiterungszeilen in der Assemblierungsliste mit einer Ziffer, die die Schachtelungstiefe der Macroaufrufe kennzeichnet. Es erscheinen standardmäßig nur die Erweiterungszeilen in der Assemblierungsliste, bei denen auch Maschinencode erzeugt und in die Objektdatei abgelegt wird. Dieser Standard kann mit Hilfe der .LALL-, .SALL- oder .XALL-Direktiven modifiziert werden.

Die Macrosprache von MASM läßt sich folgendermaßen gliedern:

1. **vordefinierte Macros (Wiederholungsmacros)**

   - REPT
   - IRP
   - IRPC

2. Macros mit Definition

- MACRO
- ENDM

3. spezielle Macrodirektiven

- PURGE
- EXITM
- LOCAL

4. spezielle Macrooperatoren

- <>
- &
- ;;
- !
- %

5. Direktiven zur Unterstützung (Beschreibung siehe Kapitel 2)

- =-Direktive
- Bedingungsdirektiven (IFxxx)
- Auflistungsdirektiven
  (.LIST, .XLIST, .LALL, .SALL, .XALL
  .LFCOND, .SFCOND, .TFCOND, %OUT)

6. spezielle Macrotechniken

- Aufruf von Macros in Macros
  Sonderform: *Rekursive* Macros
- Definition von Macros in Macros
  Sonderform: *Redefinition* von Macros

Für die Erklärung der Macrosprache werden folgende Begriffe verwendet:

dummy wird bei der Macrodefinition als symbolischer Platzhalter benutzt. Ein *dummy* wird bei der Erweiterung des Macros durch eine konkrete Zeichenfolge ersetzt, die beim Aufruf des Macros als Parameter angegeben wurde.

dummyliste — ist eine Liste von *dummys*, die durch Kommata voneinander getrennt sein müssen.

argument — ist ein Zeichen oder eine Zeichenfolge, die durch Kommata oder Dreiecksklammern < > begrenzt wird.

argliste — ist eine Liste von Argumenten, die durch Kommata oder Dreiecksklammern voneinander getrennt sind. *argliste* wiederum muß in Dreiecksklammern stehen. Ein Dreiecksklammernpaar ohne ein Zeichen dazwischen (<>) oder zwei Kommata ohne Zeichen dazwischen (,,) erzeugen ein *Leerargument* in der Liste. Leerargumente werden bei der Macroerweiterung als Zeichenkette der Länge 0 berücksichtigt. Bei Dreiecksklammern, die verschachtelt sind, wird jedesmal, wenn ein eingeklammertes Argument in *argliste* benötigt wird, eine Klammernstufe aufgelöst. Alle führenden oder am Ende mitgeführten Leerstellen werden bei den Argumenten gelöscht, es sei denn, sie sind eingeklammert oder mit einem Ausrufezeichen versehen.

parameter — wird bei einem Macroaufruf verwendet. Er ersetzt ein *dummy* der Macrodefinition und ist ein Zeichen oder eine Zeichenfolge, die durch Kommata, Leerstellen, Tabulatorschritte oder Dreiecksklammern < > begrenzt wird.

paramliste wird benutzt, um eine Liste von Parametern darzustellen. Es werden im Gegensatz zu *argliste* keine Dreiecksklammern als Begrenzungszeichen gebraucht. Die Liste wird durch Zeilenende oder einen Kommentar beendet. Es gelten im übrigen dieselben Regeln, wie für *argliste* beschrieben.

Die Wiederholungs-Macros

MASM kennt drei vordefinierte Macros:

- REPT (repeat)
- IRP (indefinite repeat)
- IRPC (indefinite repeat character)

Diese drei Macros werden zur Wiederholung von Zeichenfolgen eingesetzt. Sie sind hauptsächlich als Hilfsmittel in Macrodefinitionen einsetzbar.

Das REPT - Macro

Syntax:

```
REPT   ausdr
.
ENDM
```

Der Block zwischen REPT und ENDM wird *ausdr*mal wiederholt. *ausdr* ist ein nach den Regeln von MASM gebildeter numerischer Ausdruck.

Beispiele:

a) Definition: entfällt

b) Aufruf:

```
REPT 3
DB ?
ENDM
```

c) Erweiterung:

```
1  DB ?
1  DB ?
1  DB ?
```

a) Definition: entfällt

b) Aufruf:

```
Z=2
REPT Z
NOP
ENDM
```

c) Erweiterung:

```
1  NOP
1  NOP
```

Das IRP - Macro

Syntax:

```
IRP  dummy , <argliste>
 .
ENDM
```

argliste muß in Dreiecksklammern eingeschlossen sein. Die Anzahl der Argumente in *argliste* bestimmt die Wiederholungsanzahl. Bei jeder Wiederholung wird *dummy* durch das nächste Argument aus *argliste* ersetzt. Ist es ein Leerargument, so wird *dummy* durch die Zeichenkette der Länge 0 ersetzt.

Beispiele:

a) Definition: entfällt

b) Aufruf:

```
IRP X, <1,2,<3,4>,5,6>
DB  X
ENDM
```

c) Erweiterung:

```
1  DB  1
1  DB  2
1  DB  3,4
1  DB  5
1  DB  6
```

a) Definition: entfällt

b) Aufruf:

```
IRP VAR, <3,0FFH,"Text",7,8>
DB  VAR
ENDM
```

c) Erweiterung:

```
1  DB 3
1  DB 0FFH
1  DB "Text"
1  DB 7
1  DB 8
```

Das IRPC - Macro

Syntax:

```
IRPC dummy , zeichen (oder <zeichen>)
 .
ENDM
```

Die Zeichen können in Dreiecksklammern eingeschlossen sein. Die Anzahl der Zeichen bestimmt die Wiederholungsanzahl. Bei jeder Wiederholung wird *dummy* durch das nächste Zeichen ersetzt.

Beispiele:

a) Definition: entfällt

b) Aufruf:

```
IRPC Y, 1234
DB   Y
ENDM
```

c) Erweiterung:

```
1  DB 1
1  DB 2
1  DB 3
1  DB 4
```

a) Definition: entfällt

b) Aufruf:

```
;Längenermittlung einer Zeichenfolge
LAE = -2  ;wegen "  "
IRPC S, "Text"
LAE = LAE + 1
ENDM
```

c) Erweiterung:

```
; Da kein Maschinencode erzeugt wird,
; wird zwar durch die = Direktive LAE auf 4
; gesetzt, es wird aber keine Erweiterung
; erzeugt
```

Die Macros mit Definition

Durch die MACRO- und ENDM-Direktiven können Sie eine beliebige Anweisungsfolge als Macro definieren und ihr einen Namen geben.

Syntax:

a) Macrodefinition:

```
name  MACRO  [dummyliste]
 .
ENDM
```

b) Macroaufruf:

```
name  [paramliste]
```

name wird nach den Regeln von MASM gebildet und legt den Namen fest, unter dem das Macro aufgerufen werden kann.

dummyliste ist eine wahlfreie Liste von Platzhaltern, die bei der Definition Verwendung finden.

paramliste ist eine wahlfreie Liste von Parametern, die beim Macroaufruf die *dummys* aus der *dummyliste* ersetzen.

Die *dummys* in der *dummyliste* werden beim Aufruf des Macros durch die Parameter von *paramliste* der Reihenfolge entsprechend ersetzt. Die Anzahl der Elemente der *dummyliste* bzw. der *paramliste* ist nur durch die Zeilenlänge begrenzt. Die Anzahl der Parameter, die bei einem Aufruf benutzt werden, muß nicht mit der Anzahl der *dummys* übereinstimmen. Falls mehr Parameter als *dummys* angegeben werden, werden die überzähligen Parameter ignoriert; sind es weniger, werden die überzähligen *dummys* zu Leerargumenten und werden durch den String der Länge 0 ersetzt.

Beispiele:

a) Definition:

```
PUSHALL  MACRO
  PUSH  BP
  MOV   BP, SP
  IRP   REG, <AX,BX,CX,DX,SI,DI,DS,ES>
  PUSH  REG
  ENDM
  PUSHF
ENDM
```

b) Aufruf:

```
PUSHALL
```

c) Erweiterung:

```
1   PUSH BP
1   MOV  BP, SP
2   PUSH AX
2   PUSH BX
2   PUSH CX
2   PUSH DX
2   PUSH SI
2   PUSH DI
2   PUSH DS
2   PUSH ES
1   PUSHF
```

a) Definition:

```
;Unterprogrammaufruf ohne Wertübergabe
CALLUP  MACRO UP, TYP
CALL TYP PTR UP
ENDM
```

b) mögliche Aufrufe:

```
CALLUP  BERECH, NEAR
CALLUP  PRUEF, FAR
```

c) Erweiterungen:

```
1  CALL NEAR PTR BERECH
1  CALL FAR PTR PRUEF
```

Weitere Beispiele:

komfortables GOSUB-Macro

a) Definition:

```
GOSUB  MACRO UP,TYP,WERTE
  PUSH   AX
  IRP    W,<WERTE>
  MOV    AX, W
  PUSH   AX
  ENDM
  CALL TYP PTR UP
  POP AX
ENDM
```

b) mögliche Aufrufe:

```
GOSUB  BERECH,NEAR,WORTVAR
GOSUB  SORT,FAR,<<OFFSET TAB>,<TYPE TAB>,<LENGTH TAB>>
```

c) Erweiterungen:

```
1  PUSH   AX
2  MOV    AX, WORTVAR
2  PUSH   AX
1  CALL   NEAR PTR BERECH
1  POP    AX
   ;
1  PUSH   AX
2  MOV    AX, OFFSET TAB
2  PUSH   AX
2  MOV    AX, TYPE TAB
2  PUSH   AX
2  MOV    AX, LENGTH TAB
2  PUSH   AX
1  CALL   FAR PTR SORT
1  POP    AX
```

Die speziellen Macrodirektiven

Die PURGE-Direktive (siehe auch S. 85)

Syntax:

PURGE   name1 [,name2,...]

Die PURGE-Direktive löscht Macrodefinitionen. Anschließend kann *namex* für einen anderen Zweck benutzt werden. Wird *namex* jedoch wieder für ein Macro verwendet, so ist die PURGE-Direktive überflüssig (siehe Redefinition von Macros).

Beispiel:

```
NICHTS  MACRO
 NOP
ENDM
 .
PURGE   NICHTS
 .
NICHTS  DB ?
```

Die EXITM-Direktive

Die EXITM-Direktive erlaubt das vorzeitige Abbrechen von Macroerweiterungen und weist MASM an, mit der Assemblierung der nächsten Anweisung nach dem Macroaufruf fortzufahren. Die EXITM-Direktive wird vor allem in Verbindung mit Bedingungsdirektiven verwendet (siehe im Kapitel 2 den Abschnitt "Die Bedingungsdirektiven").

Wenn MASM auf eine EXITM-Direktive stößt, beendet er unmittelbar die Erweiterung des Macros. Falls das Macro in äußeren Macros geschachtelt enthalten war, fährt MASM mit der Erweiterung des nächsten umfassenden Macros fort.

Beispiel:

```
IRPC   T,TEXT
IFIDN  <T>,<X>  ; falls ein Buchstabe X ist,
EXITM           ; wird die Macroerweiterung abgebrochen
ENDIF
  .             ; hier können weitere Anweisungen stehen
ENDM
```

Die LOCAL-Direktive

Syntax: LOCAL name1 [,name2,...]

Die LOCAL-Direktive wird benötigt, um eindeutige Marken in Macros zu erzeugen. Falls ein Macro, das eine Marke enthält, mehr als einmal aufgerufen wird, würde MASM sonst eine Fehlermeldung wegen mehrfacher Definition dieser Marke erzeugen. Um dieses Problem zu vermeiden, sollten alle Marken in Macros in einer LOCAL-Direktive angegeben werden. Die LOCAL-Direktive ist nur innerhalb einer MACRO-Definition erlaubt und muß direkt nach der Zeile mit MACRO stehen. Der Assembler ersetzt in einem Modul den ersten auftretenden LOCAL-Namen durch ??0000, den zweiten durch ??0001 usw. bis zu ??FFFF. Dadurch ist sichergestellt, daß bei mehrmaligem Aufruf eines Macros kein Name mehrfach definiert wird.

Beispiel (je nachdem, ob x kleiner, gleich oder größer Null ist, wird y auf -1, 0 oder +1 gesetzt):

a) Definition:

```
SIGNUM MACRO X,Y
       LOCAL  WEITER
       CMP    X,0
       MOV    Y,-1
       JL     WEITER
       INC    Y
       JZ     WEITER
       INC    Y
WEITER:
ENDM
```

b) Aufrufe:

```
SIGNUM   AX,CL
SIGNUM   WERT1,ERGEB
```

c) Erweiterung:

```
1  CMP    AX,0
1  MOV    CL,-1
1  JL     ??0000
1  INC    CL
1  JZ     ??0000
1  INC    CL
1  ??0000:

1  CMP    WERT1,0
1  MOV    ERGEB,-1
1  JL     ??0001
1  INC    ERGEB
1  JZ     ??0001
1  INC    ERGEB
1  ??0001:
```

Die speziellen Macrooperatoren

Der Textzeichenoperator

Innerhalb der Macrosprache von MASM dienen die Dreiecksklammern <> als Textzeichenoperator. Sie veranlassen MASM, den in sie eingeschlossenen Text als ein einzelnes Element zu betrachten, auch wenn er Kommata, Leerstellen oder andere Trennzeichen enthält. Dieser Operator wird sehr häufig für die Übergabe von Parametern bei Macroaufrufen verwendet.

Der & - Operator

Das kaufmännische Und (&) wird in einem Macro verwendet, um fixe Zeichenfolgen mit einem *dummy* zu verketten.

Beispiele:

a) Definition:

```
FEHLER  MACRO   X
        FEHLER&X: PUSH BX
                  MOV  BL, '&X'
                  CALL FEHL
                  POP  BX
        ENDM
```

b) Aufruf:

```
FEHLER  A
```

c) Erweiterung:

```
1 FEHLERA: PUSH BX
1          MOV  BL,'A'
1          CALL FEHL
1          POP  BX
```

a) Definiton:

```
IFF  MACRO  LIOP,VGL,REOP,BEF
     LOCAL  JA, WEITER
            PUSH AX
            MOV  AX, LIOP
            CMP  AX, REOP
            J&VGL JA
            JMP  WEITER
    JA:     BEF
    WEITER: POP  AX
    ENDM
```

b) Aufruf:

```
IFF     WORT1 GE WORT2 <MOV WORT1, 0>
```

c) Erweiterung:

```
1  PUSH  AX
1  MOV   AX, WORT1
1  CMP   AX, WORT2
1  JGE   ??0000
1  JMP   ??0001
1  ??0000:  MOV WORT1, 0
1  ??0001:  POP AX
```

Der ;; - Operator

Falls ein Kommentar in einer Macrodefiniton *nicht* in die Macroerweiterung übernommen werden soll, sollte ihm ein doppeltes Semikolon (;;) vorangestellt werden. Ein Kommentar, dem innerhalb eines Macroblockes zwei Semikolons vorangehen, wird auch dann nicht erweitert, wenn die .LALL-Direktive voranging. Falls Sie für einen Kommentar in einer Macrodefinition das einfache Semikolon verwenden, wird dieser Kommentar in Abhängigkeit von den Listendirektiven .LALL, .XALL und .SALL in jede Erweiterung dieses Macros kopiert. Diese Regeln lassen sich folgendermaßen zusammenfassen:

Listendirektive	Erweiterung von ;	;;
.XALL (Standard)	nur, wenn Maschinencode erzeugt wird	nein
.LALL	ja	nein
.SALL	nein	nein

Beispiel:

a) Definition:

```
XYZ  MACRO
                          ;Übertragung von BX nach AX
          MOV  AX, BX ; von BX nach AX
                          ;;Übertragung von BX nach AX
          MOV  AX, BX ;; von BX nach AX
.LALL
                          ;Übertragung von BX nach AX
          MOV  AX, BX ; von BX nach AX
                          ;;Übertragung von BX nach AX
          MOV  AX, BX ;; von BX nach AX
```

```
.SALL
                        ;Übertragung von BX nach AX
        MOV  AX, BX ; von BX nach AX
                        ;;Übertragung von BX nach AX
        MOV  AX, BX ;; von BX nach AX
```

b) Aufruf:

```
XYZ
```

c) Erweiterung:

```
1  MOV  AX, BX ; von BX nach AX
1  MOV  AX, BX
1  .LALL
1  ;Übertragung von BX nach AX
1  MOV  AX, BX ; von BX nach AX
1  MOV  AX, BX
```

Der ! - Operator

Ein dem Ausrufungszeichen folgendes Zeichen wird zeichenmäßig aufgefaßt, d.h. es verliert seine Sonderbedeutung (!*zeichen* und <*zeichen*> entsprechen sich).

Der % - Operator

Der %-Operator kann nur Parametern beim Macroaufruf vorangestellt werden. Er veranlaßt MASM, die Zeichenfolge des Parameters durch seinen momentanen numerischen Inhalt zur momentan gültigen Basis zu ersetzen. Der %-Operator wird typischerweise in Macroaufrufen verwendet, wenn statt eines Ausdruckes die Ergebnisse des Ausdruckes an ein Macro übergeben werden sollen.

Beispiel ohne % :

a) Definition:

```
GENBYTE  MACRO X
         Z=0
         REPT X
         DB   Z
         Z=Z+1
         ENDM
ENDM
```

b) Aufruf:

```
GENBYTE  2
```

c) Erweiterung:

```
1  DB   Z
1  DB   Z
```

Der Inhalt der Bytes ist nur im Maschinencode ersichtlich

Beispiel mit % :

a) Definition:

```
    HILF  MACRO Y
          DB   Y
        ENDM
GENBYTE  MACRO X
         Z=0
         REPT X
         HILF %Z
         Z=Z+1
         ENDM
        ENDM
```

b) Aufruf:

```
GENBYTE 2
```

c) Erweiterung:

```
1  DB   0
1  DB   1
```

Die speziellen Macrotechniken

Der Aufruf von Macros in Macros

Es ist möglich, in einer Macrodefinition weitere Macros, die zuvor definiert wurden, aufzurufen. Die Verschachtelungstiefe ist theoretisch beliebig tief, hängt jedoch von dem für die Assemblierung zur Verfügung stehenden freien Speicherplatz ab. Sollte der zur Assemblierung zur Verfügung stehende Speicherplatz nicht ausreichen, so bricht MASM den Assemblierungslauf mit der Meldung : ** OUT OF MEMORY ab.

Beispiel: Speicher-Speicher-Übertragungsmacros

a) Definitionen:

```
MOVB  MACRO X,Y
      MOV   AL,Y
      MOV   X,AL
ENDM

MOVW  MACRO X,Y
      PUSH  Y
      POP   X
ENDM

MOVDW MACRO X,Y
      MOVW  <WORD PTR X>,<WORD PTR Y>
      MOVW  <WORD PTR X +2>,<WORD PTR Y +2>
ENDM
```

In diesem dritten Beispiel wird das Macro MOVW in der Macrodefinition MOVDW aufgerufen.

```
MOVSS  MACRO NACH,VON
       IFE (TYPE NACH) - (TYPE VON)
       ;;WENN TYP GLEICH
          IFE (TYPE NACH) - 1
             ;;WENN TYP=1
             MOVB NACH, VON
          ELSE
             IFE (TYPE NACH) - 2
                 ;;WENN TYP=2
                 MOVW NACH, VON
             ELSE
                 ;;WENN TYP=4
                 MOVDW NACH, VON
             ENDIF
          ENDIF
       ELSE
          ;;TYP UNGLEICH
          NOP ;FEHLER: TYP UNGLEICH
       ENDIF
ENDM
```

b) Aufrufe:

```
MOVSS   BYTEVAR1,BYTEVAR2
MOVSS   WORTVAR1,WORTVAR2
MOVSS   VEKTOR1,VEKTOR2
MOVSS   WORTVAR1,BYTEVAR2
```

c) Erweiterungen: (in mehreren Schritten)

1. Schritt:

```
    MOVB    BYTEVAR1,BYTEVAR2
    MOVW    WORTVAR1,WORTVAR2
    MOVDW   VEKTOR1,VEKTOR2
1   NOP     ;FEHLER: TYP UNGLEICH
```

2. Schritt:

```
2   MOV     AL,BYTEVAR2
2   MOV     BYTEVAR1,AL
2   PUSH    WORTVAR2
2   POP     WORTVAR1
    MOVW    <WORD PTR VEKTOR1>,<WORD PTR VEKTOR2>
    MOVW    <WORD PTR VEKTOR1 +2>,<WORD PTR VEKTOR2 +2>
1   NOP     ;FEHLER: TYP UNGLEICH
```

3. Schritt:

```
2   MOV     AL,BYTEVAR2
2   MOV     BYTEVAR1,AL
2   PUSH    WORTVAR2
2   POP     WORTVAR1
3   PUSH    WORD PTR VEKTOR2
3   POP     WORD PTR VEKTOR1
3   PUSH    WORD PTR VEKTOR2 +2
3   POP     WORD PTR VEKTOR1 +2
1   NOP     ;FEHLER: TYP UNGLEICH
```

Rekursive Macros

Wird in einer Macrodefinition dasselbe Macro wieder aufgerufen, so entsteht ein rekursives Macro. Es muß für die Erweiterung eine Abbruchsbedingung besitzen.

Beispiel:

a) Definitionen:

```
M   MACRO OP1,OP2,Z
    Z=Z-1
    IF Z+1
       ;;SOLANGE Z UNGLEICH -1
       MOV AL,BYTE PTR OP2 + Z
       MOV BYTE PTR OP1 + Z,AL
       M  OP1,OP2,%Z            ;;rekursiver Aufruf
    ENDIF
ENDM
```

```
MOVSS  MACRO X,Y
       BREAK=TYPE X
       M  X,Y,%BREAK
ENDM
```

b) Aufruf:

```
MOVSS  WORT1,WORT2
```

c) Erweiterung:

```
1. Schritt:        M   WORT1,WORT2,2

2. Schritt:      1 MOV AL,BYTE PTR WORT2 + 1
                 1 MOV BYTE PTR WORT1 + 1,AL
                   M   WORT1,WORT2,1

3. Schritt:      1 MOV AL,BYTE PTR WORT2 + 1
                 1 MOV BYTE PTR WORT1 + 1,AL
                 2 MOV AL,BYTE PTR WORT2 + 0
                 2 MOV BYTE PTR WORT1 + 0,AL
                   M   WORT1,WORT2,0

4. Schritt:      1 MOV AL,BYTE PTR WORT2 + 1
                 1 MOV BYTE PTR WORT1 + 1,AL
                 2 MOV AL,BYTE PTR WORT2 + 0
                 2 MOV BYTE PTR WORT1 + 0,AL
```

Die Definition von Macros in Macros

Es ist möglich, in einer Macrodefinition ein weiteres Macro zu definieren. Diese innere Definition wird nur dann wirksam, wenn das äußere Macro einmal aufgerufen wird.

Die Redefinition von Macros

Wird bei der Definition von Macros ein Name verwendet, der schon für ein Macro vergeben wurde, so wird das alte Macro redefiniert. Es sind folgende Redefinitionen möglich:

1. Fall:

```
X     MACRO        ;1. Definition von X
        .
      ENDM
X     MACRO        ;Redefinition von X
        .          ;(wird ab sofort wirksam)
      ENDM
```

Beispiel:

```
  HILF  MACRO Z
        BYTE&Z DB Z
  ENDM
  Y=0
  REPT 3
     Y=Y+1
     HILF %Y
  ENDM

2 BYTE1 DB 1
2 BYTE2 DB 2
2 BYTE3 DB 3

  HILF  MACRO Z
        WORT&Z DW Z
  ENDM
  Y=0
  REPT 2
     Y=Y+1
     HILF %Y
  ENDM

2 WORT1 DW 1
2 WORT2 DW 2
```

2. Fall:

```
X   MACRO           ;1. Definition von X
      .
ENDM
Y   MACRO           ;Definition von Y
      .
    X   MACRO       ;Redefinition von X
          .         ;(wird ab 1. Aufruf von Y wirksam)
    ENDM
ENDM
```

Beispiel:

a) Definition:

```
X   MACRO
    DB "Sehr geehrter Herr"
ENDM
Y   MACRO
    DB "Sehr geehrte Frau"
    X  MACRO
       DB "Bezugnehmend auf"
    ENDM
ENDM
```

b) Aufruf:

```
X
Y
X
```

c) Erweiterung:

```
DB "Sehr geehrter Herr"
DB "Sehr geehrte Frau"
DB "Bezugnehmend auf"
```

3. Fall:

```
X   MACRO        ;1. Definition von X
      .
  X   MACRO      ;Redefiniton von X
        .        ;(wird noch während der 1. Erweiterung
  ENDM           ;von X wirksam)
ENDM
```

Beispiele:

a) Definition:

```
BERECH   MACRO X,Y
         KONSTANTEN SEGMENT
                WERT1 DW 1234H
                WERT2 DW 3A2CH
         KONSTANTEN ENDS
;;REDEFINITION
         BERECH MACRO X1,Y1
                MOV AX,X1
                OR  AX,WERT1
                AND AX,WERT2
                MOV Y1,AX
         ENDM
         ;;AUFRUF DER REDEFINITION
         BERECH  X,Y
ENDM
```

b) Aufruf:

```
BERECH  WORT1,WORT2
   .
BERECH  WORT3,WORT4
```

c) Erweiterung (nicht vollständig wiedergegeben):

```
1  KONSTANTEN  SEGMENT
1    WERT1 DW 1234H
1    WERT2 DW 3A2CH
1  KONSTANTEN ENDS
2   MOV AX,WORT1
2   OR AX,WERT1
2   AND AX,WERT2
2   MOV WORT2,AX
      .
1   MOV AX,WORT3
1   OR AX,WERT1
1   AND AX,WERT2
1   MOV WORT4,AX
```

6

DIE UNTERPROGRAMMTECHNIKEN UND DAS ARBEITEN MIT STAPEL-SEGMENTEN

Benutzungshinweise für dieses Kapitel

Dieses Kapitel ist didaktisch so aufgebaut, daß Sie den größten Gewinn davon haben, wenn Sie es *vollständig* durcharbeiten. In ihm wird auf eine Reihe von *Direktiven* Bezug genommen, die speziell für die Unterprogrammtechniken wichtig sind und die Sie vermutlich vorher noch nicht kennengelernt haben. Diese Direktiven sind sämtlich im Kapitel 2 beschrieben. Die folgende Zusammenstellung soll Ihnen einen schnelleren Zugriff auf ihre Beschreibungen ermöglichen:

Neben diesen Direktiven sind für die Unterprogrammtechniken vor allem die Befehle PUSH, POP, PUSHF, POPF, CALL und RET interessant, deren Beschreibungen Sie im alphabetisch geordneten Teil des Kapitels 3 leicht finden können.

Wenn Sie schließlich modular programmieren wollen, d.h., wenn Sie mit vielen Unterprogrammen arbeiten, empfehle Ich Ihnen, die Verwaltung Ihrer Objektmodule durch die Bibliotheksverwaltung MS-LIB vorzunehmen, die im Kapitel 9 ab der Seite 560 beschrieben ist.

Das Stapel-Konzept

Ein *Stack*, im Deutschen *Stapel* oder *Kellerspeicher* genannt, bezeichnet einen Arbeitsspeicherbereich, der für die kurzzeitige Zwischenspeicherung von Daten verwendet wird. Stacksegmente liegen bei 8086/286-Systemen wie Datensegmente im RAM-Speicher, werden im Unterschied zu Datensegmenten jedoch in einer fest vorgegebenen *chronologischen Reihenfolge* beschrieben und ausgelesen. Die Daten (genauer: dasjenige 16Bit-Wort), die als letzte in den Stapel geschrieben wurden, werden als erste wieder ausgelesen. Dieses Prinzip bezeichnet man als *last in, first out (LIFO)*. Es unterscheidet sich grundsätzlich vom *Warteschlangenprinzip (first in, first out (FIFO))*, bei dem die Daten exakt in der Reihenfolge, in der sie in die Warteschlange eingetragen wurden, auch wieder ausgelesen werden.

Wie für das Warteschlangenkonzept z.B. eine Warteschlange vor einer Kinokasse ein anschauliches Beispiel darstellt, so ist für das Stackkonzept ein Tellerstapel eine gute Analogie. Es kann immer nur der jeweils zuletzt auf den Stapel gelegte Teller als erster wieder weggenommen werden.

Das Stapelkonzept spielt eine wichtige Rolle bei modernen Programmiertechniken. Bei 8086/286-gestützten Computersystemen können Stapelsegmente ähnlich wie Datensegmente definiert werden. Stapelsegmente werden jedoch stets nur *wortweise* beschrieben und gelesen. Ein Zeiger, der im allgemeinen Registersatz des 8086/286-Prozessors enthaltene Stapelzeiger (Stackpointer), zeigt dabei auf das jeweils zuletzt in den Stapel geschriebene Wort.

Der Stapel wird immer beginnend mit der höchsten Adresse des Stapelsegmentes beschrieben. Er wächst somit von unten nach oben, d.h. von hohen nach niederen Adressen. Das SS-Register enthält dabei, ähnlich wie das DS-Register bei Datensegmenten, die Paragraphennummer des Stacksegmentanfangs. Der Stackpointer enthält den Offset des zuletzt in den Stapel geschriebenen Wortes, er zeigt also immer auf die Stapelspitze.

Ein Stapelsegment mit 100 Worten läßt sich somit folgendermaßen definieren:

```
STAPEL    SEGMENT
          DW 100 DUP (?)
ST_SPITZE LABEL WORD
STAPEL    ENDS
```

In einem zugehörigen Codesegment müssen nun SS und SP initialisiert werden:

```
ASSUME  SS:STAPEL,.......
        MOV  AX,STAPEL
        MOV  SS,AX
        MOV  SP,OFFSET ST_SPITZE
```

Hinweis:

Wird ein Programm unter MS-DOS ablauffähig entwickelt, so muß die Initialisierung von SS und SP entfallen, da dann der LINKER dem LOADER die erforderlichen SS- bzw. SP-Werte übermittelt, die letzterer beim Laden des Programmes einsetzt. Es muß allerdings dem LINKER durch die STACK-Verbindung in der Segment-Direktive ein Hinweis gegeben werden, welche der Segmente eines Programmes als Stapelsegmente zu interpretieren sind (siehe hierzu auch die Beschreibung der SEGMENT-Direktive in Kapitel 2). Ein unter MS-DOS entwickeltes Assemblerprogramm, das ein Stapelsegment benötigt, könnte damit z.B. die folgenden Direktiven enthalten:

```
STAPEL  SEGMENT  STACK
        DW   100 DUP (?)
STAPEL  ENDS

ASSUME  SS:STAPEL,......
```

Der Stapelzeiger zeigt nach seiner Initialisierung auf das erste Wort nach dem Ende des Stapelsegments:

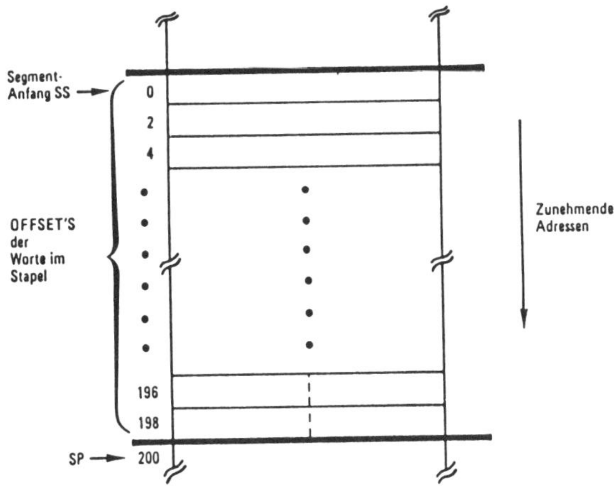

Abb. 6-1 Aufbau eines Stapelsegmentes

Das explizite Beschreiben des Stapels erfolgt durch die Befehle PUSH und PUSHF, durch die der Stapelzeiger um 2 dekrementiert und anschließend der Operand auf das durch SS und SP adressierte Wort abgespeichert wird. Jeder folgende PUSH-Befehl erniedrigt den Stapelzeiger jeweils um 2 und schreibt den Inhalt des im PUSH-Befehl angegebenen Operanden (das kann ein 16Bit-Register oder ein Speicherwort sein) in das durch SS und SP adressierte Speicherwort im Stapelsegment. Aufeinanderfolgende PUSH-Befehle *stapeln* somit ihre Operanden übereinander in das Stapelsegment, das dadurch von seinem unteren Ende (hohe Adresse) zu seinem Anfang hin (niedere Adresse) beschrieben wird.

Bezogen auf das Stapelsegment aus Abb. 6-1 würden die Befehle

```
MOV   AX,1234H
PUSH  AX
```

zu folgendem Speicheraufbau führen:

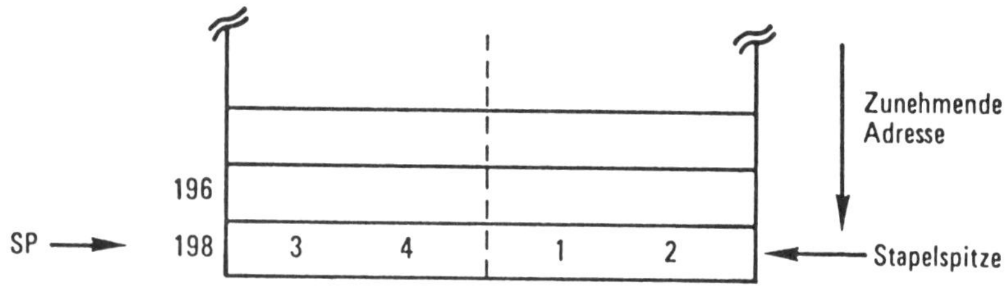

Abb. 6-2 Ein Wort an der Stapelspitze

Beim expliziten Lesen des Stapels durch die Befehle POP und POPF wird jeweils das Wort von der Spitze des Stapels, auf das SP zeigt, in den angegebenen Wortoperanden (Register oder Speicher) übertragen und anschließend SP um 2 erhöht.

Stapel werden bei der Assemblerprogrammierung vorwiegend verwendet für

1. das *kurzzeitige Zwischenspeichern (Retten) von Registerinhalten*, falls die Register nicht ausreichen oder wie im Fall des Schleifenzählers CX bei geschachtelten Schleifen mehrfach verwendet werden müssen, und für

2. die *Unterprogrammtechniken.* In diesem Fall spielt der Stapel vor allem für die Speicherung der Rückkehradressen und für die Übergabe von Parametern eine entscheidende Rolle.

Die Unterprogrammtechniken

Das Unterprogrammkonzept gehört zu den wesentlichsten Merkmalen einer effektiven und gut strukturierten Programmiertechnik. Jede moderne Programmiersprache ermöglicht daher die

Zusammenfassung einer Befehlsfolge zu einem Unterprogramm, das von beliebigen Stellen eines anderen Programmes aus aufgerufen und ausgeführt werden kann.

Ein Unterprogrammaufruf lenkt also den Fluß der Befehlsabarbeitung kurzfristig vom aufrufenden Programm auf die Befehlsfolge des Unterprogrammes um. Der Aufruf eines spezifischen Unterprogrammes erscheint im aufrufenden Programm wie ein sehr mächtiger Befehl, der genau diejenigen Funktionen ausführt, die im Unterprogramm definiert sind. In 8086/286-Assemblerprogrammen werden Unterprogramme durch CALL-Befehle aufgerufen.

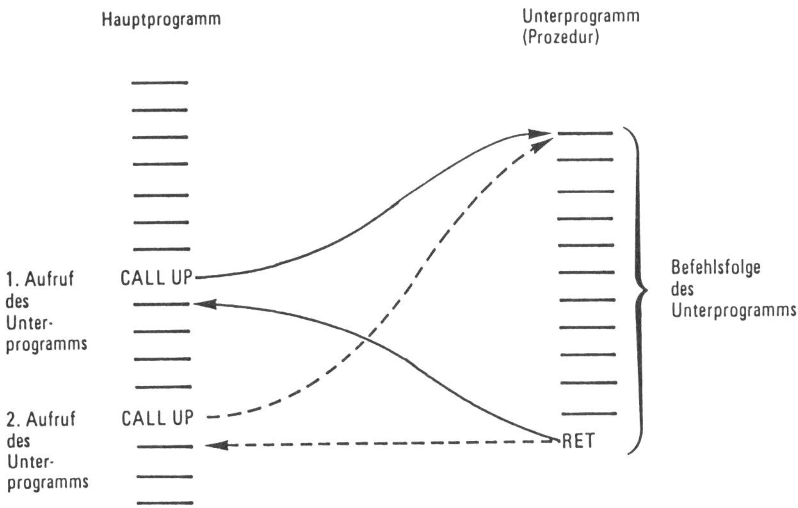

Abb. 6-3 Schema eines Unterprogrammaufrufes

Der CALL-Befehl speichert die *Rückkehradresse*, d.h. die Adresse des auf den CALL folgenden Befehls bzw. den momentanen IP- und gegebenenfalls auch CS-Inhalt im Stapel und führt dann einen *unbedingten Sprung* an den Anfang des Unterprogrammes aus.

Nach Abarbeitung des Unterprogrammes erfolgt der Rücksprung in das aufrufende Programm durch die Ausführung eines RET-Befehls (RETURN). Der RET-Befehl holt sich die Rückkehradresse von der Spitze des Stapels und lädt damit IP und gegebenenfalls auch CS.

Jeder Unterprogrammaufruf sichert somit die Rückkehradresse durch einen impliziten PUSH auf den Stapel. Jeder RET-Befehl holt sich wieder die entsprechende Rückkehradresse durch einen impliziten POP-Befehl aus dem Stapel. Was passiert aber, wenn ein Unterprogramm seinerseits ein weiteres Unterprogramm aufruft, bevor es durch einen RET-Befehl beendet wird? Man bezeichnet dies als *geschachtelte Unterprogrammaufrufe*. Diese Form von Aufrufstrukturen tritt häufig beim modularen Programmieren auf, d.h. immer dann, wenn eine umfangreiche Aufgabe in geeignete Module zerlegt worden ist. In der Abb. 6-4 ist diese modulare Programmstruktur schematisch dargestellt:

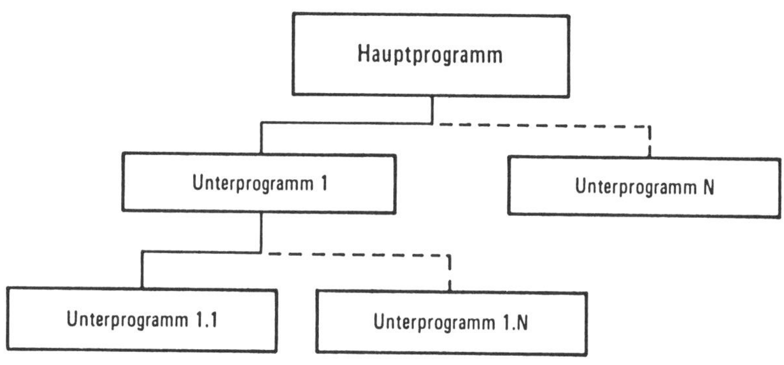

Abb. 6-4 Modulare Programmstruktur

Dafür, daß bei solchen komplexen Aufrufstrukturen der Rücksprung aus den Unterprogrammen zum jeweils aufrufenden Programm korrekt erfolgt, ist die chronologische Struktur des Stapels verantwortlich; d.h. die Tatsache, daß die jeweils zuletzt eingeschriebene Rückkehradresse als erste wieder ausgelesen wird.

Abb. 6-5 zeigt dieses dynamische Verhalten des Stapels für die Programmstruktur aus Abb. 6-4

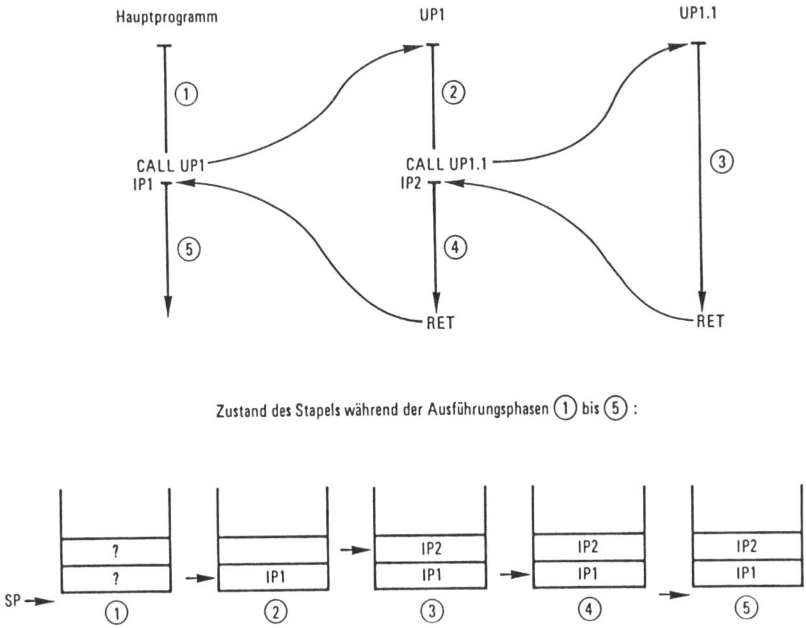

Abb. 6-5 Geschachtelte Unterprogrammaufrufe und der Stapel

Der formale Aufbau von Assemblerprozeduren

Unterprogramme werden in der MASM-Assemblersprache auch als *Prozeduren* bezeichnet. Ich werde in der Folge beide Bezeichnungen gleichermaßen verwenden.

Ein Unterprogramm wird definiert, indem seine jeweils spezifische Befehlsfolge in PROC- und ENDP-Direktiven eingeschlossen wird. Beide Direktiven müssen den Namen enthalten, unter dem das Unterprogramm aufgerufen werden soll. Eine detaillierte Beschreibung der PROC- und ENDP- Direktiven ist im Kapitel 2 enthalten.

Falls Sie ein Assemblerunterprogramm schreiben wollen, sollten Sie zunächst klären, ob Sie dieses Unterprogramm nur für ein bestimmtes Hauptprogramm brauchen oder ob Sie es für den Aufruf von ganz unterschiedlichen Programmen aus verfügbar halten wollen. Behandeln wir zunächst den ersten Fall.

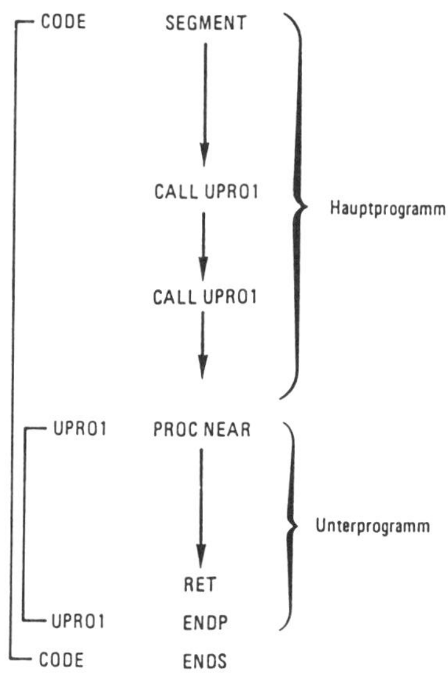

Abb. 6-6 Programmstruktur mit NEAR-Prozedur

In diesem Fall können das Unterprogramm und das aufrufende Programm gemeinsam in *einem* Codesegment liegen. Hauptprogramm und Unterprogramm bilden somit eine *untrennbare Einheit*. Beim Aufruf des Unterprogrammes durch den Befehl CALL UPRO1 wird nur der momentane IP-Inhalt als Rückkehradresse in den Stapel geschrieben und IP mit dem Offset des ersten Befehls der Prozedur geladen. Zur genauen Funktionsweise des CALL-Befehls lesen Sie bitte die Befehlsbeschreibung im Kapitel 3 durch. Da sich hier Ansprung und Rücksprung ohne Änderung des Codesegmentregisters vollziehen, spricht man von einem NEAR-Call und einem NEAR-Return. Das Übersetzungsprogramm erkennt den Typ der Prozedur aus dem Parameter NEAR in der PROC-Direktive und assembliert den entsprechenden Maschinencode für die Call-Befehle und den Ret-Befehl.

Das folgende Assemblerlisting soll die Programmstruktur aus Abb. 6-6 verdeutlichen, wobei die logische Funktion des Unterprogrammes für diesen Zweck keine Rolle spielt. In diesem Fall addiert das Unterprogramm lediglich die Register AX und BX und liefert die Summe in AX zurück.

```
Microsoft (R) Macro Assembler  Version 4.00                 3/7/87 16:04:52

BEISPIEL FUER NEAR-PROZEDUR                                 Page     1-1


                                     PAGE    80,132
                                     TITLE   BEISPIEL FUER NEAR-PROZEDUR
 0000                                STAPEL  SEGMENT STACK
 0000   0032[                                DW      50  DUP (?)
              ????
                            ]

 0064                                STAPEL  ENDS
 0000                                CODE    SEGMENT
                                             ASSUME  CS:CODE,SS:STAPEL
 0000   90                           START:  NOP
 0001   B8 0001                              MOV     AX,1
 0004   BB 0002                              MOV     BX,2
 0007   E8 000F R                            CALL    UPRO1
 000A   40                                   INC     AX
 000B   E8 000F R                            CALL    UPRO1
 000E   90                                   NOP
                                             ;FORTSETZUND DES
                                             ;HAUPTPROGRAMMES
 000F                                UPRO1   PROC    NEAR
 000F   03 C3                                ADD     AX,BX
 0011   C3                                   RET
                                     UPRO1   ENDP
 0012                                CODE    ENDS
                                             END     START
```

Im zweiten Fall werden Unterprogramme *getrennt* von den sie jeweils aufrufenden Programmen codiert, assembliert und auch ausgetestet. Diese Vorgehensweise ist grundlegend für das sog. *modu-*

lare Programmieren. Dabei wird im allgemeinen eine umfangreiche Aufgabe in eine Anzahl von Bausteinen (Module) mit genau definierten Funktionen und Schnittstellen zerlegt. Diese einzelnen Module lassen sich dann - unter Umständen auch arbeitsteilig - unabhängig voneinander entwickeln und können dann später zu einem Gesamtprogrammsystem integriert werden. Diese Vorgehensweise stellt eine wesentliche Grundlage des Software Engineering dar.

Bezogen auf die MASM-Assemblersprache bedeutet dieser modulare Programmierstil folgendes: Aufrufendes Programm und aufgerufene Prozedur sind in *unterschiedlichen Codesegmenten* definiert. Daher muß sich beim Aufruf des Unterprogrammes sowohl IP als auch CS ändern. Auch die Rückkehradresse ins aufrufende Programm besteht somit aus *zwei* Worten für CS und IP. Unterprogramme dieses Typs werden als FAR-Prozeduren bezeichnet. Dementsprechend gibt es auch die Bezeichnungen FAR-Call und FAR-Return.

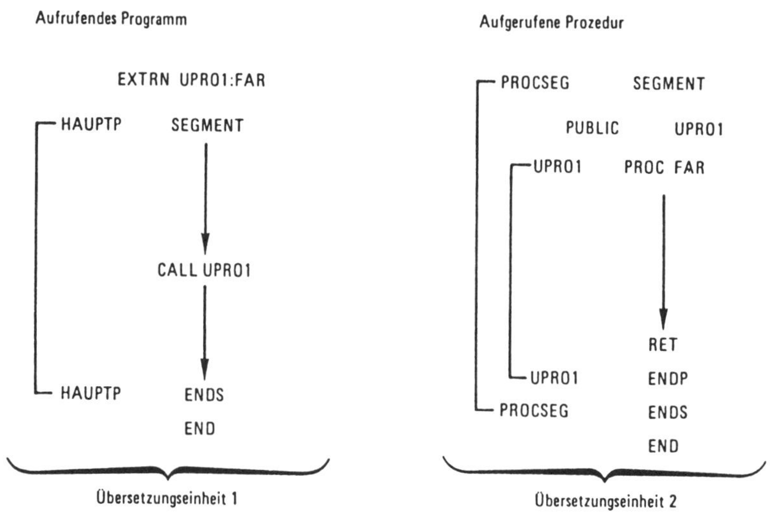

Abb. 6-7 Programmstruktur mit FAR-Prozedur

In diesem Fall kann das Unterprogramm UPRO1 unabhängig vom aufrufenden Programm codiert, assembliert und getestet wer-

```
Microsoft (R) Macro Assembler  Version 4.00                3/7/87 16:17:11

BEISP1: UEBERSETZUNGSEINHEIT 1                             Page     1-1


                                    PAGE    80,132
                                    TITLE   BEISP1: UEBERSETZUNGSEINHEIT 1
 0000                               STACK   SEGMENT STACK
 0000   0032[                               DW      50 DUP(?)
              ????
                         ]

 0064                               STACK   ENDS
                                    ;
                                    EXTRN   UPRO1:FAR
                                    ;
 0000                               HAUPTP  SEGMENT
                                            ASSUME  CS:HAUPTP,SS:STACK
 0000   90                          START:  NOP
 0001   B8 0001                             MOV     AX,1
 0004   BB 0002                             MOV     BX,2
 0007   9A 0000 ---- E                      CALL    UPRO1
 000C   90                                  NOP
                                            ;FORTSETZUNG DES
                                            ;HAUPTPROGRAMMES
 000D                               HAUPTP  ENDS
                                            END     START
```

```
Microsoft (R) Macro Assembler  Version 4.00                3/7/87 16:18:30

BEISP2: UEBERSETZUNGSEINHEIT 2                             Page     1-1


                                    PAGE 80,132
                                    TITLE   BEISP2: UEBERSETZUNGSEINHEIT 2
                                    ;
 0000                               PROCSEG SEGMENT
                                            ASSUME  CS:PROCSEG
                                            PUBLIC  UPRO1
 0000                               UPRO1   PROC    FAR
 0000   03 C3                               ADD     AX,BX
 0002   CB                                  RET
                                    UPRO1   ENDP
 0003                               PROCSEG ENDS
                                            END
```

den, d.h. ein *Baustein* kann erstellt werden, ohne daß bereits andere erforderliche Module fertiggestellt sein müssen. Im allgemeinen werden dann solche ausgetesteten Module in Unterprogrammbibliotheken abgespeichert und können durch einen geeigneten Linkeraufruf mit anderen Modulen verbunden werden. Genauere Informationen zu dieser Vorgehensweise sind im Kapitel 9 enthalten, vor allem in den Abschnitten zum Linker und zur Bibliotheksverwaltung. Ein detailliertes Beispiel für das Testen eines isolierten Unterprogrammes ist in dem Abschnitt 'Eine Testsitzung mit DEBUG' enthalten.

Das Assemblerlisting auf der vorhergehenden Seite soll die Programmstruktur von Abb. 6-7 verdeutlichen, wobei die logische Funktion wieder nebensächlich ist.

Dabei verdienen mehrere Punkte Beachtung:

1. Beim Übersetzen der Übersetzungseinheit 1 stößt der Assemblierer in diesem Fall auf den Prozedurnamen UPRO1, der in dieser Übersetzungseinheit *nicht* definiert ist. Der Assemblierer benötigt somit einen Hinweis, daß es sich um einen externen Namen handelt.

2. Dies erfolgt durch die EXTRN-Direktive (siehe Kap. 2), die *zuvor und außerhalb eines Segmentes* stehen muß. Steht sie danach, ergeben sich Vorwärtsreferenzprobleme beim Assemblieren und steht sie innerhalb eines Segments, so wird der CALL-Maschinencode so vom Binder korrigiert, daß CS mit dem Anfangsparagraphen dieses Segments und nicht mit dem des Unterprogrammsegments geladen wird. Den Typ FAR benötigt der Assembler ebenfalls, um einen FAR-CALL-Maschinencode zu bilden, der sich von einem NEAR-CALL-Maschinencode unterscheidet.

3. Damit schließlich diese getrennt übersetzten Programmeinheiten korrekt zusammengefügt werden können, muß zu jeder EXTRN-Direktive in einem anderen Modul eine entsprechende PUBLIC-Direktive vorhanden sein. Die PUBLIC-Direktive in Übersetzungseinheit 2 bewirkt das Anlegen eines Hinweisfeldes für den Binder im Vorspann des assemblierten Moduls. Somit

steht der symbolische Prozedurname UPRO1 auch nach dem Assemblieren zur Verfügung und kann vom Linker dazu benutzt werden, den entsprechenden Modul z.B. in einer Unterprogrammbibliothek zu identifizieren, um ihn zu einem aufrufenden Programm dazuzubinden.

Objektdateien, Module und Prozeduren

Ich habe bereits laufend den Begriff Modul verwendet, ohne präzise zu erklären, was damit gemeint ist. Für MS-DOS ist ein Modul das Produkt eines Übersetzungsvorganges, d.h. ein Modul ist in einer *Objektdatei* abgespeichert. Damit entstehen Module nicht nur durch einen Assemblierungslauf, sondern ebenso durch Kompilierung von in höheren Programmiersprachen geschriebenen Quellprogrammen. Wir interessieren uns hier jedoch speziell für Module, die durch Assemblierung aus Assemblerquellprogrammen erzeugt wurden. Bei genauer Betrachtung ergeben sich drei abgestufte Ebenen, die bereits im Titel dieses Abschnittes angesprochen sind:

Eine Objektdatei enthält im allgemeinen einen Programmodul, der - falls es sich *nicht* um ein Hauptprogramm handelt - wiederum aus einer oder mehreren *Prozeduren* bestehen kann. Wir haben also die Reihenfolge der Ebenen:

Objektdatei - Modul - Prozedur(en)

Jede dieser Ebenen hat spezifische Funktionen und folgt spezifischen Regeln der *Namensgebung*.

Die *Dateiebene* ist relevant für MS-DOS und wird benötigt, um Disketten- oder Festplattenspeicherplatz ansprechen zu können. Die Namen der Objektdateien werden von MASM standardmäßig aus den Namen der assemblierten Quelldateien abgeleitet, indem der Hauptnamensbestandteil durch .OBJ erweitert wird.

Ein in einer Objektdatei enthaltener *Objektmodul* ist eine nicht mehr aufteilbare Einheit für den *Bindeprozeß*. D.h. der Linker kann nur vollständige Module verbinden. Er kann nicht Teile eines

Moduls dazubinden, andere Teile jedoch unberücksichtigt lassen. Sind in einem Modul also mehrere Prozeduren enthalten, von denen z.B. nur eine benötigt wird, so muß der Linker auch die nichtbenötigten Prozeduren zum Lademodul dazubinden. In diesem Fall entstände ein Maschinenprogramm, das 'tote' Codeteile enthält. Dies läßt sich verhindern, indem man wie in Abb. 6-7 dargestellt nur jeweils eine Prozedur pro Übersetzungseinheit definiert und eigenständig übersetzt.

Der *Modulname* wird also vom Linker für den Bindeprozeß benötigt. Auch die Bibliotheksverwaltung verwendet ihn. Falls der Programmierer keinen expliziten Modulnamen mit der NAME-Direktive angegeben hat (zur NAME-Direktive siehe Kapitel 2), erzeugt MASM standardmäßig einen Modulnamen. Dazu nimmt MASM den Quelldateinamen und verwendet die ersten sechs Zeichen als Modulnamen.

In einem Modul können also eine oder mehrere *Prozeduren* enthalten sein. Ihre Namen werden in PROC-Direktiven vom Programmierer festgelegt und durch die PUBLIC-Direktive auch nach der Assemblierung verfügbar gehalten. Dieser PUBLIC-Name ist für den Linker wesentlich: Benötigt der Linker ein bestimmtes Unterprogramm, so sucht er beispielsweise in einer angegebenen Bibliothek nach einem entsprechenden PUBLIC-Namen. Hat er diesen gefunden, so bindet er den *gesamten* Modul, in dem dieser PUBLIC-Name definiert ist, zum Lademodul dazu.

Die Parameterübergabe an Prozeduren

Zwischen aufrufenden Programmen und aufgerufenen Prozeduren müssen im allgemeinen Daten ausgetauscht werden. Entsprechend der Richtung des Datenaustausches bezeichnet man diese Daten als *Eingangsparameter* oder *Ausgangsparameter* der Prozedur. Parameter können entweder in Registern oder im Arbeitsspeicher übergeben werden. Die Parameterübergabe in Registern ist zwar schneller, dafür jedoch nur in speziellen Sonderfällen sinnvoll und anwendbar.

Das folgende Programmbeispiel soll die Parameterübergabe in Registern verdeutlichen. Eine Tabelle, bestehend aus beliebig vielen 16Bit-Worten, deren Inhalt als binäre vorzeichenbehaftete Zahlen interpretiert wird, soll nach dem größten Element durchsucht werden. Als Eingangsparameter der Prozedur sollen der Offset der Tabelle in BX, die Segmentanfangsadresse in DS und die Anzahl der Elemente in CX übergeben werden. Das ermittelte Maximum soll als Ausgangsparameter in AX zurückgegeben werden.

Das aufrufende Programm könnte folgende Assembleranweisungen enthalten:

```
EXTRN  MAXIMUM  FAR
         .
TAB    DW   100 DUP (?)
MAX    DW   ?
         .
         .
MOV    BX, OFFSET TAB  ;ÜBERGABE DES OFFSETS VON TAB
MOV    CX, LENGTH TAB  ;ANZAHL DER TABELLENELEMENTE
CALL   MAXIMUM         ;PROZEDURAUFRUF
MOV    MAX, AX         ;RÜCKGABEPARAMETER ABSPEICHERN
```

Die aufgerufene FAR-Prozedur könnte wie auf der folgenden Seite dargestellt aussehen.

```
  0000                            PAGE 80,132
  0000   0014[                    STACK   SEGMENT STACK
                                          DW 20 DUP (?)
                  ????
                           ]

  0028                            STACK   ENDS

  0000                            MAX_SEG SEGMENT
                                          ASSUME CS:MAX_SEG,SS:STACK
                                  PUBLIC  MAXIMUM
                                  ;*****************************************************
                                  ;  DIESE PROZEDUR DURCHSUCHT EINE WORTTABELLE MIT VORZEICHEN-
                                  ;  BEHAFTETEN DUALZAHLEN NACH DEM GROESSTEN ELEMENT
                                  ;  EINGANGSPARAMETER: BX OFFSET DER WORTTABELLE
                                  ;                     CX ANZAHL DER TABELLENELEMENTE
                                  ;  AUSGANGSPARAMETER: AX DAS GEFUNDENE MAXIMUM
                                  ;*****************************************************
  0000                            MAXIMUM PROC    FAR
  0000   51                               PUSH    CX
  0001   56                               PUSH    SI      ;VERWENDETE REGISTER RETTEN
  0002   BE 0000                          MOV     SI,0    ;STARTINDEX=0
  0005   B8 8000                          MOV     AX,8000H;ANFANGSVERGLEICHSWERT=KLEINSTER WERT
  0008   3B 00                    SCHL:   CMP     AX,[BX][SI] ;VERGLEICH MIT TABELLENELEMENT
  000A   7D 02                            JGE     NAECHSTES
  000C   8B 00                            MOV     AX,[BX][SI] ;NEUER VERGLEICHSWERT
  000E                            NAECHSTES:
  000E   46                               INC     SI
  000F   46                               INC     SI      ;INDEX ERHOEHEN
  0010   E2 F6                            LOOP    SCHL
                                          ;DAS MAXIMUM STEHT JETZT IN AX
  0012   5E                               POP     SI
  0013   59                               POP     CX
  0014   CB                               RET
                                  MAXIMUM ENDP
  0015                            MAX_SEG ENDS
                                          END
```

Die Parameterübergabe in Registern kann bei mehrfach geschachtelten Unterprogrammen leicht unübersichtlich und dadurch fehlerhaft werden. Ein wesentliches Argument gegen die Übergabe in Registern ist jedoch die Tatsache, daß die meisten höheren Programmiersprachen beim Unterprogrammaufruf eine Parameterübergabe über den STACK standardmäßig vorsehen, so daß nur bei dieser Art der Parameterübergabe das korrekte Zusammenwirken von in verschiedenen Quellsprachen geschriebenen Programmodulen gewährleistet ist.

Reine *Eingabeparameter* (Werteparameter) werden dabei folgendermaßen übergeben:

Aufrufendes Programm:

```
EXTRN           UP:FAR

BYTE1           DB        ?
WORT1           DW        ?
DWORT1          DD        ?

                MOV       AL,BYTE1
                PUSH      AX                  ;NUR WORTWEISES PUSHEN
                PUSH      WORT1
                PUSH      WORD PTR DWORT1     ;NIEDERWERTIGES WORT
                PUSH      WORD PTR DWORT1+2;HÖHERWERTIGES WORT
                CALL      UP                        ;UNTERPROGRAMMAUFRUF
```

Dies führt zu folgendem Stapelaufbau:

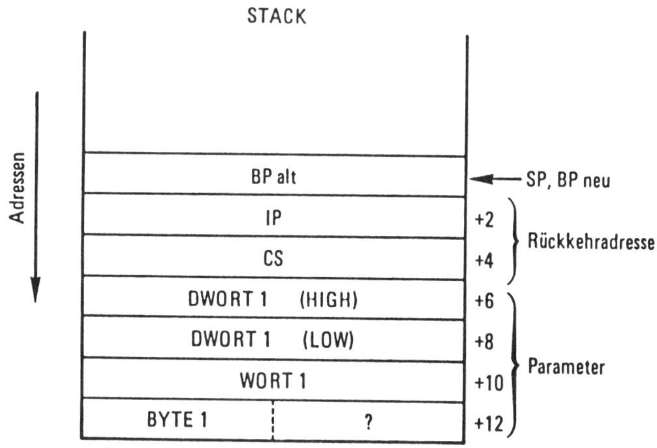

Abb. 6-8 Übergabe von Werteparametern über den Stack

Aufgerufene FAR-Prozedur:

```
PUSH    BP              ;RETTEN DES ALTEN BP-INHALTES
MOV     BP,SP           ;BP ZEIGT JETZT AUF DIE STAPELSPITZE
  .
MOV     AX,[BP+12]      ;DAS WORT MIT DEM OFFSET [BP+12]
                        ;WIRD AUS DEM STAPEL NACH AX GELADEN
                        ;AL ENTHÄLT DAMIT DEN ÜBERGEBENEN
                        ;WERT VON BYTE1
MOV     BX,[BP+10]      ;BX ENTHÄLT DAMIT DEN ÜBERGEBENEN
                        ;WERT VON WORT1
MOV     AX,[BP+8]
MOV     DX,[BP+6]       ;AX UND DX ENTHALTEN JETZT DEN WERT DES
                        ;ÜBERGEBENEN DOPPELWORTES DWORT1
POP     BP              ;ZURÜCKHOLEN DES ALTEN BP-INHALTES
                        ;SP ZEIGT JETZT AUF DIE DURCH DEN CALL-
                        ;BEFEHL IN DEN STAPEL GESCHRIEBENE
                        ;RÜCKKEHR-ADRESSE
RET     8               ;RÜCKSPRUNG INS AUFRUFENDE PROGRAMM UND
                        ;ERHÖHUNG DES SPAPELZEIGERS UM 8, UM DIE
                        ;4 PARAMETERWORTE IM STAPEL WIEDER
                        ;FREIZUGEBEN
```

Wenn eine Prozedur *Ausgabeparameter* an ein aufrufendes Programm zurückgeben soll, muß sie die Adressen (OFFSETS) der entsprechenden Speicherstellen kennen, in die die Ausgabewerte zurückgegeben werden sollen. Für das Beispiel der Prozedur MAXIMUM sieht die Parameterübergabe über den Stack folgendermaßen aus:

Aufrufendes Programm

```
EXTRN           MAXIMUM:FAR
                         .
                TAB      DW 100 DUP (?)
                MAX      DW ?
                         .
                MOV      AX,OFFSET TAB       ;ÜBERGABE DES
                PUSH     AX                  ;OFFSETS VON TAB
                MOV      AX,LENGTH TAB       ;ÜBERGABE DER ANZAHL
                PUSH     AX                  ;DER TABELLENELEMENTE
                MOV      AX,OFFSET MAX       ;ÜBERGABE DES OFFSETS FÜR DEN
                PUSH     AX                  ;ERGEBNISPARAMETER
                CALL     MAXIMUM             ;PROZEDURAUFRUF
```

Die Stackschnittstelle dieser Prozedur läßt sich also folgendermaßen darstellen:

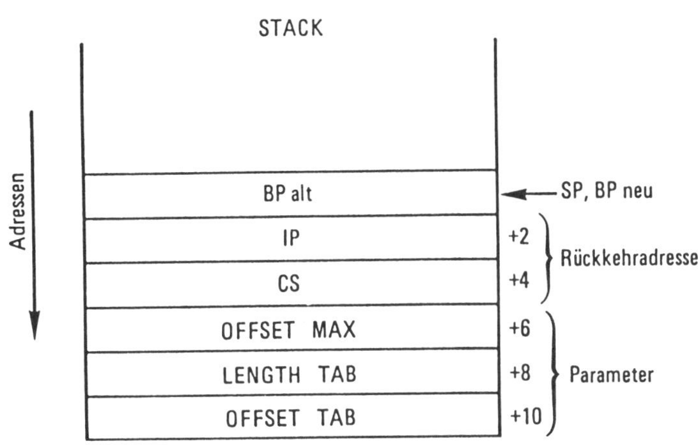

Abb. 6-9 Übergabe von Werte- und Adreßparametern

Aufgerufene FAR-Prozedur:

```
PUSH     BP
MOV      BP,SP         ;BP AUF STAPELSPITZE EINSTELLEN
         .
MOV      CX,[BP+8]     ;ÜBERNAHME DER TABELLENLÄNGE NACH CX
MOV      BX,[BP+10]    ;ÜBERNAHME DES OFFSETS VON TAB NACH BX
MOV      AX,[BX+SI]    ;AUSWERTEN DES TABELLENINHALTS MIT HILFE
                       ;EINES INDEX
MOV      DI,[BP+6]     ;ÜBERNAHME DES OFFSETS VON MAX NACH DI
MOV      [DI],AX       ;RÜCKGABE DES ERGEBNISSES NACH MAX
         .
POP      BP
RET      6             ;RÜCKSPRUNG UND FREIGABE DER 3 PARAMETER-
                       ;WORTE IM STAPEL
```

Wichtig:

Sollen innerhalb einer Prozedur Speicherstellen gelesen oder beschrieben werden, für die die Offsets im Stack übergeben wurden, so sind dafür stets *zwei* Schritte erforderlich:

1. Im *ersten Schritt* muß der entsprechende Offsetparameter aus dem Stack in eines der Register geholt werden, mit denen indirekt adressiert werden kann (BX, SI oder DI).

2. Im *zweiten Schritt* erst kann dann mit Hilfe dieses Registers die entsprechende Speicherstelle angesprochen werden.

Die Angabe der Reihenfolge und der Art der über den Stack übergebenen Parameter ist gleichzeitig ein wesentlicher Teil der *Schnittstellenbeschreibung* für die entsprechende Prozedur. Abb. 6-9 definiert somit die Schnittstelle des Unterprogramms MAXIMUM zu einem beliebigen aufrufenden Programm. Vervollständigt wird diese Schnittstellenbeschreibung durch die Angabe des Typs der Arrayelemente (im Beispiel WORTE) und ihrer Interpretation als vorzeichenlose oder vorzeichenbehaftete Dualzahlen. Ausgehend von dieser Schnittstellendefinition könnte die Prozedur als eigenständige Übersetzungseinheit so aussehen, wie sie als Beispiel auf den nächsten Seiten dargestellt wird.

Man beachte dabei, daß die drei Parameterworte im Stack wieder freigegeben werden, da der RET-Befehl die Konstante 6 auf den Inhalt des SP addiert. SP zeigt damit nach dem Rücksprung ins aufrufende Programm auf dieselbe Speicherstelle im Stack, wie vor dem Pushen der Parameter in den Stack.

Wichtig für gutes Programmieren ist weiter, daß ein Unterprogramm nach außen keine unbeabsichtigten Nebeneffekte erzeugt. Das heißt vor allem, daß die Registerinhalte des aufrufenden Programmes durch die Prozedur nicht verändert werden dürfen. Um dies sicherzustellen, werden am Anfang der Prozedur alle verwendeten Register in den Stack gepusht und vor Verlassen der Prozedur durch entsprechende POP-Befehle wieder zurückgeladen. Man beachte auch die Lokalisierung der PUSH-Befehle. Würden die verwendeten Register *vor* dem Befehl MOV BP,SP gepusht, so wären die relativen Adressen, mit denen auf die Parameter im Stack zugegriffen wird (z.B.[BP+8]), von der Anzahl dieser PUSH-Befehle abhängig und müßten mit deren Veränderung jeweils auch geändert werden. Erforderlich dafür ist auch die Bereitstellung von genügend Stackspeicherplatz. Es gilt die Faustregel, daß jeder Modul soviel Stackspeicherplatz definieren sollte, wie er im Extremfall benötigt.

```
Microsoft (R) Macro Assembler  Version 4.00               12/9/86 20:17:15

                                                          Page     1-1

 0000                                 PAGE 36,132
 0000   0014[                         STACK   SEGMENT STACK
                                              DW 20 DUP (?)
              ????
                          ]

 0028                                 STACK   ENDS

 0000                                 MAX_SEG SEGMENT
                                              ASSUME CS:MAX_SEG,SS:STACK
                                      PUBLIC  MAXIMUM
                                      ;*****************************************************
                                      ;  DIESE PROZEDUR DURCHSUCHT EINE WORTTABELLE MIT VORZEICHEN-
                                      ;  BEHAFTETEN DUALZAHLEN NACH DEM GROESSTEN ELEMENT
                                      ;  STACKSCHNITTSTELLE: | OFFSET MAX   |BP +6
                                      ;                      |              |
                                      ;                      | LENGTH TAB   |BP +8
                                      ;                      |              |
                                      ;                      | OFFSET TAB   |BP +10
                                      ;                      |______________|
                                      ;*****************************************************
 0000                                 MAXIMUM PROC    FAR
 0000   55                                    PUSH    BP
 0001   8B EC                                 MOV     BP,SP
 0003   50                                    PUSH    AX
 0004   53                                    PUSH    BX
 0005   51                                    PUSH    CX
 0006   56                                    PUSH    SI      ;VERWENDETE REGISTER RETTEN
 0007   57                                    PUSH    DI
                                      ;
 0008   BE 0000                               MOV     SI,0    ;STARTINDEX=0
 000B   B8 8000                               MOV     AX,8000H;ANFANGSVERGLEICHSWERT=KLEINSTER WERT
```

```
000E  8B 4E 08                  MOV    CX,[BP+8]      ;TABELLENLAENGE
0011  8B 5E 0A                  MOV    BX,[BP+10]     ;TABELLENANFANG
0014  3B 00             SCHL:   CMP    AX,[BX][SI]    ;VERGLEICH MIT TABELLENELEMENT
0016  7D 02                     JGE    NAECHSTES
0018  8B 00                     MOV    AX,[BX][SI]    ;NEUER VERGLEICHSWERT
001A                    NAECHSTES:
001A  46                        INC    SI
001B  46                        INC    SI             ;INDEX ERHHEN
001C  E2 F6                     LOOP   SCHL
                                ;DAS MAXIMUM STEHT JETZT IN AX
001E  8B 7E 06                  MOV    DI,[BP+6]      ;OFFSET VON MAX
0021  89 05                     MOV    [DI],AX        ;RUECKGABE DES MAXIMUMS
0023  5F                        POP    DI
0024  5E                        POP    SI
0025  59                        POP    CX
0026  5B                        POP    BX
0027  58                        POP    AX
0028  5D                        POP    BP
0029  CA 0006                   RET    6
                        MAXIMUM ENDP
002C                    MAX_SEG ENDS
                                END
```

Der Aufruf von Assemblerunterprogrammen durch FORTRAN-Programme

Wenn Sie in einer höheren Programmiersprache Unterprogramme schreiben, bleibt Ihnen das detaillierte Zusammenwirken von aufrufendem Programm und aufgerufenem Unterprogramm im allgemeinen verborgen. Der Compiler erledigt das für Sie. Das ist allerdings dann nicht mehr der Fall, wenn Sie aus einem in einer höheren Programmiersprache geschriebenen Programm Assemblerprozeduren aufrufen wollen. In welchen Fällen ist das überhaupt sinnvoll?

Im allgemeinen werden größere Programmkomplexe in höheren Programmiersprachen wie PASCAL, FORTRAN, COBOL, C oder BASIC geschrieben. Dies reduziert den Programmerstellungs- und Wartungsaufwand. Diese Sprachen erlauben es Ihnen aber nicht in jedem Fall, die Möglichkeiten Ihres PCs und seines Betriebssystems voll auszunutzen. Nicht alle höheren Programmiersprachen ermöglichen wie beispielsweise die Sprache C den Aufruf von ROM-BIOS oder MS-DOS Routinen. Diesen Mangel können Sie jedoch umgehen, wenn Sie wissen, wie von der betreffenden höheren Programmiersprache aus Assemblerunterprogramme aufgerufen werden. Die entsprechenden Informationen finden Sie normalerweise in den Handbüchern für die jeweilige Programmiersprache.

Die Grundzüge dieser Vorgehensweise möchte ich Ihnen einmal für die Programmiersprache FORTRAN 77 von Digital Research zeigen, für die ein Compiler auch für das Betriebssystem MS-DOS verfügbar ist. Das auf der übernächsten Seite abgedruckte FORTRAN-Hauptprogramm ruft das in Assembler geschriebene Unterprogramm BIOSZEIT auf, um die Zeitzähler des ROM-BIOS auszulesen. Die Sprache FORTRAN würde Ihnen diesen Zugriff auf die ROM-BIOS Ebene nicht ermöglichen.

Interessant ist nun für uns die Art der Parameterübergabe zwischen dem FORTRAN-Hauptprogramm und der Assemblerprozedur. Der FORTRAN 77 Compiler übergibt standardmäßig die *Adressen* aller Parameter über den Stapel. Enthält der Unterprogrammaufruf mehr als einen Parameter, so werden die Adressen *von rechts nach links* in den Stapel geschrieben. Jede Parameteradresse besteht aus einem Doppelwortpointer mit Segment- und Offsetanteil. Den für diese Parameterübergabe wesentlichen Zustand des Stapels verdeutlicht die Abb. 6-10:

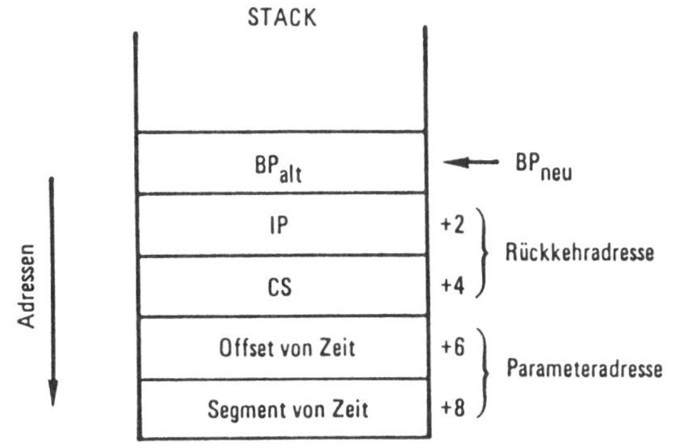

Abb. 6-10 Beispiel für Schnittstelle zu FORTRAN-Hauptprogramm

Die Variable ZEIT ist im FORTRAN-Programm als 4 Byte lange Integervariable definiert. In diese Variable soll das Assemblerunterprogramm die Zeitzähler des ROM-BIOS zurückspeichern. Dazu müssen wir zunächst klären, wie das ROM-BIOS die Zeit führt. Im ROM-BIOS steht dafür eine 32Bit-Dualzahl zur Verfügung. Das niederwertige Wort enthält einen Zähler, der alle 0.0549 Sekunden erhöht wird. Erreicht dieser Zähler 65536, so ist eine Stunde verstrichen, da 65536 * 0.0549 = 3600 ist.

In diesem Fall wird das niederwertige Wort wieder auf Null gesetzt und das höherwertige Wort (der Stundenzähler) inkrementiert. Beide Worte zusammen enthalten somit die aktuelle Zeitangabe als 32Bit-Dualzahl in Einheiten von 0.0549 Sekundenbruchteilen.

Ein Assemblerprogramm kann diese Zeitzähler des ROM-BIOS leicht auslesen, indem der Softwareinterrupt 1AH mit dem Funktionscode 0 in AH ausgeführt wird. Das ROM-BIOS liefert dann das niederwertige Wort in DX und das höherwertige Wort in CX zurück. Die Inhalte dieser beiden Register müssen dann nur noch an das aufrufende Programm übergeben werden.

```
C       FORTRAN HAUPTPROGRAMM ZUR DEMONSTRATION
C       DES AUFRUFES EINES ASSEMBLERUNTERPROGRAMMES

        EXTERNAL        BIOSZEIT
        INTEGER*4       ZEIT
        INTEGER*4       STD,MIN,SEC
        CALL BIOSZEIT(ZEIT)
        STD=ZEIT/65543
        ZEIT=ZEIT-STD*65543
        MIN=ZEIT/1092
        ZEIT=ZEIT-MIN*1092
        SEC=ZEIT/18
        WRITE(*,100)STD,MIN,SEC
100     FORMAT(1X,'AKTUELLE ZEIT: ',I2,':',I2,':',I2)
        END
```

```
Microsoft (R) Macro Assembler  Version 4.00                    3/7/87 12:52:17

ASSEMBLERUNTERPROGRAMM                                         Page     1-1


                                PAGE 80,132
                                TITLE ASSEMBLERUNTERPROGRAMM
                                ;
                                PUBLIC  BIOSZEIT
                                ;
 0000                           DOS     SEGMENT PARA PUBLIC 'CODE'
                                        ASSUME CS:DOS
 0000                           BIOSZEIT PROC FAR
 0000   55                              PUSH    BP
 0001   8B EC                           MOV     BP,SP
 0003   50                              PUSH    AX          ;VERWENDETE REGISTER
 0004   53                              PUSH    BX          ;RETTEN
 0005   51                              PUSH    CX
 0006   52                              PUSH    DX
 0007   06                              PUSH    ES
 0008   B4 00                           MOV     AH,0
 000A   CD 1A                           INT     1AH          ;BIOS-ZEIT LESEN
 000C   C4 5E 06                        LES     BX,[BP+6]    ;PARAMETERADRESSE
                                                             ;AUS STACK HOLEN
 000F   26: 89 17                       MOV     ES:[BX],DX   ;NIEDERWERTIGES
                                                             ;WORT ZURUECKGEBEN
 0012   26: 89 4F 02                    MOV     ES:[BX+2],CX ;HOEHERWERTIGES
                                                             ;WORT ZURUECKGEBEN
 0016   07                              POP     ES
 0017   5A                              POP     DX
 0018   59                              POP     CX
 0019   5B                              POP     BX
 001A   58                              POP     AX
 001B   5D                              POP     BP
 001C   CB                              RET                ;KEIN DIREKTWERT!!!!
                                BIOSZEIT ENDP
 001D                           DOS     ENDS
                                        END
```

Dazu holt sich die Assemblerprozedur mit dem LES-Befehl in Zeile 18 zunächst die Adresse der Variablen ZEIT aus dem Stapel und lädt damit ES und BX. Mit den folgenden zwei MOV-Befehlen werden die• beiden Zeitzähler an diese Adresse zurückgeschrieben, wobei die INTEL-Konvention zu beachten ist. D.h. auch in der Variablen ZEIT ist das niederwertige Wort auf der niederen, das höherwertige Wort auf der höheren Adresse gespeichert.

Bei dem in diesem Beispiel verwendeten FORTRAN 77 Compiler erfolgt die Freigabe der zwei Parameterworte im Stapel durch das *aufrufende* Programm unmittelbar nach der Rückkehr aus dem Unterprogramm. Die Angabe des Direktwertes 4 beim RET-Befehl muß daher unterbleiben.

Da die Einzelheiten für den Aufruf von Assemblerprozeduren durch Programme, die in höheren Programmiersprachen geschrieben werden, von den verwendeten Compilern abhängen, sollten Sie in jedem Fall das entsprechende Handbuch konsultieren. Mit den Informationen, die Sie in diesem Kapitel erhalten haben, dürfte es dann nicht mehr allzu schwierig sein, damit praktisch zu arbeiten.

7

DIE HARDWARENAHE EIN-/AUSGABE AM BEISPIEL DES 8253-TIMERBAUSTEINS

Benutzungshinweise für dieses Kapitel

Dieses Kapitel ist didaktisch so aufgebaut, daß Sie den größten Gewinn davon haben, wenn Sie es *vollständig* durcharbeiten und auch das Programmbeispiel am Ende des Kapitels, evt. mit eigenen Modifikationen, auf Ihrem PC zum Laufen bringen.

Die IN- und OUT-Befehle

Der Befehlsatz der 8086/8088-Prozessoren enthält nur zwei Befehle zum Ansprechen von Ein-/Ausgabebausteinen. Diese Befehle sind von der Seite der Software aus betrachtet die unterste, der Hardware am nächsten gelegene Ebene, auf der ein Programm mit seiner 'Umwelt' Daten austauschen kann.

1. Der Befehl IN adressiert einen Peripheriebaustein und überträgt ein Datenbyte bzw. ein Datenwort von dem unter dieser Adresse angesprochenen Baustein in den Akkumulator.

2. Der Befehl OUT adressiert einen Peripheriebaustein und überträgt ein Datenbyte bzw. ein Datenwort aus dem Akkumulator zu dem angesprochenen Baustein

Eine genaue Beschreibung dieser zwei Befehle ist im Kapitel 3 enthalten. Die 80186/80286-Prozessoren verfügen zusätzlich zu diesen zwei Befehlen über zwei weitere Ein-/Ausgabebefehle INS und OUTS, mit denen *blockweise* Ein-/Ausgabeoperationen zu Peripheriebausteinen durchgeführt werden können. Nähere Angaben zu diesen Befehlen sind im Kapitel 4 enthalten.

Da die hardwarenahe Ein-/Ausgabe nahezu ausschließlich von den spezifischen Eigenschaften des jeweils angesprochenen Hardwarebausteins sowie von seiner Adresse innerhalb einer Computerkonfiguration abhängt, soll in diesem Kapitel die Ein-/Ausgabe an einem konkreten Beispiel dargestellt werden. Ich habe mich dabei für die Behandlung des Intel 8253-Timerbausteins entschieden, da er in allen zum IBM-PC kompatiblen Personalcomputern enthalten ist und damit wahrscheinlich auch Ihnen für Programmierübungen zur Verfügung steht.

Zum hardwarenahen Ansprechen von Bausteinen benötigen Sie folgendes:

1. Eine ausführliche Beschreibung der Hardware sowie der Programmierung des Bausteins. Am geeignetsten dafür ist das Datenblatt des Herstellers oder ein einschlägiges Fachbuch.

2. Eine ausreichend genaue Beschreibung der Computerperipherie, in die der betreffende Baustein eingegliedert ist. Wichtig dafür ist vor allem die Beschreibung der Verdrahtung des Bausteins mit seinen konkreten Portadressen. Dies läßt sich meist in dem technischen Handbuch für den betreffenden Computer nachlesen.

3. Eine Beschreibung, wie der betreffende Baustein in Ihrem Computer normalerweise genutzt wird. Dies kann unter Umständen wichtig sein, falls das Betriebssystem diesen Baustein auf eine spezielle Funktion eingestellt hat und durch eine Umprogrammierung die Gefahr bestände, daß die normale Funktionsweise Ihres Computers nicht mehr gewährleistet ist.

Der Timerbaustein INTEL 8253

Der Timerbaustein in Ihrem Personalcomputer erledigt eine Reihe sehr wesentlicher Aufgaben für das Funktionieren Ihres PCs. Er besteht intern aus drei identischen *Timerkanälen*, die unabhängig voneinander für spezifische Aufgaben programmiert werden können. Diese Kanäle werden mit 0, 1 und 2 durchnumeriert. Ein Blockschaltbild des Timerchips ist in Abb. 7-1 dargestellt.

Jeder der drei Kanäle enthält ein *16Bit-Latchregister* und ein *16Bit-Counterregister* sowie die beiden Signaleingänge *Clock* und *Gate* und den Signalausgang *Out*. In den Grundzügen erfolgt die Programmierung eines Kanals nun so, daß durch einen entsprechenden OUT-Befehl ein Zählwert in das Latchregister geschrieben wird. Die interne Logik des Timerchips überträgt es von dort in das Counterregister. Mit jedem Puls, der nun über den Clockeingang den Timerkanal erreicht, wird dieser Inhalt des Counterregisters um 1 dekrementiert. In dem Moment, in dem der Inhalt des Counterregisters 0 erreicht, wird über den Signalausgang *Out* ein Ausgabesignal erzeugt. Genaugenommen ist der Timerchip damit ein Baustein zur *Signalumformung*.

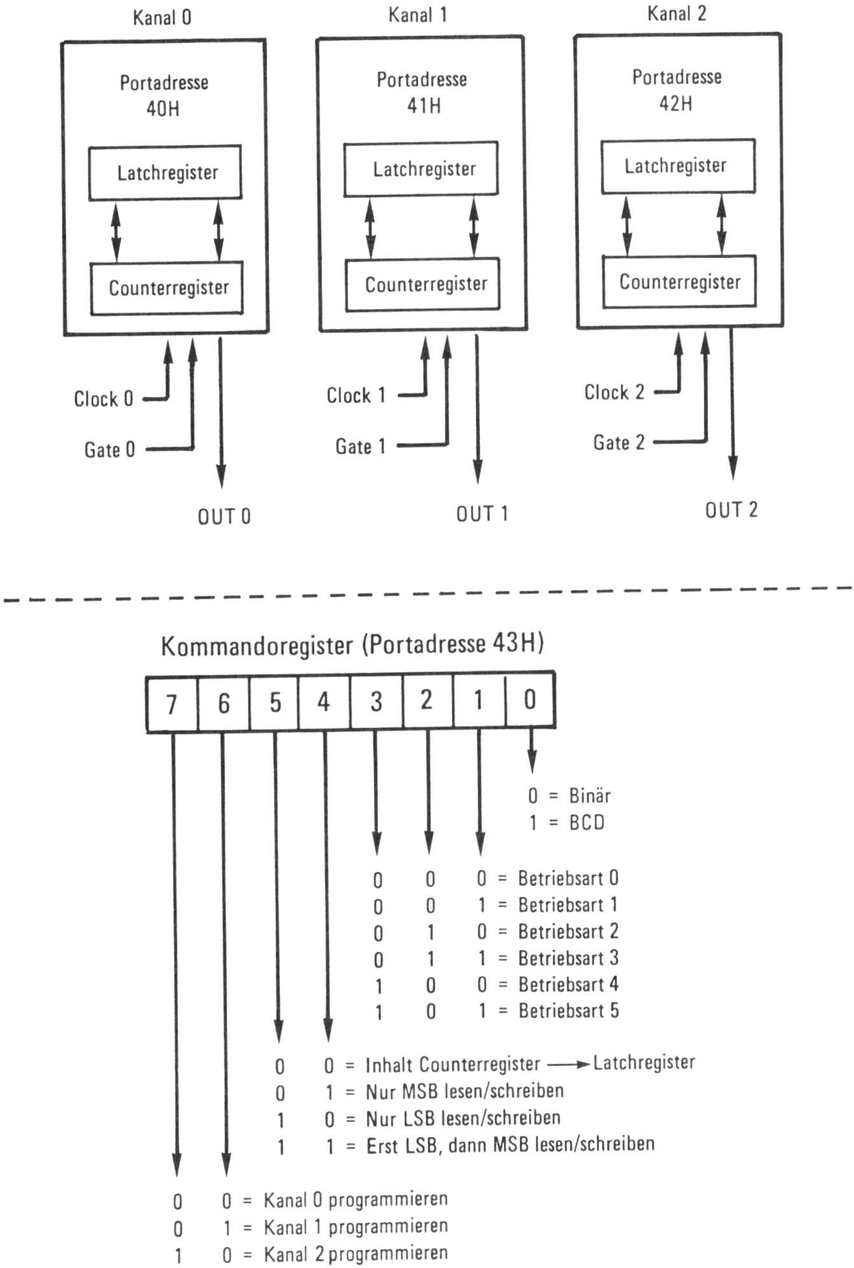

Abb. 7-1 Blockstruktur des 8253-Timers

Die Art dieser Signalumformung kann aus sechs verschiedenen Betriebsarten des Timers ausgewählt werden. Dazu verfügt der Timer zusätzlich zu den drei I/O-Ports, mit denen die drei Latchregister angesprochen werden können, über eine vierte Portadresse, über die ein internes, 8Bit breites *Kommandoregister* angesprochen werden kann. Die Adressen, mit denen diese vier Ports des 8253 Timers bei zum IBM PC kompatiblen PCs verbunden sind, sind aus Abb. 7-1 ersichtlich.

Die Programmierung des 8253-Timers

Die Programmierung eines Timerkanals erfolgt nun stets so, daß zunächst ein entsprechendes *Kommandobyte* in das Kommandoregister (Portadresse 43H) durch einen OUT-Befehl übertragen wird. Die Bedeutung der einzelnen Bits dieses Kommandobytes entnehmen Sie bitte ebenfalls der Abb. 7-1.

1. Mit den beiden höchstwertigen Bits geben Sie an, welchen Timerkanal Sie programmieren wollen.

2. Alle weiteren Bits geben an, auf welche Weise der so ausgewählte Timerkanal arbeiten und wie der Datenaustausch mit seinem Latchregister erfolgen soll.

3. Da der 8253-Timerchip bereits für die 8Bit-Prozessoren von Intel entwickelt wurde, verfügt er nur über 8Bit breite I/O-Ports. Da die Latchregister jedoch 16Bit breit sind, muß in den Bits 5 und 4 des Kommandobytes angegeben werden, ob nur das niederwertige (LSB), nur das höherwertige (MSB) oder nacheinander beide Bytes in das Latchregister geschrieben oder aus dem Latchregister ausgelesen werden soll(en). Wollen Sie beispielsweise 16Bit-Zählwerte in ein Latchregister übertragen, so müssen Sie die Bits 5 und 4 im Kommandobyte auf 1 setzen und den gewünschten Zählwert durch zwei aufeinanderfolgende OUT-Befehle auf die Portadresse des entsprechenden Latchregisters ausgeben.

4. Die Betriebsart des angesprochenen Timerkanals wird durch die Bits 3, 2 und 1 des Kommandobytes festgelegt. Die unter-

schiedlichen Betriebsarten werden im folgenden Abschnitt erläutert.

5. Durch Bit 0 des Kommandobytes wird schließlich festgelegt, ob der Inhalt des Counterregisters als Binärzahl oder als BCD-Zahl dekrementiert werden soll. Im allgemeinen ist das Binärformat vorzuziehen.

Jede der sechs Timerbetriebsarten wird im folgenden vorgestellt. Zur Verdeutlichung ist jeweils ein Beispiel für die Signalverläufe auf den Clock- und Gateeingängen und auf dem Outausgang in Abb. 7-2 graphisch dargestellt. Die Clockeingänge aller drei Timerkanäle sind im allgemeinen mit dem Taktgeber Ihres Computers verbunden. Beim IBM PC beispielsweise liegt auf allen drei Clockeingängen der durch 4 geteilte Systemtakt von 4.7727 MHz = 1.19318 MHz an. Diese Clockfrequenz legt fest, mit welcher Rate der Inhalt der Counterregister dekrementiert wird. Die Gateeingänge bieten zusätzlich die Möglichkeit, den Zählvorgang zu unterbrechen oder neu zu starten. Die genaue Wirkungsweise ist aus der Beschreibung der Betriebsarten ersichtlich. Das Ergebnis ist in jedem Fall ein Signal auf dem Outausgang, das wiederum in Abhängigkeit von der Betriebsart ein Wechsel im Spannungsniveau (*low/high*), ein periodisches Signal oder ein einzelner Puls sein kann.

Die Betriebsarten des 8253-Timers

Jeder Timerkanal kann für eine von sechs verschiedenen Betriebsarten programmiert werden:

0 Nachdem das Latchregister mit einem Zählwert geladen wurde, wird sein Inhalt ins Counterregister übertragen. Das Outsignal geht auf *low* und der Timer beginnt das Counterregister zu dekrementieren. Ein Wechsel des Gateeinganges von *high* auf *low* unterbricht diesen Zählvorgang, bis der Gateeingang wieder auf *high* geschaltet wird. Erreicht das Counterregister 0, so geht das Signal auf dem Outausgang auf *high* und bleibt in diesem Zustand.

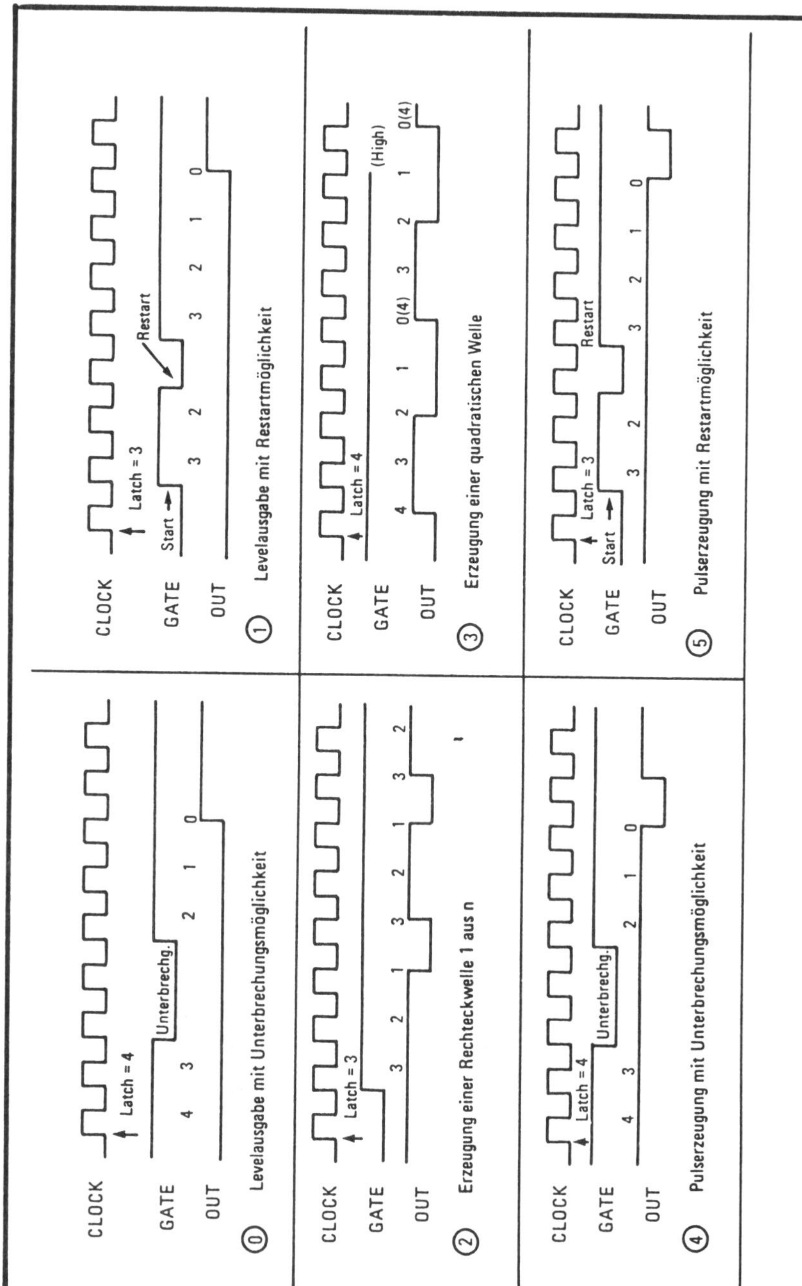

Abb. 7-2 Signalverläufe für die Betriebsarten des 8253-Timers

1 Nachdem das Latchregister mit einem Zählwert geladen wurde, wird sein Inhalt ins Counterregister übertragen. Das Outsignal geht auf *low*, der Zählvorgang beginnt jedoch erst, nachdem der Gateeingang auf *high* geschaltet wurde. Geht der Gateeingang auf *low*, so wird der Zählvorgang abgebrochen und nach einem abermaligen Wechsel auf *high* erneut gestartet, wobei der ursprüngliche Zählwert aus dem Latchregister wieder ins Counterregister nachgeladen wird. Erreicht das Counterregister 0, so wird das gleiche Outsignal erzeugt wie bei Betriebsart 0.

2 Nachdem das Latchregister mit einem Zählwert geladen wurde, wird sein Inhalt ins Counterregister übertragen. Das Outsignal geht auf *high* und der Zählvorgang beginnt. Wenn das Counterregister 0 erreicht, geht das Outsignal *für eine Periode* des Clocksignals auf *low* und unmittelbar danach wieder auf *high*. Der ursprüngliche Zählwert wird aus dem Latchregister ins Counterregister nachgeladen und der ganze Vorgang wiederholt sich. Die Betriebsart 2 ermöglicht somit die Erzeugung von Rechteckssignalen. Wurde als Zählwert n angegeben, so bleibt das Outsignal für jeweils n-1 Clockperioden auf *high*, geht dann für eine Clockperiode auf *low* und das Ganze wiederholt sich.

3 Betriebsart 3 entspricht Betriebsart 2, nur mit dem Unterschied, daß ein *quadratisches Ausgangssignal* erzeugt wird. Für jeweils die Hälfte des in das Latchregister geladenen Zählwertes bleibt das Outsignal auf *high* und geht dann für die zweite Hälfte auf *low*. Da aus n Clockperioden eine Periode des quadratischen Ausgangssignals erzeugt wird, ist die Frequenz des Ausgangssignals gleich der Frequenz des Clocksignals dividiert durch den Zählwert n. In dieser Betriebsart läßt sich der Timerchip gut als *Frequenzteiler* verwenden. Von dieser Möglichkeit wird bei dem folgenden Programmbeispiel Gebrauch gemacht, um Frequenzen im hörbaren Bereich zu erzeugen und über den Lautsprecher des PCs auszugeben.

4 Nachdem das Latchregister mit einem Zählwert geladen wurde, wird sein Inhalt ins Counterregister übertragen. Das Outsignal geht auf *high* und der Zählvorgang beginnt. Wechselt der Gateeingang auf *low*, so wird für die Dauer dieses Wechsels der

Zählvorgang unterbrochen. Erreicht das Counterregister 0, so geht das Outsignal für einen Clockzyklus auf *low*, anschließend wieder auf *high* und bleibt in diesem Zustand.

5 Nachdem das Latchregister mit einem Zählwert geladen wurde, wird sein Inhalt ins Counterregister übertragen und das Outsignal geht auf *high*. Der Zählvorgang beginnt allerdings erst, wenn der Gateeingang auf *high* geschaltet wird. Geht danach der Gateeingang auf *low*, so wird wie bei Betriebsart 1 der Zählvorgang abgebrochen und nach einem erneuten Wechsel auf *high* neu gestartet, wobei der ursprüngliche Zählwert aus dem Latchregister ins Counterregister nachgeladen wird. Erreicht das Counterregister 0, so wird das gleiche Outsignal erzeugt wie bei Betriebsart 4.

Ein Beispielprogramm zur Tonerzeugung

Kenntnisse über den grundlegenden Aufbau, die Betriebsarten und die Programmierung eines Hardwarebausteins reichen aber im allgemeinen noch nicht aus, um ihn programmieren zu können. Wenn Sie beispielsweise damit beginnen würden, den Timerbaustein Ihres PCs umzuprogrammieren, würden Sie möglicherweise unangenehme Überraschungen erleben.

Kanal 0 des Timers wird nämlich beim Kaltstart Ihres PCs standardmäßig so programmiert, daß er 18.2mal pro Sekunde einen Puls an den Eingang 0 des Interruptcontrollerbausteins liefert. Die Einzelheiten können Sie im Kapitel 8 nachlesen. Diese Interrupts werden vom BIOS dazu verwendet, die Systemzeit zu führen und den Motor der Diskettenlaufwerke zu steuern. Eine Veränderung in der Funktionsweise dieses Timerkanals könnte unliebsame Folgen haben.

Kanal 1 des Timers wird standardmäßig vom BIOS so programmiert, daß er in der Betriebsart 2 mit einem Zählwert 18 arbeitet. Damit erzeugt Kanal 1 alle 15 Mikrosekunden einen Puls, der den DMA-Controller dazu veranlaßt, einen Refresh des RAM-Arbeitsspeichers durchzuführen. Die RAM-Speicherchips würden nämlich ihren Inhalt verlieren, wenn er nicht in diesen sehr kurzen Zeitabständen wieder eingeschrieben (aufgefrischt) würde. Diesen Refresh erledigt ein Direct Memory Access (DMA)-Chip, der durch die Pulse aus Timerkanal 1 an seine Aufgabe erinnert wird. Würden Sie an diesem Timerkanal etwas ändern, so könnten Sie Ihren gesamten Arbeitsspeicher funktionsunfähig machen.

Der Output von Timerkanal 2 ist fest verdrahtet mit dem Lautsprecher des PCs. Dieser Kanal kann von uns in jeder gewünschten Weise programmiert werden, ohne unliebsame Nebeneffekte befürchten zu müssen. Bevor ich nun ein Assemblerprogramm zur Tonerzeugung vorstelle, sehen Sie sich bitte die Abb. 7-3 an, aus der Sie ersehen können, daß zur Tonerzeugung zusätzlich der Gateeingang des Timerkanals 2 und das AND-Gatter vor den Lautsprecherschaltkreisen durch den Peripheriebaustein 8255 auf *high* (1) geschaltet werden müssen.

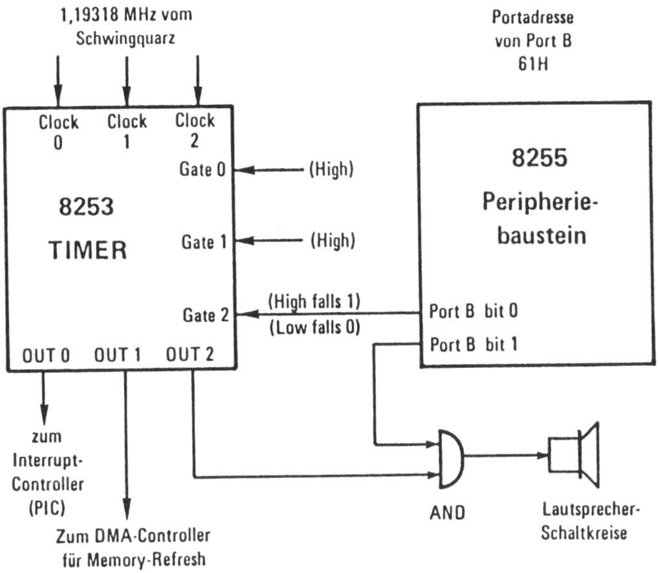

Abb. 7-3 Die Ansteuerung des PC-Lautsprechers

Damit der Timerkanal 2 also ein Ausgabesignal erzeugen und dieses Ausgabesignal auch zum Lautsprecher durchkommen kann, müssen die Bits 0 und 1 des Ausgabeports B des 8255 Bausteins auf 1 gesetzt werden. Alle übrigen Bits müssen unverändert bleiben. Wir erreichen das durch die Befehlsfolge:

```
IN          AL,61H    ;STATUS DES PORT B DES 8255 LESEN
OR          AL,3      ;BITS 0 UND 1 AUF 1 SETZEN
OUT         61H,AL    ;WIEDER AN PORT B AUSGEBEN
```

Entsprechend können wir auch einen Ton ausschalten, indem wir beide Bits wieder auf 0 setzen. Eine entsprechende Befehlsfolge könnte beispielsweise so aussehen:

```
IN          AL,61H    ;STATUS VON PORT B DES 8255 LESEN
AND         AL,0FCH   ;BITS 0 UND 1 AUF 0 SETZEN
OUT         61H,AL    ;WIEDER AN PORT B AUSGEBEN
```

DAS KOMMANDOBYTE

Nun können wir uns der Programmierung des 8253-Timers zuwenden. Zunächst legen wir das Kommandobyte fest, das auf die Portadresse 43H ausgegeben werden soll. Sehen Sie dazu noch einmal die Funktion der einzelnen Bits in Abb. 7-1 nach. Wir wollen:

1. Kanal 2 für die Betriebsart 3 programmieren.

2. Einen 16Bit-Zählwert ins Latchregister schreiben.

3. Das Counterregister im Binärformat dekrementieren.

Für das Kommandobyte ergibt sich damit das Bitmuster:

```
10110110 = 0B6H
```

DIE TONFREQUENZEN

Nun müssen wir für die gewünschten Tonfrequenzen die zugehörigen Frequenzteiler ermitteln, die ins Latchregister übertragen werden sollen. Der allgemeine Zusammenhang zwischen Frequenzteiler und Ausgabefrequenz in Betriebsart 3 ist in Abb. 7-4 dargestellt.

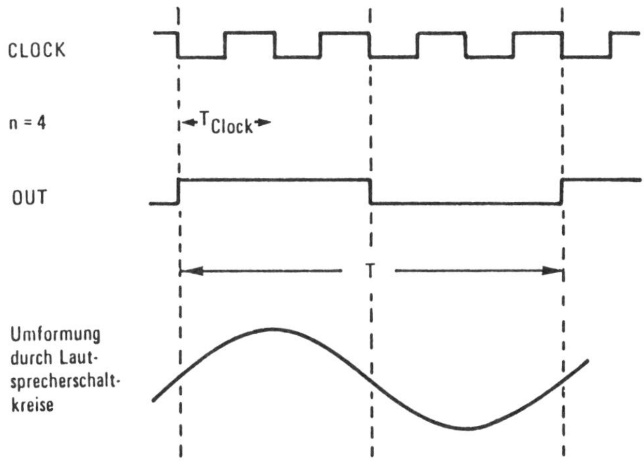

$$T = n * T_{Clock} = n * \frac{1}{1{,}19318 \cdot 10^6} \text{ sec}$$

$$f = \frac{1}{T} \qquad n = \frac{1{,}19318 \cdot 10^6}{f(Hz)}$$

Abb. 7-4 Frequenz des Ausgabesignals in Betriebsart 3

Für den Kammerton a (440 Hz) ergibt sich damit der Frequenzteiler 2712. Durch unser Übungsprogramm sollen nun die 10 Zifferntasten oberhalb des Tastenfeldes mit den Tönen a^1 bis fis^2 belegt werden. Damit ergibt sich die folgende Zuordnung:

Taste	Ton	Tonfrequenz	Frequenzteiler
1	a^1	440 Hz	2712
2	b^1	466 Hz	2560
3	h^1	493 Hz	2420
4	c^2	523 Hz	2281
5	cis^2	554 Hz	2153
6	d^2	587 Hz	2032
7	dis^2	622 Hz	1918
8	e^2	659 Hz	1810
9	f^2	698 Hz	1709
0	fis^2	740 Hz	1612

DAS BEISPIELPROGRAMM

Unser Übungsprogramm liest die Tastatur in einer Endlosschleife aus, prüft, ob eine Zifferntaste betätigt wurde und holt sich, falls dies zutrifft, den der betätigten Taste zugeordneten Frequenzteiler aus der Tabelle TON im Datensegment. Dieser Frequenzteiler wird durch zwei aufeinanderfolgende OUT-Befehle an das Latchregister des Timerkanals 2 ausgegeben, und wenn das erfolgt ist, werden Sie den Ton hören. Durch den Aufruf des Unterprogrammes WARTEN erfolgt eine Verzögerung um eine halbe Sekunde und erst nach Verstreichen dieser Zeitspanne wird der Ton wieder abgeschaltet. Das Unterprogramm WARTEN ist im Kapitel 8 definiert. Falls Sie es jedoch nicht verwenden wollen, können Sie es ohne weiteres durch eine einfache Warteschleife ersetzen, da es hier ja nicht um exakte Wartezeiten geht.

Zum Beispiel die Befehlsfolge:

```
                MOV     CX,65535
WARTEN          LOOP    WARTEN
```

würde beim mit 4.77 MHz betriebenen IBM PC eine Verzögerung von ungefähr einer Viertelsekunde bewirken, da die einmalige Ausführung des LOOP-Befehls 17 Takte zu je 210 * 10^{-9} sec und damit 3.6 * 10^{-6} sec erfordert. 3.6 * 10^{-6} sec * 65535 = 236 msec.

```
     TITLE TONERZEUGUNG MIT DEM 8253 TIMER-CHIP
                                  EXTRN WARTEN:FAR
0000                              STAPEL  SEGMENT STACK
0000     32 [                     DW      50 DUP (?)
                ????
                     ]
0064                              STAPEL  ENDS
0000                              DATEN SEGMENT
0000  064C                        TON DW 1612      ;740 Hz fis
0002  0A98                            DW 2712      ;440 Hz a
0004  0A00                            DW 2560      ;466 Hz b
0006  0974                            DW 2420      ;493 Hz h
0008  08E9                            DW 2281      ;523 Hz c
000A  0869                            DW 2153      ;554 Hz cis
000C  07F0                            DW 2032      ;587 Hz d
000E  077E                            DW 1918      ;622 Hz dis
0010  0712                            DW 1810      ;659 Hz e
0012  06AD                            DW 1709      ;698 Hz f
0014                              DATEN ENDS
0000                              CODE SEGMENT
                                  ASSUME CS:CODE,DS:DATEN
0000                              START:
0000  B8 ---- R                      MOV AX ,DATEN
0003  8E D8                          MOV DS ,AX
0005  90                             NOP
0006  B0 B6                          MOV AL ,0B6H ;Timerkanal 2 fuer
0008  E6 43                          OUT 43H,AL   ;Modus 3 programmieren
000A                              SCHL:
000A  B4 01                          MOV AH ,1
000C  CD 21                          INT 21H      ;Tastatur lesen mit Echo
000E  3C 30                          CMP AL ,30H
0010  72 F8                          JB  SCHL     ;Pruefen,ob Zifferntaste
0012  3C 39                          CMP AL ,39H  ;0 bis 9
0014  77 F4                          JA  SCHL
0016  2C 30                          SUB AL ,30H  ;Ascii -> Binaer
0018  8A D8                          MOV BL ,AL
001A  E4 61                          IN  AL ,61H  ;bit 0 und 1 des Port B des
001C  0C 03                          OR  AL ,3H   ;8255 Chips auf 1 setzen
001E  E6 61                          OUT 61H,AL
0020  B7 00                          MOV BH ,0
0022  D1 E3                          SHL BX ,1    ;Tastenwert mit 2 multiplizieren
0024  8B 87 0000 R                   MOV AX ,TON[BX] ;entspr. Frequenzteiler holen
0028  E6 42                          OUT 42H,AL   ;LSB an Latchreg. ausgeben
002A  8A C4                          MOV AL ,AH
002C  E6 42                          OUT 42H,AL   ;MSB an Latchreg. ausgeben
002E  B8 0005                        MOV AX ,5
0031  9A 0000 ---- E                 CALL WARTEN  ;1/2 Sekunde Ton stehen lassen
0036  E4 61                          IN  AL ,61H
0038  24 FC                          AND AL ,0FCH ;Ton abschalten
003A  E6 61                          OUT 61H,AL
003C  EB CC                          JMP SCHL
003E                              CODE ENDS
                                     END START
```

Dieses kleine Übungsprogramm ist ganz bewußt so geschrieben, daß die von Ihnen betätigten Tasten auch am Bildschirm angezeigt werden. Dadurch läßt sich so ganz nebenbei eine Eigenart der Tastaturbehandlung zeigen.

Immer wenn Sie eine Taste betätigen, liefert die Tastatur einen Interrupt, durch den das laufende Programm unterbrochen und eine entsprechende Interruptprozedur des ROM-BIOS ausgeführt wird. Dieses BIOS unterhält einen 15 Zeichen langen Tastaturpuffer zur Zwischenspeicherung der Tastenanschläge, falls sie nicht schnell genug vom auslesenden Programm abgeholt werden. Kann das auslesende Programm aus irgendeinem Grund mit der Geschwindigkeit der Tasteneingabe nicht mithalten, so füllt sich dieser Puffer und schließlich verweigert das Tastaturprogramm die Annahme weiterer Tastenanschläge. Sie haben sicher schon mal den hohen Piepston gehört, den Ihr PC dann von sich gibt. Sie können diese Situation mit unserem kleinen Programm zur Tonerzeugung einfach herbeiführen, indem Sie eine Ziffertaste länger gedrückt halten und damit die automatische Wiederholungsfunktion aktivieren. Da unser Programm nach der Abholung eines Tastaturzeichens aus dem Puffer des BIOS etwa eine halbe Sekunde wartet, bis es das nächste Zeichen abholt, läuft der Puffer sehr schnell über und Sie hören den hohen Piepston.

Aber damit sind wir schon mitten in der Interruptverarbeitung gelandet. Es ist also an der Zeit, dieses Kapitel abzuschließen und uns diesem neuen Themenbereich zuzuwenden.

8

DIE INTERRUPTVERARBEITUNG

Benutzungshinweise für dieses Kapitel

1. Die ersten vier Abschnitte bis zur Seite 511 enthalten grundlegende Informationen zur Interruptverarbeitung.

2. Der Abschnitt "Laufzeitabschätzungen für Programmteile" ab Seite 512 wird für Sie nur interessant sein, wenn Sie extrem zeitkritische Interruptprozeduren schreiben wollen.

3. Die Programmbeispiele in dem Abschnitt "Ablauffähige Interruptprozeduren für den IBM-PC und kompatible Systeme" ab der Seite 514 habe ich oft von Teilnehmern an Assemblerkursen bearbeiten lassen, um die Grundzüge der Interruptverarbeitung an praktischen Beispielen zu verdeutlichen.

4. Der Abschnitt "Die Softwareinterrupts" ab der Seite 527 enthält eine nach Funktionsgruppen geordnete Zusammenstellung aller wichtigen Aufrufe von Betriebssystemfunktionen durch Softwareinterrupts. Fortgeschrittene Assemblerprogrammierer werden die Angaben in diesem Abschnitt häufiger benötigen.

Interrupts bei 8086/8088 - Systemen

Ein Interrupt ist ein internes oder externes Ereignis, das ein laufendes Programm unterbrechen und die Ausführung einer speziellen Interruptprozedur veranlassen kann. Damit eignen sich Interrupts besonders, um externe Geräte wie Tastaturen, Signalgeber etc. zu bedienen, die nicht wie beim "Polling" ständig abgefragt werden sollen, sondern nur bei Bedarf ein elektrisches Signal (einen Interrupt) geben. Der Prozessor kann jedoch auch selbst interne Interrupts erzeugen, z.B. bei einem Divisionsfehler. Die verschiedenen Interrupts werden bei 8086/8088-Systemen Interrupttypen zugeordnet, die von 0 bis 255 durchnumeriert sind. Folgende Interruptquellen sind dabei möglich:

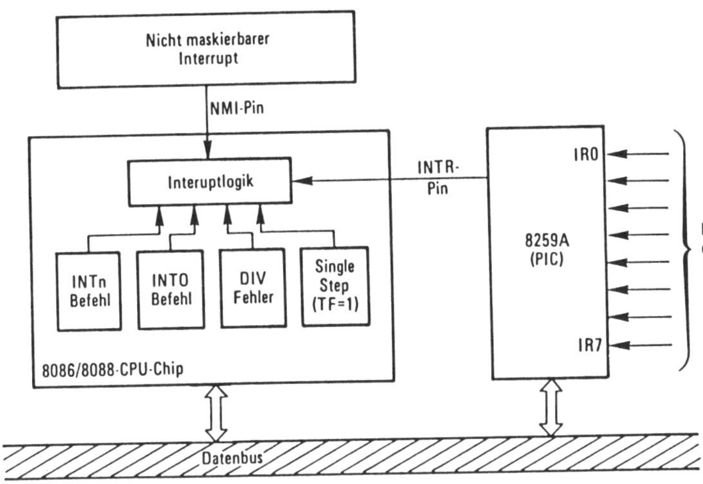

Abb.8-1 Interruptquellen bei 8086/8088-Systemen

Die 80286-Prozessoren verfügen zwar über einige zusätzliche *interne* Interruptquellen (siehe Kapitel 4), alles weitere gilt jedoch auch für diese Prozessoren.

Externe Interrupts können über zwei verschiedene Pins in den Prozessor gelangen:

1. Der *NMI-Eingang* dient für nicht maskierbare Interrupts und wird im allgemeinen verwendet, um dem Prozessor 'Katastrophenmeldungen' mitzuteilen wie z.B. Netzausfall oder Speicherparitätsfehler. Interrupts, die über den NMI-Pin in den Prozessor gelangen, können nicht gesperrt (maskiert) werden, d.h. sie können ein laufendes Programm stets unterbrechen und haben daher eine höhere Priorität als Interrupts, die über den INTR-Pin ankommen.

2. An den *INTR-Eingang* ist im allgemeinen ein INTEL 8259A Programmable Interrupt Controller (PIC) Baustein angeschlossen, der seinerseits mit bis zu acht Interruptquellen (z.B. externen Geräten) verbunden sein kann. Weitere 8259A Bausteine können kaskadenartig hintereinandergeschaltet werden, wenn die Anzahl der Interruptquellen dies erfordert.

Die Hauptfunktion des 8259A Bausteins ist es, Interruptanforderungen der angeschlossenen Geräte anzunehmen, über ihre Priorität entsprechend der Programmierung des Bausteins zu entscheiden und gegebenenfalls die Interruptanforderung über den INTR-Pin an den Prozessor weiterzumelden. Wird beispielsweise gerade ein INTR-Interrupt bedient, wenn ein anderer INTR-Interrupt mit niedrigerer Priorität erfolgt, so wird dieser zweite Interrupt so lange im PIC-Baustein zwischengespeichert, bis die erste Interruptprozedur beendet ist. Diese Beendigung einer Interruptbearbeitung muß dem PIC-Baustein also mitgeteilt werden, denn erst jetzt kann der PIC-Baustein den zwischengespeicherten Interrupt an den INTR-Eingang des Mikroprozessors weitergeben. Diese Mitteilung erfolgt durch die Ausgabe eines speziellen *End-of-Interrupt* Codes (EOI) durch die Interruptprozedur an die Portadresse des PIC-Bausteins.

In dem Moment, in dem der Prozessor den INTR-Interrupt erkennt, prüft er, ob dieser Interrupt das gerade laufende Programm unterbrechen darf oder nicht (siehe Abb. 8.3). Dazu dient das Interrupt Enable Flag (IF). Falls INTR-Interrupts nicht gesperrt sind, fragt der Prozessor anschließend den PIC-Baustein über den Datenbus nach dem zugehörigen Interrupttyp ab.

Beim IBM PC beispielsweise sind die folgenden *externen* Interrupts standardmäßig vorgesehen:

1. Der *NMI-Interrupteingang* wird zur Meldung von Speicherparitätsfehlern verwendet.

2. Die Systemleiterplatte enthält einen INTEL 8259A Interrupt Controller Baustein, der mit dem *INTR-Interrupteingang* des Prozessors verbunden ist. Seine Interrupteingänge sind folgendermaßen geschaltet: Über den Interrupteingang 0 liefert der Zeitgeber eine periodische Unterbrechung. An den Interrupteingang 1 ist die PC-Tastatur angeschlossen und liefert für jede Tastenbetätigung einen Interrupt. Die Interrupteingänge 3 und 4 dienen der asynchronen Schnittstelle und die Eingänge 5, 6 und 7 werden von der Festplatte (falls vorhanden), der Diskette und dem Drucker belegt.

Interne Interrupts können vom Prozessor selbst erzeugt werden. Es sind folgende interne Interrupts möglich:

1. Ein *INT n-Befehl* erzeugt einen Interrupt unmittelbar nach der Befehlsausführung. Der so erzeugte Interrupt hat den im Befehl als Konstante angegebenen Typ n und führt zu einem Sprung in die entsprechende Interruptprozedur. Der INT n-Befehl wirkt daher wie ein unbedingter indirekter Sprungbefehl und wird unter dem Betriebssystem MS-DOS zum Einsprung in Betriebssystemfunktionen verwendet.

2. Der *INTO-Befehl* erzeugt einen Interrupt vom Typ 4, falls zum Zeitpunkt der Befehlsausführung das Overflowflag (OF) gesetzt war.

3. Der Prozessor erzeugt einen *Interrupt vom Typ 0*, falls bei der Ausführung eines DIV- oder IDIV-Befehls der errechnete Quotient größer als der entsprechende Zieloperand (AL oder AX) ist.

4. Falls das Trapflag (TF) gesetzt ist, erzeugt der Prozessor automatisch nach *jedem* Befehl einen *Interrupt vom Typ 1*. Dies wird als Single Step (Einzelschritt)-Ausführung bezeichnet und stellt eine leistungsfähige Methode zum Testen von Programmen dar.

Die Prioritäten dieser Interruptquellen sind folgendermaßen:

INTERRUPTQUELLE	PRIORITÄT
DIVISIONSFEHLER, INTn, INTO	hoch
NMI	↓
INTR (kann in Vielzahl von Prioritäten aufgespalten werden)	↓
SINGLE STEP	niedrig

Abb. 8-2 Die Prioritäten der Interruptquellen

Interrupts können ein laufendes Programm nach dem in Abb. 8.3 angegebenen Schema unterbrechen. Aus dieser Abbildung ist ersichtlich, daß nach Beendigung jedes Maschinenbefehls die Interruptquellen geprüft werden. Die Reihenfolge der Abfrage legt gleichzeitig die Prioritäten fest. Bei INTR-Interrupts wird zusätzlich noch das Interrupt Enable Flag (IF) geprüft. Falls IF = 0 ist, ist der INTR-Eingang maskiert (gesperrt) und das laufende Programm wird nicht unterbrochen. Falls IF = 1 ist, verarbeitet der Prozessor den Interrupt. Das Interrupt Enable Flag (IF) kann durch die Befehle STI und CLI (siehe Kap. 3) vom Programmierer gesetzt oder gelöscht werden.

Kommt ein INTR-Interrupt durch, so reagiert der Prozessor mit zwei aufeinanderfolgenden Buszyklen. Mit dem ersten Zyklus wird dem 8259A Baustein signalisiert, daß der Interrupt bedient wird. Während des zweiten Buszyklus meldet der 8259A Baustein den Typ des entsprechenden Interrupts, indem er ein Byte auf den Datenbus gibt, das vom Prozessor ausgelesen wird. Die weitere Verarbeitung erfolgt bei allen Interruptarten gleichermaßen.

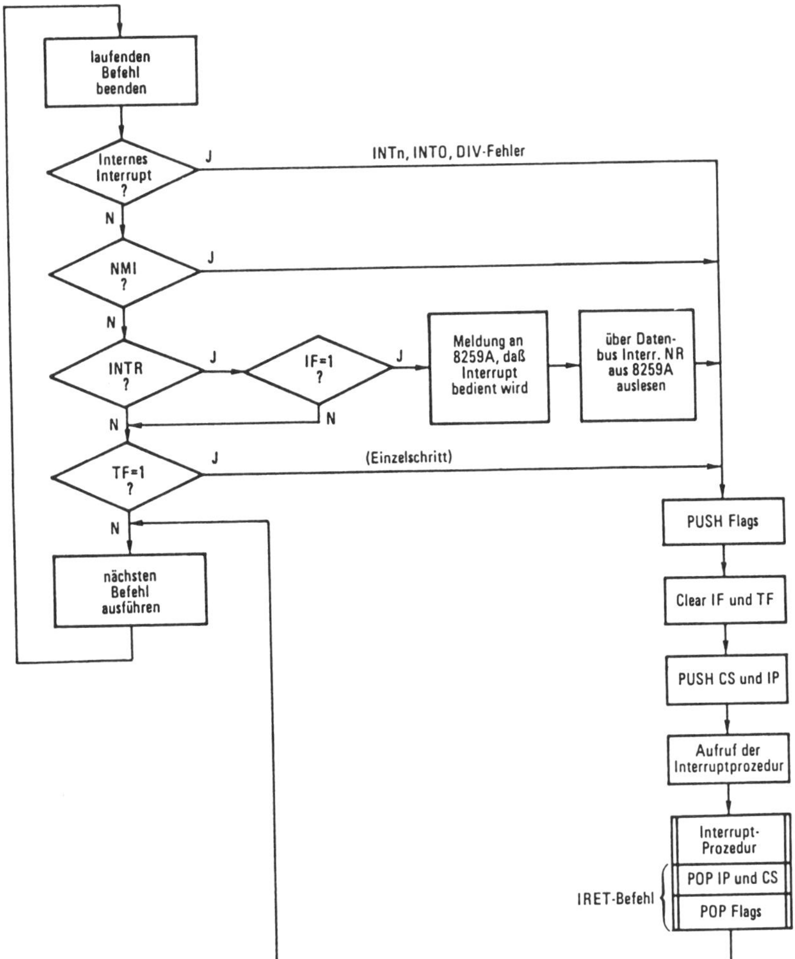

Abb.8-3 Unterbrechung eines Programmes durch Interrupts

Die Flags werden gepusht, IF und TF auf 0 gesetzt und anschließend die Rückkehradresse ins unterbrochene Programm (ähnlich wie durch einen CALL-Befehl) in den Stack gepusht. Dann erfolgt der Aufruf der Interruptprozedur. Ihre Startadresse steht in einem Element des Interruptvektors, das mit dem Interrupttyp adressiert wird.

Interruptprozeduren sind durch das hardwaremäßig erfolgende Löschen des Interrupt Enable Flags standardmäßig gegen Unterbrechungen durch weitere INTR-Interrupts geschützt. Soll jedoch beispielsweise eine Unterbrechung durch einen INTR-Interrupt höherer Priorität zugelassen werden, so muß der Programmierer nur zu Beginn der Interruptprozedur das Interrupt Enable Flag wieder auf 1 setzen.

Der IRET-Befehl am Ende jeder Interruptprozedur rekonstruiert die ursprünglichen Flagzustände wieder und bewirkt damit in jedem Fall, daß IF wieder auf 1 gesetzt wird.

Der Interruptvektor

Der Interruptvektor (siehe Abb. 8-4) stellt das Verbindungsglied zwischen einem durch seinen Interrupttyp gekennzeichneten speziellen Interrupt und der zugehörigen Interruptprozedur dar. Dieser Interruptvektor belegt bei 8086/8088-Systemen das untere Ende des Arbeitsspeichers von den Adressen 00000H bis maximal 1 KBytes (003FFH).

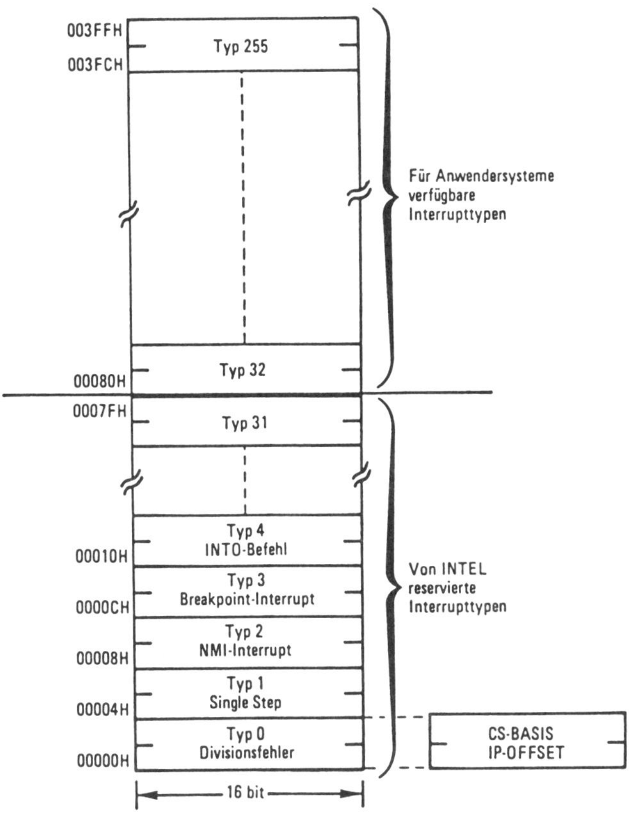

Abb. 8-4 Der Interruptvektor

Da maximal 256 verschiedene Interrupttypen möglich sind, enthält der Interruptvektorbereich bis zu 256 Adreßeinträge für die zugehörigen Interruptprozeduren. Jeder Adreßeintrag besteht aus einem Doppelwortpointer, von dem das Wort auf der höheren Adresse den Segmentanfangsparagraph, das Wort auf der niederen Adresse den Offset der Interruptprozedur enthält. Da jeder Eintrag 4 Bytes lang ist, kann der Prozessor die Startadresse für einen gegebenen Interrupt finden, indem er den Interrupttyp mit 4 multipliziert. Damit beim Auftreten eines Interrupts in die richtige Interruptprozedur gesprungen wird, muß allerdings das entsprechende Vektorelement zuvor mit der zugehörigen Startadresse geladen worden sein.

Die Interruptprozeduren

Vor dem Einsprung in eine Interruptprozedur werden durch die Prozessorhardware die Flags, CS und IP in den Stack gepusht und anschließend TF und IF auf 0 gesetzt. Damit soll verhindert werden, daß die Interruptprozedur ihrerseits von maskierbaren externen Interrupts unterbrochen werden kann. Ist dies jedoch erwünscht, so muß mit dem STI-Befehl das IF-Flag explizit auf 1 gesetzt werden. Von NMI- oder internen Interrupts kann eine Interruptprozedur ohnehin jederzeit unterbrochen werden. Interruptprozeduren sollten gewöhnlich mit einem IRET-Befehl abgeschlossen werden, damit in das unterbrochene Programm zurückgesprungen wird.

Die konkrete Funktion einer Interruptprozedur hängt natürlich vom Anwendungsproblem ab. Die allgemeine Struktur eines Programmsystems mit Interruptprozeduren kann jedoch am Beispiel eines hypothetischen Steuerungsprogrammes verdeutlicht werden, bei dem NMI-Interrupts und Interrupts vom Typ 50 auftreten können.

```
                                      PAGE   80,132
= F000                                PIC_PORT          EQU     0F000H
= F200                                SCHÄLTER          EQU     0F200H
= FE00                                WARNLICHT         EQU     0FE00H
                                      ;
0000                                  INT_VEKTOR        SEGMENT AT  0
0008                                                    ORG     2*4
0008   0000 ---- R                                      DD      ALARM
00C8                                                    ORG     50*4
00C8   0006 ---- R                                      DD      IT50
00CC                                  INT_VEKTOR        ENDS
                                      ;
0000                                  STACK             SEGMENT STACK
0000   0064[                                            DW      100 DUP (?)
                ????
                              ]

00C8                                  STACK             ENDS
                                      ;
0000                                  CODE              SEGMENT
                                               ASSUME   CS:CODE,SS:STACK
0000                                           START:   ;
                                                        ;PROZESSHAUPTPROGRAMM, DAS
                                                        ;INSBESONDERE DURCH NMI-
                                                        ;INTERRUPTS UND INTERRUPTS
                                                        ;VOM TYP 50 UNTERBROCHEN
                                                        ;WERDEN KANN
0000                                  CODE              ENDS
0000                                  INT_PROC          SEGMENT
                                               ASSUME   CS:INT_PROC
0000                                           ALARM    PROC FÄR
0000   BA FE00                                          MOV     DX,WARNLICHT
0003   B0 FF                                            MOV     AL,0FFH
0005   EE                                               OUT     DX,AL
                                                        ;
                                                        ;
                                               ALARM    ENDP
                                                        ;
0006                                           IT50     PROC  FAR
0006   FB                                               STI
0007   50                                               PUSH    AX
0008   52                                               PUSH    DX
                                                        ;
0009   BA F000                                          MOV     DX,PIC_PORT
000C   B0 20                                            MOV     AL,20H  ;EOI
000E   EE                                               OUT     DX,AL
000F   5A                                               POP     DX
0010   58                                               POP     AX
0011   CF                                               IRET
                                               IT50     ENDP
0012                                  INT_PROC          ENDS
                                                        END     START
```

Bei diesem Beispiel befinden sich Prozeßhauptprogramm und Interruptprozeduren in derselben Übersetzungseinheit. Der Interruptvektor ist als eigenes Segment mit der Basisadresse 0 definiert. Die Startadressen der beiden Interruptprozeduren werden durch die DD-Direktiven während der Übersetzungszeit an die entsprechenden Offsets innerhalb des INT_VEKTOR Segments gebracht und dadurch beim Laden des Programms in die entsprechenden Arbeitsspeicherstellen geladen.

Diese Methode, den Interruptvektor zu laden, ist zwar einfach, funktioniert jedoch nicht unter jedem Betriebssystem. Falls ein Interrupt-Programm beispielsweise unter MS-DOS ablaufen soll, muß der Interruptvektor dynamisch (zur Laufzeit des Programms) durch entsprechende MOV-Befehle geladen werden. Die entsprechende Programmstruktur sieht dann folgendermaßen aus:

```
Microsoft (R) Macro Assembler  Version 4.00                    3/9/87 12:50:16

                                                               Page     1-1


  = F000                       PAGE  80,132
  = F200                       PIC_PORT          EQU     0F000H
  = FE00                       SCHALTER          EQU     0F200H
                               WARNLICHT         EQU     0FE00H
                               ;
  =                            NMI_VEKTOR        EQU     WORD PTR DS:[2*4]
  =                            I50_VEKTOR        EQU     WORD PTR DS:[50*4]
                               ;
 0000                          STACK             SEGMENT STACK
 0000   0064[                                    DW      100 DUP (?)
              ????
                          ]

 00C8                          STACK             ENDS
                               ;
 0000                          CODE              SEGMENT
                                        ASSUME   CS:CODE,SS:STACK
 0000   B8 0000                         START:   MOV     AX,0
 0003   8E D8                                    MOV     DS,AX
 0005   FA                                       CLI
 0006   C7 06 0008 0000 R                        MOV     NMI_VEKTOR,OFFSET ALARM
 000C   C7 06 000A ---- R                        MOV     NMI_VEKTOR+2,SEG ALARM
                                                 ;
```

```
Microsoft (R) Macro Assembler  Version 4.00                3/9/87 12:50:16

                                                            Page     1-2


                                PAGE
 0012   C7 06 00C8 0006 R                       MOV     I50_VEKTOR,OFFSET IT50
 0018   C7 06 00CA ---- R                       MOV     I50_VEKTOR+2,SEG IT50
 001E   FB                                      STI
                                                ;
                                                ;PROZESSHAUPTPROGRAMM, DAS
                                                ;INSBESONDERE DURCH NMI-INTERRUPTS
                                                ;UND INTERRUPTS VOM TYP 50 UNTER-
                                                ;BROCHEN WERDEN KANN
                                                ;
 001F                           CODE            ENDS
                                ;
 0000                           INT_PROC        SEGMENT
                                        ASSUME  CS:INT_PROC
 0000                                   ALARM   PROC    FAR
 0000   BA FE00                                 MOV     DX,WARNLICHT
 0003   B0 FF                                   MOV     AL,0FFH
 0005   EE                                      OUT     DX,AL
                                                ;
                                                ;
                                        ALARM   ENDP
                                        ;
 0006                                   IT50    PROC    FAR
 0006   FB                                      STI
 0007   50                                      PUSH    AX
 0008   52                                      PUSH    DX
                                                ;
                                                ;
 0009   BA F000                                 MOV     DX,PIC_PORT
 000C   B0 20                                   MOV     AL,20H   ;EOI
 000E   EE                                      OUT     DX,AL
 000F   5A                                      POP     DX
 0010   58                                      POP     AX
 0011   CF                                      IRET
                                        IT50    ENDP
 0012                            INT_PROC       ENDS
                                                END     START
```

Der Datenaustausch mit Interruptprozeduren

Die Möglichkeiten der Parameterübergabe an Prozeduren, die wir im Kapitel 6 kennengelernt haben, eignen sich nicht für Interruptprozeduren. Präziser ausgedrückt bedeutet das, sie eignen sich nicht für Interruptprozeduren, die von *externen* Interrupts gestartet werden.

Da das Auftreten eines NMI- oder eines INTR-Interrupts zeitlich nicht vorhersehbar ist, können Parameter an Interruptprozeduren nicht über den Stack übergeben werden, denn der Zustand des Stacks ist extrem laufzeitabhängig. Aus demselben Grund ist die Übergabe in Registern nicht praktikabel, denn wann sollten denn die Register mit den zu übergebenden Werten geladen werden? Es ist offensichtlich, daß die Unkenntnis des Zeitpunkts, zu dem ein bestimmter externer Interrupt auftritt, für diese Schwierigkeit verantwortlich ist. Und ebenso klar dürfte sein, daß diese Schwierigkeiten für Softwareinterrupts nicht gelten, denn deren zeitliches Auftreten wird ja eindeutig durch die Placierung des entsprechenden INT n-Befehls im Code definiert.

Softwareinterrupts sind so betrachtet genaugenommen keine Interrupts, sondern indirekte CALL-Befehle, die sich dabei lediglich des Interruptmechanismus im Prozessor und des Interruptvektors bedienen. Die Parameterübergabe an Interruptprozeduren, die über INT n-Befehle angesprungen werden, kann daher ebenso wie bei "normalen" Unterprogrammen erfolgen. In der Praxis wird jedoch fast ausschließlich die Parameterübergabe über Register verwendet.

Wie verhält es sich nun aber mit dem Datenaustausch bei Prozeduren für externe Interrupts? Da Stack und Register für diesen Zweck ungeeignet sind, bleibt nur der Datenaustausch über Arbeitsspeicherstellen. Befinden sich die einzelnen Programmodule, zwischen denen Daten ausgetauscht werden sollen, in derselben Übersetzungseinheit, so ist die Situation sehr einfach. Alle Module können auf Variablen in einem gemeinsamen Datensegment mit symbolischen Variablennamen zugreifen und so einen Datenaustausch realisieren. Welche Möglichkeiten gibt es aber, wenn Interruptprozeduren getrennt von dem Programm, mit dem Daten ausgetauscht werden sollen, übersetzt werden?

Es gibt für diese Form des Datenaustausches im Grunde zwei Möglichkeiten. Ich möchte beide am Beispiel einer Interruptprozedur für die Zeitzählung verdeutlichen. Nehmen Sie an, ein 8086/286-gestütztes Computersystem für Prozeßregelungsaufgaben benötige die Zeit mit einer Genauigkeit von 1/1000 sec. Diese Zeitangabe soll in Form von drei 16Bit-Worten für 1/1000 Sekunden, Sekunden und Stunden geführt werden. Ein TIMER-Baustein liefere jede 1/1000 Sekunde über einen dazwischengeschalteten 8259A PIC-Baustein einen Interrupt beispielsweise vom Typ 64. Durch eine geeignete Interruptprozedur sollen nun bei jedem Timerinterrupt die Zeitzähler so erhöht werden, daß ihr Inhalt die aktuelle Zeit mit einer Genauigkeit von 1/1000 Sekunde angibt.

Eine eigenständig zu übersetzende Interruptprozedur UHR für diesen Zweck könnte wie auf der folgenden Seite angegeben aussehen.

Die drei Zeitzähler MILLISEC, SEC und STD belegen dabei die ersten drei 16Bit-Worte in einem Datensegment ZEIT, das den Verbindungstyp COMMON besitzt (zum Verbindungstyp COMMON siehe auch Kapitel 2). Wenn nun in einem anderen eigenständig übersetzten Modul, wie beispielsweise einem Prozeßhauptprogramm, ebenfalls ein Datensegment mit dem Namen ZEIT und dem Verbindungstyp COMMON definiert wird, so werden diese beiden Segmente beim Linken mit derselben Anfangsadresse übereinandergelegt. Damit läßt sich ein gemeinsamer Datenbereich, ein sog. COMMON-Bereich, für unabhängig voneinander übersetzte Programmodule definieren. Initialisieren lassen sich diese Zeitzähler sinnvollerweise durch das Prozeßhauptprogramm. Der Datenaustausch funktioniert dann in diesem Programmbeispiel einfach so, daß die Interruptprozedur die Variablen MILLISEC, SEC und STD aktualisiert und das Prozeßhauptprogramm oder jeder andere Modul, der die aktuelle Zeit benötigt, die ersten drei Worte aus dem Common-Segment ZEIT ausliest. Dabei ist lediglich zu beachten, daß Offsets und Typen der Variablen in ihren jeweiligen Common-Segmenten übereinstimmen müssen.

```
                                   PAGE 80,132
                                   TITLE UHRZEIT
 = 0020                            EOI          EQU      20H
 = 0020                            PIC_PORT     EQU      20H
 0000                              ZEIT    SEGMENT       COMMON
 0000   ????                               MILLISEC      DW ? ;(0 -> 999)
 0002   ????                               SEC           DW ? ;(0 -> 3599)
 0004   ????                               STD           DW ? ;(0 -> 23)
 0006                              ZEIT    ENDS

                                           PUBLIC UHR
 0000                              PROC_S  SEGMENT
                                           ASSUME  CS:PROC_S,DS:ZEIT
 0000                              UHR     PROC FAR             ;Benoetigte
                                                                ;Maschinenzyklen
 0000   FF 06 0000 R                       INC     MILLISEC     ;21
 0004   81 3E 0000 R 03E7                  CMP     MILLISEC,999 ;16
 000A   77 05                              JA      L1           ;16/4
 000C   B0 20                              MOV     AL,EOI       ;4
 000E   E6 20                              OUT     PIC_PORT,AL  ;10
 0010   CF                                 IRET                 ;24

                                   ;
 0011   C7 06 0000 R 0000          L1:     MOV     MILLISEC,0   ;16
 0017   FF 06 0002 R                       INC     SEC          ;21
 001B   81 3E 0002 R 0E0F                  CMP     SEC,3599     ;16
 0021   77 05                              JA      L2           ;16/4
 0023   B0 20                              MOV     AL,EOI       ;4
 0025   E6 20                              OUT     PIC_PORT,AL  ;10
 0027   CF                                 IRET                 ;24

                                   ;
 0028   C7 06 0002 R 0000          L2:     MOV     SEC,0        ;16
 002E   FF 06 0004 R                       INC     STD          ;21
 0032   83 3E 0004 R 17                    CMP     STD,23       ;16
 0037   76 06                              JNA     L3           ;16/4
 0039   C7 06 0004 R 0000                  MOV     STD,0        ;16

                                   ;
 003F   B0 20                      L3:     MOV     AL,EOI       ;4
 0041   E6 20                              OUT     PIC_PORT,AL  ;10
 0043   CF                                 IRET                 ;24

                                   UHR     ENDP
 0044                              PROC_S  ENDS
                                           END
```

Noch einfacher wird der Datenaustausch bei der zweiten Möglichkeit, die in dem untenstehenden Programmbeispiel angewendet wurde. Bei dieser Lösung entfällt das Common-Datensegment und die Variablen MILLISEC, SEC und STD sind nur im Datensegment des Prozeßhauptprogrammes definiert. Im Prozeßhauptprogramm müssen sie dann allerdings als PUBLIC erklärt werden. Zur PUBLIC-Direktive siehe Kapitel 2. In der Interruptprozedur können diese Variablen nun direkt mit ihrem symbolischen Variablennamen angesprochen werden, wenn sie dort als externe Symbole erklärt wurden. Zur EXTRN-Direktive siehe ebenfalls das Kapitel 2.

```
                                  PAGE 80,132
                                  TITLE UHRZEIT
 = 0020                           EOI             EQU     20H
 = 0020                           PIC_PORT        EQU     20H
                                  ;
                                  EXTRN   MILLISEC:WORD,SEC:WORD,STD:WORD
                                  ;
                                          PUBLIC UHR
 0000                             PROC_S  SEGMENT
                                          ASSUME  CS:PROC_S
 0000                             UHR     PROC    FAR          ;Benoetigte
                                                              ;Maschinenzyklen
 0000  FF 06 0000 E                       INC     MILLISEC        ;21
 0004  81 3E 0000 E 03E7                  CMP     MILLISEC,999    ;16
 000A  77 05                              JA      L1              ;16/4
 000C  B0 20                              MOV     AL,EOI          ;4
 000E  E6 20                              OUT     PIC_PORT,AL     ;10
 0010  CF                                 IRET                    ;24
                                  ;
 0011  C7 06 0000 E 0000          L1:     MOV     MILLISEC,0      ;16
 0017  FF 06 0000 E                       INC     SEC             ;21
 001B  81 3E 0000 E 0E0F                  CMP     SEC,3599        ;16
 0021  77 05                              JA      L2              ;16/4
 0023  B0 20                              MOV     AL,EOI          ;4
 0025  E6 20                              OUT     PIC_PORT,AL     ;10
 0027  CF                                 IRET                    ;24
                                  ;
 0028  C7 06 0000 E 0000          L2:     MOV     SEC,0           ;16
 002E  FF 06 0000 E                       INC     STD             ;21
 0032  83 3E 0000 E 17                    CMP     STD,23          ;16
 0037  76 06                              JNA     L3              ;16/4
 0039  C7 06 0000 E 0000                  MOV     STD,0           ;16
                                  ;
 003F  B0 20                      L3:     MOV     AL,EOI          ;4
 0041  E6 20                              OUT     PIC_PORT,AL     ;10
 0043  CF                                 IRET                    ;24
                                  UHR     ENDP
 0044                             PROC_S  ENDS
                                          END
```

Laufzeitabschätzungen für Programmteile

An der UHR-Prozedur aus dem vorhergehenden Abschnitt läßt sich gut zeigen, wie der Zeitbedarf für die Ausführung bestimmter Programmteile abgeschätzt werden kann. Das wird natürlich nur dann sinnvoll und notwendig sein, wenn man es mit extrem zeitkritischen Programmen zu tun hat. Aber genau dies trifft auf die UHR-Prozedur zu. Egal, welches Programm der Computer gerade bearbeitet, es wird 1000mal in jeder Sekunde unterbrochen und die UHR-Prozedur aufgerufen, um die Zeitangaben in den entsprechenden Variablen zu aktualisieren. Es wäre also interessant zu wissen, ob die dadurch hervorgerufene Verlangsamung jedes anderen Programmes noch vertretbar ist.

Für diese Abschätzung benötigen wir die Anzahl der Taktzyklen, die jeder ausgeführte Maschinenbefehl benötigt. Ich habe sie als Kommentar bei jedem Befehl der UHR-Prozedur angegeben. Sie können diese Anzahl leicht selbst ermitteln, indem Sie bei der jeweiligen Befehlsbeschreibung im Kapitel 3 nachsehen. Falls ein Befehl Speicheroperanden anspricht, wie z.B. der Befehl INC MILLISEC, so kommen noch einige zusätzliche Taktzyklen für die Berechnung der effektiven Adresse hinzu. Falls Sie das genauer wissen wollen, lesen Sie bitte im Kapitel 3 den Abschnitt "Das Zeitverhalten".

Als nächstes sehen wir uns an, welche Befehle für diese Zeitabschätzung überhaupt eine Rolle spielen. Die Prozedur UHR wird zwar 1000mal pro Sekunde ausgeführt, jedoch nicht jedesmal vollständig. Der Zweig ab L1 wird nur einmal pro Sekunde, der Zweig ab L2 sogar nur einmal pro Stunde durchlaufen. Die Laufzeiten für diese Befehlsfolgen können also ohne Bedenken vernachlässigt werden. Berücksichtigt werden muß nur die Laufzeit der Befehlsfolge bis zum ersten IRET-Befehl, die tatsächlich 1000mal pro Sekunde durchlaufen wird. Als Gesamtausführungsdauer ergeben sich ca. 80 Maschinenzyklen, zu denen wir noch den Zeitbedarf für den Ansprung der Interruptprozedur addieren müssen. Wir gehen dabei einfach davon aus, daß der Ansprung einer externen Interruptprozedur etwa gleich lange dauert wie die Ausführung eines INT n-Befehls, also ca. 50 Zyklen.

Nun müssen wir noch wissen, mit welcher Taktfrequenz der betrachtete Computer betrieben wird. Wir gehen bei diesem Beispiel einfach von 8 MHz aus, dann dauert ein einzelner Maschinenzyklus $1/(8 * 10^6)$ sec, das sind 125 nanosec oder $125 * 10^{-9}$ sec. Ein einmaliges Durchlaufen der UHR-Prozedur dauert also ca. $130*125*10^{-9}$ sec, das sind ca. $16*10^{-6}$ sec. Da die UHR-Prozedur in einer Sekunde 1000mal durchlaufen wird, ist der dafür erforderliche Zeitbedarf etwa $16*10^{-3}$ sec. In jeder Sekunde werden also 16 Millisekunden oder 1,6% der gesamten Prozessorzeit für die Aktualisierung der Zeitvariablen benötigt. Jedes andere Programm verlangsamt sich somit um 1,6%. Durch diese Laufzeitabschätzung kann also ziemlich genau der Preis ermittelt werden, der für eine auf eine tausendstel Sekunde genaue Zeitangabe zu entrichten wäre.

Ablauffähige Interruptprozeduren für den IBM-PC und kompatible Systeme

Wenn Sie über einen unter MS-DOS betriebenen PC verfügen, der mit dem IBM-PC kompatibel ist, dann können Sie die beiden folgenden Programmbeispiele für Interruptprozeduren auch auf Ihrem PC zum Laufen bringen. Es geht dabei vor allem darum, zu zeigen, wie Interruptprozeduren grundsätzlich geschrieben und ins System eingebunden werden können.

Ihre eigene Divisionsfehlerbehandlung

Das erste Beispiel betrifft den internen Interrupt, der immer dann erfolgt, wenn bei der Ausführung eines Divisionsbefehls ein Ergebnisüberlauf auftritt. Sehen Sie hierzu auch im Kapitel 3 die Beschreibung der DIV- und IDIV-Befehle. Dieser Divisionsfehler liefert standardmäßig einen Interrupt vom Typ 0. Bei Auftreten dieser Divisionsfehlerinterrupts soll nun statt der Standardprozedur des MS-DOS eine von uns selbst geschriebene Prozedur angesprungen und ausgeführt werden. Diese Interruptprozedur soll am Bildschirm die Meldung:

DIVISIONSFEHLER!
FUER ABBRUCH CTRL-C, SONST BELIEBIGE ANDERE TASTE BETAETIGEN

ausgeben und dann in Abhängigkeit von der Eingabe entweder das den Divisionsfehlerinterrupt verursachende Programm abbrechen und ins MS-DOS zurückkehren oder das unterbrochene Programm fortsetzen. Ein entsprechendes Programm könnte so aussehen, wie es auf den folgenden Seiten angegeben ist.

```
Microsoft (R) Macro Assembler  Version 4.00              3/9/87 15:01:51

DIVISIONSFEHLERPROZEDUR                                  Page     1-1

 1
 2                                   PAGE    36,132
 3                                   TITLE   DIVISIONSFEHLERPROZEDUR
 4                                   ;
 5 0000                              HAUPT   SEGMENT
 6                                           ASSUME  CS:HAUPT
 7 0100                                      ORG     100H    ;notwendig fuer Umwandlung in
 8                                                           ; .COM Datei
 9 0100  B8 0000                     START:  MOV     AX,0
10 0103  8E D8                               MOV     DS,AX
11                                           ;INTERUPTVEKTOR FUER DIVISIONSFEHLER (TYP 0)
12                                           ;UMLADEN
13 0105  FA                                  CLI
14 0106  C7 06 0000 0116 R                   MOV     WORD PTR DS:[0],OFFSET DIV_FEHL
15 010C  8C 0E 0002                          MOV     WORD PTR DS:[2],CS
16 0110  FB                                  STI
17 0111  BA 0186 R                           MOV     DX,OFFSET MARKE
18 0114  CD 27                               INT     27H     ;Verlassen aber resident bleiben
19                                   ;**************************************************************
20 0116                              DIV_FEHL PROC   FAR
21 0116  50                                  PUSH    AX
22 0117  1E                                  PUSH    DS
23 0118  8C C8                               MOV     AX,CS
24 011A  8E D8                               MOV     DS,AX
25 011C  BA 0132 R                           MOV     DX,OFFSET MELD
26 011F  B4 09                               MOV     AH,9
27 0121  CD 21                               INT     21H             ;Meldung ausgeben
28 0123  B4 01                               MOV     AH,1
29 0125  CD 21                               INT     21H             ;Tastaturzeichen einlesen
30 0127  3C 03                               CMP     AL,3            ;CNTR-C ?
31 0129  75 04                               JNE     WEITER
32 012B  B4 00                               MOV     AH,0
```

```
Microsoft (R) Macro Assembler  Version 4.00                3/9/87 15:01:51

DIVISIONSFEHLERPROZEDUR                                    Page     1-2

 33 012D  CD 21                          INT     21H           ;Programm beenden;Ruecksprung
 34                                                            ;ins MS-DOS
 35 012F  1F                     WEITER: POP     DS
 36 0130  58                             POP     AX
 37 0131  CF                             IRET                  ;unterbrochenes Programm
 38                                                            ;fortfuehren
 39                              DIV_FEHL ENDP
 40                              ;*************************************************************
 41 0132  0A 0D 44 49 56 49 53   MELD    DB      0AH,0DH,'DIVISIONSFEHLER!!!! '
 42       49 4F 4E 53 46 45 48
 43       4C 45 52 21 21 21 21
 44       20
 45 0148  0A 0D 46 55 45 52 20           DB      0AH,0DH,'FUER ABBRUCH CNTR-C,SONST BELIEBIGE
 46       41 42 42 52 55 43 48
 47       20 43 4E 54 52 2D 43
 48       2C 53 4F 4E 53 54 20
 49       42 45 4C 49 45 42 49
 50       47 45 20
 51 016E  41 4E 44 45 52 45 20           DB      'ANDERE TASTE BETAETIGEN$'
 52       54 41 53 54 45 20 42
 53       45 54 41 45 54 49 47
 54       45 4E 24
 55 0186                         MARKE   LABEL   BYTE
 56 0186                         HAUPT   ENDS
 57                                      END     START
```

Das Gesamtprogramm besteht dabei aus einem einzigen Codesegment HAUPT, das ein kurzes Hauptprogramm und die Interruptprozedur DIV_FEHL enthält. Das Hauptprogramm tut nichts weiter, als den Interruptvektoreintrag für den Interrupt 0 umzuladen auf die Startadresse unserer eigenen Divisionsfehlerprozedur. Danach führt das Hauptprogramm den Softwareinterrupt 27H aus, der eine Programmbeendigung mit Rückkehr ins MS-DOS bewirkt, das beendete Programm jedoch resident läßt. Damit bleibt es auch nach seiner Beendigung im Arbeitsspeicher und wird auch durch nachfolgende Ladeoperationen nicht überschrieben. Das DX-Register muß für den Interrupt 27H den Offset des ersten Bytes *nach* dem Ende des residenten Codes und das CS-Register muß die Paragraphennummer vom Programmsegmentpräfix enthalten. Dies ist am einfachsten und sichersten zu realisieren, wenn Sie Programme, die Sie resident machen wollen, als .COM-Programme schreiben.

Nach dem Aufruf des Hauptprogrammes ist also der gesamte Lademodul resident und jeder nachfolgende Divisionsfehlerinterrupt führt zur Ausführung der Prozedur DIV_FEHL. Falls Sie diese Divisionsfehlerbehandlung standardmäßig verwenden wollen, ist es sinnvoll, dieses Programm bereits beim Kaltstart des Systems zu aktivieren. In diesem Fall empfiehlt es sich, das Programm durch die AUTOEXEC.BAT Batchdatei aufzurufen.

Umwandlung eines .EXE-Programmes in ein .COM-Programm

Ich möchte Ihnen am Beispiel der Divisionsfehlerbehandlung noch zeigen, wie Sie aus der .EXE-Datei, die der LINKER standardmäßig erzeugt, eine .COM-Datei machen können. COM-Dateien unterscheiden sich von EXE-Dateien dadurch, daß sie weniger Diskettenspeicherplatz belegen und vor allem auch schneller geladen werden können. Dies liegt daran, daß in COM-Dateien der Lademodul bereits als *vollständiges Arbeitsspeicherabbild* vorliegt. Damit Sie allerdings aus einer EXE-Datei mit Hilfe des Dienstprogrammes

EXE2BIN eine COM-Datei machen können, müssen Sie einige Regeln bereits beim Codieren Ihres Programmes beachten:

1. Das Programm muß mit dem Offset 100H starten und das Codesegment muß das erste Segment im Lademodul sein. Auf der Linker-Map muß daher 0000:0100H als Programmstartpunkt angegeben sein. Sie erreichen das, indem Sie vor dem Befehl mit dem START-Label die Direktive ORG 100H angeben.

2. Der EXE-Lademodul darf kein Stapelsegment enthalten. Ignorieren Sie also eine diesbezügliche Warnung des LINKERS und achten Sie vor allem darauf, ob nicht vielleicht eine von Ihnen zum Aufruf des LINKERS verwendete BATCH-Datei standardmäßig ein Stapelsegment erzeugt. Falls dies so ist, verwenden Sie einfach LINK.

3. Da der Lademodul ein vollständiges Speicherabbild darstellen muß, dürfen keine Codeteile mehr enthalten sein, die erst beim Ladevorgang vom LOADER eingetragen werden müßten. Dies betrifft vor allem Segmentanfangsparagraphen, die auf dem Listing leicht durch ---- R in der Spalte für den Maschinencode zu erkennen sind. Da die Ladeadresse im Arbeitsspeicher erst beim Ladevorgang selbst bekannt ist, kann natürlich auch erst der LOADER die entsprechenden Segmentanfangsadressen in den Code eintragen. An welchen Stellen im Maschinencode dies erfolgen soll, darüber informiert den LOADER ein spezieller Vorsatz vor jeder .EXE-Datei.

Im allgemeinen ist es nicht allzu schwierig, solche ladezeitabhängigen Codeteile zu vermeiden. Ich habe zum Beispiel in dem Divisionsfehlerprogramm in Zeile 14 einfach statt

```
MOV  WORD PTR DS:[2] , SEG DIV_FEHL
```

den logisch gleichwertigen Befehl

```
MOV  WORD PTR DS:[2] , CS
```

geschrieben und damit verhindert, daß die entsprechende Paragraphennummer explizit im Befehl als Konstante verwendet wird. Wenn Sie sich an diese drei Regeln halten, dürfte es nicht allzu schwierig sein, aus Ihren .EXE-Programmen .COM-Programme zu machen.

Wie Sie eine Bildschirmuhr programmieren können

Wenn Sie über einen normal konfigurierten PC verfügen, gibt es nicht allzu viele Möglichkeiten, Prozeduren für *externe* Interrupts zu erproben, einfach deshalb, weil dafür zusätzliche Hardware erforderlich wäre. Ich beschränke mich daher auf die Standardaustattung, so daß Sie auf jedem zum IBM PC kompatiblen PC das folgende Interruptprogramm zum Laufen bringen können.

Es geht um folgendes: Wir wollen ein Programm schreiben, das uns in der rechten oberen Ecke des Bildschirmes die aktuelle Zeit in der Form STD:MIN:SEC anzeigt. Diese Zeitanzeige soll fortdauernd, also unabhängig davon, was sonst mit dem Bildschirm passiert, erfolgen. Dazu müssen wir uns zunächst ansehen, wie MS-DOS überhaupt die Zeit ermittelt (siehe Abb. 8.5).

Wenn wir damit auf der Hardwareebene beginnen, sehen Sie, daß der 8253 TIMER-Chip den für verschiedene PCs unterschiedlichen Systemtakt auf 18.2 Hz herunterteilt. Mit dieser Frequenz liefert dann der 8259A Interrupt Controller Chip einen Interrupt vom Typ 8. Dadurch wird 18.2mal pro Sekunde die Prozedur TIMER_INT ausgeführt, die Teil des ROM-BIOS ist. Das ROM-BIOS ist das in ROM-Speicherchips enthaltene *B*asic *I*nput *O*utput *S*ystem. Die Zeit selbst wird in zwei 16Bit-Worten im ROM-BIOS Datenbereich geführt.

Das Wort auf der Adresse 40:6CH wird mit jedem Interrupt um 1 erhöht, d.h. es zählt die Zeit in 1/18.2 Sekundenbruchteilen. Das entspricht 0.05493 Sekundeneinheiten. Wenn dieses Wort überläuft, ist eine Stunde vergangen und das Wort auf der Adresse 40:6EH wird inkrementiert. Da MS-DOS keine eigene Zeit führt, sondern die ROM-BIOS-Zeit verwendet, dürfte damit klar sein, daß auch MS-DOS die Zeit nicht genauer als mit 1/18 Sekunde angeben kann, obwohl der MS-DOS Funktionsaufruf 2CH den Anschein erweckt, als ließe sich die Zeit auf 1/100 Sekunde genau angeben.

Das Auslesen oder Setzen dieser ROM-BIOS Zeitzähler erfolgt gewöhnlich durch die ebenfalls zum ROM-BIOS gehörige Prozedur TIME_OF_DAY. Ein Anwenderprogramm kann mit dem Softwareinterrupt 1AH direkt auf diese Prozedur und damit auf die

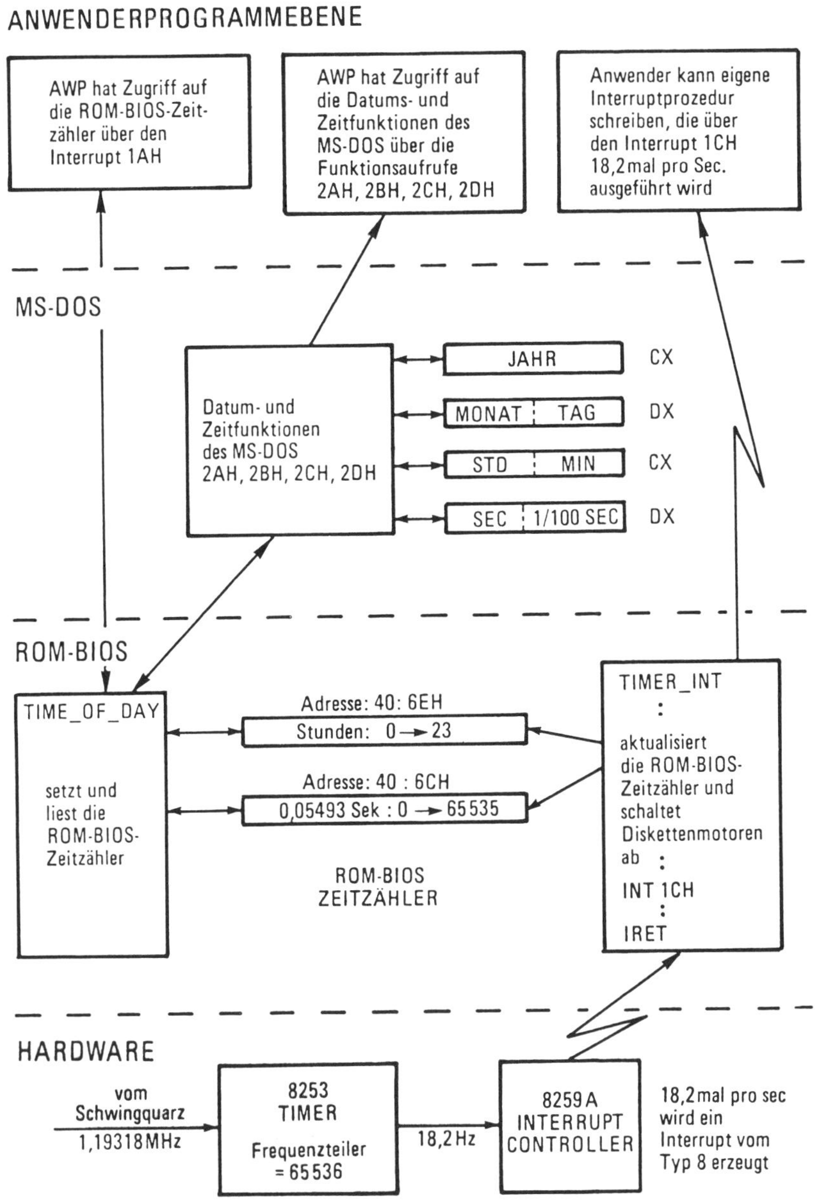

Abb. 8-5 Zeit und Datum unter MS-DOS

ROM-BIOS Zeitzähler zugreifen, muß dann aber die Zeitangabe in diesem etwas unpraktischen Format handhaben. Ein Beispiel dafür ist im Kapitel 6 angegeben. Eine andere Möglichkeit besteht darin, nicht die ROM-BIOS Zeit zu verwenden, sondern die Zeitangabe durch MS-DOS in ein handlicheres Format bringen zu lassen. Ein Anwenderprogramm kann durch die Funktionsaufrufe 2CH und 2DH die Zeit lesen und setzen. Ein Beispiel für das Auslesen der DOS-Zeitzähler ist ebenfalls im Kapitel 6 angegeben.

Schließlich enthält die ROM-BIOS Prozedur TIMER_INT noch den Befehl INT 1CH. Bei jedem Aufruf von TIMER_INT wird also dieser Softwareinterrupt erzeugt. Standardmäßig passiert dabei nicht mehr als unmittelbar ein IRET-Befehl. An diese "Blindkoppelung" kann der Anwender eine eigene Interruptprozedur ankoppeln, indem er das Vektorelement für den Interrupttyp 1CH auf die Startadresse seiner eigenen Prozedur umlädt. Damit lassen sich Anwenderprozeduren so ins System einbauen, daß sie ebenfalls 18.2mal pro Sekunde ausgeführt werden. Häufig ist dieser Interrupt 1CH allerdings bereits von Betriebssystemerweiterungen wie beispielsweise einem Druckerspooler belegt, so daß diese Möglichkeit für unser Vorhaben ausscheidet. Wir werden daher anders vorgehen.

Wir werden die ROM-BIOS Prozedur TIMER_INT stillegen und sie durch eine eigene Prozedur ersetzen, die natürlich exakt dasselbe machen muß wie TIMER_INT, zusätzlich jedoch die aktuelle Uhrzeit rechts oben am Bildschirm anzeigt. Um zu sehen, was TIMER_INT exakt macht, kann man im Technischen Handbuch das ROM-BIOS Listing auf den Seiten A-77 und A-78 nachsehen. Diese ROM-BIOS Prozedur TIMER_INT ist funktionsgleich mit unserer Prozedur TIMER_INT bis auf die Anweisungen zwischen den Zeilen 78 und 121. Die hier eingeschobene Befehlsfolge bewirkt die Umrechnung und Anzeige der Uhrzeit. Um diese Befehlsfolge möglichst schnell zu machen, erfolgt die Bildschirmausgabe unmittelbar durch Schreiben in den Bildschirmspeicher. Da der Bildschirmspeicher für Monochrom- und Farbkarte unterschiedliche Startadressen hat, fragt das Hauptprogramm den Bildschirmmodus ab und übergibt die Startadresse des entsprechenden Bildschirmspeichers in dem 16Bit-Wort VAR an die Prozedur TIMER_INT. Das Umladen des Interruptvektors für den Interrupttyp 8 erfolgt natürlich ebenfalls durch das Hauptprogramm.

```
                                  PAGE 39,132
                                  ;*****************************************************
                                  ;
                                  ;  Dieses Programm laedt den Interruptvektor fuer den
                                  ;  Timerinterrupt um auf eine eigene Interruptprozedur,
                                  ;  die exakt dasselbe macht wie die Original-ROM-BIOS
                                  ;  Vers.3.1 Prozedur,zusaetzlich jedoch bei jedem Aufruf die
                                  ;  aktuelle Uhrzeit rechts oben am Bildschirm anzeigt
                                  ;
                                  ;*****************************************************
0000                              CODE    SEGMENT
                                     ASSUME   CS:CODE
0100                                        ORG     100H        ;um .COM Datei daraus zu machen
0100                                   START:
0100  B8 0000                               MOV     AX,0
0103  8E D8                                 MOV     DS,AX
0105  90                                    NOP
0106  B4 0F                                 MOV     AH,0FH
0108  CD 10                                 INT     10H         ;Bildschirm-Modus lesen
010A  3C 02                                 CMP     AL,2
010C  74 0C                                 JE      FARBE
010E  3C 03                                 CMP     AL,3
0110  74 08                                 JE      FARBE
0112  3C 07                                 CMP     AL,7
0114  74 0E                                 JE      MONO
0116  B4 4C                                 MOV     AH,4CH      ;Bildschirm ist auf ungeeigneten
                                                                ;Modus eingestellt; Programm bleibt
0118  CD 21                                 INT     21H         ;unwirksam - Rueckkehr ins MS-DOS
011A                              FARBE:
011A  2E: C7 06 013C R B800                 MOV     CS:VAR,0B800H     ;Startadresse des Farb-
0121  EB 08 90                              JMP     WEITER            ;bildschirmspeichers
0124                              MONO:
0124  2E: C7 06 013C R B000                 MOV     CS:VAR,0B000H     ;Startadresse des Mono-
                                                                      ;chrombildschirmspeichers
                                  ;********* Umladen des Interruptvektors fuer INT 8 **********
```

```
Microsoft (R) Macro Assembler  Version 4.00              3/9/87 17:12:46

                                                          Page     1-2

0128  FA                         WEITER: CLI
012C  C7 06 0020 013E R                  MOV    WORD PTR DS:[32],OFFSET TIMER_INT
0132  8C 0E 0022                         MOV    WORD PTR DS:[34], CS
0136  FB                                 STI
0137  BA 0210 R                          MOV    DX,OFFSET ENDE
013A  CD 27                              INT    27H             ;Beenden, aber resident bleiben

                                 ;**********************************************************
013C  ????                               VAR    DW  ?   ;zum Zwischenspeichern der BS-Adresse

                                 ;**********************************************************
013E                               TIMER_INT    PROC    FAR
013E  FB                                 STI                    ;Interrupts erlauben
013F  50                                 PUSH   AX
0140  53                                 PUSH   BX
0141  51                                 PUSH   CX
0142  52                                 PUSH   DX
0143  1E                                 PUSH   DS
0144  06                                 PUSH   ES

0145  B8 0040                            MOV    AX,40H
0148  8E D8                              MOV    DS,AX

014A  FF 06 006C                         INC    WORD PTR DS:[6CH]    ;TIMER_LOW
014E  75 04                              JNZ    T4
0150  FF 06 006E                         INC    WORD PTR DS:[6EH]    ;TIMER_HIGH

0154                                 T4:
0154  83 3E 006E 18                      CMP    WORD PTR DS:[6EH], 018H ;TIMER_HIGH
0159  75 19                              JNZ    T5
015B  81 3E 006C 00B0                    CMP    WORD PTR DS:[6CH], 0B0H ;TIMER_LOW
0161  75 11                              JNZ    T5

0163  C7 06 006E 0000                    MOV    WORD PTR DS:[6EH], 0    ;TIMER_HIGH
0169  C7 06 006C 0000                    MOV    WORD PTR DS:[6CH], 0    ;TIMER_LOW
016F  C6 06 0070 01                      MOV    BYTE PTR DS:[70H], 1    ;TIMER_OFL
```

```
0174                                T5:
0174  FE 0E 0040                        DEC     BYTE PTR DS:[40H]        ;MOTOR_COUNT
0178  75 0B                             JNZ     T6
017A  80 26 003F F0                     AND     BYTE PTR DS:[3FH], 0F0H ;MOTOR_STATUS
017F  B0 0C                             MOV     AL,0CH
0181  BA 03F2                           MOV     DX,03F2H
0184  EE                                OUT     DX,AL
                                ;**************************************************************
0185                                T6:
0185  B8 0040                           MOV     AX,40H
0188  8E C0                             MOV     ES,AX
018A  26: A1 006E                       MOV     AX,ES:[6EH]              ;ROM-BIOS Stunden
018E  B3 0A                             MOV     BL,10                    ;in zwei Dezimalziffern
0190  F6 F3                             DIV     BL                       ;aufspalten
0192  05 3030                           ADD     AX,3030H                 ;in ASCII-Code umwandeln

0195  2E: 8B 0E 013C R                  MOV     CX,CS:VAR                ;Startadresse des Bild-
019A  8E D9                             MOV     DS,CX                    ;schirmspeichers
019C  A2 0090                           MOV     DS:[144],AL              ;Stunden-Zehner
019F  C6 06 0091 70                     MOV     BYTE PTR DS:[145],70H    ;Inverse Darstellung
01A4  88 26 0092                        MOV     DS:[146],AH              ;Stunden-Einer
01A8  C6 06 0093 70                     MOV     BYTE PTR DS:[147],70H
01AD  C6 06 0094 3A                     MOV     BYTE PTR DS:[148],3AH    ;Doppelpunkt
01B2  C6 06 0095 70                     MOV     BYTE PTR DS:[149],70H

01B7  BA 0000                           MOV     DX,0
01BA  26: A1 006C                       MOV     AX,ES:[6CH]              ;ROM-BIOS TIMER_LOW
01BE  BB 0444                           MOV     BX,1092                  ;Divisor fuer Minuten
01C1  F7 F3                             DIV     BX
01C3  B3 0A                             MOV     BL,10
01C5  F6 F3                             DIV     BL
01C7  05 3030                           ADD     AX,3030H
01CA  A2 0096                           MOV     DS:[150],AL              ;Minuten-Zehner
01CD  C6 06 0097 70                     MOV     BYTE PTR DS:[151],70H
01D2  88 26 0098                        MOV     DS:[152],AH              ;Minuten-Einer
```

```
01D6  C6 06 0099 70          MOV     BYTE PTR DS:[153],70H
01DB  C6 06 009A 3A          MOV     BYTE PTR DS:[154],3AH
01E0  C6 06 009B 70          MOV     BYTE PTR DS:[155],70H

01E5  8B C2                  MOV     AX,DX
01E7  B7 12                  MOV     BH,18          ;Divisor fuer Sekunden
01E9  F6 F7                  DIV     BH
01EB  B4 00                  MOV     AH,0
01ED  F6 F3                  DIV     BL
01EF  05 3030                ADD     AX,3030H
01F2  A2 009C                MOV     DS:[156],AL    ;Sekunden-Zehner
01F5  C6 06 009D 70          MOV     BYTE PTR DS:[157],70H
01FA  88 26 009E             MOV     DS:[158],AH    ;Sekunden-Einer
01FE  C6 06 009F 70          MOV     BYTE PTR DS:[159],70H


                        ;***********************************************************
0203  CD 1C                  INT     1CH        ;Anschluss fuer Benutzerprozedur
0205  B0 20                  MOV     AL,020H    ;=EOI
0207  E6 20                  OUT     020H,AL

0209  07                     POP     ES
020A  1F                     POP     DS
020B  5A                     POP     DX
020C  59                     POP     CX
020D  5B                     POP     BX
020E  58                     POP     AX

020F  CF                     IRET


                          TIMER_INT ENDP
0210                     ENDE  LABEL WORD
0210                    CODE    ENDS


                        END Start
```

Falls Sie sich übrigens fragen, warum das ROM-BIOS nach Ablauf von 24 Stunden noch zusätzlich 176 Interrupts lange wartet, bevor es die Zeitzähler wieder auf Null setzt und damit einen neuen Tag beginnen läßt, so liegt dies einfach an Rundungsfehlern. 24 ROM-BIOS Stunden wären sonst um 9.66 Sekunden kürzer als ein Standardtag.

Die Software-Interrupts

Der INT n-Befehl bietet eine leistungsfähige und flexible Methode, Software-Interrupts zu erzeugen. Wie bei Interrupts von externen Geräten wird dabei über den Interruptvektor in die dem Interrupttyp n zugeordnete Interruptprozedur gesprungen. Der INT n-Befehl entspricht damit in seiner Funktion einem indirekten FAR-CALL. Da der Interruptvektor sich jedoch stets in einem festen Arbeitsbereich befindet, eignen sich Software-Interrupts vor allem für solche Systeme, bei denen dynamisch verschiebbare Programmteile angesprungen werden sollen. Dies ist ganz besonders bei Betriebssystemen der Fall. Software-Interrupts ermöglichen somit von Anwenderprogrammen aus den Einsprung in Betriebssystemteile, deren Speicheradressen sich konfigurationsabhängig ändern können. Das Betriebssystem MS-DOS für 8086/286 gestützte Mikrocomputersysteme macht von dieser Möglichkeit ausführlich Gebrauch.

In Abb.8-4 wurde bereits die allgemeine Belegung des Interruptvektors dargestellt. Die ersten 32 Interrupttypen (von 0H bis 1FH) sind durch die Prozessorhardware, aber auch für das ROM-BIOS reserviert. Die Interrupttypen 32 bis 63 (20H bis 3FH) werden vom Betriebssystem MS-DOS für eigene Zwecke belegt und somit können Anwender erst ab dem Interrupttyp 64 (40H) aufwärts eigene Interrupttypen definieren.

Das Betriebssystem MS-DOS verwendet die Interrupttypen 32 bis 39 folgendermaßen:

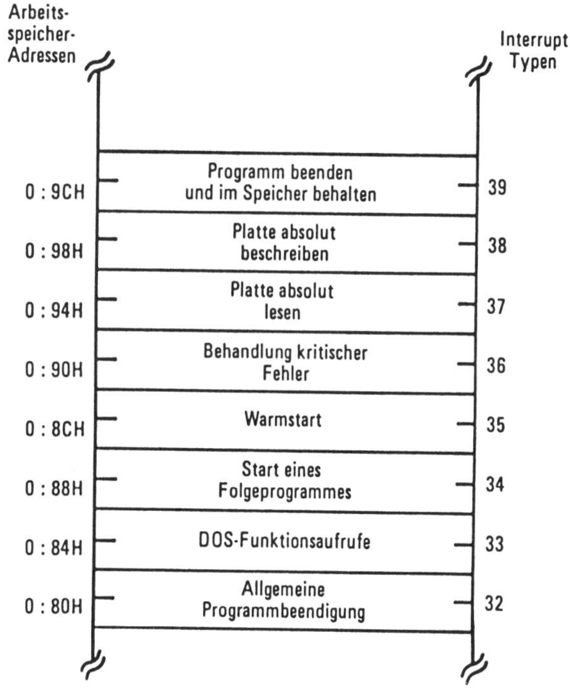

Abb. 8-6 Der Interruptvektor und MS-DOS

Der Software-Interrupt 33 (21H) ermöglicht den Einsprung in eine Vielzahl von DOS-Funktionen. Der Anwender muß dazu die gewünschte Funktion durch Übergabe einer Funktionsnummer im AH-Register auswählen, bevor der Software-Interrupt erfolgt.

Der grundsätzliche Einsatz der DOS-Funktionsaufrufe soll an einem einfachen Beispiel verdeutlicht werden. Durch den Funktionsaufruf 1 kann ein Zeichen von der Tastatur eingelesen werden. Diese Funktion greift ein Zeichen aus dem DOS-internen FIFO-(First-In-First-Out) Tastaturpuffer ab, zeigt das Zeichen am Bildschirm an (Echo) und liefert es dem Anwenderprogramm im AL-

Register ab. Falls das Zeichen <Control-C> war, wird ein Software-Interrupt vom Typ 23H (35), also ein Warmstart durchgeführt.

```
MOV   AH,1 ;DOS-Funktion   1
INT   21H
;AL enthält jetzt das eingetippte Zeichen
```

Es gibt inzwischen eine Vielzahl an Büchern, in denen die einzelnen Softwareinterrupts und DOS-Funktionsaufrufe detailliert und z.T. mit Programmierbeispielen beschrieben werden. Hier nur eine kurze Auswahl davon:

o Bradley, David: Programmieren in Assembler für die IBM Personal Computer, Hanser Verlag, 1986

o Norton, Peter: Die verborgenen Möglichkeiten des IBM PC, Hanser Verlag, 1985

o King, R.A.: IBM PC-DOS Handbuch, Sybex Verlag, 1984

o Völzing, Peter: MS DOS im Detail 2, IWT Verlag, 1986

Mit diesen Büchern soll dieses Buch nicht konkurrieren, da es eine andere Zielrichtung als die vorgestellten Bücher hat. Um dem Assemblerprogrammierer unter MS-DOS aber ohne Rückgriff auf weitere Literatur wenigstens die wichtigsten DOS-Funktionen zur Ein- und Ausgabe sowie zur Disketten- und Dateiverarbeitung zur Verfügung zu stellen, habe ich im folgenden eine Auswahl zusammengestellt. Damit Sie sich schneller orientieren können, wurden die Softwareinterrupts und Funktionsaufrufe nach Funktionsgruppen zusammengestellt. Die Parameterübergabe erfolgt nahezu ausschließlich über Register. **A:** bedeutet dabei die Registerbelegung bei Aufruf (Eingabeparameter), **R:** die Registerbelegung bei Rückkehr (Rückgabeparameter).

EINGABE VON DER TASTATUR (STANDARDEINGABE)

INT 21H AH=01H **R:**AL=eingegebenes Zeichen im ASCII-Code
Diese Funktion wartet auf die Eingabe eines Zeichens, zeigt das Zeichen am Bildschirm an (ECHO) und liefert es in AL ab. CTRL-C löst INT 23H aus.

INT 21H AH=06H **A:**DL=0FFH,**R:**ZF=0,Zeichen in AL
ZF=1,kein Zeichen vorhanden
Diese Funktion wartet *nicht* auf die Eingabe eines Zeichens. Es wird kein Echo erzeugt und nicht auf CTRL-Break getestet.

INT 21H AH=07H **R:**AL=eingegebenes Zeichen
Diese Funktion wartet auf die Eingabe eines Zeichens. Es wird kein Echo erzeugt und nicht auf CTRL-Break getestet.

INT 21H AH=08H **R:**AL=eingegebens Zeichen
Diese Funktion wartet auf die Eingabe eines Zeichens. Es wird kein Echo erzeugt, jedoch CTRL-Break getestet.

INT 21H AH=0AH **A:** DS:DX = Adresse eines Eingabepuffers.
Gepufferte Tastatureingabe. Wartet auf die Eingabe einer Zeichenkette, die durch die <RET>-Taste abgeschlossen werden muß. Vor <RET> kann die Zeichenkette durch <Backspace> editiert werden. Echo wird erzeugt und CTRL-Break wird getestet. Der Eingabepuffer muß folgenden Aufbau haben:
Byte 0 = maximale Zeichenzahl

Byte 1 = in dieses Byte schreibt DOS die tatsächlich eingegebene Zeichenzahl ohne <RET> zurück
Byte 2-n = enthält die eingegebene Zeichenkette. Beispiel:
Buffer DB 80,0,80 DUP (' ')

INT 21H AH=0BH R:AL=0FFH Zeichen bereit
AL=0H Kein Zeichen bereit
Testet den Status der Tastatur. CTRL-C löst INT 23H aus.

INT 21H AH=0CH A:AL=1,6,7,8 oder 0AH
R:AL=0 Tastaturpuffer war leer
Der Tastaturpuffer wird gelöscht und anschließend die im AL-Register angegebene Eingabefunktion ausgeführt.

AUSGABE ZUM BILDSCHIRM (STANDARDAUSGABE)

INT 21H AH=02H A:DL=auszugebendes Zeichen
Das in DL enthaltene Zeichen wird auf die momentane Cursorposition ausgegeben. CTRL-Break wird berücksichtigt.

INT 21H AH=06H A:DL<>0FFH
Das in DL enthaltene Zeichen (<>0FFH) wird auf die momentane Cursorposition ausgegeben. CTRL-Break wird nicht berücksichtigt.

INT 21H AH=09H A: DS:DX Adresse einer auszugebenden Zeichenkette, die durch '$' beendet sein muß. Falls '$' selbst ausgegeben werden soll, sollte Einzelzeichenausgabe gewählt werden.

AUSGABE ZUM DRUCKER ODER ZUM PARALLELEN ANSCHLUSS

INT 21H	**AH=05H**	A:DL=zu druckendes Zeichen Das in DL übergebene Zeichen wird an den Drucker oder den parallelen Anschluß ausgegeben.

EIN- AUSGABE ÜBER DEN SERIELLEN ANSCHLUSS

INT 21H	**AH=03H**	R:AL=eingelesenes Zeichen Ein Zeichen wird über den seriellen Anschluß eingelesen.
INT 21H	**AH=04H**	A:DL=auszugebendes Zeichen Ein Zeichen wird über den seriellen Anschluß ausgegeben.

DATUMS- UND ZEITFUNKTIONEN

INT 21H	**AH=2AH**	R:CX=Jahr (1980 - 2099) DH=Monat (1 - 12) DL=Tag (1 - 31) AL=Wochentag (0=Sonntag, 1=Montag etc.) Diese Funktion gibt das von MS-DOS geführte Datum in den angegebenen Registern zurück.

INT 21H AH=2BH **A:**CX=Jahr (1980 - 2099)
DH=Monat (1 - 12)
DL=Tag (1 - 31)
R:AL=0 , Datum war gültig
AL=0FFH , Datum war ungültig
Bei gültigem Datum übernimmt MS-DOS das in den Registern CX und DX übergebene Datum.

INT 21H AH=2CH **R:**CH=Stunden (0 - 23)
CL=Minuten (0 - 59)
DH=Sekunden (0 - 59)
DL=1/100 Sekunden (0 - 99)
Diese Funktion liefert die von MS-DOS geführte Uhrzeit in den angegebenen Registern zurück. Die Zeit wird allerdings nicht auf eine hundertstel Sekunde, sondern nur auf ca. 1/18 Sekunde genau geführt.

INT 21H AH=2DH **A:**CH=Stunden (0 - 23)
CL=Minuten (0 - 59)
DH=Sekunden (0 - 59)
DL=1/100 Sekunden (0 - 99)
R:AL=0, Zeitangabe war gültig
AL=0FFH, Zeitangabe war ungültig
Bei gültiger Zeitangabe übernimmt MS-DOS die in den Registern CX und DX übergebene Zeitangabe als Systemzeit.

ZUGRIFF AUF DEN INTERRUPTVEKTOR

INT 21H AH=25H **A:**AL=Interrupttyp (0 - 255)
DS:DX=Startadresse der Interruptprozedur
Das Interruptvektorelement für den in AL angegebenen Interrupttyp wird mit der in DS und DX übergebenen Adresse geladen.

INT 21H	**AH=35H**	**A:**AL=Interrupttyp (0 - 255) **R:** ES:BX=Startadresse der Interruptprozedur Die Startadresse der Prozedur für den in AL übergebenen Interrupttyp wird in ES und BX zurückgegeben.

PROGRAMMBEENDIGUNG

INT 20H		**A:**CS=Paragraphennummer des Programmsegmentpräfix (PSP) Geeignet zur Beendigung von COM-Programmen. Das Programm wird ohne Beendigungscode beendet und die Steuerung an das aufrufende Programm zurückgegeben. Das ist normalerweise der Kommandointerpreter des Betriebssystems (COMMAND.COM).
INT 21H	**AH=0H**	**A:**CS=Paragraphennummer des PSP Das Programm wird ohne Beendigungscode beendet.
INT 21H	**AH=4CH**	**A:**AL=zu übergebender Beendigungscode Standardbeendigung für EXE-Programme. Das Programm wird beendet und der in AL enthaltene Wert wird an das Programm übergeben, das die Steuerung erhält.
INT 27H		**A:** CS:DX=Adresse des ersten Bytes nach dem residenten Code Das Programm wird beendet, es bleibt jedoch *resident* im Arbeitsspeicher.
INT 21H	**AH=31H**	**A:** AL=zu übergebender Beendigungscode DX=Größe des residenten Codes in 16Byte-Paragraphen Das Programm wird beendet und gibt den in

AL enthaltenen Beendigungscode an das aufrufende Programm zurück. Das beendete Programm bleibt jedoch *resident* im Arbeitsspeicher.

INT 21H **AH=4DH** **R:** AX=Beendigungscode
Diese Funktion liefert in AX den Beendigungscode eines zuvor abgeschlossenen Programmes. Es handelt sich dabei um den Beendigungscode, der mit den Funktionen 4CH oder 31H übergeben wurde.

DISKETTENZUGRIFFE

INT 25H

A:AL=Laufwerk(A:=0,B:=1.....)
DS:BX=Adresse eines Pufferbereiches
CX=Anzahl der zu lesenden Sektoren
DX=logische Sektornummer des Startsektors
R:CF=0,kein Lesefehler
CF=1,Fehler;Fehlercode in AL
Dieser Softwareinterrupt ermöglicht es, eine Diskette (Festplatte) physikalisch (sektorweise) zu lesen. Es wird die in CX angegebene Anzahl aufeinanderfolgender Sektoren, beginnend mit dem Startsektor, in den mit DS:BX adressierten Pufferbereich eingelesen. Achtung! Diese Funktion hinterläßt ein Wort im Stapel.

INT 26H

A:AL=Laufwerk(A:=0,B:=1,.....)
DS:BX=Adresse eines Pufferbereiches
CX=Anzahl der zu schreibenden Sektoren
DX=Startsektor
R:CF=0,kein Schreibfehler
CF=1,Fehler;Fehlercode in AL
Dieser Softwareinterrupt ermöglicht das

physikalische (sektorweise) Beschreiben der Diskette (Festplatte).

INT 21H AH=36H A:DL=Laufwerk (aktuelles=0,A:=1,....)
R:BX=Anzahl freier Gruppen
DX=Gruppen pro Laufwerk
CX=Bytes pro Sektor
AX=Anzahl der Sektoren pro Gruppe oder 0FFFFH bei ungültigem Laufwerk
Diese Funktion gibt in BX den freien Speicherplatz auf der untersuchten Diskette (Festplatte) zurück. Der Diskettenspeicherplatz wird von MS-DOS stets in Gruppen verwaltet, wobei standardmäßig zwei benachbarte Sektoren zu einer Gruppe zusammengefaßt sind.

DATEIVERARBEITUNG

Ich beschränke mich im folgenden auf die Darstellung der wichtigsten Dateizugriffsfunktionen für die MS-DOS Versionen ab Vers.2.0. Falls dabei Datei- und/oder Subdirectorynamen explizit angegeben werden müssen, läßt sich der entsprechende Pfad als ASCII-String definieren, z.B. als PFAD DB 'A:TESTFILE.ASM',0. Es ist wichtig, daß diese Zeichenkette mit einem Byte mit dem Inhalt binär Null abgeschlossen wird.

ZUGRIFFE AUF DIRECTORIES

INT 21H AH=39H A: DS:DX=Zeiger auf Pfadnamen
R: CF=0,kein Fehler
CF=1,Fehler;AX=Fehlercode
Anlegen eines Subdirectories (MKDIR). Der Pfadname muß den vollständigen Pfad zum anzulegenden Subdirectory enthalten und

mit einem Byte mit dem Inhalt 00H abgeschlossen sein.

INT 21H	**AH=3AH**	**A:** DS:DX=Zeiger auf Pfadnamen **R:** CF=0,kein Fehler CF=1,Fehler;AX=Fehlercode Subdirectory löschen (RMDIR).
INT 21H	**AH=3BH**	**A:** DS:DX=Zeiger auf Pfadnamen **R:** CF=0,kein Fehler CF=1,Fehler;AX=Fehlercode Aktuelles Directory wechseln (CHDIR).
INT 21H	**AH=47H**	**A:** DL=Laufwerksnummer (aktuelles=0,A:=1,...) DS:SI=Zeiger auf Puffer **R:** CF=0,kein Fehler CF=1,Fehler;AX=Fehlercode Aktuelles Directory feststellen. Der Pfadname des aktuellen Directories wird in den Puffer übertragen.
INT 21H	**AH=4EH**	**A:** DS:DX=Zeiger auf Pfadnamen CX=Attribute der Datei **R:** CF=0,Datei gefunden CF=1,Fehler;AX=Fehlercode Erste übereinstimmende Datei suchen. Diese Funktion durchsucht das aktuelle Directory nach der im Pfadnamen angegebenen Datei. Der Dateiname darf auch die Symbole * und ? enthalten.

INT 21H AH=4FH R: CF=0,kein Fehler
CF=1,Fehler;AX=Fehlercode
Nächste übereinstimmende Datei suchen. Diese Funktion setzt die Suche nach mit * oder ? angegebenen Dateien fort, die mit der Funktion 4EH begonnen wurde.

HANDHABUNG KOMPLETTER DATEIEN

INT 21H AH=3CH A:DS:DX=Zeiger auf Pfadnamen
CX=Dateiattribut
R:CF=0,kein Fehler;AX=Dateinummer
CF=1,Fehler;AX=Fehlercode
Einrichten einer neuen Datei (CREATE). Diese Funktion erzeugt eine neue Datei mit dem im Pfadnamen angegebenen Namen. Falls eine Datei mit diesem Namen schon existiert, wird sie gelöscht. War diese Funktion erfolgreich, so liefert sie in AX eine 16Bit-Dateinummer zurück, mit der alle weiteren Zugriffe auf diese Datei erfolgen können.

INT 21H AH=3DH A:DS:DX=Zeiger auf Pfadnamen
AL=0, Lesen
AL=1, Schreiben
AL=2, Lesen und Schreiben
R:CF=0,Datei wurde geöffnet,AX=Dateinr.
CF=1,Fehler;AX=Fehlercode
Öffnen einer bestehenden Datei (OPEN). Die mit dem Pfadnamen angegebene Datei wird geöffnet. Alle weiteren Zugriffe auf diese Datei müssen mit der in AX zurückgegebenen Dateinr. erfolgen.

INT 21H AH=3EH A:BX=Dateinummer
R:CF=0,Datei wurde geschlossen
CF=1,Fehler;AX=Fehlercode
Datei schließen (CLOSE).

INT 21H AH=41H A:DS:DX=Zeiger auf Pfadnamen
R:CF=0,Datei wurde gelöscht
CF=1,Fehler;AX=Fehlercode
Datei löschen (ERASE).

INT 21H AH=56H A:DS:DX=Zeiger auf Pfadnamen einer bestehenden Datei
ES:DI=Zeiger auf neuen Pfadnamen
R:CF=0,Datei wurde umbenannt
CF=1,Fehler;AX=Fehlercode
Datei umbenennen (RENAME)
Die Datei wird ohne sie zu kopieren umbenannt. Sie kann dadurch auch in ein anderes Subdirectory eingefügt werden. Laufwerkwechsel ist nicht möglich.

LESEN UND SCHREIBEN IN DATEIEN

INT 21H AH=3FH A:BX=Dateinummer
CX=Anzahl der zu lesenden Bytes
DS:DX=Zeiger auf Puffer
R:CF=0,kein Fehler;AX=Anzahl der gelesenen Bytes
CF=1,Fehler;AX=Fehlercode
Lesen aus Datei (READ).
Aus der mit der Dateinummer spezifizierten Datei werden CX Bytes in den mit DS:DX adressierten Puffer eingelesen. Es wird dabei stets ab der aktuellen Position des Dateizeigers gelesen. Nach CREATE oder OPEN steht der Dateizeiger auf dem Anfang der

Datei. Nach dem Lesen steht der Dateizeiger auf dem ersten Zeichen *nach* dem gelesenen Bereich.

INT 21H AH=40H

A:BX=Dateinummer
CX=Anzahl zu schreibender Bytes
DS:DX=Zeiger auf Puffer
R:CF=0,kein Fehler;AX=Anzahl geschriebener Bytes
CF=1,Fehler;AX=Fehlercode
In Datei schreiben (WRITE).
Aus dem Puffer werden CX Bytes in die durch die Dateinummer spezifizierte Datei geschrieben. Das Schreiben erfolgt ab der aktuellen Position des Dateizeigers. Durch das Schreiben verschiebt sich der Dateizeiger wie beim Lesen.

INT 21H AH=42H

A:BX=Dateinummer
CX:DX=Anzahl der Bytes (high:low), um die der Dateizeiger bewegt werden soll
AL=Art der Positionierung:
0=absolute Pos. entsprechend CX:DX
1=relative Pos.,aktuelle Pos. plus CX:DX
2=Positionierung auf Dateiende plus CX:DX
R:CF=0,kein Fehler;DX:AX=neue Zeigerposition
CF=1,Fehler;AX=Fehlercode
Dateizeiger verschieben

Ein Beispielprogramm zu den DOS-Funktionsaufrufen

Ein Anwenderprogramm kann mit dem DOS-Funktionsaufruf 2CH die internen Zeitzähler auslesen. Nach der Befehlsfolge

```
MOV  AH,2CH
INT  21H
```

wird die vom System geführte Uhrzeit folgendermaßen in den Registern CX und DX abgeliefert:

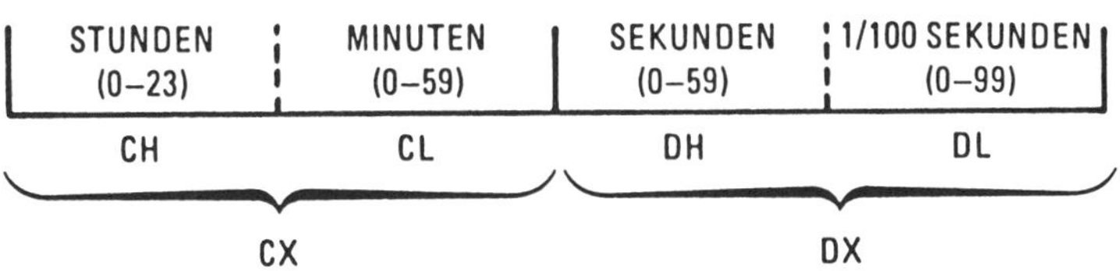

Abb. 8-7 So liefert MS-DOS die Uhrzeit

Es soll nun eine FAR-Prozedur WARTEN geschrieben werden, die diese Zeitzähler in einer Schleife ausliest und erst dann ins aufrufende Programm zurückkehrt, wenn die im AX-Register übergebene Anzahl von 1/10 Sekundeneinheiten verstrichen ist. Mit dieser Prozedur können Sie Wartezeiten zwischen einer Zehntelsekunde und ca. 1.8 Stunden mit einer Genauigkeit von einer Zehntelsekunde bei Bedarf in Ihre Programme einbauen.

```
Microsoft (R) Macro Assembler  Version 4.00                7/23/86 12:26:50

                                                           Page     1-1

 1                                               PAGE 36,132
 2                           ;*****************************************************************
 3                           ;  Diese Prozedur kehrt erst dann ins aufrufende Programm zurueck,
 4                           ;  wenn die im AX - Register uebergebene Anzahl von 1/10 Sekunden-
 5                           ;  einheiten verstrichen ist.Durch Verwendung dieser Prozedur koennen
 6                           ;  Sie Wartezeiten zwischen 1/10 Sekunde und ca. 1,8 Stunden mit einer
 7                           ;  Genauigkeit von 1/10 Sekunde in Ihre Programme einbauen.
 8                           ;*****************************************************************
 9                                   PUBLIC  WARTEN
10
11 0000                      CODE    SEGMENT
12                           ASSUME  CS:CODE
13 0000                      WARTEN  PROC    FAR
14 0000  3D 0000                     CMP     AX,0            ;NICHT WARTEN ?
15 0003  74 30                       JE      ENDE
16 0005  53                          PUSH    BX
17 0006  51                          PUSH    CX
18 0007  52                          PUSH    DX
19 0008  56                          PUSH    SI
20 0009  8B F0                       MOV     SI,AX           ;ANZAHL ZEHNTEL NACH SI
21 000B  B4 2C                       MOV     AH,2CH          ;ZEIT AUSLESEN
22 000D  CD 21                       INT     21H
23 000F  B4 00                       MOV     AH,0            ;DIVISION VORBEREITEN
24 0011  8A C2                       MOV     AL,DL
25 0013  B1 0A                       MOV     CL,10           ;DIVISOR
26 0015  F6 F1                       DIV     CL
27 0017  8A D8                       MOV     BL,AL           ;ERGEBNIS NACH BL
28 0019  B4 2C               SCHLEIFE: MOV   AH,2CH          ;ZEIT AUSLESEN
29 001B  CD 21                       INT     21H
30 001D  B4 00                       MOV     AH,0            ;DIVISION VORBEREITEN
31 001F  8A C2                       MOV     AL,DL
32 0021  B1 0A                       MOV     CL,10
```

```
0023  F6 F1                           DIV     CL
0025  3A C3                           CMP     AL,BL           ;ALTE UND NEUE ZEHNTEL
                                                              ;VERGLEICHEN
0027  74 F0                           JE      SCHLEIFE
0029  8A D8                           MOV     BL,AL           ;NEUES VERGLEICHSELEMENT
002B  4E                              DEC     SI              ;1 ZEHNTEL-SEKUNDE IST
                                                              ;ABGELAUFEN
002C  83 FE 00                        CMP     SI,0            ;WARTEZEIT VORBEI ?
002F  75 E8                           JNE     SCHLEIFE
0031  5E                              POP     SI
0032  5A                              POP     DX
0033  59                              POP     CX
0034  5B                              POP     BX
0035  CB                ENDE:         RET                     ;ZUM AUFRUFENDEN PROGRAMM
                        WARTEN        ENDP
0036                    CODE          ENDS
                                      END
```

9

DIE ENTWICKLUNG VON ASSEMBLERPROGRAMMEN UNTER MS-DOS

Benutzungshinweise für dieses Kapitel

Dieses Kapitel beschreibt Aufruf und Benutzung aller erforderlichen Werkzeuge zur Entwicklung von Assemblerprogrammen unter MS-DOS. Dabei handelt es sich im einzelnen um:

1. Den Macroassembler MASM (ab S.550).

2. Den Querverweislistengenerator MS-CREF (ab S.555).

3. Den Linker MS-LINK (ab S.556).

4. Die Bibliotheksverwaltung MS-LIB (ab S.560).

5. Die Testhilfe DEBUG (ab S.563).

Alle Teile dieses Kapitels sind mehr zum Nachschlagen als zum Durcharbeiten bestimmt. Eine Ausnahme bildet der letzte Abschnitt "Eine Testsitzung mit DEBUG" ab der Seite 582, den ich vollständig durchzuarbeiten empfehle.

Einführung

In diesem Kapitel werden detaillierte Hinweise gegeben, wie ein 8086/286-Assemblerprogramm, das nach den in den Kapiteln 1 bis 8 dargestellten Regeln geschrieben wurde, unter MS-DOS getestet und zum Laufen gebracht werden kann. Eine gewisse Erfahrung in der Arbeit mit dem Betriebssystem MS-DOS, zumindest auf der Ebene der Bedienerkommandos, wird vorausgesetzt.

Der erste Schritt, um Ihr Assemblerprogramm vom Papier in die Maschine zu bringen, besteht in der Erzeugung einer Quelldatei. Dazu können Sie den MS-DOS Editor EDLIN, das Textverarbeitungsprogramm WORDSTAR oder irgendeinen anderen Editor verwenden, der unter dem Betriebssystem MS-DOS ablauffähig ist. Assemblerquelldateien müssen die Dateinamenserweiterung .ASM erhalten. Bei mehrfachem Editieren einer schon bestehenden Quelldatei entsteht eine Sicherungsdatei mit der Namenserweiterung .BAK, die jeweils die Version Ihres Quellprogrammes vor der letzten Änderung enthält. Wenn das Quellprogramm erfaßt ist, kann MASM aufgerufen werden. MASM übersetzt Ihr Quellprogramm in zwei Durchläufen (Pass 1 und Pass 2).

1. Im *ersten Durchlauf* ersetzt der Assembler alle Macroaufrufe durch die zugehörigen Macroerweiterungen, legt eine Symboltabelle für alle Variablen- und Markensymbole an und berechnet den gesamten Speicherplatzbedarf für das Maschinenprogramm.

2. Im *zweiten Durchlauf* ersetzt der Assembler alle Symbole durch die entsprechenden Werte aus der Symboltabelle (z.B. werden symbolische Variablennamen durch die entsprechenden Offsets ersetzt) und erzeugt für jeden symbolischen Assemblerbefehl den zugehörigen Maschinencode. Das Maschinenprogramm wird in einer Datei mit der Namenserweiterung .OBJ abgelegt.

Der Assembler MASM erzeugt gewöhnlich noch zwei weitere Dateien:

.LST Eine Datei mit der Namenserweiterung .LST, die das Assemblerlisting enthält. Diese Übersetzungsliste enthält

Der gesamte Programmentwicklungsprozeß läßt sich folgendermaßen darstellen:

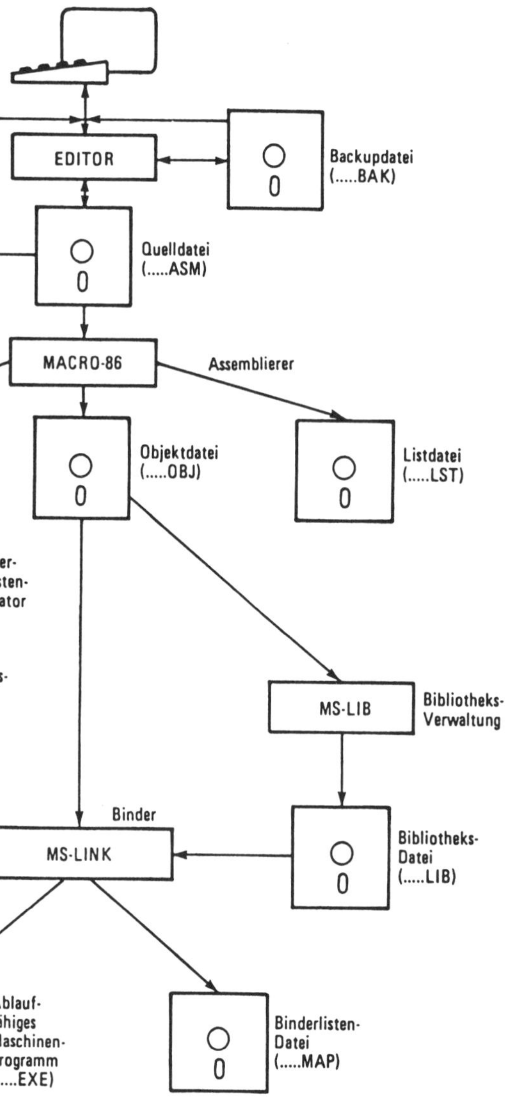

Abb.9-1 Programmentwicklungsprozeß unter MS-DOS

viele wichtige Informationen, ohne die ein Assemblerprogramm praktisch kaum getestet werden kann.

.CRF Die zweite Datei mit der Namenserweiterung .CRF enthält Informationen für eine Querverweisliste (sog. CROSS REFERENCE), die mit Hilfe des Systemprogrammes MS-CREF zu einer ausdruckbaren Querverweislistendatei .REF verarbeitet werden kann.

Das Binden von Objektmodulen:

Ein in einer Objektdatei enthaltenes *Objektmodul* kann durch den Binder MS-LINK zu einem ablauffähigen Maschinenprogramm weiterverarbeitet werden. Dieses Maschinenprogramm wird in einer Datei mit der Namenserweiterung .EXE abgelegt und kann direkt durch Eintippen seines Namens geladen und ausgeführt werden. Davor sollte es jedoch zuerst auf logische Fehlerfreiheit getestet werden.

Der Binder erzeugt gleichzeitig mit der .EXE-Datei eine *Binderliste*, die in einer Datei mit der Namenserweiterung .MAP abgelegt wird. Diese Binderliste enthält wichtige Informationen über die Art, wie der Binder die Segmente im Lademodul angeordnet hat.

Beim modularen Programmieren, d.h. immer dann, wenn man ein Problem in eine Reihe von Unterprogrammen aufgelöst hat, ist es oft praktisch, die Objektmodule ausgetesteter Unterprogramme für ihre Weiterverwendung in eine spezielle Bibliotheksdatei zu schreiben. Dies kann durch das im Betriebssystem enthaltene Bibliotheksverwaltungsprogramm MS-LIB erfolgen. Benötigt dann z.B. ein Hauptprogramm verschiedene Unterprogramme aus der Bibliothek, so braucht nur der Bibliotheksname (mit der Namenserweiterung .LIB) beim Binderaufruf mitangegeben zu werden. MS-LINK durchsucht dann für jedes EXTERNAL-Symbol die Bibliothek nach dem entsprechenden PUBLIC-Symbol und bindet gefundene Unterprogramme zum Lademodul dazu.

Die Assemblierung einer Quelldatei

MASM kann auf verschiedene Arten aufgerufen werden: (Die MS-DOS Bereitschaftsmeldung A> wird im folgenden immer weggelassen)

Methode 1:

Eingabe von: MASM

Dadurch wird MASM in den Arbeitsspeicher geladen. MASM fordert dann den Benutzer auf, nacheinander vier Angaben zu machen:

Aufforderung:	Eingabe:
`Source filename[.ASM]:`	Name der Quelldatei, die assembliert werden soll.
`Object filename[source.obj]:`	Name der Objektdatei, die erzeugt werden soll. Falls nur <RET> eingegeben wird, wird der Hauptnamensbestandteil der Quelldatei verwendet.
`Source listing[NUL.LST]:`	Name der Listdatei, die erzeugt werden soll. Falls nur <RET> eingegeben wird, wird keine Listdatei erzeugt.
`Cross reference[NUL.CRF]:`	Name der CRF-Datei, die erzeugt werden soll. Falls nur <RET> eingegeben wird, wird keine CRF-Datei erzeugt

Die Arbeitsweise des Assemblers kann durch die Angabe von drei Schaltern gesteuert werden. Diese Schalter können am Ende von Eingabezeilen einzeln oder gruppiert eingegeben werden:

Schalter	Funktion
/D	veranlaßt MASM, bei *beiden* Durchläufen Listings zu erstellen. Der Vergleich beider Listings kann möglicherweise Hinweise auf Fehlerursachen geben. /D wird nur wirksam, wenn überhaupt eine Listdatei erstellt wird.
/O	Veranlaßt MASM, Code und Offsets auf der Assemblierungsliste in oktaler Basis darzustellen; die .OBJ-Datei wird davon nicht berührt.
/X	Unterstützt die Auflistung bzw. das Unterdrücken der Auflistung falscher Bedingungsblöcke. Zur genauen Beschreibung siehe .SFCOND-, .LFCOND- und .TFCOND-Direktiven im Kapitel 2.

Methode 2:

Eingabe einer einzigen Kommandozeile mit folgendem Aufbau:

MASM Quelldatei, Objektdatei, Listdatei, CRF-Datei [/Schalter]

Die einzelnen Parameter des Assembleraufrufes haben dieselben Funktionen wie bei Methode 1. Standardwerte für einen Parameter werden durch Eingabe eines zweiten Kommas ausgewählt. Ein Beispiel:

MASM B:UEB,,B:UEB, /X

MASM wird dadurch geladen, übersetzt die Quelldatei UEB.ASM von Laufwerk B, erzeugt eine Objektdatei B:UEB.OBJ und eine Listdatei B:UEB.LST, jedoch keine CRF-Datei. Die Schalterfunktionen sind wie bei Methode 1 beschrieben.

Mit geringem Aufwand kann man sich jedoch eine Kommandodatei (BATCH-Datei mit der Namenserweiterung .BAT) erzeugen, die den Aufruf weiter vereinfacht:

Methode 3:

Kommandodateien haben die Namenserweiterung .BAT und enthalten Betriebssystemkommandos (für weitere Details bitte in einer MS-DOS-Beschreibung nachsehen).

Sie können sich also eine Batch-Datei mit beispielsweise dem Namen MAS86.BAT auf der Diskette in Laufwerk A einrichten, auf der auch Ihr Assembler MASM gespeichert ist. Diese Batch-Datei soll folgenden Inhalt haben:

MASM B:%1.ASM,B:%1.OBJ,B:%1.LST,B:%1.CRF %2

dann erreichen Sie mit einem Aufruf wie z.B.:

MAS86 UEB /X

dasselbe wie mit dem Aufruf nach Methode 2 (es wird allerdings jetzt auch eine CRF-Datei erzeugt). Die Verwendung der Batch-Datei ermöglicht also eine Kurzform der Aufrufmethode 2.

Die Assemblierungsliste

An der folgenden Assemblierungsliste eines Unterprogrammes sollen die wesentlichen Informationen, die in dieser Liste enthalten sind, erläutert werden:

```
Microsoft (R) Macro Assembler  Version 4.00          3/25/87 11:28:46

                                                      Page     1-1

                              PAGE 80,132
0000                          STACK   SEGMENT STACK
0000   0014[                          DW 20 DUP (?)
            ????
                          ]

0028                          STACK   ENDS

0000                          MAX_SEG SEGMENT
                                      ASSUME CS:MAX_SEG,SS:STACK
                              PUBLIC  MAXIMUM
0000                          MAXIMUM PROC    FAR
0000   55                             PUSH    BP
0001   8B EC                          MOV     BP,SP
0003   50                             PUSH    AX
0004   53                             PUSH    BX
0005   51                             PUSH    CX
0006   56                             PUSH    SI       ;VERWENDETE REGISTER
0007   57                             PUSH    DI       ;RETTEN
                              ;
0008   BE 0000                        MOV     SI,0     ;STARTINDEX=0
000B   B8 8000                        MOV     AX,8000H;ANFANGSVERGLEICHSWERT
000E   8B 4E 08                       MOV     CX,[BP+8]        ;TABELLENLAENGE
0011   8B 5E 0A                       MOV     BX,[BP+10]       ;TABELLENANFANG
0014   3B 00                  SCHL:   CMP     AX,[BX][SI]      ;VERGLEICH
0016   7D 02                          JGE     NEXT
0018   8B 00                          MOV     AX,[BX][SI]      ;VERGLEICHSWERT
001A   46                     NEXT:   INC     SI
001B   46                             INC     SI               ;INDEX ERHOEHEN
001C   E2 F6                          LOOP    SCHL
001E   8B 7E 06                       MOV     DI,[BP+6]        ;OFFSET VON MAX
0021   89 05                          MOV     [DI],AX          ;RUECKGABE
0023   5F                             POP     DI
0024   5E                             POP     SI
0025   59                             POP     CX
0026   5B                             POP     BX
0027   58                             POP     AX
0028   5D                             POP     BP
0029   CA 0006                        RET     6
                              MAXIMUM ENDP
002C                          MAX_SEG ENDS
                                      END
```

Die Assemblierungsliste enthält von links nach rechts folgende Spalten:

1. Die Zeilennummern für Ihr Assemblerquellprogramm.

2. Die Offsets relativ zu den von Ihnen definierten Segmenten. Das Unterprogramm ist in dem Segment MAX_SEG enthalten und beginnt mit dem Befehl PUSH BP. Der entsprechende Maschinencode (55H) hat daher den Offset 0. Der folgende Befehl (MOV BP,SP) belegt 2 Bytes und beginnt auf dem Offset 1, der nächste auf dem Offset 3 usw. Die Offsets innerhalb des MAX_SEG-Segmentes sind also die Werte, die der IP bei der Abarbeitung des Programmes durchläuft. Diese Offsets sind wichtig für das Testen eines Programmes mit der Testhilfe DEBUG.

3. Der generierte Maschinencode in hexadezimaler Darstellung.

4. Ihr Assemblerquellprogramm, wie Sie es in die .ASM-Datei eingegeben haben.

Falls Ihr Programm Syntaxfehler enthält, die während der Übersetzung erkannt werden, erscheinen die entsprechenden Fehlermeldungen nach der Zeile, die den Fehler enthält.

Folgende zusätzliche Hinweise können noch in einer Zeile der Assemblierungsliste enthalten sein:

R	(relocatable); der entsprechende Befehlsbestandteil kann erst vom Linker oder Loader eingetragen werden; dies ist z.B. bei Segmentanfangsadressen der Fall.
E	Externes Symbol
U	Undefiniertes Symbol bzw. undefinierte Adresse.
=	Anweisung enthält eine EQU- oder =-Direktive.
nn:	Für den Maschinenbefehl wurde ein Segmentpräfixbyte erzeugt.

nn/ Befehl enthält einen REP- oder LOCK-Präfix.

n Zeile stammt von einer Makroerweiterung. Die Ziffer n gibt die Schachtelungstiefe an.

C Zeile stammt aus einer INCLUDE-Datei.

Die Erzeugung einer Querverweisliste

Die Erstellung einer Querverweisliste empfiehlt sich immer dann, wenn ein längeres Assemblerprogramm getestet werden soll, das viele Symbole verwendet. MS-CREF ermöglicht es, eine alphabetisch sortierte Liste aller verwendeten Symbole auszugeben. Diese Liste ist praktisch ein Index aller vom Programmierer definierten Symbole. Für jedes Symbol wird angegeben, in welcher Zeile es verwendet wird und zusätzlich, in welcher Zeile es definiert wurde.

Querverweisliste für das Beispielunterprogramm :

```
Microsoft Cross-Reference  Version 4.00             Fri Mar 27 10:01:46 1987

  Symbol Cross-Reference            (# is definition)                  Cref-1

MAXIMUM. . . . . . . . . . . . . .  12     13     13#
MAX_SEG. . . . . . . . . . . . . .  10     10#    11     42

NEXT . . . . . . . . . . . . . . .  27     29     29#

SCHL . . . . . . . . . . . . . . .  26     26#    31
STACK. . . . . . . . . . . . . . .   3      3#     8     11


 5 Symbols
```

Der Aufruf von MS-CREF

Voraussetzung für die Erzeugung einer Querverweisliste ist, daß Sie den Assembler veranlaßt haben, beim Übersetzen eine .CRF-Datei anzulegen. Diese .CRF-Datei wird von MS-CREF zu einer ausdruckbaren Querverweisliste verarbeitet.

Wie beim Aufruf von MASM gibt es auch hier zwei Aufrufmethoden, ich stelle jedoch nur die kürzere vor:

CREF .CRF-Datei, Listdatei

.CRF-Datei ist der Name der .CRF-Datei, die von MASM erzeugt wurde.

Listdatei ist der Name, den Sie der Querverweislistendatei geben möchten. Gewöhnlich nimmt man den Hauptnamensteil und kann dann einfach diesen Parameter durch ein ; ersetzen.

Beispiel:

CREF B:UEB;

Mit diesem Aufruf erzeugt MS-REF aus der Datei B:UEB.CRF eine Querverweisliste und legt sie in der Datei B:UEB.REF ab. Diese Datei kann dann ausgedruckt werden.

Das Binden von Objektmodulen

Um ein ablauffähiges Maschinenprogramm zu erhalten, müssen Objektmodule durch den Bindeprozeß verarbeitet werden. Die Objektmodule können dabei sowohl durch eine Assemblierung aus Assemblerquellprogrammen wie durch eine Compilierung aus Quellprogrammen in höheren Programmiersprachen (z.B. FORTRAN, PASCAL, C) entstanden sein.

Diesen Bindeprozeß führt der Binder MS-LINK aus. MS-LINK ist ein Systemprogramm, das

1. getrennt erzeugte Objektmodule zu einem verschiebbaren Lademodul kombiniert. Dieser Lademodul kann durch Angabe seines Namens geladen und ausgeführt werden. MS-LINK legt ihn in einer Datei mit der Namenserweiterung .EXE (Execute) ab.

2. Bibliotheksdateien nach Definitionen benötigter externer Referenzen durchsucht. Eine externe Referenz ist z.B. der Name eines Unterprogrammes, das aus einer Unterprogrammbibliothek dazugebunden werden soll.

3. eine Listdatei erzeugt, die die Auflösung von externen Referenzen und Fehlermeldungen enthält. Diese Listdatei hat die Namenserweiterung .MAP. Da in dieser Listdatei auch angegeben ist, wie der Linker die einzelnen Segmente im Lademodul angeordnet hat und wie ihre relative Lage im Lademodul ist, empfiehlt sich ein Ausdruck dieser Listdatei zum Testen modularer Programmsysteme.

Die temporäre Datei VM.TMP

MS-LINK benutzt für das zu erstellende Lademodul soviel Arbeitsspeicherplatz wie möglich. Ist das Modul so groß, daß es mit dem zur Verfügung stehenden Speicherplatz nicht verarbeitet werden kann, so braucht MS-LINK unter Umständen zusätzlichen Speicherplatz. In diesem Fall wird eine temporäre Datei unter dem Namen VM.TMP auf dem Standardlaufwerk erstellt. Hat die Übertragung in diese VM.TMP-Datei begonnen, so gibt MS-LINK folgende Nachricht aus:

```
VM.TMP has been created
Do not change diskette in drive x
```

Die Diskette darf jetzt bis zum Beenden des Bindelaufes nicht herausgenommen werden. Am Ende wird MS-LINK diese Datei wieder löschen. Befand sich zuvor bereits auf dem Laufwerk eine Datei mit dem Namen VM.TMP, so wird diese überschrieben. Deshalb sollte der Name VM.TMP nicht für Benutzerdateien gewählt werden.

Programmparameter für den Linkeraufruf

Bei der Angabe der Namen von Dateien, die MS-LINK benutzen bzw. erstellen soll, können ein oder mehrere Parameter mit Schrägstrich direkt anschließend an den Dateinamen angegeben werden. Im folgenden die wichtigsten Parameter:

/LINE
/L Wird /Line oder /L angegeben, so werden die Zeilennummern und Adressen des Quellcodes mit in die Listdatei übernommen.

/MAP
/M Wird /Map oder /M angegeben, so werden alle allgemeinen (globalen) Symbole aufgelistet, die in den Eingabemodulen definiert sind. Für jedes Symbol listet MS-LINK den Wert und die Position des Segmentoffsets in der Ausführungsdatei auf. Die Symbole werden am Ende der Listdatei aufgelistet.

/PAUSE
/P Wird /Pause oder /P angegeben, so wird folgende Nachricht am Bildschirm ausgegeben:

```
About to generate .EXE file
Change disks <hit ENTER>
```

Wenn diese Nachricht erscheint kann der Benutzer die Diskette einlegen, auf der die .EXE-Datei abgelegt werden soll.

Der Aufruf von MS-LINK

Wenn das Betriebssystem sich mit:

A>

meldet, können Sie eingeben:

LINK

Dadurch wird der Binder geladen. Nach kurzer Zeit erscheint die Aufforderung:

```
Object modules [.OBJ]:
```

Sie geben nun die Namen Ihrer .OBJ-Dateien ein. Mehrere Dateinamen können getrennt durch + oder Leerstellen eingegeben werden. Die Namenserweiterung .OBJ muß nicht angegeben werden, da MS-LINK dies standardmäßig erwartet, z.B.:

```
Object Modules [.OBJ]:UEB
```

Nun erscheint die Aufforderung:

```
Run File [UEB.EXE]:
```

Wenn Ihre Ausführungsdatei UEB.EXE heißen soll, genügt jetzt das Drücken der Eingabetaste; ansonsten geben Sie den gewünschten Dateinamen ein. Eine evtl. bestehende Datei gleichen Namens wird überschrieben. Hier kann der /MAP-Parameter und der /PAUSE-Parameter angegeben werden, z.B.:

```
Run File [UEB.EXE]:/M
```

Nun erscheint die Aufforderung:

```
List File [NUL.MAP]:
```

Wenn Sie keine Listendatei erstellen möchten, genügt hier das Drücken der Eingabetaste; ansonsten geben Sie den Namen der zu erstellenden Listendatei ein. Hier kann auch der /LINE-Parameter angegeben werden. Durch diesen Parameter kann allerdings u.U. eine sehr große Listendatei erzeugt werden, z.B.:

```
List File [NUL.MAP]:UEB/L
```

Nun erscheint die Aufforderung:

```
Libraries [.LIB]:
```

Wenn Sie keine Bibliothek angeben möchten, so genügt das Drücken der Eingabetaste, ansonsten können Sie einen Bibliotheksnamen angeben, z.B.:

```
Libraries [.LIB]:PRIVAT.BIB
```

Jetzt wird LINK ein verschiebbares ablauffähiges .EXE-Programm und eine Bindeliste erstellen. Ein vorzeitiges Abbrechen ist durch ein gleichzeitiges Drücken von CTRL- und BREAK-Taste möglich.

Die Verwendung von Modulbibliotheken

Das MS-DOS Betriebssystem enthält ein Bibliotheksverwaltungsprogramm mit dem Namen MS-LIB. Mit MS-LIB können Modulbibliotheken eingerichtet und gewartet werden. Eine Modulbibliothek bietet den Vorteil, daß Symbolnamen mit ihren Adressen indexartig verwaltet werden. Dadurch wird der Linkeraufruf wesentlich einfacher. Die Verwendung von Modulbibliotheken ist daher vor allem beim modularen Programmieren zu empfehlen.

Mit MS-LIB sind die folgenden Funktionen möglich:

1. Erzeugen von Bibliotheksdateien (standardmäßig mit der Namenserweiterung .LIB).

2. Einschreiben des Inhalts von Objektdateien (Objektmodule) in eine Bibliotheksdatei.

3. Löschen von Objektmodulen aus einer Bibliotheksdatei.

4. Entnahme von Objektmodulen aus einer Bibliotheksdatei, um sie wieder in eigene Objektdateien abzulegen.

5. Ersetzen eines Moduls in einer Bibliotheksdatei durch einen veränderten Modul.

MS-LIB führt einen Index über alle PUBLIC-Symbole in einer Bibliothek, der von MS-LINK verwendet wird, um beim Binden externe Referenzen aufzulösen. MS-LIB kann eine Liste aller in einer Bibliothek enthaltenen Module und ihrer PUBLIC-Symbole erzeugen.

Der Aufruf von MS-LIB

Ich stelle hier nur die Aufrufmethode vor, bei der Sie auf einzelne Aufforderungen Eingaben machen müssen. Um MS-LIB aufzurufen geben Sie ein:

LIB

Dadurch wird MS-LIB in den Arbeitsspeicher geladen und fordert Sie auf, nacheinander vier Angaben zu machen. Nach der letzten Angabe führt MS-LIB die gewünschte Funktion aus und kehrt anschließend ins Betriebssystem zurück.

Aufforderung:	Eingabe:
`Library name:`	Geben Sie den Namen der Bibliotheksdatei ein, die Sie bearbeiten wollen (z.B. B:ANWENDER.LIB). Die Namenserweiterung .LIB wird standardmäßig erwartet, kann also weggelassen werden. Wenn Sie unmittelbar nach dem Dateinamen ein ; eingeben, führt MS-LIB nur eine Konsistenzprüfung durch, gibt gegebenenfalls Fehler in der Bibliothek aus und kehrt zu MS-DOS zurück. Falls eine Bibliotheksdatei mit dem angegebenen Namen noch nicht besteht, fragt MS-LIB, ob Sie sie erzeugen möchten. Geben Sie als Antwort Yes oder No an.
`Operations:`	Geben Sie eines der Kommandozeichen (+, -, -+, *,-*) an, unmittelbar gefolgt von einem Modulnamen oder dem Namen einer Objektdatei. Die Wirkung der einzelnen Kommandozeichen wird in untenstehender Tabelle erläutert. Mehrere Opera-

tionen können in einer Operationszeile enthalten sein.

`List file:`	Geben Sie einen Dateinamen an, falls MS-LIB ein Verzeichnis aller in der Bibliothek enthaltenen Module mit ihren PUBLIC-Symbolen ausgeben soll. Anstelle eines Dateinamens können Sie auch unmittelbar CON oder PRN angeben, und so die Liste direkt auf den Bildschirm oder auf den Drucker ausgeben.
`Output library:`	Diese Aufforderung erscheint nur, wenn Sie die Bibliothek verändert haben. In diesem Fall können Sie die modifizierte Bibliothek in eine neue Datei abspeichern. Falls Sie nur <RET> eingeben, verwendet MS-LIB den alten Bibliotheksnamen und rettet den alten Bibliothekszustand in einer Datei mit der Namenserweiterung .BAK.

Die Bedeutung der Kommandozeichen:

+objektdatei	fügt das Objektmodul aus *objektdatei* in die Bibliothek ein.
-modulname	löscht das Modul *modulname* aus der Bibliothek
-+modulname	ersetzt das Modul *modulname* in der Bibliothek durch ein Modul aus einer Objektdatei, die exakt denselben Namen haben muß.
***modulname**	kopiert das Modul *modulname* aus der Bibliothek in eine Objektdatei mit demselben Namen.
-*modulname	wirkt wie das * Kommando, löscht jedoch anschließend das Modul *modulname* aus der Bibliothek.

Die Testhilfe DEBUG

Im amerikanischen EDV-Slang hat sich der Begriff 'bugs' (Wanzen) für logische Fehler in einem Programm eingebürgert. 'Debugging' bezeichnet also das Entfernen dieser 'Wanzen' und ein DEBUGGER ist ein Systemprogramm, das die Suche nach logischen Fehlern und deren Beseitigung unterstützt. Getestet werden ausführbare Maschinenprogramme, die in .EXE-Dateien enthalten sind.

DEBUG gibt Ihnen die Möglichkeit, Ihr Programm Befehl für Befehl ausführen zu lassen und immer wenn Sie wollen, in den Speicher und in Register 'hineinzusehen'. Selbstverständlich können Sie auch Speicher- und Registerinhalte verändern.

Das Starten von DEBUG

Für das Starten von DEBUG wird folgende Eingabe vorgenommen:

DEBUG lw:dateiname.EXE

DEBUG wird geladen und lädt dann seinerseits das gewünschte .EXE-Programm in den Arbeitsspeicher. Die Register enthalten danach die im folgenden beschriebenen Werte, wenn bestimmte Voraussetzungen erfüllt sind:

Register:	Inhalt:	Voraussetzung:
SS	Anfangsparagraph des Stacksegments	ein Segment hat die Verbindung STACK
SP	Offset der Stapel-Spitze	ein Segment hat die Verbindung STACK
CS	Anfangsparagraph des Codesegments	Es wurde mit Hilfe der END-Direktive ein Entrypoint festgelegt. Gilt nur für Hauptprogramme!

Register:	Inhalt:	Voraussetzung:
IP	Offset des Entry-points	Es wurde mit Hilfe der END-Direktive ein Entry-point festgelegt. Gilt nur für Hauptprogramme!
DS und ES	Anfangsparagraph des Modulvorspanns	keine
BX und CX	Größe des Moduls inclusive Modulvorspann	keine
restliche Register	0000H	keine
Flags	siehe Register-Kommando	keine

Wichtig!

Es ist empfehlenswert, vor jedem Testen des Moduls oder vor jeglicher Veränderung von Registern, sich die Ursprungsinhalte zu notieren. Zusammen mit der von LINK erzeugten Liste .MAP kann man somit die für das Testen des Moduls erforderlichen absoluten Adreßberechnungen durchführen.

Die DEBUG-Befehle

Für alle DEBUG-Befehle gelten die folgenden Regeln:

1. Das *Bereitschaftszeichen* von DEBUG für die Entgegennahme eines Befehls ist ein Bindestrich (-).

2. Ein Befehl ist ein einzelner Buchstabe, auf den normalerweise ein oder mehrere Parameter folgen.

3. Befehle und Parameter können in Groß- oder Kleinbuchstaben oder in einer Kombination von beiden eingegeben werden.

4. Befehle und Parameter *können* durch Trennzeichen voneinander getrennt werden. Trennzeichen sind jedoch nur zwischen zwei aufeinanderfolgenden Hexadezimalzahlen unbedingt erforderlich. Aus diesem Grund sind folgende Befehle gleichbedeutend:

```
dcs: 100 110
d cs:100 110
d,cs:100,110
```

5. Befehle werden erst nach Betätigung der Eingabetaste wirksam.

6. Vorzeitiges Abbrechen einer Befehlsausführung kann durch das Drücken der Tastenkombination CTRL-C erreicht werden.

7. Kommt es zu einem Syntaxfehler, so wird die entsprechende Zeile angezeigt, wobei der Fehler wie folgt hervorgehoben wird:

```
d cs:100 CS:110
          └── Fehler
```

In diesem Fall wird als zweiter Parameter nur eine Hexadezimalzahl erwartet. Der Fehler wird beim S erkannt.

Erklärung der bei der Befehlsbeschreibung verwendeten Begriffe:

Begriff:	**Definition:**
adresse	eine ein- oder zweiteilige Angabe in einem der folgenden Formate: Eine Segmentregisterangabe und ein hexadezimaler Offsetwert, getrennt durch einen Doppelpunkt, wie z.B.: CS:0AB2 Ein hexadezimaler Segmentadreßwert und ein Offsetwert, getrennt durch einen Doppelpunkt, wie z.B.: 4BA:01A0 Nur ein hexadezimaler Offsetwert, wie z.B.: 100

bytes — eine ein- oder zweiziffrige Hexadezimalzahl.

adreßbereich — Angabe der Anfangs- und Endadresse eines Speicherbereichs in einem der folgenden Formate:

adresse adresse

wobei bei der zweiten Adresse nur ein Offsetwert zugelassen ist. Die Adressen müssen durch ein Komma oder eine Leerstelle voneinander getrennt sein, wie z.B: CS:1A0 1B0

adresse L byteanzahl

wobei *byteanzahl* die Anzahl der Bytes ab *adresse* in hexadezimaler Form angibt. Z.B.: CS:100 L 15. Bei Angabe von 0000 wird die maximale Länge von 10000H erreicht.

liste — ein oder mehrere Bytes und/oder Zeichenfolgen wie z.B F3 'XYZ' 8D 4 'abcd'

zahl — eine hexadezimale Zahl, die aus bis zu 4 Ziffern bestehen darf. Bei Angabe von 0000 wird die maximale Größe der Zahl von 10000H erreicht.

zeichenfolge — ein in einfache oder doppelte Hochkommata eingeschlossener ASCII-String wie z.B.: 'Dies ist ''ne Zeichenfolge' oder " Dieses 'Wort' steht in Hochkommata " wobei die doppelte Angabe eines Hochkommas innerhalb des Strings als ein einzelnes Hochkomma aufgefaßt wird und nicht als Stringbegrenzer.

Im folgenden werden die DEBUG-Befehle, die zum Testen eines Moduls erforderlich sind, in alphabetischer Reihenfolge angeführt. Für jeden Befehl werden das Format und der Zweck des Befehls sowie Beispiele angegeben.

Der ASSEMBLE-Befehl

Zweck:

Ermöglicht die direkte Eingabe von symbolischen Assemblerbefehlen in den Speicher bei gleichzeitiger Übersetzung in Maschinencode

Befehlsformat: A [adresse]

Beschreibung:

Der Arbeitsspeicher wird ab der angegebenen Adresse mit dem Maschinencode der eingegebenen Assemblerbefehle gefüllt. Alle numerischen Werte müssen hexadezimal und ohne nachfolgendes H angegeben werden. Symbolische Marken- und Variablennamen sind nicht zulässig.

Beispiele:

```
MOV  BX,10      ;Lade BX mit 10H
MOV  AX,[10]    ;Lade AX mit dem Inhalt der Speicherstelle DS:10H
JMP  104        ;Sprung zum Befehl auf der Adresse CS:104H
```

Der DUMP-Befehl

Zweck:

Zeigt den Inhalt von Speicherteilbereichen an.

Befehlsformat:

Format1: D [adresse]

Format2: D adreßbereich

Beschreibung:

Der Speicherauszug wird in zwei Teilen angezeigt:

1. Einem hexadezimalen Teil. Jedes Byte wird in hexadezimaler Form angezeigt.

2. Einem ASCII-Teil. Die selben Bytes werden als ASCII-Zeichen angezeigt. Als ASCII-Zeichen nicht darstellbare Hexadezimalwerte werden durch einen Punkt angezeigt.

```
 d ds:0 ff
689A:0000  CD 20 00 A0 00 9A EE FE-1D F0 4A 02 8E 65 78 02   M . ..n^.pJ..ex.
689A:0010  8E 65 A8 04 ED 61 ED 61-01 01 01 00 02 FF FF FF   .e(.mama........
689A:0020  FF FF FF FF FF FF FF FF-FF FF FF FF A6 62 05 2C   ............&b.,
689A:0030  8E 65 00 00 00 00 00 00-00 00 00 00 00 00 00 00   .e..............
689A:0040  00 00 00 00 00 00 00 00-00 00 00 00 00 00 00 00   ................
689A:0050  CD 21 CB 00 00 00 00 00-00 00 00 00 00 20 20 20   M!K..........
689A:0060  20 20 20 20 20 20 20 20-00 00 00 00 00 20 20 20           .....
689A:0070  20 20 20 20 20 20 20 20-00 00 00 00 00 00 00 00           ........
689A:0080  00 0D 62 3A 6D 61 78 69-6D 75 6D 33 2E 72 65 66   ..b:maximum3.ref
689A:0090  20 70 72 6E 0D 6D 33 0D-00 00 00 00 00 00 00 00    prn.m3.........
689A:00A0  00 00 00 00 00 00 00 00-00 00 00 00 00 00 00 00   ................
689A:00B0  00 00 00 00 00 00 00 00-00 00 00 00 00 00 00 00   ................
689A:00C0  00 00 00 00 00 00 00 00-00 00 00 00 00 00 00 00   ................
689A:00D0  00 00 00 00 00 00 00 00-00 00 00 00 00 00 00 00   ................
689A:00E0  00 00 00 00 00 00 00 00-00 00 00 00 00 00 00 00   ................
689A:00F0  00 00 00 00 00 00 00 00-00 00 00 00 00 00 00 00   ................
-
```

Eine Anzeigezeile beginnt an einem 16Byte-Grenzwert und zeigt 16 Bytes an. Zwischen dem achten und neunten Byte steht ein Bindestrich. Wenn die Startadresse nicht durch 16 teilbar ist, umfaßt die erste Zeile des Speicherauszuges weniger als 16 Bytes. Die zweite Zeile beginnt jedoch immer mit einer Adresse, die durch 16 teilbar ist.

Format 1: D [adresse]

Der Speicherauszug startet mit der angegebenen Adresse. Wird keine Adresse angegeben, so wird davon ausgegangen, daß die Startadresse diejenige Adresse ist, die auf die letzte von einem vorhergehenden D-Befehl angezeigte Speicherstelle folgt. Auf diese Weise ist ein Speicherauszug von aufeinander folgenden Blöcken möglich, indem aufeinander folgende D-Befehle ohne Parameter eingegeben werden. Wurde kein vorheriger D-Befehl eingegeben, so ist die Adresse DS:100. Wird nur ein Offset angegeben, so wird der Segmentanteil standardmäßig aus dem DS-Register bezogen.

Format 2: D adreßbereich

Es wird der angegebene Adreßbereich angezeigt. Wird als Startadresse nur ein Offset angegeben, so wird der Segmentanteil standardmäßig aus dem DS-Register bezogen. Die Endadresse darf nur als Offset angegeben werden.

Beispiele:

```
D CS: 100 10C
D
D SS:0FA
```

Der ENTER-Befehl

Zweck:

Ersetzt den Inhalt von einem oder mehreren Speicherbytes oder zeigt Speicherbytes fortlaufend an und ermöglicht ihre Änderung.

Befehlsformat: E adresse [liste]

Beschreibung:

Wird für *adresse* nur ein Offset angegeben, so wird der Inhalt des DS-Registers standardmäßig als Segmentanteil benutzt.

Format 1: E adresse liste

Es wird beginnend ab *adresse* die *liste* byteweise in den Speicher geladen, wie z.B. durch:

```
E ES:100 F3 'xyz' 8d
```

Format 2: E adresse

Es wird der Speicherinhalt bei *adresse* angezeigt und eine Änderung dieses Inhalts erwartet. Darauf kann verschieden reagiert werden:

1. Eingabe eines Hexadezimalwertes als Änderung.

2. Leertaste drücken, um zur nächsten Adresse weiterzugehen, deren Inhalt dann angezeigt wird.

3. Bindestrich (-) eingeben, um zur letzten Adresse zurückzukehren, deren Inhalt dann angezeigt wird.

   Zum Beenden wird die Returntaste gedrückt.

Beispiele:

```
E cs:100
```

zeigt z.B. folgendes an:

```
04BA:0100 EB.
```

es wird 41 eingegeben:

```
04BA:0100 EB.41
```

dann wird die Leertaste dreimal gedrückt:

```
04BA:0100 EB.41 10. 00. BC.
```

es wird 42 eingegeben:

```
04BA:0100 EB.41 10. 00. BC.42
```

dann wird zweimal der Bindestrich und 6F eingegeben:

```
04BA:0100 EB.41 10. 00. BC.42-
04BA:0102 00.-
04BA:0101 10.6F
```

Zum Beenden wird nun die Returntaste gedrückt.

Der FILL-Befehl

Zweck:

Füllt einen Speicherbereich mit einem oder mehreren Werten auf.

Befehlsformat: F adreßbereich liste

Beschreibung:

Der FILL-Befehl initialisiert einen durch *adreßbereich* angegebenen Speicherbereich mit einer Zeichenfolge aus *liste*, die wiederholt benutzt wird, bis der gesamte Bereich gefüllt ist. Ist *liste* größer als der angegebene Speicherbereich, so bleiben die Zeichen unberücksichtigt, die zu viel sind.

Wenn bei *adreßbereich* als Anfangsadresse nur ein Offset angegeben wird, so wird der Inhalt des DS-Registers standardmäßig als Segmentanteil benutzt.

Beispiel:

```
F SS:0 L 100 FF
```

Der Stackbereich wird in der Länge von 100H Bytes mit High-Value (FFH) initialisiert.

Der GO-Befehl

Zweck:

Führt das zu testende Programm aus, unterbricht die Ausführung an markierten Stellen (breakpoints) und zeigt dann Registerinhalte, Flaginhalte und den nächsten auszuführenden Befehl an (für das Format der Registeranzeige siehe REGISTER-Befehl).

Befehlsformat: G [=adresse] [adresse [adresse]...]

Beschreibung:

Wichtig für alle Formate:

1. Der Benutzer muß vor der Ausführung des Befehls sicherstellen, daß der Inhalt des CS-Registers zusammen mit dem Inhalt des IP oder die angegebene Adresse auf den *Anfang eines Befehls* verweist. Wenn dies nicht der Fall ist und z.B. bei einem Drei-Byte-Befehl auf das zweite Byte verwiesen wird, sind die Ergebnisse unvorhersehbar!

2. Der Stackpointer muß einen gültigen Inhalt besitzen und im Stack müssen zusätzlich zu dem Bereich, den das Benutzerprogramm benötigt, mindestens 3 Worte (6 Bytes) für den GO-Befehl Platz sein!

Format 1a: G

Die Programmausführung beginnt mit dem Programmbefehl, auf den der Inhalt des CS-Registers als Segmentadreßanteil und der Inhalt des IP als Offset verweist. Das Programm wird komplett ausgeführt.

Format 1b: G =adresse

Die Programmausführung beginnt mit dem Programmbefehl, der durch *=adresse* (das = muß eingegeben werden) adressiert wird und das Programm wird komplett ausgeführt. Wird bei *=adresse* nur ein Offset angegeben, so wird der momentane Inhalt des CS-Registers standardmäßig als Segmentadreßanteil benutzt.

Format 2a: G [adresse] [...]

Die Programmausführung beginnt mit dem Programmbefehl, auf den der Inhalt des CS-Registers als Segmentadreßanteil und der Inhalt des IP als Offset verweist und das Programm wird solange ausgeführt, bis irgendeine der unter *adresse* angegebenen Breakpointadressen erreicht wird.

Format 2b: G [=adresse] [adresse] [...]

Die Programmausführung beginnt mit dem Programmbefehl, der durch *=adresse* (das = muß eingegeben werden) adressiert wird und das Programm wird solange ausgeführt, bis irgendeine der unter *adresse* angegebenen Breakpointadressen erreicht wird. Wird bei *=adresse* nur ein Offset angegeben, so wird der momentane Inhalt des CS-Registers standardmäßig als Segmentadreßanteil benutzt.

Für die Formate 2a und 2b gilt:

Es können bis zu 10 verschiedene Breakpointadressen in beliebiger Reihenfolge angegeben werden. Es werden *vor* dem Programmlauf an allen angegebenen Breakpointadressen die Originalbefehle durch einen Interruptbefehl ersetzt. Dies bedeutet u.a. auch, daß der Originalbefehl, der auf einer Breakpointadresse steht, *nicht* ausgeführt wird. Wird irgendeine dieser Breakpointadressen erreicht, so wird die Ausführung des Programmes gestoppt, die Registerinhalte und die Flags werden angezeigt (siehe auch REGISTER-Befehl), an allen Breakpointadressen werden die Originalbefehle wieder eingesetzt und der GO-Befehl ist beendet.

Der LOAD-Befehl

Zweck:

Lädt eine Datei in den Arbeitsspeicher.

Befehlsformat: L

Beschreibung:

Das beim NAME-Befehl oder beim Aufruf von DEBUG angegebene .EXE-Programm wird in den Speicher geladen.

Wichtig:

Dem LOAD-Befehl zum Laden einer Datei muß entweder ein NAME-Befehl vorangegangen oder der Dateiname muß beim Aufruf von DEBUG angegeben worden sein:

```
DEBUG lw:dateiname.EXE
```

Beispiel:

```
N b:UEBUNG.EXE
L
```

Der MOVE-Befehl

Zweck:

Verschiebt den Inhalt eines Speicherbereiches in einen anderen Bereich.

Befehlsformat: M bereich adresse

Beschreibung:

Der Inhalt eines Speicherbereiches (angegeben durch *bereich*) wird so verschoben, daß er ab der angegebenen *adresse* zu liegen kommt. Überlappende Verschiebungen werden ohne Datenverlust durchgeführt. Die Daten im Quellbereich bleiben unverändert, es sei denn sie werden durch die Verschiebung selbst überschrieben.

1. Wird für die Anfangsadresse des Quellbereiches nur ein Offset angegeben, so wird der Inhalt des DS-Register standardmäßig als Segmentadreßanteil benutzt.

2. Wird beim Quellbereich eine Endadresse benutzt, so darf nur ein Offset angegeben werden.

3. Wird beim Zielbereich als Adresse nur ein Offset angegeben, so wird der Inhalt des DS-Register standardmäßig als Segmentadreßanteil benutzt.

Der NAME-Befehl

Zweck:

Legt die zum Laden von Dateien erforderlichen Informationen über die Dateien in Dateisteuerblöcken (FCBs) ab. Sollte vor jedem LOAD-Befehl angegeben werden.

Befehlsformat: N lw:dateiname.erw [lw:dateiname.erw]

Der QUIT-Befehl

Zweck:

Beendet DEBUG, ohne die bearbeitete Datei zurückzuspeichern.

Befehlsformat: Q

Der REGISTER-Befehl

Zweck:

Der REGISTER-Befehl hat drei Funktionen:

1. Er zeigt den Hexadezimalwert eines einzelnen Registers an, wobei die Möglichkeit besteht, den Inhalt zu ändern.

2. Er zeigt die Hexadezimalwerte sämtlicher Register einschließlich des Flagregisters und den nächsten auszuführenden Befehl an.

3. Er zeigt die Zustände der acht Einzelflags (als Zweierkombinationen von Buchstaben) an, wobei die Möglichkeit besteht, die Flagzustände zu ändern.

Befehlsformat: R [registername]

Beschreibung:

Als Registernamen sind zugelassen:

AX BX CX DX SP BP SI DI

DS ES SS CS IP oder PC F

Format 1: R AX

Anzeigen und Ändern eines einzelnen Registerinhaltes. DEBUG gibt danach z.B. aus:

```
AX F1E4
:
```

Nun kann entweder durch Drücken der Eingabetaste der Wert unverändert belassen werden oder durch eine Eingabe eines maximal 4-stelligen Hexadezimalwertes und dem Drücken der Eingabetaste der Inhalt des betreffenden Registers verändert werden, wie z.B.:

```
R AX
AX F1E4
:FFFF
```

Dadurch wird der Inhalt von AX auf FFFFH gesetzt.

Format 2:

Anzeige aller Register, Flagzustände und des nächsten Befehls. Dafür wird eingegeben:

R

Es erscheint z.B. folgendes am Bildschirm:

```
AX=0E00  BX=00FF  CX=0007  DX=01FF  SP=039D  BP=0000  SI=005C  DI=0000
DS=04BA  ES=04BA  SS=04BA  CS=04BA  IP=011A   NV UP DI NG NZ AC PE NC
04BA:011A   CD21      INT    21
```

Die ersten zwei Zeilen zeigen den Inhalt der Register und die Flagzustände an. Die dritte Zeile zeigt den nächsten auszuführenden Befehl und seine Adresse an.

Die Bedeutung der Abkürzungen für die Flagzustände:

Flagname	gesetzt (=1)	gelöscht (=0)
Overflow (OF) Überlauf	OV (OVer) übergelaufen	NV (Not oVer) nicht übergelaufen
Direction (DF) Richtung	DN (DowN) links nach rechts	UP (UP) rechts nach links
Interrupt (IF) Interrupt	EI (Enables Int) Interrupt zulässig	DI (Disables Int) Interrupt nicht zulässig
Sign (SF) Vorzeichen	NG (NeGative) negativ	PL (PLus) positiv
Zero (ZF) Null	ZR (ZeRo) Null	NZ (Not Zero) nicht Null
Auxiliary Carry (AF) Hilfsübertrag	AC (Aux. Carry) Hilfsübertrag	NA (Not Aux. Carry) kein Hilfsübertrag
Parity (PF) Parität	PE (Parity Even) Parität gerade	PO (Parity Odd) Parität ungerade
Carry (CF) Übertrag	CY (Carry Yes) Übertrag	NC (No Carry) kein Übertrag

Zur Anzeige und zum Ändern der Flagzustände gibt man ein:

R F

Die Antwort von DEBUG kann z.B. folgendermaßen lauten:

```
OV DN EI NG ZR AC PE CY-
```

Jetzt kann die Eingabetaste gedrückt werden, um alle Flagzustände so zu belassen, oder es können ein oder mehrere Zustände in beliebiger Reihenfolge verändert werden. Dazu werden die entsprechenden Abkürzungen mit oder ohne Leerstelle als Trennzeichen eingegeben, z.B.:

```
OV DN EI NG ZR AC PE CY-PONZ DINV
```

Danach wird die Eingabetaste gedrückt und die entsprechenden Flags werden durch DEBUG geändert. Zur Kontrolle sollte dann noch einmal eingegeben werden:

```
R F
```

Worauf man die Antwort erhält:

```
NV DN DI NG NZ AC PO CY-
```

Der TRACE-Befehl

Zweck:

Führt einen oder mehrere Befehle aus und zeigt nach der Ausführung jedes Befehls den Inhalt aller Register und die Flagzustände an (für das Anzeigeformat siehe REGISTER-Befehl).

Befehlsformat: T [=adresse] [zahl]

Beschreibung:

Wichtig für alle Formate sind folgende zwei Punkte:

1. Der Benutzer muß vor der Ausführung von einem oder mehreren Befehlen sicherstellen, daß der Inhalt des CS-Registers zusammen mit dem Inhalt des IP-Registers oder die angegebene Adresse auf den *Anfang* eines Befehls verweist. Wenn dies nicht der Fall ist, d.h. wenn z.B. bei einem Drei-Byte-Befehl auf das zweite Befehlsbyte verwiesen wird, so sind die Ergebnisse unvorhersehbar!

2. Der Stackpointer muß einen gültigen Inhalt besitzen und im Stack müssen zusätzlich zu dem Bereich, den das Benutzerprogramm benötigt, mindestens 3 Worte (6 Bytes) für den TRACE-Befehl Platz sein!

Format 1:

T oder T [=adresse]

Es wird derjenige Befehl ausgeführt, der sich an der angegebenen Adresse befindet oder der über den Inhalt des CS-Registers und den Inhalt von IP adressiert wird. Danach werden (wie beim REGISTER-Befehl) die Registerinhalte, die Flagzustände und der nächste auszuführende Befehl angezeigt. Z.B. soll der Befehl:

```
04BA:011A   B40E       MOV AH, 0EH
```

ausgeführt werden:

```
T
AX=0E00 BX=00FF CX=0007 DX=01FF SP=039D BP=0000 SI=005C DI=0000
DS=04BA ES=04BA SS=04BA CS=04BA IP=011C NV UP DI NG NZ AC PE NC
04BA:011C   CD21       INT    21
```

Format 2:

T zahl oder T [=adresse] zahl

Es werden *zahl*mal Befehle ausgeführt, die sich ab der angegebenen Adresse befinden oder über den Inhalt des CS-Registers und den Inhalt von IP adressiert werden. Nach jedem Befehl werden (wie beim REGISTER-Befehl) die Registerinhalte, die Flagzustände und der nächste auszuführende Befehl angezeigt. Die Anzeige kann evtl. durch Drücken der CTRL- und BREAK-Tasten gestoppt und durch Drücken einer beliebigen Taste wieder fortgesetzt werden. Z.B. werden bei:

```
T 10
```

16 (10H) Befehle ausgeführt und es werden nach jedem Befehl die Flagzustände und der nächste auszuführende Befehl angezeigt.

Der UNASSEMBLE-Befehl

Zweck:

Disassembliert Maschinencode und zeigt ihn in Form symbolischer Assemblerbefehle an.

Befehlsformat: U [adreßbereich]

Beschreibung:

Es wird der Maschinencode im *adreßbereich* disassembliert und als Folge symbolischer Assemblerbefehle am Bildschirm angezeigt. Wird nach einem R-Befehl ein U-Befehl ohne Parameter angegeben, so werden 20H Bytes Maschinencode ab der momentanen Adresse CS:IP disassembliert. Jeder weitere U-Befehl disassembliert ab der zuvor erreichten Adresse die folgenden 20H Befehlsbytes.

Beispiele:

```
U CS:100 110
```

Disassembliert ab der Adresse CS:100H bis zur Adresse CS:110H

```
R
U
```

Disassembliert 20H Bytes ab der Adresse CS:IP

Der WRITE-Befehl

Zweck:

Der WRITE-Befehl schreibt den Inhalt eines angegebenen Arbeitsspeicherbereiches in eine Datei.

Befehlsformat: W [adresse]

Beschreibung:

Format 1: W

Wird keine Adresse angegeben, so wird der Inhalt eines Arbeitsspeicherbereiches beginnend von CS:100 mit der im BX:CX-Registerpaar angegebenen Länge in eine Datei geschrieben. Der Dateiname muß zuvor mit einem NAME-Befehl spezifiziert worden sein.

Format 2: W [adresse]

Wirkt wie Format 1, nur daß der Speicherbereich ab der angegebenen *adresse* in die Datei kopiert wird.

Eine Testsitzung mit DEBUG

Wenn Sie ein Maschinenprogramm mit DEBUG testen wollen, empfehle ich Ihnen, möglichst systematisch vorzugehen. Zunächst benötigen Sie eine *aktuelle* Assemblierungsliste und Linkerliste. Ich möchte Ihnen das Vorgehen am Beispiel der Maximumsuchprozedur erläutern, die auf der folgenden Seite abgedruckt ist. Dabei kann ich Ihnen auch zeigen, wie man ein *isoliertes* Unterprogramm testen kann, ohne nur für Testzwecke ein aufrufendes Programm schreiben zu müssen.

Die Linkerliste:

```
Start  Stop   Length Name                   Clas
00000H 00027H 00028H STACK
00030H 0005BH 0002CH MAX_SEG
```

Aus der Linkerliste geht hervor, wie der Linker die beiden Segmente, aus denen das Lademodul besteht, gelegt hat. Das Stacksegment ist 28H Bytes lang und liegt am Anfang des Lademoduls. An der nächsten möglichen Paragraphengrenze (30H Bytes vom Beginn des Lademoduls entfernt) beginnt das MAX_SEG-Segment, das die Prozedur enthält.

Beim Testen mit dem Debugger müssen wir nun all das 'von Hand' machen, was sonst das aufrufende Programm erledigt. Wir müssen praktisch die 'Umgebung', in der die Prozedur einmal ablaufen soll, *simulieren*. Zu dieser Umgebung gehören:

1. die *Schnittstelle im Stack* zur Übergabe der drei Parameterworte und zur Bereitstellung der Rückkehradresse, und

2. ein *Datensegment*, das den zu durchsuchenden Wortarray und eine Variable für die Aufnahme des Maximums enthält.

```
                              PAGE 80,132
0000                          STACK   SEGMENT STACK
0000  0014[                           DW 20 DUP (?)
            ????
                      ]

0028                          STACK   ENDS

0000                          MAX_SEG SEGMENT
                                      ASSUME CS:MAX_SEG,SS:STACK
                              PUBLIC  MAXIMUM
0000                          MAXIMUM PROC    FAR
0000  55                              PUSH    BP
0001  8B EC                           MOV     BP,SP
0003  50                              PUSH    AX
0004  53                              PUSH    BX
0005  51                              PUSH    CX
0006  56                              PUSH    SI        ;VERWENDETE REGISTER
0007  57                              PUSH    DI        ;RETTEN
                              ;
0008  BE 0000                         MOV     SI,0      ;STARTINDEX=0
000B  B8 8000                         MOV     AX,8000H;ANFANGSVERGLEICHSWERT
000E  8B 4E 08                        MOV     CX,[BP+8]         ;TABELLENLAENGE
0011  8B 5E 0A                        MOV     BX,[BP+10]        ;TABELLENANFANG
0014  3B 00                   SCHL:   CMP     AX,[BX][SI]       ;VERGLEICH
0016  7D 02                           JGE     NEXT
0018  8B 00                           MOV     AX,[BX][SI]       ;VERGLEICHSWERT
001A  46                      NEXT:   INC     SI
001B  46                              INC     SI                ;INDEX ERHOEHEN
001C  E2 F6                           LOOP    SCHL
001E  8B 7E 06                        MOV     DI,[BP+6]         ;OFFSET VON MAX
0021  89 05                           MOV     [DI],AX           ;RUECKGABE
0023  5F                              POP     DI
0024  5E                              POP     SI
0025  59                              POP     CX
0026  5B                              POP     BX
0027  58                              POP     AX
0028  5D                              POP     BP
0029  CA 0006                         RET     6
                              MAXIMUM ENDP
002C                          MAX_SEG ENDS
                                      END
```

Diese Simulation sollte durchgeführt werden, bevor mit der Ausführung der Prozedur begonnen wird. Zunächst rufen wir DEBUG auf und laden das zu testende Programm. Indem wir uns die Register anzeigen lassen, können wir die Ladeadresse erkennen.

```
A>DEBUG B:MAXIMUM3.EXE
-R
AX=0000  BX=0000  CX=005C  DX=0000  SP=0028  BP=0000  SI=0000  DI=0000
DS=68AB  ES=68AB  SS=68BB  CS=68BB  IP=0000   NV UP DI PL NZ NA PO NC
68BB:0000 0000          ADD     [BX+SI],AL                    DS:0000=CD
-
```

Das STACK-Segment beginnt bei der Paragraphennummer 68BB, der Stackpointer enthält den Offset der ersten Speicherstelle nach dem Ende des Stacksegmentes (28H). CS zeigt ebenfalls auf den Beginn des STACK-Segmentes und *nicht* auf das MAX_SEG-Segment. Das können Sie einfach erkennen, da der durch CS:IP adressierte Maschinenbefehl disassembliert wird und es offensichtlich *nicht* der erste Befehl Ihrer Prozedur ist. Es handelt sich in diesem Fall ja nicht um ein Hauptprogramm, bei dem wir einen Start-Label bei der END-Direktive angeben können. Wir wissen aber aus der Linkerliste, daß das MAX_SEG-Segment 30H Bytes nach dem Modulanfang beginnt, auf den SS zeigt. Wir addieren also 30H auf die physikalische Adresse 68BB0H und erhalten als pysikalische Startadresse des Codesegmentes 68BE0H. Also laden wir CS mit 68BEH.

```
-R CS
CS 68BB
:68BE
-R
AX=0000  BX=0000  CX=005C  DX=0000  SP=001E  BP=0000  SI=0000  DI=0000
DS=68C1  ES=68AB  SS=68BB  CS=68BE  IP=0000   NV UP DI PL NZ NA PO NC
68BE:0000 55            PUSH    BP
-
```

Die nächste mögliche Segmentanfangsadresse nach dem MAX_SEG-Segment ist 68C10H. Wir simulieren also ein Datensegment, das ab der Paragraphennummer 68C1H beginnt und folgenden Inhalt hat:

1. mit dem Offset 0 die Wortvariable MAX für das Ergebnis der Maximumsuche

2. mit dem Offset 2 eine beliebig lange Worttabelle mit Testwerten

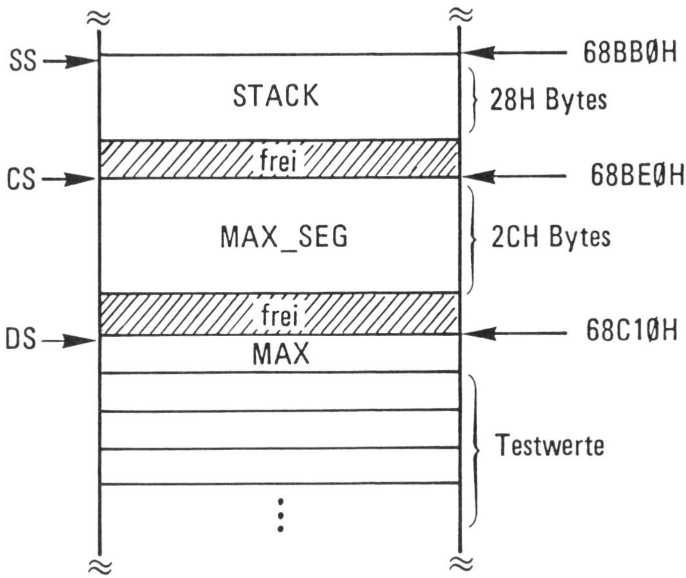

Abb.9-2 Anordnung der Segmente des Lademoduls im Speicher

Nun simulieren wir das Datensegment mit DEBUG:

```
 RDS
DS 68AB
:68C1
-E DS:0
68C1:0000  07.0    C3.0
-E DS:2
68C1:0002  0E.0    0E.0    1F.FF   07.FF   C3.1    51.1
68C1:0008  53.22   E8.22   00.33   FF.33   5B.44   59.44   02.55   F9.55
68C1:0010  E8.66   F3.66   FE.77   C3.77   51.88   E8.88   18.99   00.99
68C1:0018  FC.AA   E8.AA   34.BB   00.BB   59.CC   C3.CC   51.DD   E8.DD
68C1:0020  0E.EE   00.EE   87.FF   FE.FF
-D DS:0,23
68C1:0000  00 00 00 00 FF FF 01 01-22 22 33 33 44 44 55 55   ........""33DDUU
68C1:0010  66 66 77 77 88 88 99 99-AA AA BB BB CC CC DD DD   ffww....**;;LL]]
68C1:0020  EE EE FF FF                                       nn..
-
```

Damit haben wir die Variable MAX auf 0 gesetzt und 17 Testwerte eingegeben. Der größte davon ist 7777H, da alle folgenden Testwerte von unserem Programm als *negative* Dualzahlen interpretiert werden. Wenn die zu testende Prozedur richtig arbeitet, dann muß sie diesen Wert finden und in die simulierte Variable MAX zurückschreiben. Als nächstes simulieren wir die Schnittstelle im Stack. Das aufrufende Programm muß folgende Werte in folgender Reihenfolge in den Stack pushen:

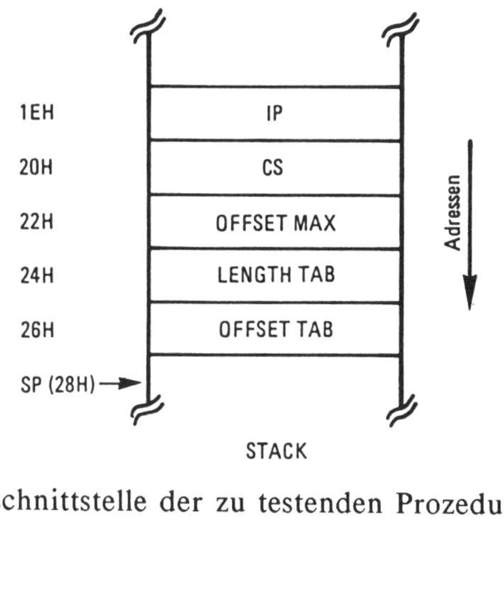

Abb.9-3 Stackschnittstelle der zu testenden Prozedur

Unmittelbar nach dem CALL-Aufruf der Prozedur hätte der Stackpointer also den Inhalt 1EH. Bezogen auf unser simuliertes Testdatensegment geben wir in den Stack folgende Parameterwerte ein:

0000H für Offset MAX
0011H für Length TAB (wir haben 17 Testwerte)
0002H für Offset TAB

```
R SP
SP 0028
:1E
-R
AX=0000  BX=0000  CX=005C  DX=0000  SP=001E  BP=0000  SI=0000  DI=0000
DS=68C1  ES=68AB  SS=68BB  CS=68BE  IP=0000   NV UP DI PL NZ NA PO NC
68BE:0000 55            PUSH    BP
-E SS:22
68BB:0022  00.     00.     00.11   00.     00.2    00.
-D SS:22,27
68BB:0020         00 00 11 00 02 00                          ......
-
```

Nun können wir das Programm ausführen. Im allgemeinen ist es sinnvoll, beim ersten Testlauf das Programm komplett bis zum Ende durchlaufen zu lassen, um zu sehen, ob überhaupt Fehler enthalten sind. Ergeben sich keine Anhaltspunkte für logische Fehler, so sollte mit veränderten Testdaten weitergetestet werden. Arbeitet das Programm nicht wie erwartet, kann es im Einzelschrittverfahren oder durch das Setzen von Breakpoints genauer analysiert werden. Ich möchte diese Möglichkeit einmal am vorliegenden Programm demonstrieren. Einzelne Erläuterungen für Sie habe ich dabei einfach in die DEBUG-Kommandozeilen eingetippt. Lassen Sie sich also bitte durch die entsprechenden Fehlermeldungen des Debuggers nicht irritieren.

```
 R
AX=0000  BX=0000  CX=005C  DX=0000  SP=001E  BP=0000  SI=0000  DI=0000
DS=68C1  ES=68AB  SS=68BB  CS=68BE  IP=0000   NV UP DI PL NZ NA PO NC
68BE:0000 55            PUSH    BP
-G 0E

AX=8000  BX=0000  CX=005C  DX=0000  SP=0012  BP=001C  SI=0000  DI=0000
DS=68C1  ES=68AB  SS=68BB  CS=68BE  IP=000E   NV UP DI PL NZ NA PO NC
68BE:000E 8B4E08        MOV     CX,[BP+08]                    SS:0024=0011
-T

AX=8000  BX=0000  CX=0011  DX=0000  SP=0012  BP=001C  SI=0000  DI=0000
DS=68C1  ES=68AB  SS=68BB  CS=68BE  IP=0011   NV UP DI PL NZ NA PO NC
68BE:0011 8B5E0A        MOV     BX,[BP+0A]                    SS:0026=0002
-T

AX=8000  BX=0002  CX=0011  DX=0000  SP=0012  BP=001C  SI=0000  DI=0000
DS=68C1  ES=68AB  SS=68BB  CS=68BE  IP=0014   NV UP DI PL NZ NA PO NC
68BE:0014 3B00          CMP     AX,[BX+SI]                    DS:0002=0000
-T

AX=8000  BX=0002  CX=0011  DX=0000  SP=0012  BP=001C  SI=0000  DI=0000
DS=68C1  ES=68AB  SS=68BB  CS=68BE  IP=0016   NV UP DI NG NZ NA PE NC
68BE:0016 7D02          JGE     001A
-0000 IST GRäER ALS 8000, ALSO DARF JETZT NICHT GESPRUNGEN WERDEN
 ^ Error
-T

AX=8000  BX=0002  CX=0011  DX=0000  SP=0012  BP=001C  SI=0000  DI=0000
DS=68C1  ES=68AB  SS=68BB  CS=68BE  IP=0018   NV UP DI NG NZ NA PE NC
68BE:0018 8B00          MOV     AX,[BX+SI]                    DS:0002=0000
-BRAV!!! ES IST KEIN SPRUNG ERFOLGT
 ^ Error
-T

AX=0000  BX=0002  CX=0011  DX=0000  SP=0012  BP=001C  SI=0000  DI=0000
DS=68C1  ES=68AB  SS=68BB  CS=68BE  IP=001A   NV UP DI NG NZ NA PE NC
68BE:001A 46            INC     SI
-T

AX=0000  BX=0002  CX=0011  DX=0000  SP=0012  BP=001C  SI=0001  DI=0000
DS=68C1  ES=68AB  SS=68BB  CS=68BE  IP=001B   NV UP DI PL NZ NA PO NC
68BE:001B 46            INC     SI
-T

AX=0000  BX=0002  CX=0011  DX=0000  SP=0012  BP=001C  SI=0002  DI=0000
DS=68C1  ES=68AB  SS=68BB  CS=68BE  IP=001C   NV UP DI PL NZ NA PO NC
68BE:001C E2F6          LOOP    0014
-DA CX UNGLEICH 1 IST, WIRD AN DEN ANFANG DER SCHLEIFE VERZWEIGT
    ^ Error
-T
```

```
AX=0000  BX=0002  CX=0010  DX=0000  SP=0012  BP=001C  SI=0002  DI=0000
DS=68C1  ES=68AB  SS=68BB  CS=68BE  IP=0014   NV UP DI PL NZ NA PO NC
68BE:0014 3B00          CMP     AX,[BX+SI]                      DS:0004=FFFF
-JETZT SPRINGE ICH GEICH AN DES ENDE DER SCHLEIFE
 ^ Error
-G 1C

AX=0000  BX=0002  CX=0010  DX=0000  SP=0012  BP=001C  SI=0004  DI=0000
DS=68C1  ES=68AB  SS=68BB  CS=68BE  IP=001C   NV UP DI PL NZ NA PO CY
68BE:001C E2F6          LOOP    0014
-T

AX=0000  BX=0002  CX=000F  DX=0000  SP=0012  BP=001C  SI=0004  DI=0000
DS=68C1  ES=68AB  SS=68BB  CS=68BE  IP=0014   NV UP DI PL NZ NA PO CY
68BE:0014 3B00          CMP     AX,[BX+SI]                      DS:0006=0101
-G 1C

AX=0101  BX=0002  CX=000F  DX=0000  SP=0012  BP=001C  SI=0006  DI=0000
DS=68C1  ES=68AB  SS=68BB  CS=68BE  IP=001C   NV UP DI PL NZ NA PE CY
68BE:001C E2F6          LOOP    0014
-T

AX=0101  BX=0002  CX=000E  DX=0000  SP=0012  BP=001C  SI=0006  DI=0000
DS=68C1  ES=68AB  SS=68BB  CS=68BE  IP=0014   NV UP DI PL NZ NA PE CY
68BE:0014 3B00          CMP     AX,[BX+SI]                      DS:0008=2222
-UND SO WEITER ............
  ^ Error
-ICH LASSE DAS PROGRAMM JETZT BIS ZUR RUECKGABE DES MAXIMUMS AUSFUEHREN
   ^ Error
-G 23

AX=7777  BX=0002  CX=0000  DX=0000  SP=0012  BP=001C  SI=0022  DI=0000
DS=68C1  ES=68AB  SS=68BB  CS=68BE  IP=0023   NV UP DI PL NZ NA PE CY
68BE:0023 5F            POP     DI
-UND LASSE MIR DAS DATENSEGMENT ANZEIGEN...........
  ^ Error
-D DS:0,1E
68C1:0000  77 77 00 00 FF FF 01 01-22 22 33 33 44 44 55 55   ww......""33DDUU
68C1:0010  66 66 77 77 88 88 99 99 AA AA BB BB CC CC DD      ffww....**;;LL]
-DIE PROZEDUR HAT DAS GROESSTE TABELLENELEMENT NACH MAX GESCHRIEBEN
  ^ Error
-JETZT TESTE ICH NOCH, OB DER STACKPOINTER FUER DEN RUECKSPRUNG STIMMT
 ^ Error
-G 29

AX=0000  BX=0000  CX=005C  DX=0000  SP=001E  BP=0000  SI=0000  DI=0000
DS=68C1  ES=68AB  SS=68BB  CS=68BE  IP=0029   NV UP DI PL NZ NA PE CY
68BE:0029 CA0600        RETF    0006
-SP ZEIGT AUF DIE RUEKKEHRADRESSE IM STACK, ALSO ALLES O.K.
  ^ Error
-Q
```

An diesem Testbeispiel können Sie sehen, wie unverzichtbar DEBUG oder eine entsprechende andere Testhilfe für das Austesten von Assemblerprogrammen ist. DEBUG bietet darüberhinaus noch eine Reihe weiterer Möglichkeiten, die jedoch nicht mehr zum Thema dieses Buches gehören.

Literaturhinweise

Abel, P.: Assembler for the IBM-PC and XT. Prentice Hall, 1984, 416 S., $ 24,95

Bradley, D.J.: Programmieren in Assembler für die IBM-Personalcomputer. Hanser Verlag, 1985, 367 S., DM 58.-

Coffron, J.W.: Programmierung des 8086/8088. Sybex Verlag, Düsseldorf, 1984, 307 S., DM 48.-

Grohmann, B.und Eichler, L.: Das Prozessorbuch zum 8086/8088. Data Becker, 1985, 400 S., DM 59.-

Hanke, G.: Erste Einführung in die IBM-Assembler-Sprache. Oldenburg Verlag, 1979, 159 S., DM 28,80

Haskell, R.: IBM-PC Assembly Language Tutor. Prentice Hall, 1985, 240 S., mit Diskette $ 45,45

Hegner, J.: 80286 Assemblerprogrammierung. KRS, 1987, ca. 400 S., DM 98,-

Morse, S.P. und Douglas, J.A.: The 80286 Architecture. Wiley & Sons, 1986, DM 74,-

Murray, M. und Pappas, Ch.: 80386/80286 Programmieren in Assembler. McGraw-Hill, 1987, ca. 580 S., ca. DM 52,-

Rector, R. und Alexy, G.: Das 8086/8088-Buch. Programmieren in Assembler und Systemarchitektur. te-wi Verlag, 1983, 560 S., DM 79.-

Scanlon, L.J.: Die Assemblersprache des IBM-PC und XT. Markt & Technik, 1985, 351 S., DM 74.-

Snigh, A. und Triebel, W.: IBM-PC 8088 Assembly Language Programming. Prentice Hall, 1985, 256 S., $ 19,45

Thies, K.-D.: Der 8086/80286 Assembler ASM86. te-wi Verlag, 1985, 300 S., DM 59.-

Thies, K.-D.: Das 8086 Systembuch. te-wi Verlag, 1985, 300 S., DM 59.-

Vieillefond, C.: Programmierung des 80286. Sybex Verlag, 1987, 500 S., DM 68,-

Willen, D.C. und Krantz, J.I.: IBM-PC/XT Assembler-Programmierung von CPU 8088. te-wi Verlag, 1985, 330 S., DM 66.-

Yeung, B.: 8086/8088 Assembly Language Programming. Wiley & Sons, 1984, 286 S., ca. DM 75.-

Lesetip:

Der Autor dieses Buches führte mit Prof. Rudolf Lindner von der FHS Nürnberg und dem EDV-Journalisten Holger Zeltwanger im Auftrag des Deutschen Museums in München mehrjährige Recherchen durch, um die geistesgeschichtlichen und kulturellen Hintergründe, aber auch die konkreten Machtinteressen offenzulegen, die bei der Entwicklung des modernen Computers Pate standen. Ihre Ergebnisse wurden 1984 beim Rowohlt Verlag in der Buchreihe *Kulturgeschichte der Naturwissenschaften und der Technik* publiziert.

Lindner R., Wohak B., Zeltwanger H.: *Planen, Entscheiden, Herrschen. Vom Rechnen zur elektronischen Datenverarbeitung.* Rowohlt Verlag, 1984, 250 S., DM 14,80

INDEX

A

B

P

TITEL & THEMEN

AUS DEM IWT-PROGRAMM

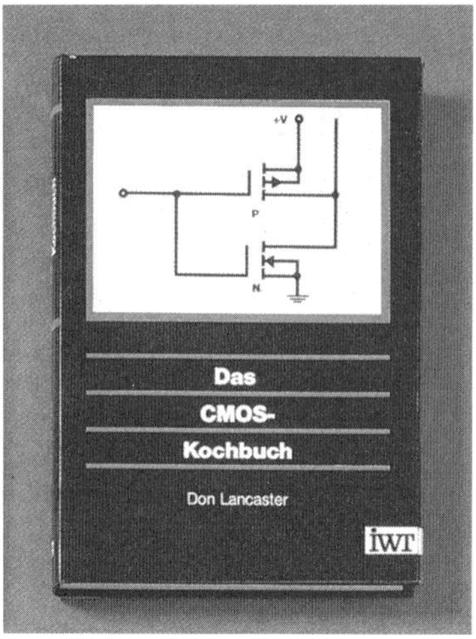

Das CMOS-Kochbuch

Don Lancaster

Die digitale CMOS-Bausteinserie ist eine der modernsten und zukunftssichersten Logikfamilien. Hier liegt die umfassendste neutrale Darstellung darüber vor. Das CMOS-Kochbuch bringt eine Fülle von Informationen, die es schnell zu einem unentbehrlichen Ratgeber für Elektroniker machen.

Übersetzung aus dem Amerikanischen.

1991. 6. unver. Aufl. 520 Seiten. Geb.

ISBN 3-88322-002-7 DM 68, –

Das Praxishandbuch der digitalen Meßtechnik

Günther Erbel/Werner Lang

Dieses Buch bietet eine Einführung in die Meßtechnik durch den Aufbau eines eigenständigen Meßsystems, das in der Lage ist, Meßdaten mit dem PC aufzunehmen und zu analysieren. Das Meßsystem ist mit einem EPROM und mehreren Platinen zu realisieren. Die Diskette enthält sämtliche Meßprogramme, die im Buch vorgestellt werden.

1992. 280 Seiten. Geb.

ISBN 3-88322-392-1

DM 78,–

Inklusive Diskette

Das Computer-Peripherie-Kochbuch

Andreas Roth

Neben den Intel-Prozessoren der 80er Reihe werden Bausteine der engeren Prozessorperipherie, Daten- und Programmspeichertypen und Controller-Bausteine beschrieben. Der Schwerpunkt liegt in der anwendungsorientierten Darstellung der Hardware. Das Buch richtet sich sowohl an den Systemprogrammierer wie auch an den Entwickler von Computer- oder Erweiterungssystemen.

1990. 512 Seiten. Geb.

ISBN 3-88322-234-8 DM 68, –

Das Aktiv-Filter-Kochbuch

Don Lancaster

Das Aktiv-Filter-Kochbuch stellt ein praktisches, anwenderorientiertes Nachschlagewerk für jeden dar, der etwas über den Aufbau eines speziellen Filters wissen will. Der Name „Lancaster", auch Autor des CMOS-Kochbuches, steht für die Qualität dieses Werkes.

Übersetzung aus dem Amerikanischen.

1990. 6. unver. Aufl.

276 Seiten. Geb.

ISBN 3-88322-007-8 DM 48, –

IWT: Die professionellen Seiten der Praxis.